AS VOZES
DA METRÓPOLE

Ruy Castro

AS VOZES
DA METRÓPOLE
Uma antologia do Rio dos anos 20

COMPANHIA DAS LETRAS

Copyright © 2021 by Ruy Castro

Agradecemos às famílias e aos responsáveis por espólios pela permissão de reproduzir os textos deste volume. Embora todos os esforços tenham sido feitos para entrar em contato com os detentores de direitos, nem sempre isso foi possível. Teremos prazer em creditar as fontes, caso se manifestem.

Grafia atualizada segundo o Acordo Ortográfico da Língua Portuguesa de 1990, que entrou em vigor no Brasil em 2009.

Capa e verso da capa Alceu Chiesorin Nunes

Imagens de capa Montagem de capas de J. Carlos na revista *Para Todos...* Coleção Eduardo Augusto de Brito e Cunha/ Instituto Moreira Salles

Reprodução das capas do verso Heloisa Seixas

Projeto gráfico Alceu Chiesorin Nunes e Samantha Monteiro

Preparação Isabel Cury

Revisão Ana Maria Barbosa e Aminah Haman

Dados Internacionais de Catalogação na Publicação (CIP)
(Câmara Brasileira do Livro, SP, Brasil)

Castro, Ruy
 As vozes da metrópole : Uma antologia do Rio dos anos 20 / Ruy Castro. — 1ª ed. — São Paulo : Companhia das Letras, 2021.

 ISBN 978-65-5921-291-0

 1. Literatura brasileira – Coletâneas I. Título.

21-81313 CDD-B869

Índice para catálogo sistemático:
1. Literatura brasileira : Antologia B869

Eliete Marques da Silva – Bibliotecária – CRB-8/9380

[2021]
Todos os direitos desta edição reservados à
EDITORA SCHWARCZ S.A.
Rua Bandeira Paulista, 702, cj. 32
04532-002 — São Paulo — SP
Telefone: (11) 3707-3500
www.companhiadasletras.com.br
www.blogdacompanhia.com.br
facebook.com/companhiadasletras
instagram.com/companhiadasletras
twitter.com/cialetras

SUMÁRIO

INTRODUÇÃO: MESMA ÉPOCA, MESMA CIDADE...... 13

FRASES.. 17

Agrippino Grieco	18
Alvaro Moreyra	25
Dante Milano	35
Gilberto Amado	37
Ismael Nery	38
Jayme Ovalle	40
Ronald de Carvalho	43

CRÔNICA E REPORTAGEM........................... 45

Alvaro Moreyra	46
Aqui está	*46*
Mulherzinha	*47*
1930	*48*
Benjamim Costallat	50
Copacabana	*50*
Os fumantes da morte	*53*
A dançarina nua	*59*
Chrysanthème	62
Banhos de sol, banhos de mar	*62*

Dante Milano	64
Filmagem do Carnaval noturno	*64*
Elysio de Carvalho	67
Esplendor e decadência	*67*
A ciência a serviço do crime	*70*
Gíria dos gatunos cariocas [Excertos]	*77*
Gilberto Amado	81
O último Tântalo	*81*
João do Rio	84
Cinematógrafo	*84*
A rua	*88*
Julia Lopes de Almeida	94
Febre amarela	*94*
A Revolta da Chibata	*97*
Orestes Barbosa	100
Na cidade do punhal e da gazua	*100*
A última viagem	*105*
Peregrino Junior	107
A propósito da moda	*107*
O verão	*110*
Ribeiro Couto	112
Depois do jantar	*112*
A melancolia dos bares	*115*
As noitadas da rua do Passeio	*118*
Théo-Filho	125
Paris, minha querida Paris	*125*

POESIA **135**

Dante Milano	136
Soneto	*136*
Tercetos	*136*
O beco	*137*

Duque-Costa	138
A tempestade	*138*
Poema exótico	*139*
Visão de maio	*140*
Felippe d'Oliveira	141
Encruzamento de linhas	*141*
Los Krupinos	*142*
Éter	*143*
Gilka Machado	143
Noturnos — VIII	*143*
Invocação ao sono	*144*
Cabelos negros	*145*
Para o outro eu	*146*
Hermes Fontes	149
Pouco acima daquela alvíssima coluna [*A taça*]	*149*
Ismael Nery	150
Eu	*150*
A uma mulher	*151*
Oração	*151*
Ismaela	*152*
A virgem prudente	*152*
Mario Pederneiras	153
Outono	*153*
Moacyr de Almeida	156
Saudade de Satã	*156*
Murillo Araujo	158
A cidade de ouro	*158*
Macumba zabumba	*160*
Poema sortido	*161*
Murilo Mendes	163
Canção do exílio	*163*
O poeta na igreja	*163*
Afinidades	*164*
Nova cara do mundo	*164*

Olegario Marianno	165
Cidade maravilhosa	*165*
A uma senhora moderna	*166*
Confidências sentimentais	*167*
Ribeiro Couto	170
A mulher passageira	*170*
A canção de Manuel Bandeira	*170*
Milonguita	*171*
Ronald de Carvalho	172
Teoria	*172*
Brasil	*172*
Onde estão os teus poetas, América?	*175*
O mercado de prata, de ouro e esmeralda	*177*
Augusto Frederico Schmidt	178
Não quero mais o amor	*178*
Lembrança	*181*
Sinhô	182
Fala meu louro	*182*
O pé de anjo	*183*
A cocaína	*183*
Gosto que me enrosco	*185*
Jura	*186*

FICÇÃO... **187**

Adelino Magalhães	188
Casos de criança — Uma resolução	*188*
A festa familiar em casa do Telles	*197*
Evoé	*208*
Albertina Bertha	210
Trecho de Voleta	*210*
Benjamim Costallat	216
Trechos de Mlle. Cinema	*216*

Carmen Dolores	222
A sequestrada	*222*
Jornal de uma feminista	*228*
Chrysanthème	234
Trecho de Enervadas	*234*
Covardia	*240*
Elysio de Carvalho	243
Trecho de Five o'Clock	*243*
Gastão Cruls	246
Trecho de A criação e o criador	*246*
João do Rio	256
Dentro da noite	*256*
O bebê de tarlatana rosa	*263*
Julia Lopes de Almeida	270
In extremis	*270*
Lima Barreto	275
O homem que sabia javanês	*275*
Sua Excelência	*285*
Mendes Fradique	288
A Independência	*288*
Mercedes Dantas	291
Potranca	*291*
Oswald Beresford	301
As saias de Mlle. Jazz-Band	*301*
O inimigo gaseificado, ou a vingança do sr. Concreto	*305*
O perfil dum sibarita	*310*
Patrocinio Filho	314
A ronda do condenado	*314*
A labareda do pecado	*321*
Pedro Motta Lima	331
Trecho de Bruhaha	*331*
Romeu de Avellar	338
Trecho de Os devassos	*338*

Théo-Filho	351
Trecho de Dona Dolorosa	351
Trecho de Quando veio o crepúsculo...	357
Trecho de A grande felicidade	363

PROVOCAÇÕES 369

Agrippino Grieco	370
Frases	370
Antonio Torres	377
Futebolândia	377
O caso do preto Eloy	382
Benjamim Costallat	386
Os Oito Batutas	386
Eu já esperava	389
Carmen Dolores	391
Coisas de atualidade	391
O triunfo	395
Graça Aranha	401
O espírito moderno	401
João do Rio	408
A era do Automóvel	408
Lima Barreto	415
O nosso esporte	415
Patrocinio Filho	417
O suave veneno	417
Paulo Silveira	423
Frases	423
O sabão da honra	424

OS AUTORES, UM POR UM 429

BIBLIOGRAFIA 447

AGRADECIMENTOS 453

INTRODUÇÃO
Mesma época, mesma cidade

Capital Federal, única cidade brasileira com mais de 1 milhão de habitantes, gente por toda parte dia e noite, prédios altos e com elevador, ruas iluminadas, carros, bondes, saias curtas, domingos de praia e um grau de barulho, velocidade e atrevimento com que as províncias nem sonhavam. Esse era o Rio de Janeiro entre o Carnaval de 1919 e a Revolução de 1930. Foi o cenário que descrevi em meu livro *Metrópole à beira-mar: O Rio moderno dos anos 20*, lançado em 2019. O Rio era a meca, a moenda, o bruaá. A cidade nacional — e internacional.

As vozes da metrópole se concentra na ferramenta que a fazia girar: a palavra impressa. Numa época em que o cinema, o fonógrafo e o rádio ainda estavam de gatinhas, a palavra era a condutora das ideias e das paixões. E parecia onipresente, nas redações que soltavam uma infinidade de jornais; nas livrarias e nos sebos, onde todas as correntes se cruzavam; nas editoras e oficinas gráficas, cujas máquinas não paravam e onde não havia graxa que chegasse; nas instituições oficiais, como as academias de letras, os gabinetes de leitura e as bibliotecas; e nos sonhos dos aspirantes à glória literária, que desembarcavam na metrópole com uma carta para um figurão e um livro de poemas a publicar. O Brasil que saía dos cafundós entrava pela Galeria Cruzeiro e desembocava na Avenida — como se chamava a avenida Rio Branco —, onde se decidiam todos os destinos.

Em *Metrópole à beira-mar*, narrei as peripécias de uma geração de escritores e jornalistas — poetas, cronistas, repórteres, romancistas e provocadores, que tomaram seus espaços e lutaram pelo que tinham a apresentar. Era um tempo de tremendas transformações na tecnologia, no pensamento e nos costumes. Eles eram jovens, ambiciosos e tudo lhes interessava. Muitos se identificaram de tal modo com aquele tempo que ficaram prisioneiros dele e, por isso, invisíveis para a posteridade.

A maioria dos 41 autores reunidos nesta antologia, famosos e/ou admirados na década de 20, está fora de catálogo, fora de circulação e fora de moda há quase cem anos. Não é o caso, evidentemente, de João do Rio, Lima Barreto e Murilo Mendes, cuja presença na literatura brasileira, depois de estabelecida, nunca mais se abalou. Nem de Julia Lopes de Almeida e Gilka Machado, que voltam a ganhar agora merecido reconhecimento, embora continuem sub-representadas em volume editorial. E ninguém mais discute a importância de Ismael Nery na pintura, embora sua poesia, bissexta segundo Manuel Bandeira, continue um banquete para poucos. Todos os demais autores neste livro foram sendo progressivamente eclipsados, alguns até o apagamento absoluto — como se a literatura brasileira pudesse passar sem eles.

Alvaro Moreyra, Adelino Magalhães, Orestes Barbosa, Ribeiro Couto e Patrocinio Filho, potências daquela época, só não estão soterrados de vez porque cada qual teve um título reeditado pela prefeitura e pelo governo do estado do Rio nos anos 90, hoje só disponível em sebos. Benjamim Costallat, Théo-Filho, Carmen Dolores, Chrysanthème, Mendes Fradique, Elysio de Carvalho e Antonio Torres também voltaram de relance à praça com um único livro cada um, por pequenas e bravas editoras, e sumiram de novo. Dante Milano e Mario Pederneiras tiveram sua poesia reunida em boas edições da Academia, mas de alcance reduzido. E Romeu de Avellar precisou que a Imprensa Oficial de seu estado, Alagoas,

14

propiciasse o relançamento de sua obra, incluindo o raríssimo romance *Os devassos*.

Compreende-se que autores fugidios e de obra curta, como Duque-Costa, Albertina Bertha, Moacyr de Almeida, Mercedes Dantas, Pedro Motta Lima e Paulo Silveira, tenham desaparecido das livrarias. E Oswald Beresford, claro, é um caso à parte — pelas extraordinárias circunstâncias de sua vida, não surpreende que só agora se descubra que ele existiu. Mas, considerando-se a enormidade do que representaram em vida, não se explica que Augusto Frederico Schmidt, Agrippino Grieco, Ronald de Carvalho, Murillo Araujo, Felippe d'Oliveira, Olegario Marianno, Gastão Cruls, Peregrino Junior, Graça Aranha e Gilberto Amado também tenham sido banidos das prateleiras.

Esta antologia tenta trazer de volta essa turma, mesmo que a conta-gotas. Os textos reproduzidos aqui, digitados por mim e por Heloisa Seixas, foram selecionados da leitura de sua obra quase completa — para isso nos serviram os dez meses de quarentena de 2020, de março a dezembro — e extraídos, quase todos, das primeiras edições de seus livros, descobertas em sebos e leilões. As poucas alterações a que procedemos se deveram à atualização ortográfica, à conversão em redondo do itálico (hoje desnecessário) na maioria das palavras estrangeiras e a uma ou outra supressão de referências só compreensíveis em seu tempo.

O leitor se surpreenderá com esses textos e descobrirá que, desde 1920, o Brasil tinha um escrete de escritores afiados na observação de sua época e que já escreviam brilhantemente em brasileiro, em todos os estilos correntes e em outros que, a partir dos anos 20, seriam caracterizados como "modernistas" (embora os autores do Rio, modestamente, fossem apenas modernos).

O fascinante, no entanto, é a variedade de assuntos de que tratavam. Ao contrário de seus colegas de outras praças, obcecados pela destruição do soneto e dos pronomes bem colocados, esses autores estavam atentos ao entorno: os conflitos sociais e políticos, as comédias e os dramas pessoais e humanos, as liças da inteligência. E, sem dispensarem o humor e a leveza que são as marcas do Rio, enxergavam a floresta, a árvore e a folha. Mais informações sobre eles estão no capítulo "Os autores, um por um", no fim deste livro.

Para mim, há algo de mágico na ideia de que esses homens e mulheres viveram numa mesma época e cidade, o Rio, cruzando--se nas esquinas, esbarrando-se nas livrarias e, suprema intimida-de, a centímetros uns dos outros numa estante ou página de jornal.

Frases

A imprensa carioca dos anos 20 era um turbilhão. Nas ruas, nunca menos de vinte jornais diários e outro tanto de revistas semanais de todos os gêneros (só as revistas "galantes", quase pornográficas, eram pelo menos cinco). Havia também periódicos restritos, dirigidos desde às colônias, como a portuguesa ou a alemã, até aos sindicatos, como o dos metalúrgicos ou o dos marítimos, e às associações, como a dos bancários ou a dos barbeiros. Somem-se as revistas mensais, os anuários de fim de ano e os "almanaques", como os patrocinados por xaropes e outros produtos farmacêuticos. Impossível determinar hoje o total de publicações regulares no Rio daqueles anos. Como as empresas de jornais não pagavam impostos, o papel era barato e havia muitas gráficas, qualquer um podia manter um jornal ou revista.

E não faltavam colaboradores — dos mais célebres, como Alvaro Moreyra, Agrippino Grieco ou Ronald de Carvalho, exclusivos das revistas mais ilustres, aos recém-chegados da província, dispostos a escrever de graça para aparecer. Suas colaborações abrangiam crônicas, artigos de opinião, críticas literárias, insultos sob pseudônimo, soltos e todos os outros gêneros.

Cem anos depois, só uma fração desse material impresso continua interessante, claro. Mas, de repente, piscando numa página de texto compacto e já quase ilegível, surgem frases capazes de nos empolgar — pelo brilho de seus autores, pela originalidade da escrita ou pelo que contêm de verdade.

Aqui vai uma seleção delas.

AGRIPPINO GRIECO

Os homens podem viver sem pão, mas não sem frases.

◆

Um pouco de loquacidade, hipérbole ou
cabotinismo não faz mal a ninguém.

◆

Também a paspalhice tem as suas obras-primas.

◆

A pior das banalidades é a simulação de originalidade.

◆

"Ontem" é sempre poesia. "Hoje" é quase sempre prosa.

◆

A pior obra de certos romancistas são seus maus admiradores.

◆

Sabe-se que um escritor está em declínio quando
começa a escrever como seus imitadores.

◆

Nada mais fácil do que fazer chorar. Qualquer defunto sem
importância, qualquer melodrama banal consegue isto.

◆

Fazer chorar era interessante no tempo de Casimiro de Abreu e
outros vates que punham vermelhão nas chagas, metrificando

os acessos de tosse, aplicando um conta-gotas às lágrimas
e morrendo no palco à maneira da Dama das Camélias.

◆

O homem de letras é, queira-o ou não, o
comediante das suas próprias desgraças.

◆

Não é da alçada dos críticos suscitar nos outros a boa literatura.
Já é consolador que a deles, os críticos, não seja totalmente má.

◆

A literatura é uma invenção europeia, como o cuscuz é
uma invenção africana e o narguilé uma invenção asiática.
Não há vergonha em ser literariamente transatlântico.

◆

Pena que as escolas literárias francesas só abram suas sucursais
aqui vinte ou trinta anos depois de criadas. Essa navegação à
vela torna a viagem demorada e nos prejudica no recebimento
da mercadoria. O romantismo, o parnasianismo e o simbolismo
chegaram ao Brasil muito tarde e, por isso, deteriorados.

◆

Não se deve atribuir aos escritores os vícios de seus
personagens. A obra de Balzac é dominada por um
triunvirato de canalhas: Hulot, o frascário, Philippe Bridan,
o explorador de mulheres, e Grandet, o avarento.

◆

É em Shakespeare que os criminalistas modernos vão beber
e lá encontram Macbeth, Iago e Shylock. Os patifes são
mais variados e divertidos do que os homens sérios.

◆

[*Ao ser indagado sobre o futuro da literatura*]: Não gosto de fazer prognósticos. Prefiro ser um profeta do passado.

◆

Literatura é a supressão do inútil e a estilização do restante.

◆

O artista de hoje já não tem uma torre de marfim para se isolar. O marfim anda escasso, mal chegando para as bolas de bilhar.

◆

A tradição é apenas o gosto dos outros.

◆

A crítica dogmática, com suas regras absolutas, seus sistemas uniformes e suas sentenças em última instância, seria uma coisa alarmante se não morresse de dez em dez anos.

◆

A ciência progride. A literatura, não. Copérnico destruiu Ptolomeu. Camões não destruiu Homero.

◆

A grande arte nunca é imoral. Imoral, no mundo, só a tolice.

◆

Imunda, a carne? Não, a carne é tão pura quanto a alma.

◆

Se a vida bastasse, ninguém se daria ao trabalho de convertê-la em arte.

◆

Se o horizonte do espírito é limitado, o zênite
da besteira nunca será atingido.

◆

A burrice é contagiosa. O talento não.

◆

Horrível uma cidade sem sinos.

◆

A infância é o país natal da sensibilidade.

◆

Só houve um cristão: Cristo.

◆

[*Sua definição do gato*]: É um concentrado de tigre em domicílio.

◆

Não me falem mal do feijão. É um caluniado. Não
sei se tem ou não vitaminas, mas sei que é um genial
civilizador e foi um dos construtores morais do Brasil.

◆

Brillat-Savarin não vale este grande cozinheiro, este grande
teorista da cozinha, este manjar único: um bom apetite.

◆

Castro Alves não foi um homem. Foi
uma convulsão da natureza.

◆

[*Sobre o simbolista Alphonsus de Guimaraens*]:
Jamais houve prosa na alma desse poeta.

◆

[*Sobre o poeta e diplomata Ronald de Carvalho*]:
Carioca, nunca quis ser ateniense.

◆

[*Sobre o teatrólogo maranhense Arthur Azevedo, autor de*
A Capital Federal]: Foi o mais carioca dos cariocas.
Teria espírito até escrevendo o *Diário Oficial*.

◆

[*Sobre a poeta Gilka Machado*]: Grande artista. Ao invés de
mortificações ascéticas, o prazer de atirar-se ao prazer, a todos
os prazeres. Doces carícias e unhas lacerantes de felino.

◆

[*Sobre o poeta e cronista Alvaro Moreyra*]: Ah, os seus
livros — livros que são um sorriso por escrito!

◆

[*Sobre o poeta Murilo Mendes, com seu mais de*
1,80 metro, estatura elevada para a época]: Cresceu
muito para homem e pouco para girafa.

◆

[*Ainda sobre Murilo Mendes*]: Agressivo com os homens, faz-se
de dulcíssimo com as mulheres. Parece estar sempre dizendo
para si mesmo: "E se inventássemos novos pecados?".

◆

[*Sobre Edgar Allan Poe*]: Quem como Poe nos dá a sensação do não lido, do não conhecido? E suas heroínas têm nomes de barcarolas românticas, cheios de vogais, doces aos lábios: Lenora, Berenice, Helena, Ligeia, Morela.

◆

[*Sobre Bernard Shaw*]: Se são Francisco de Assis era o Jogral de Deus, Shaw é o do Diabo.

◆

Lendo Dostoiévski descobrimos a jaula horrível que cada um de nós traz dentro de si.

◆

A divina comédia é a mais bela catedral da Itália, unindo o gênio gótico e o peninsular. Que arquitetura, a desse poema! Onde quer que se toque, as artérias do poeta batem. Como os romanos diziam "César!" e os árabes dizem "Alá!", os italianos sempre deveriam dizer: "Dante!".

◆

[*Sobre o Rio*]: Máquina de moer corações e cérebros.

◆

Persisto em andar pelas ruas do Rio. A rua é a melhor das bibliotecas.

◆

Os escritores da Europa nos dão tanta importância quanto nós, do Rio, damos aos escritores de Muzambinho ou Porto das Caixas.

◆

[*Sobre o racismo nos Estados Unidos*]: É sabido como os pretos são tratados no país em que mais se estribilha a palavra liberdade. É a barbárie civilizada. Gengis Khan com telégrafo.

◆

[*Sua definição da forca, punição comum nos Estados Unidos*]: Árvore de frutos malditos.

◆

Pouco sei de Proust, quase nada de Bergson e absolutamente nada de Einstein. Mas sei toda a alma de Carlitos, e isso me faz riquíssimo.

◆

[*Mais sobre Carlitos*]: O sol sempre nasce no fim dos seus poemas. Rimo-nos dele com amor, sem aviltá-lo, sem nos aviltarmos.

◆

[*E ainda sobre Carlitos*]: Como pagaremos o bem que nos tem feito?

◆

De vários livros e artigos [1913-35] — *vide bibliografia*

ALVARO MOREYRA

Palavras… palavras… Falte tudo, menos elas.

◆

O Brasil é longe.

◆

O Brasil sempre veio de fora. Principiou
em 1500 e não terminou ainda.

◆

As cartas dos suicidas não levam selos.

◆

A ópera é o teatro no hospício. Nem a música a salva.

◆

Hoje, com o telefone, quem escreve cartas é porque
quer falar sozinho. São Paulo, de telefone instalado e
com a conta em dia, ia se amolar compondo aquelas
epístolas quando seria mais fácil achar na lista de
assinantes o número dos Romanos, dos Coríntios?

◆

Se soubessem que sou feliz, todos diriam
que não tenho vergonha.

◆

[*Um dia*] hei de acender o meu cigarro nas estrelas.

♦

As horas são o riso do tempo.

♦

A palavra é claridade. O gesto é sombrio.

♦

Ninguém é. Todos parecem. Somos tantos quanto os que
nos veem, inclusive cada um de nós quando se olha.

♦

Todos os homens são irmãos. Por isso
se destroem uns aos outros.

♦

Somos iguais por acaso. Mas somos.

♦

Olhe as árvores. Como são serenas. E, no entanto,
ocultas na terra, como sofrem as raízes...

♦

Nos campos, à noite, sobe para o luar a voz
sonâmbula dos sapos. São os poetas da solidão,
os sapos, esses Virgílios dos pântanos.

♦

Eu não levo as asas com que vim. Desmanchei-as
pela estrada. Levo as penas que sobraram.

♦

No meu telhado, as andorinhas ainda fazem verão.

◆

Esqueci o berço. Não esqueci o colo.

◆

É um pássaro pousado, quieto, na ponta de um ramo. De repente, abre as asas, atira-se no espaço, voa. É outro pássaro.

◆

Que romance, um cinzeiro!…

◆

Um amigo que morre é um amigo que nunca se perde.

◆

Apenas uma vez fixei os olhos de uma coruja. Baixei a cabeça, para sempre. São os olhos do Juízo Final…

◆

Os olhos das corujas condenam. Os olhos dos burros perdoam.

◆

O burro é um perdão ambulante.

◆

[*O homem*] não possui nenhuma das virtudes que tornam os burros animais exemplares: a paciência, a compreensão, a bondade. Tenho conhecido muitos homens burros. Ainda não conheci um burro homem.

◆

O céu é uma cidade de férias.

Não devemos falar mal do nosso tempo. Ou
por originalidade ou por inutilidade.

◆

Sou contra o equilíbrio. Acho que a gente
deve cair para poder levantar-se.

◆

As praias não envelhecem. Elas são o começo do mar. O mar
não tem fim. O horizonte dá a ilusão do céu. O mar continua.

◆

O que falta ao mar é a calma. Mas, mesmo
nervoso, que grande mestre!

◆

Reticências... São elas que dizem o que não se consegue
dizer... São as ressonâncias da sensibilidade...
Uma nota de órgão não morre logo...

◆

Eu fui poeta. Descaradamente. Com rimas. Com uma
gravata roxa. Magrinho. De pince-nez. Hoje, de óculos,
penso naquele rapaz como num amigo morto.

◆

Castro Alves. Brasileiro. Não era uma voz na
multidão. Era a multidão numa voz.

◆

Deus chega de tarde.

◆

Nunca tentei fazer a reconciliação da minha
alma com o meu corpo. Os dois não se dão: ele
pensa de um modo e ela sente de outro.

◆

[*Em seu 11º dia de prisão, em 1939, numa cela com outros
opositores de Getulio Vargas*]: Hoje entrou um espelho aqui.
Foi uma alegria: o cubículo se encheu de caras conhecidas.

◆

[*Sua resposta ao carcereiro quando este lhe disse que, a
partir daquele momento, era um homem livre*]: Sempre
fui, principalmente nos dias que passei aqui.

◆

Molière tinha um avô que gostava de comédias. Isso explica
o mundo inteiro. Havia um avô. O resto é consequência.

◆

Nascer já é uma consequência. Outras
consequências resultam desta.

◆

A vida é de cabeça baixa.

◆

Em geral, a vida separa. A morte apenas ausenta.

◆

Falar é despedir-se. Estas palavras não voltarão.

Em certa manhã de fevereiro, o homem do trem gritou: "Paris!". Nunca mais voltei inteiramente de Paris. Nunca ninguém voltou inteiramente da juventude.

◆

Que mau gosto, odiar. Que beleza, querer bem!

◆

Cada um dorme o seu sono. Acordados, todos vivem com todos.

◆

Não nasci para chefe. Chefe manda. Eu peço. Peço que não me mandem.

◆

Estou com a ideia de passar uns dias no hospício. Na verdade, sempre preferi os doidos sinceros.

◆

O arquivo não melhora e não piora o documento.

◆

Ignoramos como, lá nas origens, o macaco chegou a ser macaco. Só vagamente sabemos como o homem chegou a ser homem, com os melhoramentos do macaco. O homem e a mulher. Porque, em geral, na evolução do corpo, a macaca fica sempre esquecida. É uma injustiça contra ela e contra a mulher. A macaca foi uma grande avó.

◆

Um corpo nu é a realidade. Um corpo coberto é a imaginação. Esconder a nudez — eis uma ideia do Diabo.

◆

A doce vingança das vítimas é a falta de importância de seus algozes. Os algozes deixam o tempo da sua brutalidade. As vítimas continuam presentes, nunca morrem.

◆

No espelho somos muitos. Na memória, um só...

◆

Há, decerto, santos anônimos. Passaram pelo mundo desconhecidos e, desconhecidos, seguiram para a eternidade. Não têm devotos. Ninguém lhes pede nada. São, talvez, os santos mais felizes.

◆

[*Nascido em 1888, Alvaro Moreyra tinha um ano quando a monarquia caiu*]: Pedro II, permita que eu eleve a minha sombra de voz para as alturas, ao encontro do senhor. O senhor não me governou. Chorei e mamei sem lhe pedir licença. Monarca inútil para um súdito de fraldas, o senhor ficou perpétuo no meu amor.

◆

Gosto de todos, mas sou Flamengo. Ser Flamengo é ser eternamente moço, sem geleia real, pílulas, gotas, poções — na alegria de estar junto do povo, andar feliz com pobres e ricos, com os que possuem o encanto da gente carioca, dizendo as coisas mais sérias com ar de riso, coração aberto, inteligência acesa e tocando para a frente, firme e legal.

◆

Uma história de outros tempos conta que o homem feliz não tinha camisa. A história deste tempo conta que o homem feliz tem camisa, e é a camisa do Flamengo.

◆

No sábado, muita gente vai para fora.
Eu, em geral, vou para dentro.

◆

Por um tostão se andava de bonde; por um tostão se mandava
carta; por um tostão se tomava café, lustrava as botinas, pagava
lápis, pena, caderno, laranja-da-china. Abacate, limão-doce,
tangerina. Um pão era um tostão, assim como um pirulito,
um pião, uma mãe-benta, uma cocada, um puxa-puxa, um
pé de moleque. Quem tinha um tostão, tinha um sonho...

◆

Nascemos para a companhia. O amor é um canto coral.

◆

A voz dos jornalistas é a voz que se escuta
antes. Depois, todas as vozes a repetem.

◆

A casa dos jornalistas não tem portas nem janelas.
O sol entra, o vento passa, a gente vai e vem...

◆

Certos apartamentos, de madrugada, são gaiolas de ouro,
com os canários em plena muda. O uísque é a grande água,
o caviar é o grande alpiste e o amor é o grande trinado.

◆

A dança é música que se vê. Nijinski dançou pintura.
Isadora Duncan dançou escultura. Régine Facary
dançou poesia. Carlitos dançou solidão.

♦

Todos os realejos são irmãos, irmãos na alegria,
embora moam o mais triste, o mais lamentoso
dos ritmos. São os Carlitos da música.

♦

Hamlet fala. Carlitos cala. Da voz nasce
a descrença. Do silêncio nasce a fé.

♦

Das estações, a que tem nome de mulher
é a que revela a vida eterna: a primavera.

♦

Cada um carrega o seu deserto.

♦

De todas as artes, a vida ainda é a mais inteligente.

♦

O verbo da vida é andar. Nunca pensei
em sair desta primeira conjugação.

♦

A vida é a fila da morte. Nada de cara amuada na fila!

♦

Morrer antes do Carnaval? Nunca!

♦

Tenho, às vezes, vontade de ficar velho, para saber como será.

◆

Ninguém envelhece. Os anjos da guarda não deixam.

◆

Que biblioteca, a velhice!

◆

Com uma coisa nunca me conformei: "Tu és pó e ao pó voltarás". Pó, não. O acidente do corpo não tem tanta importância. O que vale é a alma. Vamos substituir uma por outra? "Tu és luz e à luz hás de voltar."

◆

[*Sugestões para seu próprio epitáfio*]: "O grande domingo!"; "Realizei o desejo: a casa de campo"; "Não tragam flores. Plantem uma roseira aqui"; "Que silêncio, hein?";"Peço apenas migalhas de pão para os pardais"; "Parei de rir. Parei de chorar. Morri?"; "Não contem anedotas. Sei todas"; "Com certeza sinto falta do mar"; "Foi para isto então?"; "Escutem, agora sou apenas uma alma. Sabem lá o que é isto?"; "Não tenham mais medo. Já podem dizer todo o bem que sabem de mim"; "Afinal, envelheci"; "Obrigado!".

◆

Boa piada, a vida.

◆

De vários livros e artigos [1915-35] — *vide bibliografia*

DANTE MILANO

Estar atento a tudo é a maior distração.

◆

Muitos que não gostavam de arte moderna agora gostam.
Antes pensavam não gostar. Agora pensam que gostam.

◆

Poesia tem a sua hora. Nunca de manhã. No
princípio da tarde ela vem vindo. A noite é
o grande poema. E vai até de madrugada.

◆

Místico é o sujeito que quer gozar com
a alma em vez de gozar com o corpo.

◆

A ironia esfria o espírito com um vago ardor de sorvete.

◆

Dia a dia. Todo dia um pouco de vida.
Só se vive aos poucos. O pouco é tudo.

◆

Pensar é um ato que põe em dúvida a estrutura de tudo.

◆

O pensamento humano pode criar
os maiores monstros sem remorsos.

◆

O cérebro é cruel. Só o coração é bom.

◆

Qualquer sujeito sem graça, mas aplicado, pode ser um bom gramático ou um bom historiador. Mas uma bailarina representa muito mais. Parecendo frívola, é muito mais profunda.

◆

Palhaço é quem teve a coragem de perder a própria personalidade para tornar-se igual aos outros. Ou vice-versa.

◆

Entre quem tem razão e quem não tem razão é possível evitar a luta; mas, quando "ambos têm razão", a luta é inevitável. Só ela ditará a razão do mais forte.

◆

Estou só; não posso fazer mal a ninguém.

◆

Se vais desaparecer, para que a eternidade?

◆

Tirando a mulher, o resto é paisagem.

◆

De vários livros e artigos [1920-42] — *vide bibliografia*

GILBERTO AMADO

Quem destrói ou derruba uma árvore mata
a nossa irmãzinha de tranças.

◆

Só a incompreensão do comunismo pode fazê-lo
tão elogiado entre nós. Basta dizer que é um sistema
de governo que obriga todo mundo a trabalhar.

◆

Desconfio de quem, podendo, não vai à praia.

◆

Não há grande diferença entre um
lugar-comum e uma sublimidade.

◆

O homem moderno vive fora de si mesmo. Ele
é o salão, o jornal, a usina, o teatro, a rua. Só não
é ele próprio; só não é a sua própria alma.

◆

Todas as coisas do mundo são fragmentos. Mas o mar é
uno. As ondas, esses músculos estupendos, estão ligadas
entre si por cartilagens portentosas, e o gigante é feito
de músculos. Posso partir a montanha, despedaçá-la em
blocos, conduzir seus pedaços aonde quiser. Arranco do
solo a árvore, que fica chorando as lágrimas de suas raízes.
Mas como poderei prender um músculo do mar?

◆

O Império era uma academia de retórica, em vez de um campo de cultivo. Uma biblioteca, em vez de uma fazenda; um instituto histórico, em vez de uma usina. Era quase um passado no presente, em vez de um presente na vertigem do futuro. Dessa esplêndida novidade do mundo, que era o Brasil, fizemos uma velharia gloriosa, em que homens, coisas, vida, tudo era velho. E amanhecemos na República educados da mesma maneira que os homens do Império.

◆

Um povo é tanto mais elevado quanto mais se interessa por coisas inúteis, como a filosofia e a arte.

◆

Uma rua de Paris é um rio que vem da Grécia.

◆

De vários livros e artigos [1911-33] — *vide bibliografia*

ISMAEL NERY

Não quero ser Deus por orgulho. Eu tenho esta grande diferença de Satã. Quero ser Deus por necessidade, por vocação.

◆

Meu Deus, dai-me tudo, menos a paz. Tirai-me cada vez mais a felicidade, para que cada vez mais eu a deseje e não morra de tédio.

◆

Só me resta esperar a volta de Cristo, com quem
preciso ter urgentemente uma entrevista pessoal.

◆

A prova de fogo de um artista deveria ser pintar
o Cristo completamente nu na cruz.

◆

Por que não acreditar em Deus, quando
se acredita até em regimes políticos?

◆

Pertenço à raça dos homens que amam e consolam,
e não são amados nem consolados.

◆

A vida estética não se opõe à vida filosófica ou
religiosa. Por que não ser um teólogo que dança?

◆

Todo homem recita um poema nas vésperas de sua morte.

◆

A Humanidade, como as plantas, precisa de estrume.

◆

De escritos [1921-35] *deixados com a família e com Murilo Mendes*

JAYME OVALLE

O passarinho é o soneto de Deus.

◆

Os outros planetas não são habitados, só a Terra.
Todo o resto é luxo, prodigalidade de Deus.

◆

Você já viu um amanhecer? Já viu o sol que faz de
manhã? Deus é assim — sempre foi um exagerado.

◆

Deus faz muito rascunho. O hipopótamo,
por exemplo, é um rascunho de Deus.

◆

Deus gosta mais de alguns do que de outros. Anda meio
zangado com o Portinari desde que ele fez aquela Ceia,
e agora anda indeciso entre ele e o Di Cavalcanti.

◆

Uma coisa eu sei: Deus não lê romance moderno brasileiro.

◆

Não espalhe, mas é possível que Deus não seja muito inteligente.

◆

Se o papa ficasse louco, isso seria
a plenitude de sua infalibilidade.

◆

Não acredito nos dragões. São Jorge, hoje em dia,
mataria outra coisa. Um automóvel, por exemplo.

◆

O Diabo é excelente comerciante. Todo
lucro tem a cooperação do Diabo.

◆

A riqueza é sempre um pacto com o Diabo. E o
pior é que o Diabo tem palavra, cumpre tudo que
promete. Mas não deixa de mandar a conta.

◆

O silêncio das coisas tem um sentido.

◆

A música é o silêncio em movimento.

◆

A música vive fora de nós. Nós somos os instrumentos.

◆

O ato criador é qualquer coisa assim como um
desastre. Tem o imprevisto de um choque.

◆

O ato criador pode acontecer de maneiras muito
diferentes. Às vezes nós participamos dele, outras não.

41

◆

O importante é o poeta, não a obra. A obra
de Camões é grande porque é de Camões.

◆

Cada poeta é amasiado com uma palavra que ele acaba por
desmoralizar. Exemplos: Jorge de Lima, com "anjo"; Murilo
Mendes, com "Satã"; Vinicius de Moraes, com "mulher".

◆

Todo mundo é criado com o dom da poesia e só deixa
de ser poeta porque perde a inocência. No fundo, esse
pessoal que se torna banqueiro, senador ou presidente
da República só faz isso porque deixou de ser poeta.

◆

A noite é minha e sua. O dia não é de ninguém.

◆

A morte é a única coisa que é completamente nossa. É a única
coisa individual, própria, que a gente alimenta desde que
nasce. A morte é a nossa filhinha querida. Todo o resto não nos
pertence. Nosso nascimento, por exemplo, é de nossos pais.

◆

O câncer é a tristeza das células.

◆

Sempre haverá pobres no mundo. Porque,
senão, quem vai dar esmola aos ricos?

◆

A ilha de Manhattan é um transatlântico atracado no
cais. De repente levantará ferros e ganhará o mar.

◆

As focas são inocentes. Não se incomodam
de serem vistas assim, completamente nuas.

◆

Sei que é uma infelicidade minha, mas
não tenho culpa de ter nascido branco.

◆

Frases ditas em diversas ocasiões, recolhidas em O santo sujo:
A vida de Jayme Ovalle [2008], *de Humberto Werneck*

RONALD DE CARVALHO

A verdade é talvez um momento feliz.

◆

Purista é aquele que escreve corretamente mal.

◆

Há, entre nós, alguns poetas que fazem poesia.

◆

Os poetas são os mais agudos e perspicazes matemáticos
do planeta. Não sei de nada mais parecido com os acentos

e com a multiplicidade de um verso do que um conceito de
mecânica racional, seja o de massa, de movimento ou de força.

◆

O poeta é, dentre os sábios, o menos falível. É o único
que não acredita na perfeição dos seus instrumentos.

◆

Nossa inteligência só vale pelas dúvidas
que é capaz de suscitar a si mesma.

◆

De *Estudos brasileiros* [1930-31]

Crônica e reportagem

Quando se tratava de ganhar a vida com a pena no dia a dia, os escritores cariocas dos anos 20 podiam ser cronistas, repórteres, críticos, editorialistas, diretores de jornais, panfletários, ghost-writers, ilustradores, caricaturistas, conferencistas, tudo ao mesmo tempo e, às vezes, combinando esses gêneros entre si e fazendo deles uma coisa só. Amados, temidos, admirados ou combatidos, não lhes faltava trabalho. Seus interesses iam das questões estéticas às humanas e sociais, e seus ambientes, dos salões finos às ruas e ao bas-fond. Esses ambientes eram o Brasil. Particularmente o Rio — a metrópole.

Nesta antologia, Alvaro Moreyra, Gilberto Amado e Peregrino Junior fazem a crônica de um Rio galante e irresistível, enquanto Benjamim Costallat, Orestes Barbosa e Ribeiro Couto nos levam às ruas e às suas vísceras "do vício e da graça". As candentes Chrysanthème e Julia Lopes de Almeida nos impressionam com a atualidade de seus libelos sobre o divórcio (então um tabu intransponível), o racismo, a saúde pública e a liberdade da mulher. O incrível leque de interesses de Elysio de Carvalho vai da intimidade da antiga e faiscante aristocracia carioca à do alto e baixo crime. E Dante Milano, João do Rio e Théo-Filho nos arrebatam com sua prosa para ser lida em voz alta e de um só fôlego — se você conseguir.

Na verdade, essa prosa "em ritmo de automóvel", como se dizia do estilo de Benjamim Costallat, está na maioria dos textos desta seção. Eles combinam bossas típicas do período — como a escrita telegráfica, *de frases e parágrafos curtos, criada por Orestes Barbosa e vastamente copiada — com a segurança e a clareza de quem se sabia capaz de escrever para cem anos depois.*

ALVARO MOREYRA

Aqui está

A terra carioca tem o tempo da vida contado ao avesso. Os anos vão passando, ela vai ficando mais nova. Quem a procura na lembrança dos dias coloniais encontra uma velhinha tristonha, de nome cristão e vista fatigada, em frente ao mar — Cidade de São Sebastião do Rio de Janeiro. Durante a permanência de d. João VI, a velhinha desaparece. E lá está, entre os uivos da rainha doida e os primeiros lampiões urbanos, uma grave matrona, vestida sem gosto nenhum… Com d. Pedro I, ei-la chegada ao outono, já bem-posta, aparecendo nas igrejas, nos salões, no teatro… A Regência deixa-a na mesma idade. Pelo meio do Segundo Império, ela rejuvenesce escandalosamente. Quando se proclamou a República, andava a terra carioca nos seus vinte anos. De então para hoje, ficou assim… Menina e moça, pouco a pouco se desembaraçou, perdeu o ar acanhado, quis viver… O corpo tomou o ritmo das ondas, a graça das árvores esguias. Tem um resto de sonho nos olhos, o voo de um desejo alegre nas mãos. Mulher bem mulher, a mais mulher das mulheres… Conhece o presente. Adivinha coisas deliciosas do futuro. Mas não lhe falem em datas, épocas, feitos, criaturas do passado… Não lhe falem que se atrapalha. Em compensação, enumera todos os costureiros e chapeleiros de Paris… diz de cor a biografia de todos os artistas de cinema… entende de esportes como ninguém entende… Conversa em francês, inglês, italiano, espanhol... Ama os poetas... Toma chá com furor... E dança tudo... É linda!...

De *A cidade mulher* [1923]

◆

Mulherzinha

Todas as manhãs, no mesmo bonde, ela é minha companheira de viagem até à rua Marquês de Abrantes. Vai para o colégio. Senta-se no primeiro banco, de frente para os outros passageiros. Traz um jeito de fadiga nos olhos, na boca. Parece distraída. À aia que a acompanha entrega, displicente, uma das mãos. Na mão solta, leva sempre rosas. É engraçada assim, com seu rosto metido no uniforme escolar azul, branco, tons de vermelho no peito e na cintura. Os cabelos cor de fumo mal se mostram debaixo de um chapéu de palha negro, abas longas.

Diante dela, não sinto o maravilhado prazer que me dão, através dos óculos, as crianças bonitas ou feias, bem-vestidas ou esfarrapadas. Não seria capaz de tratá-la com intimidade. Se lhe chamasse "Minha filha", havia de pôr nessas palavras uma expressão muito distante de paternal.

Tão preocupada, tão tristonha, tão vivida!... Que mulher terá sido essa menina?

De *A cidade mulher* [1923]

1930

Em São Paulo, naquelas noites de outubro, cheias de luar e rádios, o Palácio dos Campos Elísios ficava sempre aberto para os amigos.

Depois do jantar, eles iam chegando. Muitos, a princípio. Senadores, deputados, jornalistas, alegres, noticiosos.

A revolução não passava de uma blague.

Revolução para vencer! Ora...

O governo é o governo...

Uns diziam, sacudindo as costas:

"Idealistas..."

Outros protestavam, de braços frenéticos:

"Separatistas!"

E os demais, em frente das janelas de onde vinha o rumor da cidade sem sono:

"Malucos!"

Opiniões sortidas.

Pouco a pouco, o número começou a diminuir.

Por fim, na última semana antes do dia 24, eram menos de uma dúzia os amigos certos.

Chegavam da rua, lentos, tristonhos, na ponta dos pés; faziam com a cabeça uma coisa que podia significar "Boa noite" e podia significar o contrário.

A sala tinha o ar quieto, sussurrado. Como se algum doente agonizasse ali perto.

Ninguém se mexia nas poltronas e nos sofás.

Uma vez, de súbito, um grande estrondo lá fora. Todos se levantaram:

"Hem!?"

"Que foi!?"

"Que é!?"

Um pneumático que rebentara.

De quando em quando um café, já muito desvalorizado, aparecia em xícaras que um contínuo carregava numa bandeja com dança de são guido.

Naquela sala se soube da resposta gritada pelo presidente da República ao seu candidato eleito e reconhecido [*Julio Prestes*], ao ouvir pelo telefone a ideia de um acordo com os adversários:

"Não seja covarde!"

Desaprovação geral:

"Covarde por quê?"

"Covarde é ele! Lançar o país numa guerra civil!"

Pois os reservistas não se recusavam a seguir para Itararé? Então o Exército e a polícia seriam obrigados a marchar, irmãos contra irmãos?

Um psiu coseu as bocas.

Mas os olhos continuaram soltando terríveis desaforos.

Silêncio.

Desalento.

E, no meio do silêncio e do desalento, a campainha do telefone tocou.

O dr. Julio Prestes correu:

"Alô... Sim... Não... Quando?... Ah, bem!... Bravos!... Como?... Claro... Claro... Até amanhã!"

Fisionomia aberta, sentou-se, sorriu em torno:

"A situação melhorou!"

"Conte! Conte!"

"O Mundico embarcou para a fronteira do Paraná com o batalhão!"

"Ah!"

O senador Villaboim perguntou baixinho ao deputado Cyrillo Junior:

"Quem é esse Mundico?"

O deputado Cyrillo Junior respondeu baixinho ao senador Villaboim:

"É um vagabundo aí do interior. O batalhão deve ter uns quarenta homens."

Na noite seguinte, não houve reunião.

No Palácio dos Campos Elísios, a folhinha conserva a data da véspera: 23 de outubro de 1930.

[1930]
De *O Brasil continua...* [1933]

BENJAMIM COSTALLAT

Copacabana

Praias inteiras que se alongam, que se espreguiçam...

Passa a elegante, sem chapéu. A saia curta e desenhada, um esnobismo de bom-tom, de bom gosto e de boa fazenda, meias imperceptíveis, pele tratada, linha aristocrática. É o footing. O footing antes do jantar, o jantar antes do Huguenet.

Automóveis se sucedem velozes. Alguns, devagar, como que arrependidos de terem rodas, salientam o brilho irrepreensível de seus metais, de seu chofer e de seus donos. Alguns táxis, envergonhados de poeira, se precipitam avenida afora, no tique-taque enervante de seus relógios...

É uma peregrinação enorme de veículos que, daqui a pouco, no escuro da areia, quando o sol tiver jogado os últimos lampejos vermelhos de sua queda, só serão lanternas... Lanternas mais ou menos vivas, mais ou menos acesas, mais ou menos intensas, segundo a importância da carroceria e da quantidade de HP que as tem de conduzir. A lanterna é, no automóvel, o que a roupa é no homem. O farol, potente e elétrico, inspira a mesma consideração para com os automóveis que a casaca para com os homens. Ninguém imagina que um automóvel de farol seja um mau automóvel, sem solidez nem velocidade. É como o homem encasacado. Há na camisa branca, no peitilho duro, na gola de seda, fortes argumentos para a admiração e para o respeito. A avenida Atlântica, contorcendo-se entre as ondas, foi feita para os paralelos das lanternas como para o paralelo das roupas.

As mulheres se olham e os automóveis se cruzam. Há o comentário das buzinas e das palavras. Há melindrosas e limusines, almofadinhas e *double-phaetons*. O desfilar ininterrupto de umas e de outros, andando na calçada e correndo na rua, é feito no mesmo intuito de elegância e despreocupação. Os automóveis são de passeio, os transeuntes são de footing.

Na sucessão dos palacetes, em uma luxuosa cinematografia, Copacabana pouco revela da vida. Os hábitos são modernos e a existência é confortável. Ali, tudo se deita tarde e mais tarde ainda acorda. Costumes europeus. Almoço à uma hora e jantar às oito. Chá às cinco. Criados de casaca e maîtres d'hôtel de suíças. Muitos abajures e um sem-número de almofadas. Quadros de mestres nas paredes altas. Tapetes de preço. Aubussons espalhados. Banheiros colossais e cômodos ladrilhados de branco, como para um banho de virgem. Saletas que são salas, salas que são salões. Muita claridade pelas janelas largas, muita luz jorrando dos lustres. O luxo ao lado da higiene. Os palacetes se assemelham, as fortunas se assemelham, os habitantes se assemelham. Há como que uma combinação tácita em todos os seus atos. Assim, às sete horas, nos primeiros escuros da noite, todas as psiques estão acesas e na mesma *coiffeuse* — pode-se ver em todas as casas a mesma criatura cremeando o mesmo palminho de rosto, enquanto os mesmos eternos fios loucos do cabelo enquadram em desordem dois olhos de fogo e dois lábios de sangue...

Às oito horas, a cena varia, para ser exatamente a mesma do vizinho.

Das cozinhas lustrosas vem um perfume penetrante de molhos caros. As panelas reluzem. Os pratos se alongam. As travessas se estendem. Há alegria e bem-estar na atmosfera. Na mesa, florida de cravos, come-se silenciosamente. Desce do abajur escuro uma claridade de mistério. Os criados, endurecidos, alguns pelas luvas de polichinelo que lhes enchem os dedos, servem com uma austeridade sacramental... Ah, o pão tem gosto de hóstia!...

Pouco a pouco, vão se acendendo os havanas da vizinhança. Variam apenas de rótulo. Aqui, naquele *fumoir* esverdeado, só se fuma Vuelta Abajo; naquele outro, cor de verniz, só se acendem Coronas... Dos maples profundos e macios, a avenida Atlântica inteira, todas as noites, à mesma hora, sonha sob a fumaça azul e sob a cinza branca dos mesmos charutos...

É hora do Huguenet. O Municipal, ardendo de claridade, abre suas grandes portas de cristal. Copacabana põe-se em movimento. Casacas e decotes descem da escadaria de seus palacetes. Automóveis no portão, iluminados, esperam. Começa daqui a pouco a fila interminável de lanternas, que brilham como pedras no grande colar da praia.

"Sergine é uma nevrótica de raça..."

"Só nervos e só ossos, mas que nervos e que ossos!..."

"Huguenet é patriarcal, bonachão e gozador. Ele e Sergine são dois contrastes. Quando os vejo juntos, lembram-me sempre o balão e o aeroplano..."

"Por quê?"

"O aeroplano é mais moderno, mais nervoso, bebe mais

espaço e atira-se em maiores regiões, com velocidade e delírio, forçando suas asas — é Vera Sergine.

Quanto ao balão, é um velho gozador das alturas, calmo e sistemático, que se movimenta redondo e tranquilo, sem esforço, sem exagero, sem precipitações, apreciando melhor a paisagem — é Félix Huguenet."

As palavras se perdem com a velocidade dos carros dentro do túnel. Apostando corrida, as limusines, acesas como vitrines, vão levando suas joias humanas. Joias de preço, maravilhosamente buriladas.

Depois do espetáculo, é a ceia. E Copacabana ceia com o mesmo entusiasmo uníssono com que toma chá, acorda tarde e pratica o footing.

No dia seguinte, a vida recomeça... As praias extensas, as areias limpas, como que preparadas para a elegante atividade de seus elegantes moradores. Os palacetes brancos. O mar impecável.

E se, por acaso, ao longe, muito ao longe, há de quando em quando a manchinha humilde e esfarrapada de um casebre agarrando-se em ruínas aos costados dos morros, se algum garoto passa e pede esmola, se há gente com cara de fome olhando para as ondas — tudo se dissipa, a alegria renasce, o luxo retoma o seu bairro, apenas pelo grito autoritário de alguma buzina que previne aos mortais que lá vem um automóvel de muitas lanternas, com grandes lanternas e um imenso farol...

De *Mutt & Jeff* [1922]

◆

Os fumantes da morte

"*A Noite! A Noite!* Olha *A Noite!*"

Os vendedores de jornais, garotos rotinhos e barulhentos, passavam como uma avalanche, num berreiro infernal, no meio da multidão indiferente e cansada que voltava à casa àquela hora da tarde.

Fazia calor. O calor estafante de um dia que havia sido muito claro. Um dia de sol impiedoso. Um céu de verão muito azul e iluminado, quente, fervendo, sem a ruga de uma nuvem. O calor condensara-se no asfalto. E o asfalto amolecido desprendia um bafio pesado e morno.

"*A Noite*! Olha *A Noite*!"

Automóveis buzinando dirigiam-se, velozes, para os bairros elegantes.

Na Avenida, uma multidão se apressava para o ponto dos bondes.

A tarde já era quase noite. Escurecia lentamente, mas escurecia.

Uma brisa fresca, inesperada, vinha do mar, e as lojas, aos poucos, se iam acendendo.

De repente, a visão mágica. Milhares de globos elétricos dos milhares de lampiões iluminaram-se como de improviso.

Jorrou luz por toda parte.

A cidade, novamente, clareou.

Fez-se um novo dia!…

Nesse instante, alguém me disse ao ouvido:

"Os chineses te esperam… Sim, os chineses… Tudo está pronto… Tenho a senha… Vamos…"

Fui. Fomos, meus companheiros e eu.

Deixamos a claridade intensa da Avenida e nos embarafustamos na meia escuridão da rua São José.

Viramos o beco do Cotovelo, o beco sinistro e fétido, com sua ladeirinha que sobe para as ruínas do Castelo…

Pouco depois estávamos na travessa dos Ferreiros. Em pleno bairro chinês.

Mas pode-se chamar aquilo de bairro? Não. É apenas uma travessa. E que travessa! Pequenina, estreita, tem-se a impressão de que, abrindo os braços, fecha-se o trânsito da estranha viela.

As casas são bastante altas e, durante o dia, mal se avista o céu. O céu, para aquela pobre gente que aqui vive, é apenas uma fatia, uma pequenina fatia de azul iluminado.

Mas, à noite, a travessa dos Ferreiros é apavorante.

Mal acesa, quase escura, adivinha-se mais do que se vê.

E não se vê mesmo nada.

Anda-se às apalpadelas. Pisa-se com incerteza, como cegos.

E o receio de ser assassinado, ali, sem mais nem menos, sem barulho, em pleno silêncio, sobe à garganta de quem passa.

Percebe-se, de quando em quando, uma sombra. Só se percebem sombras. Sombras e formas indecisas.

Espera-se ver surgir um punhal a cada instante. Uma sombra que se mexe — um chim!

Passa-se.

O chinês não se alterou.

Ficou-se esperando a facada.

Mas ela não veio.

Será para outra vez...

Mais uma sombra, mais outra.

Mais um vulto encostado à parede, mais outro.

E vai-se andando, surpreendido de não se ter sido assassinado ainda...

"É aqui. Já chegamos... Deve ser o número 17..."

Meu companheiro segurou-me o braço e parou.

A porta do número 17 estava fechada.

De dentro da casa, não vinha o menor ruído.

Parecia inabitada.

Não se via nenhuma luz no interior.

O silêncio e a escuridão envolviam o número 17.

"Como é que sabes que é o número 17? Não se enxerga nada!"

"Não te impressiones. Eu tenho certeza."

E, como melhor argumento, começou a bater, primeiro de

leve, depois com força, para depois ir batendo de novo, levemente, como um tambor que fosse, pouco a pouco, desaparecendo ao longe...

"É o sinal."

Mal ele havia acabado de tamborinar na porta, lentamente ela se abriu, e a cara expressiva e desconfiada de um chinês fez-se ver.

"Boa noite, Lu-Ki-Kong."

O chim teve um risinho nervoso, indefinido, não sei se de alegria ou de raiva, um risinho trágico, risinho diabólico, risinho sinistro. E, com a sua voz gutural, voz de boneco de ventríloquo, deu a licença desejada:

"Entrar... Entrar... Pode!... Entrar... Entrar..."

E repetiu uma porção de vezes aquele "entrar", dito numa pronúncia curiosa.

Entramos.

A cena foi inesperada.

Estávamos em um andar térreo, imenso, às escuras.

Perto da porta, uma escada subia para os outros andares.

Adivinhava-se o tamanho da loja porque, muito distante, via-se uma luz fraca que tremeluzia.

Uma luz, não. Havia três luzes, espaçadas.

Três luzes anêmicas, jogadas aqui, mais além, acolá, sem simetria, em meio de toda aquela escuridão.

O ar era abafado.

Um ar de cômodo eternamente fechado, onde o sol não entra.

Respirava-se com dificuldade.

Sentia-se, em meio ao cheiro desagradável das habitações coletivas, um perfume adocicado e estranho, um perfume de planta e de fruta — o ópio!

O ópio!

Estávamos em uma das célebres *fumeries* chinesas, *fumeries* onde só os iniciados conseguem penetrar, templos misteriosos de um grande vício.

Seguimos Lu-Ki-Kong. Fomos para o fundo da loja.

O cômodo estava abarrotado de sacos e de diversos utensílios próprios para o principal negócio dos chineses — o amendoim.

Caixas e caixas, sacos e sacos, empilhados, e, dentro de várias peneiras, o amendoim descascado.

Diante das três luzes misteriosas, estendidos sobre tábuas nuas, alguns chins fumavam...

As lâmpadas de querosene, com sua luz vacilante e amarelada, iluminavam as fisionomias mais amarelas ainda dos viciados, em êxtase!

Os olhos em amêndoa, semifechados, os chineses aspiravam fortemente — com um ruído de fole —, três, quatro, cinco vezes, a fumaça dos cachimbos compridos e caíam prostrados de gozo.

E recomeçavam a operação até dormir, dormir o sono ilusório e maravilhoso do ópio.

Tamanha era a prostração de um deles que só conservava a força de fumar, de aspirar as fumaças azuis e adocicadas do veneno.

Ao seu lado, deitado, havia outro, que lhe preparava o cachimbo.

Lentamente, com a agulha comprida, tirava do pequeno bolão repleto de ópio líquido — uma massa escura como um óleo grosso — a ligeira dose para cada cachimbada, o suficiente para aquela meia dúzia de fortes aspirações.

Na ponta da agulha, o ópio formava uma bolinha miúda.

Aquecida ao calor da lâmpada, a pequena dose entrava em combustão, acendia-se, avermelhava-se, como um minúsculo sol.

Era aquele minúsculo sol que, dentro do comprido e negro cachimbo, iluminava o cérebro do chinês para os vários e novos mundos, das grandes sensações e das grandes fantasias.

"Lu-Ki-Kong! Onde estão os brasileiros que fumam?"

O filho do céu fez uma careta horrível. Bateu violentamente a palma da mão no peito:

"Oh! Oh! Mentiro! Mentiro!... Só chim... Só chim... Brasileiro, não!..."

Tornei a insistir:

"E as mulheres? As criaturas viciadas que, à noite, vêm procurar no ópio o esquecimento de uma vida vergonhosa e um prazer novo para as suas sensações insaciáveis..."

Lu-Ki-Kong, imóvel, escutava como se não entendesse.

"Vamos! Diga-nos a verdade!..."

O chinês, mudo, não respondia. Sua cara era um enigma. Não sabia se ele estava com vontade de me morder ou de me abraçar. Os chineses são um mistério. A fria impassibilidade daqueles olhos em amêndoa, aquelas criaturas amarelas e secas não demonstram o que são. Só eles sabem o que pretendem. Toda a psicologia prática falha diante daquelas máscaras lívidas, sem movimento, de olhos pequeninos e traiçoeiros.

"Não nos quer dizer... Pois bem... Não faz mal!"

Mas o chinês teve um frêmito. Rápido, fez um gesto.

Na porta, agora, batiam como o meu companheiro havia batido — as mesmas pancadas precipitadas; primeiro, fracas; depois, fortes; para depois irem esmaecendo aos poucos.

Lu-Ki-Kong precipitou-se. Seus passos pareciam feitos de algodão. Não faziam barulho.

Correu à porta. Abriu-a.

Então vimos um casal entrar.

Reconheci imediatamente o homem, pela sua gordura de bem-aventurado gozador da vida. Parente de um muito ilustre político já morto, o sr. X.Y. é figura indispensável de todos os recantos do Rio que se diverte. Acompanhava-o uma mulherzinha loura — uma francesa, vulgar.

Lu-Ki-Kong fez o casal subir as escadas e, rapidamente, desaparecer.

Isso foi feito no espaço de um segundo. Mas o bastante para satisfazer a nossa curiosidade.

Quando Lu-Ki-Kong voltou, conservava-se imperturbável, como se nada tivesse acontecido.

"Então, os brasileiros fumam ou não?"

Lu-Ki-Kong, abanando a cabeça, tornou a repetir:

"Mentiro! Mentiro! Só chim... Só chim..."

De *Mistérios do Rio* [1924]

◆

A dançarina nua

Três e meia da manhã.

No clube, o jazz-band ronca e explode.

O ar é abafado. Todos fumam. Há um denso nevoeiro de fumaça. Um nevoeiro que vela as lâmpadas elétricas e asfixia os pulmões.

A gritaria é infernal. O cabaré, em uníssono, canta a "Gigolette".

O jazz geme e tiroteia. Um barulho de chocalhos, de buzinas, de apitos, de jardim zoológico...

Estamos entre feras ou entre homens?

"Oh! Gigolette... Oh! Gigolette!..."

Paira pelo ar um cheiro de cerveja, de fumo, de suor e de mulheres...

Num recanto, no pano verde, a frase clássica e sacramental do croupier:

"Cem na banca!... 'Banco'... Feito..."

Ouve-se o tique-taque das fichas de marfim, agitadas por dedos febris.

É o jogo!

E a pá do croupier, como um braço enorme e impiedoso, along-ga-se por entre as "paradas", fazendo e desfazendo sorrisos das fisionomias pálidas dos jogadores.

"'Banco' de quinhentos! Quinhentos!... Feito..."

Há um instante de silêncio. Todos os olhares se fixam sobre o baralho, como que querendo magnetizá-lo. É um segundo de anseio. Os corações batem mais rápido.

Mais uma carta, porém, é virada, e mais uma ilusão se desfaz! E o jogo recomeça, e as fichas de marfim voltam a fazer tique--taque, nervosamente, umas nas outras...

Três e meia da manhã.

No cabaré e na sala de jogo, há, repentinamente, um movimento geral.

Juvenal, o cabaretier, com a sua voz possante, acaba de anunciar:

"Meus senhores! Minhas senhoras! Flora de Mer, a célebre dançarina nua!"

As vozes se calam. Os gestos se paralisam.

Sensação! Expectativa!

O jazz-band emudeceu. Apenas o seu tambor rufa. Rufa violentamente, como nos dias de guerra, de carga e de batalha, e como nas noites de circo e do salto da morte!

Apagam-se as luzes do cabaré. Desce agora do teto uma luz vermelha, sangrenta, trágica.

E, do escuro e do seu manto preto, umas peles negras e espessas, surge esplêndida e branca — a dançarina nua!

A dançarina é pontual. Todas as madrugadas, àquela mesma hora, ela surge, como uma visão de beleza, daquele mesmo escuro e daquele mesmo manto preto, sob aquela luz de sangue, que a veste toda de vermelho.

Mas tão claro é o seu corpo que ela consegue ficar lívida e branca, como uma estátua de mármore, no meio de toda aquela vermelhidão.

E linda e branca e nua — ela dança!

O contraste é tremendo entre a dançarina e o seu público.

Ela — muito clara, muito fina, quase irreal. Uma visão, uma fumaça...

Ele — feito de caras de notívagos, de boêmios e de bêbedos, amarelos por vigílias constantes, olheiras fundas de vícios, ares exaustos e apalermados!

Adivinham-se no escuro fisionomias patibulares que se voltam, com olhares febris, para aquela plástica de mulher e de Vênus. De repente, ouve-se um grito, uma palavra pesada...

A dançarina, impassível, continua a dançar sob a luz sangrenta das lâmpadas...

E tão lindo é o seu nu, tão puro, tão clássico, tão grego o seu perfil estranho, que sua dança não consegue ser imoral.

A indecência está nos olhos que a veem, e não no corpo imaculado que ela exibe.

Três e meia da manhã!

E assim, todos os dias, a essa hora, o Rio que se diverte, e mesmo aquele que não se diverte, tem ido ver o escândalo do momento — a dançarina nua.

Até agora, os cariocas tinham visto o Bataclan, a plateia do Municipal e os bailes no Clube dos Diários, mas, apesar disso, não tinham ainda visto nada de tão completo no gênero quanto essa Eva das três horas da manhã!

Essa, sim, bateu o recorde.

É a Dempsey do nu!

O Rio civiliza-se, já nos avisam há muito.

Civiliza-se, não há como negar.

E, depois das avenidas, dos hotéis, dos teatros, das casas de chá e sem chá que temos, só nos faltava a dançarina nua, que agora também temos!...

Já somos, não há dúvida, uma grande cidade!

De *Fitas...* [1924]

CHRYSANTHÈME

Banhos de sol, banhos de mar

Nas praias, ao longo das areias cor de âmbar ou entre as vagas do oceano, orladas de espumas, surge uma multidão de homens e de mulheres que, nos seus maiôs coloridos, lembram graciosos bonecos ou flores que ventos fortes atirassem aqui, ali e acolá. Pelas manhãs ou tardes radiosas, às horas em que o sol, com seu olho curioso, espia a Terra ou dela se despede num pisca-pisca malicioso, o espetáculo apresentado pela turba encalorada é realmente paradisíaco.

Estando em moda os banhos de sol, assistimos à generosa exposição de lindos corpos de mulher e de robustas academias masculinas, aquecendo-se aos beijos do astro, que jamais se encontra com a Lua no receio de atritos formidáveis para o planeta.

Entre estes e aqueles, emoldurados pela ardente coloração espalhada sobre a Terra, crianças meio nuas, como anjos insexuais, saltam, jogam bolas e fazem crer que uma banda de serafins invadiu o mundo. Toda uma vegetação nova e exótica cobre as pepitas amarelas das areias, como flores estranhas e venenosas, trazidas pelas brisas que sopram embalando as criaturas adormecidas ao sol como lagartos, desatando as cintas femininas e os cordéis dos sapatos, e esvoaçando as madeixas das cabeleiras curtas. São barracas verdes, tendas vermelhas, umbrelas de todos os tamanhos, modalidades e coloridos, bolas enormes que riscam o espaço como bólidos, vindas não se sabe de que constelação ainda apagada.

Enquanto formosas pernas estendem-se descobertas, queimando-se lentamente à tepidez ardorosa do ambiente, braços lânguidos e esculturais caem ao longo dos quadris mornos, que uma simples tanga vela das vistas demasiado perspicazes.

E assim o paraíso reina sobre a Terra, junto da orquestra de mil vozes do oceano.

Contemplando a arena imensa das margens desse mar, em cujo seio se abriga um exército de criaturas na íntima solidariedade de vencer o calor, na curta transparência dos costumes atuais, evoco, involuntariamente, as roupas de banho da geração passada e estremeço ao recordar-me da fealdade daqueles fatos de baeta, do comprimento e largura inarmônicos das calças pesadas e do mesquinho decote das blusas-saias, envolvendo as banhistas como mortalhas sinistras.

Se a antiga concepção do pudor perdeu com a nova moda, a elegância ganhou com ela e, aos críticos e moralistas, responde a nova geração feminina: "O pudor exagerado só domina os seres aleijados ou com falhas nas suas anatomias. Os entes belos, perfeitos e harmoniosos nada temem e a ninguém receiam, desconhecendo o pudor...".

E aquelas que pensam deste modo aparecem deliciosas nos seus maiôs curtíssimos, que nada deixam em segredo, revelando os menores mistérios de uma matéria que, antes de se resolver em pó, muita poeira sacudirá na mente do elemento masculino, adversário e adorador da mesma.

Debaixo das faixas das tendinhas ou das folhas das *ombrelles*, surgem, efetivamente, verdadeiras deusas, cuja beleza de formas o vestido moderno não deixava pressentir, e cujo corpete não permitia se adivinhasse a adorabilidade de braços próprios para abarcar o céu, a terra, o mar e as criaturas.

Antigamente, nos banhos de mar, as senhoras eram todas iguais, tão enfarpeladas penetravam na zona salgada, necessitando muita observação dos espectadores para que não irrompesse a afirmação de que, dentro da água, todas as mulheres se parecem. Hoje, Páris, o disputado amante de Vênus, o lindo pastor do Olimpo, saberia, num simples olhar, decidir a que deusa deveria presentear com sua maçã simbólica e... pérfida.

Cruzeiro [15 dez. 1928]

DANTE MILANO

Filmagem do Carnaval noturno

Nosso povo tem seu dia. Não é o 13 de maio, nem o 14 de julho. É o Carnaval. Bombos, pandeiros, chocalhos, cuícas, violões, flautas, clarins. Montões de serpentinas e confetes rolando pelas ruas. Tem-se a impressão de que o dinheiro rola pelo chão. Bandas de música em coretos ornados de folhagens. O povo respira livre. Negras que são as mulheres mais cheirosas do mundo, morenas que desprezam as gentes, brancas que valem fortunas, misturam o olor de três carnes ardendo no mesmo fogo. Grupos alvares rasgando no reco-reco a marcha canalha; blocos de negros suando pintados batendo pandeiros, chocalhos. Aqui o povo faz roda às baianas de mãos nas cadeiras, rodando da cintura pra baixo até o chão. Atenção. Só se escuta o barulho dos chocalhos. A baiana se estorce, se contorce toda. Todo mundo quer ver. Empurrões, discussões, socos, bofetadas. Cai fora, pessoal! Vem a polícia! "Que é que há?" "Não há nada." Passa um cordão no meio do povo. O tampo rotundo do bombo retumba, cuícas catucando um baticum macambúzio de macumba. Giros lentos de estandartes, bamboleios de lanternas de cor. A grande coloração do riso do fogo. As pastorinhas evoluem como andorinhas. Homens de todas as cores entoam cantos em coro. Fantasias que são fantasmas de outros tempos, aparições das *Mil e uma noites*, Aladim baliza, Simbad capoeira, Sherazade mulata, odaliscas negras.

"Evoé, Momo, é hoje! Deus queira que não chova!" A ornamentação interna da Caverna dos Tenentes do Diabo simboliza uma viagem ao Polo em chamas. Bombástico, mirabolante, rocambolesco, babélico, umbilical. Baile da Vitória. A Junta Governativa do clube pede ordem, harmonia e amor, sem os quais não há verdadeira alegria. Virgens, sambai; ninfas, rebolai. Hurra, viva a mulher rubro-negra, deusa nua, estandarte da loucura, mastro do gozo! A mulher, divertimento de um dia... Lutai por ela, homens, semideuses, Vulcanos, Saturnos... Toda a Grécia posta no ridículo.

O povo todo é uma só onda e um só rumor. Encontrões, apertões. Escândalo de caras sem-vergonha. As mulheres feias não fazem sucesso. As sérias não devem sair no Carnaval. Quem não quer brincar fica em casa. Palavrões saltam de ouvido a ouvido, de nada vale o aviso da polícia. A polícia não pode prender todo mundo. "Não empurra!" "Toca o bonde!" "Não empurra!" "Quem é que está empurrando?" "O senhor está bêbedo?" "Eu, minha senhora?" "Foi o senhor mesmo!" Protestos de todo lado. "Cai fora!" "Quá, quá, quá! O que eu quero é gozar!" "Olha a frente!" Maxixando no meio do povo, a mulata mostra as suas qualidades. "Abre alas, pessoal, que eu vou passar!" "Ó pedaço, quase nua!" "Protesto contra essa imoralidade!" "Cala a boca, burro!" "Que falta de educação!" "Meto-lhe a mão na cara!" "Você é besta!" "A polícia está prendendo gente!" "Por quê?" "Não sei!" "Isto é um abuso!" "Não pode! Não pode!" "Os soldados de cavalaria praticam violências." "Meus senhores! Peço a palavra..." "Ó moço, olhe as famílias!" "O quê? As famílias? Não há mais famílias no mundo, acabaram-se as famílias. É tudo uma família só. Sua mãe é minha tia, sua irmã é..." A bofetada estalou, copos, garrafas, cadeiras, chapéus, braços, pernas, cacos espalhados. Formou-se um bolo de gente. Levaram-no preso de rastos pelo chão. "Ah, ah, ah, ih, ih, ih! Cocorocó!" A onda do povo brinca de empurrar. As mulheres vão na onda. "Ui, não belisca!" Gritos, ataques histéricos, contrastando com as lâmpadas elétricas e os berros alegres. Beleza física da falta de moral. Cheiro de éter, tufões de confete. Toda gente transformada em palhaços, índios, piratas, marinheiros, malandros. As mulheres são princesas encantadas, aparições envoltas de beleza, pedaço de luz, de corpos nus. Riquezas do fundo do mar, vistas em sonhos. O ar que se respira é ouro em pó. Sufocações de luz. Não há beleza como a artificial! A rua parece a enchente de um rio. Soa ao longe um toque de clarim. A multidão se comprime. O momento é sublime. Espanto da tragédia culminante. Toda uma multidão consciente da sua loucura. Quem quiser acredite na razão, eu acho que nós todos somos loucos. Os loucos têm razão. Viva o Carnaval! É a vida. A alegria me dá tristeza. Isso acontece com toda gente. Não sabemos o que queremos, somos loucos. O Carnaval é a maior de todas as loucuras. Eis a única razão do Carnaval. Vejo um menino chorando perdido dos pais no meio da multidão. Por que me perdi neste mundo? Que coisa sem explicação. Atravessam o céu reflexos luminosos. A noite fica mais clara. Soa longínquo, como um galo na aurora, o canto alegre e triste do clarim. Aproxima-se uma grande procissão luminosa, lentamente, num passo monumental de mastodontes. Cavalos espumantes abrem passagem entre a multidão. Antochas, fachos, penachos, plumagens, fogaréus. O préstito abre alas. Guarda de honra de escravos etíopes; capacetes, lanças, escudos. Uma banda de música toca a marcha da *Aída*. Vem um carro alegórico numa chuva de luz artificial. Um tronco fosforescente simbolizando a "Árvore do Mal", com as mulheres artisticamente penduradas no alto dos galhos, abertas como as estrelas da noite. Uma cobra dourada enrosca-se no tronco. Uma teia de fios luminosos vela o carro tremente de vidrilhos num refrigério lúbrico de orvalho.

Os carros de Carnaval passam cantando. Agora é preciso suspender os fios de eletricidade para dar passagem a um carro colossal. Besta apocalíptica com sete cabeças em leque, representando os sete pecados capitais, as goelas abertas, mostrando os dentes cruéis, acesos por dentro com luzes vermelhas. É a Caverna do Inferno, onde impera o Demônio-Mulher, sentada num trono, no cimo do carro, a mão esquerda segurando um tridente e a direita distribuindo beijos à população carioca. "Salve!" Fecha o préstito um diabo encarnado com uma tabuleta pregada no rabo: "Fiau!". O delírio é indescritível.

Brasileiros, vocês hão de ter saudades do Carnaval. Filhos de brasileiros, vocês hão de ter uma saudade atávica do Carnaval, na era longínqua em que ele não for mais que uma página bárbara, um samba infernal, na noite imemorial do tempo extinto.

[*c.* 1930]
Autores e Livros [15 fev. 1942]

ELYSIO DE CARVALHO

Esplendor e decadência

Há trinta ou quarenta anos, havia no Rio de Janeiro uma sociedade distinta e delicada, com hábitos de requintada sociabilidade e notável cunho de graciosidade. Foi no tempo de Pedro II. A galanteria era por tal forma o distintivo da época que o historiador tem que narrar a cada passo os saraus, récitas e bailes se quiser pôr os acontecimentos políticos nos seus próprios cenários. Foi, sem dúvida, a idade de ouro da sociedade carioca.

Todas essas espirituosas e formosas mulheres — vestidas no Wallerstein, na Mme. Josephine e na Lecarrière, que tão lindamente souberam usar chapéus à Maria Stuart e penteados à Pompadour como dispor da sua beleza e graça, essas valsistas infatigáveis dos salões das Laranjeiras, essas cantoras consumadas do Lírico, como a Candiani, a Stoltz, a Charten, a Lagrange, essas espectadoras buliçosas das touradas de São Cristóvão e das corridas do Derby Club — tiveram o poder de animar de um prodigioso encanto a vida fluminense durante quase meio século. Por toda parte encontramos vestígios dessa suprema elegância e distinção.

A conversa, esse luxo dos aristocratas e prazer de refinados, surgia nos salões graciosa, polida, brilhante. Saldanha, Jequitinhonha, o marquês de Abrantes, Abaeté, Nabuco de Araújo, Paranhos,

Cotegipe e Taunay prepararam as mais brilhantes festas do século, concorridas por uma sociedade que tinha janotas como Maciel Monteiro, nosso maior galanteador, e mulheres como a condessa de Belmonte. O estilo era um título de nobreza. Tratava-se o espírito com o mesmo carinho com que se cuidava da toalete. Todos tinham um meticuloso escrúpulo no classicismo da linguagem e na fidalguia do trato, enquanto agora cultivamos o desdém de ser brasileiro, falando um francês pretensioso e irritante, eriçado de vícios e erros, e esquecemos as mais vulgares regras da boa cortesia. Os dândis nunca perdiam a linha, quer quando raptavam uma dançarina do Alcazar, quer quando castigavam as grosserias. A essa geração de valsistas intrépidos, de cortejadores impenitentes, de cavalheiros destemidos e de janotas excêntricos dava brilhantemente a réplica uma plêiade de mulheres que eram verdadeiras rainhas, pelo talento e pela formosura.

A marquesa de Abrantes e Nabuco de Araújo eram as figuras dominantes do Rio dessa época. Tinha a marquesa o mais seleto, o mais inteligente, o mais procurado salão do Brasil. À semelhança dos salões europeus do século XVIII, o salão da marquesa de Abrantes foi o centro predileto onde durante anos se reuniu a elite carioca. Ali se fazia política em grande *decolleté*. Conspirava-se depois do recitativo. A amabilidade substituía o formalismo. Era o reino da galanteria. A conversação tanto era uma escola de boas letras como de boas maneiras. Maciel Monteiro era o favorito desse *cercle* aristocrático presidido por uma dama de grande distinção e espírito.

Era em casa de Nabuco de Araújo e na do marquês de Abrantes, escreve Joaquim Nabuco, que mais se reunia a sociedade mundana e amiga de festas do Rio. A liberdade era menor na suntuosa residência do marquês, pelo tom formalista e europeu do anfitrião e pela maior frequência da roda diplomática. Mas a companhia era a mesma, e a convivência de Abrantes e de Nabuco foi diária durante anos. Formava o centro dessa agradável sociedade, comum às duas casas, além dos chamados Leões do Norte, Monte Alegre, Pedro Chaves (Quarahim), Dantas, Pinto Lima, Sinimbú e outros amigos íntimos de Nabuco, como Madureira, Pedro Muniz e José Caetano de Andrade Pinto, o barão do Catete, com quem se casara a marquesa de Abrantes.

Brilhavam nas reuniões as formosuras do tempo, das quais as gerações seguintes não reproduzem mais o traço firme, o colorido puro, o riso sonoro, a alegria sadia e vigorosa. Aparecem por um momento as que a Europa nos levará, como Mme. de Villeneuve; estreiam as belezas das províncias, cantadas por Maciel Montei-ro, e as jovens belezas fluminenses, a filha de Quarahim, futura baronesa de São Clemente; a filha de Nogueira da Gama, futura condessa de Penamacôr, incensada por José de Alencar; e a filha de Luiz Gomes Ferreira. Provocam admiração Mme. de Saint-Geor-ges, mulher do ministro francês, d. Belizaria de Paiva, d. Maria de Nazareth Costa Pinto e a senhora de Souza Franco, "a estrela do Norte". Passa-se revista a essa sociedade nas noites de ópera. Essas senhoras têm o hábito dos cortejos — muitas são damas do paço — e ainda o garbo, a mesura, o modo da antiga corte, as tra-dições do manto verde. A linha de algumas, como a viscondessa de Almeida da Gama, é impecável, não a veem encostar-se na carruagem nem no camarote.

Os grandes cantores do Lírico, como o Tamberlick, as primas--donas célebres, fazem-se ouvir em casa de Abrantes e de Nabuco, ao lado de amadoras de notável distinção, como a futura viscon-dessa de Ourém (Henriqueta Arêas), educada por Francisco Ma-nuel e pela diva da Ópera Nacional, Carlota Milliet, "a Geralda", cuja voz, de timbre sem igual para os que a ouviram, estava então em toda a sua frescura. Pouco a pouco, essa sociedade, que é a de 1854 a 1865, vai-se dispersando… A sociedade tinha, por fim, onde passar as noites, exibir suas toaletes e suas impertinências, fazer resplandecer suas joias, dizer frases de espírito. Foi o reinado da turbulência (era o tempo da Guerra do Paraguai) e do espírito, dos grandes tribunos e dos grandes janotas, das aventuras memoráveis e das paixões arrebatadas.

A vivacidade, a alegria, o espírito, o talento de agradar às mulheres, tudo parece ter acabado com essa brilhante geração. A sociedade carioca de hoje, cosmopolita, incaracterística, desassociou-se de tal forma que perdeu totalmente esse caráter mundano que foi o orgulho da sociedade elegante do Segundo Império. A galanteria, que há quarenta anos segredava palavras sentimentais atrás dos biombos de seda, pratica-se hoje em mangas de camisa, nos *courts* de tênis, nos *five o'clocks*, nas recepções com janotas de raquetes e sapatos brancos de borracha. Vai-se, a pouco e pouco, restringindo o convívio e, com a ruína das casas poderosas, a dispersão das famílias nobres e a velhice dos leões amorosos de 1870, extinguiu-se a arte do bom-tom.

Dessa tradição gentil e galante de valsistas intrépidos, cortesãos e conquistadores, só resta agora a saudade.

Villa Dircêo, 24 abr. 1909

De *Esplendor e decadência da sociedade brasileira* [1911]

◆

A ciência a serviço do crime

O crime, por mais paradoxal que pareça, possui hoje laboratórios, engenheiros e até artistas e, por consequência, uma técnica especial, processos e princípios como qualquer ciência experimental. Não errarei afirmando que uma das causas que melhor explicam a incapacidade da polícia em certos países para descobrir os crimes e fazer condenar os criminosos é ter-se o delito tornado científico, fraudulento, dissimulador. Com efeito, enquanto os malfeitores se aproveitam, para a prática dos seus atos, de todos os progressos que a ciência criou para fins honestos e generosos, a polícia continua sendo o que era antes do telégrafo, do algodão-pólvora, do cinematógrafo. Assim não é de admirar que, no duelo travado entre o crime e a sociedade, a polícia, que é o seu instrumento direto de ação, seja vencida frequentemente pela habilidade, astúcia e inteligência dos criminosos contemporâneos.

O veneno foi, em todos os tempos, um instrumento maravilhoso de extermínio. Se bem que, depois dos progressos da química legal, os envenenamentos se tornassem mais raros pela facilidade em se administrarem as provas desse crime covarde, não desapareceram de todo as garantias da impunidade. No século XIX os envenenadores estavam quase reduzidos a três tóxicos poderosos, o arsênico, o fósforo e o mercúrio, e muitos lastimaram terem-se perdido as receitas dos venenos italianos, em uso até o século XVI. Graças à botânica, que lhes revelou as qualidades destruidoras dos cogumelos, podem eles ainda hoje aumentar a lista das suas vítimas recorrendo a outros venenos vegetais que, ministrados com cautela e arte, dificilmente deixarão traços. Todo mundo sabe que a digitalina, a atropina, a aconitina, a hioscina, a estrofantina e outros alcaloides, que apresentam sintomas gerais das febres tifoides, das gastrites e das enterites, escapam às pesquisas dos que não possuem uma longa prática de laboratório. O mesmo sucede com as ptomaínas da carne em decomposição, do creme e do queijo, cujos vestígios não são tão comprometedores como parecem: Voisin empregou-as com sucesso no século XVII. Depois, com o uso bastante generalizado da incineração dos corpos logo após a morte, o progresso da cremação fará perder à Justiça todas essas indicações preciosas que a autópsia lhe fornece.

Não ficam nisto os recursos dos senhores assassinos. Há outro processo mais moderno e mais seguro. Consiste em contaminar a vítima, como se faz com os coelhos nas experiências de laboratório, dando-lhe cientificamente uma doença determinada que ocasione a morte. A cultura microbiana permite o emprego desse processo em relação a um grande número de doenças.

Para bem mostrar o caráter da criminalidade atual, basta citar casos como os seguintes. Os tribunais de Paris julgaram, em 1908, um médico de Montreuil-sous-Bois acusado de, por meio de injeções aplicadas em sua mulher durante as relações íntimas, ter-lhe transmitido tifo. Foi absolvido por falta de provas. Um caso notável é o do dr. Hayde, de Kansas City, Missouri, também acusado de ter assassinado oito pessoas de sua família transmitindo-lhes esse mesmo agente mortífero, com o fim de somente ele herdar de um tio milionário. Finalmente, dois médicos italianos, da cidade de Barletta, foram denunciados em 1910 como tendo, para aumentar sua clientela, propagado a epidemia de cólera. E, ao que se diz, Francisco I também foi eliminado por um processo semelhante.

Estamos nas primeiras tentativas, ainda débeis, mas tudo faz crer que, dentro de muito pouco tempo, cada indivíduo poderá ter facilmente à sua disposição germes de peste, cólera, tuberculose, tifo e outras doenças, e então veremos esse espetáculo inédito, horrível e assombroso — os micróbios substituírem a navalha, o punhal e o revólver na prática dos mais trágicos desígnios. H. G. Wells, o extraordinário criador de fantasias bizarras como *A guerra dos mundos* e *A máquina de explorar o tempo*, e Thomas de Quincey, que fez a apologia do assassínio como uma das belas-artes, nunca imaginaram horror igual.

Nesta ordem de ideia são lembrados também os vários assassinatos cometidos, há anos, por William Buck e sua quadrilha, aplicando à face das vítimas uma máscara de pez. Na Inglaterra ainda se usa do *smothering*, processo que consiste em obter a sufocação criminosa pelo enrolamento da cabeça em peças espessas de estofo e de roupa. A usança é, aliás, muito velha, pois, como sabemos, na tragédia de Shakespeare, Otelo lança mão de um travesseiro para sufocar a formosa Desdêmona.

Não é comum, mas não é raro, o enforcamento como meio de suicídio simulado. Tradieu refere o caso de um curandeiro de Ruão enforcar seus doentes, velhos ordinariamente, roubando-os em seguida. E é conhecida a história de Gouffé, em que Eyraud e Gabrielle Bompard assassinaram a vítima atraindo-a a um local em que haviam preparado um dispositivo, enforcando-a facilmente.

A submersão intencionalmente provocada tem dissimulado mais de um crime — a polícia parisiense nunca conseguiu explicar o caso recente da atriz Lantelme. Também a asfixia pelo gás de iluminação, por escapamento proposital, tem servido como meio de assassínio. Num e noutro caso, muitas vezes só as circunstâncias do fato poderão esclarecer o diagnóstico da morte.

As fazedoras de anjos têm processos infalíveis para provocar abortos, e os meios de infanticídio, outrora mecânicos, como o tampão obstruindo a faringe e a aplicação das mãos na boca e nas narinas etc., são outros e mais seguros. Os pais infames podem fazer desaparecer os filhos incômodos sem manchar materialmente as mãos com o sangue das vítimas: basta expor o corpo do inocente durante alguns minutos ao vento frio da noite — o infante, não podendo resistir a uma temperatura abaixo de zero, morrerá necessariamente. Maupassant e D'Annunzio se inspiraram neste processo para escrever duas novelas típicas, que põem em evidência as formas inéditas que assume a criminalidade de nosso tempo. Ozanam conta que, em Lyon, teve conhecimento do assassinato de uma menina de onze anos que fora metida numa bacia contendo água gelada e faleceu em virtude da pneumonia que contraiu. Tourdes fala também de uma madrasta que se desembaraçou de uma criança quando esta se achava doente, banhando-a todas as noites com água fria. E Lacassagne afirma que esses processos são empregados frequentemente na Rússia mesmo com os adultos.

A simplicidade de meios e a precisão quase matemática com que se pode presentemente assassinar e a facilidade com que, mesmo quando descoberta a fraude, os assassinos escapam ao castigo da lei por falta de provas, enchem de confiança os profissionais do crime e os delinquentes primários. Os assassinos, homens adestrados em todos os esportes, executam as suas vítimas sob o olhar da polícia, com uma elegância discreta e por assim dizer sem dor.

O número dos que morrem em virtude de *acidentes* e dos que se *suicidam* por persuasão, nunca a Justiça tendo podido sequer suspeitar da intervenção criminosa de um parente ou amigo, é considerável. E, se o assassino possui talentos especiais para imitar letras, o que é comum neste último caso, como tem sucedido aqui mesmo, forjará uma declaração em que a vítima diz matar-se por sua livre vontade, para que a obra seja mais perfeita. A habilidade elementar do assassino moderno consiste, porém, em fazer realizar por outrem o desaparecimento de alguém que lhe interessa. A psicologia moderna permite-lhe, agindo pela sugestão, pelo terror psicológico etc., sobre a vontade do indivíduo fraco, executar o que se chama de crime indireto. O criminoso não manejará diretamente o punhal, o revólver ou outro instrumento de morte, mas semeará a calúnia, provocará um traumatismo moral, excitará o ódio homicida — é um tipo de criminoso que mata por meio de artigos de jornais.

Longe iria se fosse aqui citar todos os crimes indiretos, científicos e fraudulentos. Do mesmo modo que os assassinos aperfeiçoaram seus métodos de execução, assim também os ladrões sabem utilizar com proveito os inventos das ciências, principalmente da química e da eletricidade, para subtrair a coisa alheia. À inventiva dos profissionais do roubo, em cuja legião se contam exímios eletricistas, mecânicos, serralheiros, químicos etc., devemos a descoberta de meios seguros de destruição. Não há fechadura, por mais complicado que seja o seu mecanismo, não há porta, quaisquer que sejam os seus elementos de segurança e resistência, não há cofre-forte, mesmo aqueles cujas couraças lembram as modernas máquinas de guerra, que resistam à ação destruidora dos instrumentos e utensílios dos *cambrioleurs* de hoje. Assim é que eles possuem aparelhos engenhosos, de resistência incomparável e fácil manejo: o americano, o canudo oxídrico, o microfone, a termita etc., haja vista os roubos cometidos há quatro ou cinco anos em Paris na American Express Company, cujos arrombamentos dos cofres-fortes causaram admiração aos próprios peritos.

A luta sustentada pelos malfeitores contra a resistência das burras seguiu uma série de fases comparáveis à luta a que se entregam ultimamente o canhão e a placa blindada dos encouraçados. O número de roubos cometidos com arrombamentos, escaladas, emprego de chaves falsas etc. tende a diminuir em virtude da grande facilidade que a cobiça encontra hoje em se apropriar da coisa alheia sem o emprego da violência. O *escrucho*, a *biaba*, a *gravata* e a própria *punga* vão sendo substituídos pelos furtos indiretos.

Antes, o bandido assaltava nas estradas, matando a vítima e roubando-a. Agora o malfeitor enriquece mediante transações astuciosas feitas na Bolsa, fundando sociedades financeiras que dissimulam nos estatutos colossais, *escroqueries*, assinando cheques falsos, falsificando moeda, papéis de crédito, até obras de arte etc.; e contando com a cumplicidade de funcionários públicos; ameaçando com o escândalo; enganando nos clubes de jogo parceiros ingênuos; caçando dotes; e por outros mil modos engenhosos. Karl Marx tinha razão em dizer que os cavalheiros da indústria tinham sucedido aos cavalheiros da espada e do punhal. Cartouche, depois que surgiu Arsène Lupin, o gentleman *cambrioleur*, não passa de um ser desprezível. Vautrin transformou-se ainda uma vez, e suas últimas encarnações são Madame Humbert, Rochette, Lemoine e Duperdussin.

Onde a criminalidade se revela mais astuciosa é na subtração fraudulenta do dinheiro público, a qual, modernamente, se chama delito financeiro. Tendo por gênese uma moral mais ampla do que o oceano Atlântico e alimentado pela febre de ouro, tão própria do nosso século, o crime bancário é, por excelência, o produto mais perfeito da astúcia e da fraude. No ponto de vista da repressão, não se encontra no Código Penal um artigo que vise certas ações pérfidas, imorais e prejudiciais que emanam das operações financeiras. No fundo, diz Sighele, todos os crimes da sociedade bancária e financeira, tão frequentes atualmente, não passam de transformações do antigo banditismo. Voltaire, querendo escrever a história de um ladrão famoso, começou nestes termos: *"Era uma vez um banqueiro..."*, e nada mais acrescentou. A frase tanto tem de espirituosa como de verdadeira.

Vemos, pois, que os progressos da ciência tanto favorecem o bem como contribuem para a prática do mal. A química, por exemplo, inventada para fins honestos, inteligentes e humanitários, é a que mais eficazmente auxilia o criminoso de agora. Cada progresso desta ciência é, ao mesmo tempo, útil e nocivo à sociedade, e não sabemos que surpresas ela ainda nos reservará. Assim é, realmente, mas convém que observemos que, se a civilização forjou novos instrumentos de criminalidade, como as armas de fogo, a imprensa, a fotografia, a dinamite, a termita, o telégrafo sem fio, o automóvel, o aeroplano, o hipnotismo, os venenos novos, a infecção microbiana etc., na própria ciência encontramos recursos valiosos, eficazes, capazes de, mais que a repressão penal, atenuar os efeitos, diminuir os sucessos, combater os resultados da criminalidade contemporânea.

O paradoxo de uma ciência servindo a Deus e ao Diabo renova a lenda clássica da lança de Aquiles, que curava as feridas que produzia. De fato, além dos atuais meios de comunicação e transporte, a sociedade possui um conjunto de invenções representadas pela fotografia, pela microfotografia, pelos raios X, pelos reativos químicos, pela antropometria ou datiloscopia etc., tudo isso de uso corrente nos laboratórios de polícia, que são auxiliares preciosos na descoberta dos crimes e na identificação dos criminosos. Os ardis, os recursos e os processos de que se vale a polícia, nos países onde a sua organização é modelar, em oposição aos instrumentos que a civilização vai colocando à disposição do crime, são, às vezes, um jogo floral e inteligentíssimo de uma estratégia e de uma técnica não despidas de grandeza.

De *Sherlock Holmes no Brasil* [1921]

◆

Gíria dos gatunos cariocas [Excertos]

ABAFAR — Apoderar-se de coisa alheia, subtrair fraudulentamente. Furtar.

AÇO — Qualquer arma branca: faca, punhal, navalha.

ALCIDES — Maricas, homem efeminado.

AUTÓPSIA — Ato de furtar a alguém caído na rua sem sentidos, embriagado, desfalecido ou morto.

AZULAR — Fugir, escapar-se.

BACANO — Endinheirado, rico, sujeito que está em condição de ser roubado.

BANHISTA — Gatuno que rouba as pessoas que estão no banho de mar.

BARATA — Irmã de caridade, freira.

BATER O 31 — Morrer.

BEIÇO [Passar o] — Contrair dívida sem intenção de pagar. Faltar a um pagamento.

BONDE — Grupo de pessoas.

CABRA SARADO — Sujeito esperto. Malandro. Homem sem escrúpulos.

CABRERO — Desconfiado, esquivo, escamado.

CARIDOSO — Sujeito cruel, feroz, sanguinário. Ladrão que mata para roubar. Indivíduo que gosta de derramar sangue. Assassino.

CHARUTO — Homem de cor preta.

COCADA — Pancada na cabeça.

DESCEU — Diz-se de indivíduo que, preso em Casa de Detenção, foi posto em liberdade.

DESCUIDISTA — Gatuno que opera aproveitando-se da distração da vítima ou de falta de vigilância.

DONATO — Morador de casa que vai ser ou foi assaltada.

ENCANAR — Prender.

ENCARNADOR — Médico que cura ladrão ferido e não o denuncia à polícia.

ENRUSTIR — Sonegar o crédito do roubo ou furto aos companheiros. Enganar. Ocultar.

ESCABRIADO — Bêbado, ébrio, embriagado.

ESCRACHA — Retrato tirado no Serviço de Identificação.

ESPINAFRAR — Descompor, injuriar, maltratar com palavras.

FAROFA — Pessoa que faz ostentação das próprias façanhas. Fanfarrão, vaidoso.

FICAR TIRIRICA — Encolerizar-se.

FOGO — Revólver.

FRAGA — Flagrante delito.

FULERO — Indivíduo mentiroso.

GRAVATA — Ação de passar o braço ao pescoço de um indivíduo de modo a tolher-lhe os movimentos, sufocando-o, enquanto outro ladrão lhe saqueia as algibeiras.

GRUPO — Mentira. Plano. Combinação para um roubo.

HOMENS [Os] — As autoridades policiais.

INTERLIENADO — Lugar impedido. Diz-se de uma casa que,

escolhida para ser assaltada, se acha, no momento dado, guardada a pouca distância pela polícia.

INTRUJÃO — Sujeito que compra objetos roubados ou furtados.

JEREMIAS — Criança que chora quando acorda e pode promover alarme.

JOÃO MEIA DÚZIA — Revólver.

JUSTA — Prisão.

LAMBADA — Copo de aguardente.

LAMPARINA — Bofetada.

LANÇA — Os dedos polegar e indicador da mão direita, de que se servem os punguistas para subtrair carteira ou relógio de algibeira.

LARICA — Fome.

LORTO — O assento, o traseiro, a nádega.

MANCAR — Abandonar um trabalho em meio. O trabalho *mancou*. Faltar, não comparecer. Fulano *mancou*.

MANJAR — Conhecer, verificar, informar-se.

MICHO — Indivíduo que não tem dinheiro.

MINA — Mulher.

MORDER — Pedir dinheiro a alguém.

NÉRI — Nada, coisa nenhuma, nenhum valor.

OSSO — Namorada, amante, amásia.

OTÁRIO — Homem de boa-fé, ingênuo, que cai facilmente no *conto do vigário*.

PATOLA — Mão.

PATOTA — Grupo de agentes.

PAU-D'ÁGUA — Ébrio habitual.

PAU FURADO — Arma de fogo.

PIVETE — Menor gatuno.

QUENGO — Cabeça.

RAGU — Fome.

REGLAR — Entrar em acordo com agente de polícia.

RODANTE — Carro.

SUJÃO — Sujeito que, sem ser autoridade, denuncia o ladrão à polícia.

SUJAR — Desmoralizar, desmentir, comprometer alguém.

SURUBA — Homem valente, forte, campeão.

TIO — Homem dinheiroso. Indivíduo que está em condições de ser roubado.

TIRA — Agente de polícia.

TROÇO — Um objeto qualquer.

UNACOPO — Convite que se faz à futura vítima para beber.

VACINA — Ferida feita com qualquer arma branca. Facada.

VENTO — Dinheiro.

VÉRI — Verdade.

VIRAR BICHO — Zangar-se, encolerizar-se, agredir.

XADRAS — Xadrez, prisão.

ZOEIRA — Barulho, tumulto, ruído.

De *Gíria dos gatunos cariocas* [1912]

GILBERTO AMADO

O último Tântalo

Aquele que tu encontras de fraque preto, triste, à porta do Watsoo ou deambulando na Avenida numa lentidão madraça, e tem um rubi no fura-bolos, é um bacharel. Chegou há quatro meses do Norte com uma carta de apresentação no bolso e um incêndio de ambições na cabeça. Entregou a carta. O deputado da terra foi amável, disse-lhe palavras animadoras: "As coisas estão difíceis; mas havemos de trabalhar; hoje mesmo irei falar ao ministro; apareça...".

As ilusões do bacharel crepitam. As avenidas estonteantes, as mulheres que cheiram aos mil perfumes que a estação adota e que rutilam nos afrodismos da moda, as seduções dos cabarés, a agitação multiforme, o imprevisto das coisas e dos aspectos, a cidade inteira ilumina-o numa alegria deslumbrada. Passam-se dias e dias na emoção desse deslumbramento. O bacharel volta à casa do deputado; vai à Câmara, procura-o nas ruas; mas o deputado é esquivo e, ao ser enfim encontrado: "Ainda não consegui nada. Realmente, caro colega, é muito difícil. Não há vagas e os protegidos são muitos. Em todo caso, não perca a esperança, vou falar hoje a outro ministro".

O bacharel espera. A vida nunca lhe foi mais deleitosa do que nesses dias de iniciação na cidade, pelos teatros, arrabaldes, pândegas noturnas, enquanto se desfazem as fracas provisões da carteira. O novo encontro com o deputado foi uma nova desilusão. Mais difíceis, no entender de S. Excia., estavam as coisas. Tinha trabalhado muito, mas inutilmente. E aconselhadoramente juntou: "O meu amigo deve agir também por sua conta, faça relações...".

Passaram-se meses, e o fraque do bacharel começou a cambiar em nuanças arriscadas; pela gola apareceram verdoengos debruns e por toda a sua pessoa se foi espalhando uma consternação lamentável. E, à medida que o deputado da terra se tornava invisível, a carantonha do senhorio na casa onde se hospedara tinha inclemências arrepiadoras. A situação subia ao trágico. O bacharel resolve então ir diretamente ao ministério. Tem uma ideia romântica: chegar ao ministro, confessar-lhe a situação, abrir-lhe a alma sofredora, contar-lhe o talento e as aptidões que possui e recordar ao próprio ministro, numa invocação comovida, os idênticos atropelos dos seus começos humildes. No antegozo do êxito, o bacharel ilumina-se. A alma está alegre na manhã em que decide, os desenganos dissipam-se de súbito. Tenta arrancar, a violências de escova, as vegetações da gola do fraque, e atira-se ao ministério. Ali, diante da gelada hostilidade do guarda, o desânimo volta. Seu orgulho lateja e o bacharel amaldiçoa o país. O guarda declara que o ministro não recebe. No dia seguinte, nova visita e nova decepção. Outras tentativas, todas falhas.

Uma vez — dita incomparável! —, o ministro o recebe e ouve. O bacharel tem a voz trêmula, o semblante desgraçado; e o ministro: "Não há vaga, não posso atender a todos; são tantos!".

O bacharel enturva-se num grande tédio. Mas a cidade logo o retempera; as ruas deliram de mulheres bonitas e maravilhas outras. A vida continua a chamar e, pela alma do bacharel, sobe com violência uma grande ânsia de viver. Diante dele passam os que gozam, rapazes da sua idade, fulgurantes, galhardos, com elegância e com esse ar desdenhoso da abastança regalada. As mulheres têm para eles olhares amigos. O bacharel, a um canto, rói dolorosamente as unhas e aspira. A sua cabeça, nestes instantes, é um cinematógrafo gigantesco onde as imagens alegres do mundo se multiplicam infinitamente. E, como o bacharel do Norte é um jovem sensual, as imagens que mais lhe crescem na imaginação são as das mulheres.

São inúmeras: as morenas, as claras, as fulvas, as sadias, de carne primaveril; as esquisitas, flexíveis, perversas, mórbidas, prometendo ineditismos viciosos; mulheres de todas as raças e todos os climas, todas as formas, todas as esculturas, todas as fantasias caprichosas da beleza feminina que ele só entrevira na província, no esbatido das leituras e em idealizações delirantes. E elas passam diante dele agora, todas vivas, reais, numa oferta fácil. À noite, à porta dos teatros, com o seu eterno fraque e sua ânsia inútil de entrar, ânsia que de tão intensa parece saudade, ele as vê novamente, esplêndidas, radiosas, pelos braços de outros. O bacharel, isto é, Tântalo, padece.

No dia seguinte, meio desesperado, aventura-se por um escritório de advogado. Oferece os seus serviços. Quer um emprego. O chefe do escritório não o conhece, não sabe dos seus conhecimentos nem da sua moralidade. Ademais, não precisa de empregados. Os que tem são de sobra. Desengano maldito! O bacharel, exacerbado, atira-se a todos os escritórios e cartórios. Nenhum precisa de auxiliares. Todos têm de sobra. Pelas ruas, na mesma lentidão madraça, o bacharel encontra colegas, alguns formados quatro, três, dois anos antes, ainda sem emprego, ainda com a mesma ânsia, com a boca cheia da mesma água do prazer imaginado, mas só imaginado. Alguns têm a face escaveirada, o olhar langue. Já tentaram tudo; desde o concurso falho até a reportagem dos jornais; já procuraram emocionar todos os corações desabrocháveis em empregos; tudo inutilmente.

Mas continuam a aspirar. A cidade dominou-os, a cidade venceu-os, envolveu-os no seu círculo de seduções. Antes morrer que voltar. A visão do Norte, morrinhento e triste, a promotoria no sertão, os apavora. A cidade derramou-lhes nos nervos o veneno capitoso, e eles ficam.

Há um dia doloroso em que a tragédia se molha de lágrimas. É o dia em que o rubi sai do fura-bolos para a mão inclemente do senhorio. O bacharel com o dedo vulgar, sem a cintilação do anel, chora então a inutilidade de todos os esforços acumulados, os suores que o pai ingenuamente suou para o ver doutor, as insônias que padeceu para que ele levasse ao dedo aquele rubi simbólico.

Mas o encanto da cidade alivia dores tão ásperas, e o bacharel, reparando na tonalidade confusa do fraque, verifica o contraste gritante que fazia o rubi, e resigna-se. O deputado da terra agora foge dele, num temor de exigências outras que o pedido platônico do emprego.

O bacharel sabe que cada vez é mais difícil...

Mas, agora, seria estúpido voltar sem anel, com todo o tempo perdido, para as agruras do sertão. O melhor é esperar. Quem sabe? E o mundo está delirante; as mulheres cada vez mais belas. E só vê-las, ainda que só, é um gozo; a cidade cada vez mais rica de magias, toda cheia de uma perturbação entontecedora, e só o caminhar por ela, uma delícia. O bacharel morre de fome, atormenta os amigos que lhe restaram, mas não volta; fica nessa meia felicidade de aspirar, nessa ilusão que não se extingue nunca, apaixonado por todas as mulheres, sonhando todas as grandezas e todos os luxos, fascinado por todos os esplendores, e sempre com o seu fraque que foi preto, todo esguedelhado, merencório, última encarnação de Tântalo...

De *A chave de Salomão e primeiros escritos* [1911]

JOÃO DO RIO

Cinematógrafo

Uma fita, outra fita, mais outra... Não nos agrada a primeira? Passemos à segunda. Não nos serve a segunda? Para adiante, então! Há fitas cômicas, há fitas sérias, há melancólicas, picarescas, fúnebres, alegres — algumas preparadas por atores notáveis, para dar a reprodução idealizada de qualquer fato, outras tomadas nervosamente pelo operador à passagem do fato. Umas curtas, outras longas. Podes deixar em meio uma delas sem receio e procurar a diversão mais além. Talvez encontres gente conhecida que não te fala, o que é um bem. Talvez vejas desconhecidos que não te falam, mas riem conforme os tomou a máquina, perpetuando esse sintoma de alegria. Em pouco tens a agregação de vários fatos, a história do ano, a vida da cidade numa sessão de cinematógrafo, documento excelente e com a excelente qualidade a mais de não obrigar a pensar, senão quando o cavalheiro teima mesmo em querer ter ideias.

Dizem que sua melhor qualidade é essa. Quem sabe? O pano, a sala escura, uma projeção, o operador tocando a manivela e aí temos ruas, miseráveis, políticos, atrizes, loucuras, pagodes, agonias, divórcios, fomes, festas, triunfos, derrotas, um bando de gente, a cidade inteira, uma torrente humana — que apenas deixa indicados os gestos e passa leve sem deixar marca, sem se deixar penetrar...

"Interessante aquela fita", dizes. E, dois minutos depois, não te lembras mais.

"Viste a fita passada?"

"Não, aproveitei-a para beijar a mão daquela senhora que não conheço."

E pronto. Não há mal nenhum no caso. Isto é, no beijo talvez possa haver, porque o beijo tem uma grande importância relativa. Em não ver a fita é que não. A história fez-se, o fato subsiste, o operador gozou em compô-lo e talvez outros tivessem reparado. E como nem o Destino, autor dos principais quadros da vida, não tem pretensão, como o operador também não se imagina um ser excepcional, e os que lá estão a assistir ao perpassar das fitas não se julgam na obrigação de julgar ver coisas importantes para dar uma opinião definitiva — dessa despretensão geral nasce o grande panorama da vida, fixado pela ilusão, que é a única verdade resistente no mundo subsolar.

Alguns estetas de atrasada percepção desdenham do cinematógrafo. Esses estetas são quase sempre velhos críticos anquilosados, cuja vida se passou a notar defeitos nos que sabem agir e viver. Nenhum desses homens, graves cidadãos, compreende a superioridade do aliviante progresso da arte. O cinematógrafo é bem moderno e bem de agora. Essa é a sua primeira qualidade. Todos os demais gêneros de arte perdem-se no tempo distante. Todas as ciências têm raízes fundas na negridão clássica das eras. Não há princípios de boa filosofia que os árias não tivessem fixado, feição de arte que o Oriente Antigo não já tivesse criado e instrumento de utilidade dos mais modernos que não tivesse sido descoberto pela China, muitíssimos anos antes de Cristo. A China é realmente enervadora nestes assuntos. O cinematógrafo, ao contrário. É de outro dia, é extramoderno, sendo, como é, resultado de uma resultante de um resultado científico moderno.

Ademais, se a vida é um cinematógrafo colossal, cada homem tem no crânio um cinematógrafo cujo operador é a imaginação. Basta fechar os olhos e as fitas correm no cortical com uma velocidade inacreditável. Tudo quanto o ser humano realizou não passa de uma reprodução ampliada da sua própria máquina e das necessidades instintivas dessa máquina. O cinematógrafo é uma delas.

Ora, como os fatos sucedendo-se não se parecem e ninguém pode exatamente repetir com a mesma emoção e o mesmo estado d'alma um ato da existência, o cinematógrafo fica, modesta e gloriosamente, como o arrolador da vida atual, como a grande história visual do mundo. Um rolo de cem metros na caixa de um cinematografista vale cem mil vezes mais que um volume de História — mesmo porque não tem comentários filosóficos. E isso porque, no fundo, o cinematógrafo é uma série de novelas e de impressões pessoais do operador à procura do "bom momento", é a nota do seu temperamento a escolher o assunto já feito, e a procurar as posições para tomar a fita.

Daí a multidão abandonar tudo pelo cinematógrafo porque, além dessas qualidades, com ele não se cansa e não se fadiga.

Daí, já assustados, romancistas e dramaturgos a escrever cenários para os cinematógrafos. Daí não haver pequena que não queira ser reproduzida pelo aparelho. É uma feição científica da arte — arte que o é quando se o quer, arte que declina dessa honra quando meia dúzia de prevenidos protesta, mas a única que reproduz o polimorfismo integral da vida e que não melindra ninguém por não passar de reflexos.

A crônica evoluiu para a cinematografia. Era reflexão e comentário, reverso desse animal de gênero indefinido a que chamam de artigo de fundo. Passou a desenho e a caricatura. Ultimamente era fotografia retocada, mas sem vida. Com o delírio apressado de todos nós, é agora cinematográfica — um cinematógrafo de letras, o romance da vida do operador no labirinto dos fatos, da vida alheia e da fantasia —, mas romance em que o operador é personagem secundário arrastado na torrente dos acontecimentos. Esta é a sua feição, o desdobramento das fitas, que explicam tudo sem reflexões, e como o século está cansado de pensar, e como a frase verdadeiramente exata da humanidade na fartura dos casos é o clássico "Já vi!", o operador escreve despreocupado, pouco lhe importando que vejam a fita, que a compreendam ou não, ou que tornem a vê-la.

Segue-se daí que nem a fita se revê, nem a página parecida com a vida se torna a ler. Supremo consolo! Desagradou ou encantou. Não houve tempo de reler para notar defeitos — mesmo porque não há tempo para nada. A grande ideia dos que mudam o aparelho da reprodução da vida seria que os espectadores esquecessem o que já disseram na fita passada para sentir a novidade da próxima. Assim poderiam contradizer-se sem escândalo — o que é um gozo intelectual superfino, e parece sempre novo —, o que, apesar de acendrados reclamos, não o consegue ser agora nem mesmo o velho e decadente Destino...

De *Cinematógrafo* [1909]

A rua

Oh! Sim, as ruas têm alma. Há ruas honestas, ruas ambíguas, ruas sinistras, ruas nobres, delicadas, trágicas, depravadas, puras, infames, ruas sem história, ruas tão velhas que bastam para contar a evolução de uma cidade inteira, ruas guerreiras, revoltosas, medrosas, spleenéticas, esnobes, ruas aristocráticas, ruas amorosas, ruas covardes, que ficam sem pinga de sangue...

Vide a rua do Ouvidor. É a fanfarronada em pessoa, exagerando, mentindo, tomando parte em tudo, mas desertando, correndo os taipais das montras à mais leve sombra de perigo. Esse beco inferno de pose, de vaidade, de inveja, tem a especialidade da bravata. E, fatalmente oposicionista, criou o boato, o "diz-se..." aterrador e o "fecha-fecha" prudente. Começou por chamar-se Desvio do Mar. Por ela continua a passar para todos os desvios muita gente boa. No tempo em que seus melhores prédios se alugavam modestamente por dez mil-réis, era a rua do Gadelha. Podia ser ainda hoje a rua dos Gadelhas, atendendo ao número prodigioso de poetas nefelibatas que a infestam de cabelos e de versos. Um dia resolveu chamar-se do Ouvidor, sem que o Senado da Câmara fosse ouvido. Chamou-se, como calunia e elogia, como insulta e aplaude, porque era preciso denominar o lugar em que todos falam do lugar daquele que ouve; e parece que cada nome usado foi como a antecipação moral de um dos aspectos atuais dessa irresponsável artéria da futilidade.

A rua da Misericórdia, ao contrário, com as suas hospedarias lôbregas, a miséria, a desgraça das casas velhas e a cair, os corredores bafientos, é perpetuamente lamentável. Foi a primeira rua do Rio. Dela partimos todos nós, nela passaram os vice-reis malandros, os gananciosos, os escravos nus, os senhores em redes; nela vicejou a imundície, nela desabotoou a flor da influência jesuítica.

Índios batidos, negros presos a ferros, domínio ignorante e bestial — o primeiro balbucio da cidade foi um grito de misericórdia, um estertor, um ai! tremendo atirado aos céus. Dela brotou a cidade no antigo esplendor do largo do Paço, dela decorreram, como de um corpo que sangra, os becos humildes e os coalhos de sangue, que são as praças, ribeirinhas do mar. Mas, soluço de espancado, primeiro esforço de uma porção de infelizes, ela continuou pelos séculos afora sempre lamentável, e tão angustiosa e franca e verdadeira na sua dor que os patriotas lisonjeiros e os governos, ninguém, ninguém nunca se lembrou de lhe tirar das esquinas aquela muda prece, aquele grito de mendiga velha: "Misericórdia!"

Há ruas que mudam de lugar, cortam morros, vão acabar em certos pontos que ninguém dantes imaginara — a rua dos Ourives —, e há ruas que, pouco honestas no passado, acabaram tomando vergonha — a da Quitanda. Essa tinha mesmo a mania de mudar de nome. Chamou-se do Açougue Velho do Inácio Castanheira, do Sucusarará, do Tomé da Silva, que sei eu? Até mesmo Canto do Tabaqueiro. Acabou Quitanda do Marisco, mas, como certos indivíduos que organizam o nome conforme a posição que ocupam, cortou o marisco e ficou só da Quitanda. Há ruas, guardas tradicionais da fidalguia, que deslizam como matronas conservadoras — a das Laranjeiras; há ruas lúgubres, por onde passais com um arrepio, sentindo o perigo da morte —, o largo do Moura, por exemplo. Foi sempre assim. Lá existiu o necrotério e, antes do necrotério, lá se erguia a forca. Antes da autópsia, o enforcamento. O velho largo macabro, com a alma de Tropmann e de Jack [*o Estripador*], depois de matar, avaramente guardou anos e anos, para escalpelá-los, para chamá-los, para gozá-los, todos os corpos dos desgraçados que se suicidam ou morrem assassinados. Tresanda a crime, assusta. A Prainha também. Mesmo hoje, aberta, alargada, há de vos dar uma impressão de vago horror. À noite são mais densas as sombras, as luzes mais vermelhas, as figuras maiores. Por que terá essa rua um aspecto assim? Oh! Porque foi sempre má, porque foi ali o Aljube, ali padeceram os negros dos três primeiros trapiches de sal, porque também ali a forca espalhou a morte.

Há, entretanto, outras ruas que nascem íntimas, familiares, incapazes de dar um passo sem que todas as vizinhas não saibam. As ruas de Santa Teresa estão nessas condições. Um cavalheiro salta no Curvelo, vai a pé até o França e, quando volta, já todas as ruas perguntam o que ele deseja, se suas intenções são puras e outras impertinências íntimas. Em geral, procura-se o mistério da montanha para esconder um passeio mais ou menos amoroso. As ruas de Santa Teresa, é descobrir o par e é deitar a rir, proclamando aos quatro ventos o acontecimento. Uma das ruas mesmo, mais leviana e tagarela do que as outras, resolveu chamar-se logo do Amor, e a rua do Amor lá está na freguesia de São José. Será exatamente um lugar escolhido pelo Amor, deus decadente? Talvez não. Há também na freguesia do Engenho Velho uma rua intitulada Feliz Lembrança e parece que não a teve, segundo a opinião respeitável da poesia anônima:

Na rua Feliz Lembrança
Eu escapei por um triz
De ser mandado à tábua.
Ai! que lembrança infeliz
Tal nome pôr nessa rua!

Há ruas que têm as blandícias de Goriot, de Shylock, para vos emprestar a juro, para esconder quem pede e paga ao explorador com ar humilde. Não vos lembrais da rua do Sacramento, da rua dos penhores? Uma aragem fina e suave encantava sempre o ar. Defronte à igreja, casas velhas guardavam pessoas tradicionais. No Tesouro, por entre as grades de ferro, uma ou outra cara desocupada. E era ali que se empenhavam as joias, que pobres entes angustiados iam levar os derradeiros valores com a alma estrangulada de soluços; era ali que refluíam todas as paixões e todas as tristezas, cujo lenitivo dependesse de dinheiro...

Há ruas oradoras, ruas de meetings — o largo do Capim, que assim foi sempre, o largo de São Francisco; ruas de calma alegria burguesa, que parecem sorrir com honestidade —, a rua Haddock Lobo; ruas em que não se arrisca a gente sem volver os olhos para trás a ver se nos veem — a travessa da Barreira; ruas melancólicas, da tristeza dos poetas; ruas de prazer suspeito próximo do centro urbano e como que dele afastadas; ruas de paixão romântica, que pedem virgens louras e luar.

Qual de vós já passou a noite em claro ouvindo o segredo de cada rua? Qual de vós já sentiu o mistério, o sono, o vício, as ideias de cada bairro?

A alma da rua só é inteiramente sensível a horas tardias. Há trechos em que a gente passa como se fosse empurrada, persegui-da, corrida — são as ruas em que os passos reboam, repercutem, parecem crescer, clamam, ecoam e, em breve, são outros tantos passos ao nosso encalço. Outras que se envolvem no mistério logo que as sombras descem — o largo do Paço. Foi esse largo o pri-meiro esplendor da cidade. Por ali passaram, na pompa dos pálios e dos baldaquins d'oiro e púrpura, as procissões do Enterro, do Triunfo, do Senhor dos Passos; por ali, ao lado da praia do Peixe, simples vegetação de palhoças, o comércio agitava as suas primei-ras elegâncias e as suas ambições mais fortes. O largo, apesar das reformas, parece guardar a tradição de dormir cedo. À noite, nada o reanima, nada o levanta. Uma grande revolução morre no seu bojo como um suspiro; a luz leva a lutar com a treva; os próprios revérberos parecem dormitar, e as sombras que por ali deslizam são trapos de existência almejando o fim próximo, ladrões sem pousada, imigrantes esfaimados...

Deixai esse largo, ide às ruelas da Misericórdia, trechos da cidade que lembram a Amsterdam sombria de Rembrandt. Há homens em esteiras, dormindo na rua como se estivessem em casa.

Não nos admiremos. Somos reflexos. O beco da Música ou o beco da Fidalga reproduzem a alma das ruas de Nápoles, de Florença, das ruas de Portugal, das ruas da África, e até, se acreditarmos na fantasia de Heródoto, das ruas do antigo Egito. E por quê? Porque são ruas da proximidade do mar, ruas viajadas, com a visão de outros horizontes. Abri uma dessas pocilgas que são parte do seu organismo. Haveis de ver chineses bêbedos de ópio, marinheiros embrutecidos pelo álcool, feiticeiras ululando canções sinistras, toda a estranha vida dos portos de mar. E esses becos, essas betesgas têm a perfídia dos oceanos, a miséria das imigrações, e o vício, o grande vício do mar e das colônias...

[...]

Nas grandes cidades a rua passa a criar o seu tipo, a plasmar o moral dos seus habitantes, a inocular-lhes misteriosamente gostos, costumes, hábitos, modos, opiniões políticas. Vós todos deveis ter ouvido ou dito aquela frase:

"Como estas meninas cheiram à Cidade Nova!"

Não é só a Cidade Nova, sejam louvados os deuses! Há meninas que cheiram a Botafogo, a Haddock Lobo, a Vila Isabel, como há velhas em idênticas condições, como há homens também. A rua fatalmente cria o seu tipo urbano, como a estrada criou o tipo social. Todos nós conhecemos o tipo do rapaz do largo do Machado: cabelo à americana, roupas amplas à inglesa, lencinho minúsculo no punho largo, bengala de volta, pretensões às línguas estrangeiras, calças dobradas como Eduardo VII e toda a esnobópolis do universo. Esse mesmo rapaz, dadas idênticas posições, é no largo do Estácio inteiramente diverso. As botas são de bico fino, os fatos em geral justos, o lenço no bolso de dentro do casaco, o cabelo à meia cabeleira com muito óleo. Se formos ao largo do Depósito, esse mesmo rapaz usará lenço de seda preta, forro na gola do paletó, casaquinho curto e calças obedecendo ao molde corrente na navegação aérea — calças a balão.

Esses três rapazes da mesma idade, filhos da mesma gente honrada, às vezes até parentes, não há escolas, não há contatos passageiros, não há academias que lhes transformem o gosto por certa cor de gravatas, a maneira de comer, as expressões, as ideias — porque cada rua tem um estoque especial de expressões, de ideias e de gostos. A gente de Botafogo vai às "primeiras" do Lírico mesmo sem ter dinheiro. A gente de Haddock Lobo tem dinheiro, mas raramente vai ao Lírico. Os moradores da Tijuca aplaudem Sarah Bernhardt como um prodígio. Os moradores da Saúde amam enternecidamente o Dias Braga. As meninas das Laranjeiras valsam ao som das valsas de Strauss e de Berger, que lembram os cassinos da Riviera e o esplendor dos *kursaals*. As meninas dos bailes de Catumbi só conhecem as novidades do sr. Aurélio Cavalcanti. As conversas variam, o amor varia, os ideais são inteiramente outros, e até o namoro, essa encantadora primeira fase do eclipse do casamento, essa meia ação da simpatia que se funde em desejo, é absolutamente diverso. Em Botafogo, à sombra das árvores do parque ou na grade do portão, Julieta espera Romeu, elegante e solitária; em Haddock Lobo, Julieta garruleia em bandos pela calçada; e, nas casas humildes da Cidade Nova, Julieta, que trabalhou todo o dia pensando nessa hora fugaz, pende à janela o seu busto formoso...

Oh! Sim, a rua faz o indivíduo, nós bem o sentimos. Um cidadão que tenha passado metade da existência na rua do Pau-Ferro não se habitua jamais à rua Marquês de Abrantes. Os intelectuais sentem esse tremendo efeito do ambiente menos violentamente, mas sentem. Conheci um elegante barão da monarquia, diplomata em perpétua disponibilidade, que a necessidade forçara a aceitar de certo proprietário o quarto de um cortiço da rua Bom Jardim. O pobre homem, com suas poses à Brummel, sempre de monóculo entalado, era o escândalo da rua. Por mais que saudasse as damas e cumprimentasse os homens, nunca ninguém se lembrava de o tratar senão com desconfiança assustada. O barão sentia-se desesperado e resumira a vida num gozo único: sempre que podia, tomava o bonde de Botafogo, acendia um charuto, e ia por ali, altivo, airoso, com o velho redingote abotoado, a "caramela" de cristal cintilante... Estava no seu bairro. "Até parece", dizia ele, "que as pedras me conhecem!"

De *A alma encantadora das ruas* [1908]

JULIA LOPES DE ALMEIDA

Febre amarela

Extinguir o serviço de profilaxia da febre amarela? *"Mais, jamais!"*, diria um francês que se sentisse fortemente vinculado a essa terra pelo coração ou pela conveniência. E nós, então, o que diremos?

Eu, nascida aqui sob o terror das epidemias, criada ao som das vociferações contra a febre maldita, que uma vez me pôs mesmo à beira do túmulo exatamente na idade em que a vida me parecia melhor; eu, que, por causa dela, que tanto nos deprimia e desacreditava no estrangeiro, tantíssimas vezes discuti com estrangeiros sentindo fugir-me todos os argumentos de defesa em frente das suas acusações; eu, que tantíssimas noites passei em claro, andando do meu quarto para os quartos de meus filhos a ver se estariam febris, a fazê-los cheirar fenol ou a enxotar mosquitos, sobressaltada a cada um dos seus suspiros, vendo a inimiga feroz em cada uma de suas mais insignificantes indigestões ou dos mais inesperados espirros; eu, que senti minha existência tantas vezes estragada pelo medo, um medo covarde, doentio, aniquilador, de que tal moléstia me entrasse em casa e me roubasse um ente querido; pois eu, em memória de todos os sofrimentos passados, protesto com a maior veemência, com todo o ardor, com todos os direitos de brasileira e de mãe, contra a medida econômica que o senhor ministro do Interior [*o gaúcho Rivadavia da Cunha Corrêa*] quer pôr em prática, suprimindo o serviço de profilaxia da febre amarela.

Não, meu senhor; tudo menos isso. Se for verdade, o que ainda não creio, que tal ideia lhe tenha perpassado pelo espírito, conte desde já com a oposição de toda gente, inclusive as mulheres, que desta vez não ficarão apáticas ante a visão do renascimento, mais tarde provável, talvez mesmo inevitável, de um mal que as afeta muito mais do que aos homens — porque são elas principalmente as responsáveis pela higiene e a felicidade dos respectivos lares.

Seria um vergonhoso desastre político se, após tanto trabalho, tanta luta, tanto estudo e tanto dinheiro consumido para chegarmos ao resultado a que chegamos de tranquilidade e salubridade, um simples decreto desmanchasse tudo e, em poucos meses, ao primeiro descuido, a segadora-mestra cor de gema de ovo entrasse pela cidade adentro, como por sua casa, a dizimar a população, a aterrorizar as pobres mães, a impedir a entrada de estrangeiros, a malsinar para sempre a terra brasileira.

Não! O dinheiro do povo, gasto com a saúde do povo, é gasto ao seu contento. A profilaxia não é inútil. Não deve ser suprimida.

Fique o senhor ministro sabendo, ou quem fez correr esse boato por sua conta, que o espantalho da febre amarela ainda projeta sua sombra nas plagas do Rio de Janeiro. Não se repara nisso, mas a realidade é que os estrangeiros que aqui aportam ainda não manifestam inteira confiança no nosso clima. Estão sempre de prevenção, com medo do assalto. A fama abominável que as consecutivas epidemias deram a esta capital provoca ainda receio nos que a visitam.

Os estrangeiros recém-chegados, embora o dissimulem, sentem-se mal a gosto. Nossas frutas saborosíssimas parecem-lhes cheias de traições. Olham para os sapotis e para as mangas com ar desconfiado e desdenhoso. O orvalho das nossas noites mais sossegadas goteja bílis, como se cada nuvem que se balança no espaço representasse um fígado monstruoso atacado por moléstia mortal; o pó das nossas ruas tem mais micróbios que o de todas as outras cidades reunidas; o nosso sol fá-los suar, menos de calor do que de apreensões; a água deliciosa, a água leve e cristalina das nossas fontes, boa e pura como nenhuma outra, é sorvida aos poucos, em goles pequeninos, com precaução, no susto de que cada um deles seja portador do mal pavoroso, e o mais agradável sopro de brisa que encrespe a superfície da Guanabara ou faça rumorejar as ramas das nossas mangueiras é como um sopro do inferno, bafo cheio de miasmas, portadores de morte...

Em uns mais do que em outros, a verdade é que existe ainda nos estrangeiros, ou mesmo nos nacionais vindos de fora, certa apreensão contra o nosso clima. E qual foi a causa dessa apreensão?

A febre amarela. Sim, meu senhor: a febre amarela. Ela já se foi, mas a sua sombra ainda não se dissipou, e há razão para que lhe façamos guerra ainda e por muito tempo; e que o exemplo da nossa tenacidade e do nosso esforço sirva a estados brasileiros em que ela se aquartelou para mal deles e... de todos nós. Efetivamente, não basta ter expulsado a febre amarela da capital. É preciso expulsá-la do Brasil e redobrar de atividade para chegarmos a tal conclusão.

Estando no Pará, no Recife ou na Bahia, ela continua em casa, e não lhe será difícil vir, por mar ou terra, quando bem lhe parecer, até o cais do porto ou à avenida Central. E, então, adeus, conquistas abençoadas do dr. Oswaldo Cruz; adeus, benefícios, nunca assaz louvados, do governo Rodrigues Alves; adeus, tranquilidade de espírito das mamãs que já não andam atrás dos filhos para que eles não comam cajus quentes do sol, ou não brinquem ao anoitecer no jardim, ou vão para a escola à hora do calor pelo lado da sombra. E, sobretudo, adeus, propaganda do Brasil na

Europa, na Ásia ou na própria África. Tudo ficará comprometido, inutilizado, perdido.

Mais uma vez: Não! A obrigação do governo é fortalecer cada vez mais as instituições que zelem pela saúde pública. Uma boa estatística sanitária dá mais valor a qualquer cidade do que tudo que dela possam dizer de bem. Nós ainda gastamos pouco com a higiene. Aí está a tuberculose para provar. É outra inimiga encarniçada a guerrear, a guerrear sem tréguas nem cansaço. Se para isso for preciso gastar muito dinheiro, gastemos. A economia em tais casos é um crime pavoroso, indigno de nações civilizadas e dos governos hábeis. Que se tem feito aqui para combater a tuberculose? Não sei; não se contando com a iniciativa particular, não sei nada. Portanto, não há nessa questão da saúde pública despesas a diminuir, mas despesas a acrescentar.

Do céu venha o remédio se não houver outros recursos, mas essa é que é a verdade. Clamemos por ela, sem fadiga nem temor.

O País [9 ago. 1910]

◆

A Revolta da Chibata

Salus populi suprema lex esto [Seja a
salvação do povo a lei suprema]

Nada de palavras: fatos.

Os da última semana [*marinheiros assumiram o controle de navios no porto do Rio e apontaram seus canhões para o Palácio do Catete exigindo o fim das punições com chibatadas*] foram tão eloquentes, que encherão ainda de assombro muitos dias a seguir. É sempre assim. Quando a voz dos humildes se levanta é para fazer estremecer os poderosos. Natural; eles concentram, em longos anos de sofrimento calado, o azedume da injustiça que lhes fermenta na alma até explodir um dia, em desafogo inevitável e humano.

Quanto mais longa tenha sido a duração dessa tortura moral (aquela a que aludo e que todo mundo sabe qual é, e vem de sucessivas gerações dolorosas [*a escravidão*]), mais esse desabafo terá um dia de ser terrível de violência.

Era já tempo de se saber isso.

Era já tempo!

Entretanto, não se sabia.

Parece que não se sabia! E centenas de homens continuavam a ser tratados, nestes claros dias de razão e de justiça, como seres inconscientes, feras bravas que o domesticador afaga escondendo o ferro em brasa.

Foi uma lição amarga. Mas as lições amargas são quase sempre as de maior proveito. Talvez que ela seja útil ainda a alguém. Sei lá; a sociedade dos homens é tão cheia de imprevistos e de assombros! Este teve duas faces: uma, da brutalidade com que o caso se revelou e o consequente terror que infundiu; outra, a do domínio sobre si próprios, de que deram provas os marinheiros senhores da ação. Não nos esqueçamos de que, se eles tivessem querido, grande parte da cidade estaria a estas horas grandemente danificada ou reduzida a pó. Os oficiais de 1893 [*da Revolta da Armada*] tiveram menos respeito pela população do Rio de Janeiro. Agradeçamos isso ao menos aos marinheiros! E não é pouco... Todavia, na refrega houve mortos. Estes vendavais não passam nunca sem abater alguém; mas os mortos foram relativamente poucos e de ambas as partes, o que equilibra a balança da Justiça.

Mas não é para lamentar os mortos caídos no seu posto de honra, e pelos quais toda a população gemeu, que escrevo estas linhas. Não é tampouco para vincar ainda com a minha pena, impiedosamente, a verdade triste que deu causa a tão inesperado, a tão doloroso acontecimento.

Minha intenção é outra.

Minha intenção é louvar, em nome de toda a população pobre do Rio de Janeiro, população que não pode fugir de um minuto para o outro para fora do alcance das balas ameaçadoras, porque está presa à terra do seu trabalho, a atitude serena e corajosa do marechal Hermes da Fonseca [*presidente da República*], assinando o decreto da anistia dos revoltados, em face da desesperadora contingência de só os poder castigar condenando ao sacrifício a população da cidade. E para isso foi preciso coragem, sim, porque não é necessário conhecer demasiadamente os homens para saber o quanto eles elevam acima de tudo o prestígio da sua força e da sua bravura.

A razão e o bom senso ficam muitas vezes sepultados sob essa dura tampa de aparência e veleidade. O problema que, logo nos primeiros dias do seu governo, o presidente da República viu levantar-se diante de si tinha forçosamente, para se resolver, de sacrificar alguém ou alguma coisa — ou o prestígio do governo ou a população da cidade.

Entre essas duas soluções, um vaidoso, um egoísta, escolheria a segunda. Salvaria assim os brios de uma classe oficial e contornaria o seu nome com os dísticos, tão gratos ao espírito masculino, de valoroso, enérgico, destemido.

Adivinho que o senhor marechal Hermes da Fonseca, como homem e como soldado, sujeito às contingências da vaidade humana, teria tido ímpetos de resolver a crise que nos abalava por um modo bem diverso daquele de que usou. Felizmente, a razão da sua consciência teve mais força do que seu orgulho pessoal, e ele transigiu com seu orgulho, hipotecando com isso temporariamente o brilho efêmero, o brilho político do seu governo.

O sacrifício que ele fez, patrioticamente, honestamente, pela paz e pela harmonia da família brasileira, não deixará de ser compreendido. Felizmente, os governos não têm alicerces somente na política; façam-se amados pelo povo e tê-los-ão ainda mais profundos no povo.

Oficiais e marujos podem-se olhar de face sem rancor, como auxiliares mútuos, servidores leais da mesma bandeira, filhos da mesma terra de liberdade. Olhar-se-ão até, daqui por diante, com mais simpatia, porque não haverá entre eles esses dois fantasmas negregados: o desprezo e o terror, que haveriam forçosamente de os afastar uns dos outros. Os dias esclarecidos dos nossos tempos não permitem tais interposições. A era dos fantasmas e dos escravos acabou. Haverá ainda alguém que possa lamentar isso?!

Talvez... Mas esse alguém não pode ser olhado com seriedade nem com respeito por nenhum de nós. A verdade agora demonstrada foi esta: o que as palavras, em longos anos de queixa humilde e de súplicas desesperadas, não puderam fazer, fizeram-no os fatos, e em poucos dias.

O País [29 nov. 1910]

ORESTES BARBOSA

Na cidade do punhal e da gazua

A Casa de Detenção é uma cidade entregue ao ilustre coronel Meira Lima.

Tem comércio, tem autoridades, política, clubes chiques e bagunças — tem amores e até literatura emocional.

Com capacidade para oitocentas pessoas, abriga, em média, mais de mil — de ambos os sexos, de várias idades e várias classes sociais.

Acorda com o sol.

Os cubículos são casas de família.

Há palacetes nobres — os salões nos 1 e 2. São o *Flamengo* e *Botafogo*.

Há casas de menor vulto, com moradores igualmente importantes: a primeira e terceira galerias, nas quais vivem dois condenados em cada cela.

A primeira e terceira galerias equivalem à *Tijuca* e a *Vila Isabel*.

A segunda galeria, de um lado, é o *Mangue*, o *Catumbi* e a *Ponta do Caju* — do outro lado a *Saúde*, *Madureira* e *Favela*.

Gente pesada...

Na segunda galeria, onde se destaca pelo número a ladroagem, há, ao vivo, o Rio criminoso.

Em cada cubículo moram dez, vinte, trinta e, às vezes, quarenta homens.

Uns vivem nus naquele ambiente negro e abafado.

Os cubículos da segunda galeria são as casas de cômodos da triste cidade.

A vida é quase a mesma das casas de cômodos cá de fora, com um pouco mais de perversão e um pouco mais de ódio entre os moradores.

Cada cubículo tem um chefe — um líder que representa o pensamento da maioria junto à administração.

Não há exagero nas descrições que alguns promotores de Justiça têm feito da segunda galeria da Detenção.

Quando naqueles antros cessa o jogo furtado, o sono chega, os corpos transpiram e oferecem então um aspecto de horror.

O leitor imagine à vontade e saiba que, entre esses corpos de negros roliços, derretidos em suor, há os nupciais, que dormem abraçados.

É o amor...

Antes do despertar do bairro chegam o leiteiro, o padeiro e o jornaleiro.

O leiteiro só vai a *Botafogo*, ao *Flamengo*, à *Tijuca* e a *Vila Isabel* — os salões, a primeira e a terceira galerias.

A *Favela* não bebe leite.

O jornaleiro e o padeiro, entretanto, correm a cidade toda.

As casas despertam.

As respectivas *famílias* fazem a limpeza de seus aposentos.

Vão ao banho.

Bebem o café fresco em trajes menores e depois vão para seus afazeres.

As mulheres ficam em casa, cosendo, lavando a roupa dos detentos e passando a ferro.

Lá vai o *médico* para o seu consultório.

É o sentenciado Otavio Cancelo.

À força de trabalhar como faxina do operador da prisão, ficou parecendo doutor.

Usa óculos de aro de tartaruga, pisa como um inglês e trata de cima os seus companheiros de reclusão.

É médico...

Dá injeções nos outros — sempre sobra uma ampolazinha de Aluetina e ele vai clinicando...

Agora passa o *advogado*.

Mora no bairro chique e é suburbano.

Passa com o bigode em anel e com a careca, solene, a reluzir.

É o *dr.* Nestor Joaquim de Lima.

Está condenado por *música*, mas continuou a ser o mesmo *advogado* que era cá fora.

Faz razões de apelações.

Cita Viveiros de Castro e Pimenta Bueno, os quais mistura com Lombroso, Proal, Gabriel Tarde e outros mestres do Direito Criminal.

É danado para enxertar os autos com tiradas em latim e francês.

Os juízes não entendem nada do que o *dr.* Nestor escreve, mas ele escreve e vai ganhando para manter aquele aplomb.

Quando terminar a pena, vai montar escritório e concorrer com os *drs.* Godinho, Heráclito Bias, Jacarandá e outros que há muito são figuras de relevo nos palcos da Detenção.

102

Vem andando uma mulher de capa.

É a Maria Fros, parteira.

Está condenada por ser povoadora do céu, mas nem por isso deixa de clinicar.

Há quem vá, cá de fora, consultar a ginecologista.

Maria Fros atravessa a praça principal.

Atravessa também um grupo de presos humildes.

São os presos operários da carpintaria e das obras de pedra e cal.

Vem na frente, de boné, Albino Costa, tipo autêntico do português leal e trabalhador.

Está na cadeia inocente.

Isso já foi provado, mas ele continua preso e embelezando o presídio com as suas obras de arte em cantaria.

Lá vai o *dentista* para o gabinete, que é na *rua do Ouvidor* da prisão.

É um preso de exemplar conduta e rara competência profissional.

Aperfeiçoou-se com o primeiro oficial José Nogueira de Sá, que é um competente cirurgião-dentista que presta serviços gratuitos aos presos da Detenção.

Quando o dentista vai chegando ao meio da *rua do Ouvidor*, encontra-se com ele, saudando-o com toda elegância, o preso encarregado da rouparia que veste aquela cidade sensacional.

O encarregado da rouparia tem auxiliares.

A freguesia é grande e exigente.

A roupa precisa ficar impecável no corpo.

Há presos que por causa de uma ruga na túnica fazem questão.

É preciso ir bem trajado à recepção do tenente Santos — a hora da visita dos presos importantes, que são levados à sala desse oficial.

As crianças da prisão brincam no passeio das suas casas — a prisão de menores que fica no fim do presídio.

A cidade vibra.

Entram e saem empregados do almoxarifado e do refeitório, que é um grande hotel.

Há rumor de pratos e xícaras — há sempre fregueses adventícios tomando canja ou café.

Depois vem a tarde.

As visitas — é a hora alegre da cidade desconhecida.

Chegam mulheres enchapeladas, estonteando com os perfumes e machucando com aqueles decotes e aquelas saias tão curtas e tão leves.

As visitas da Detenção terminam às duas horas da tarde.

Os homens da cidade sinistra regressam cedo às suas casas.

Jantam e repousam.

Os dois bairros chiques têm a aparência que o dinheiro dá.

Catumbi tenta fazer seus sambas.

Os guardas observam.

O murmúrio diminui, mas não acaba.

Às sete horas chega o guarda Campos, chefe da usina elétrica.

É a *Light*.

A cadeia fica, de repente, toda iluminada.

E dorme assim, como numa câmara-ardente.

Nos salões, na primeira e terceira galerias, *Botafogo*, *Flamengo*, *Tijuca* e *Vila Isabel*, há lâmpadas fortes.

Na segunda galeria, é a iluminação de *Madureira* — luz mortiça que mal deixa ler os jornais da tarde.

No bairro chique, nos palacetes bem iluminados, rompe jogo forte.

Há o *City Club* e o *Excelsior*.

O tenente João dos Santos de vez em quando dá uma busca de surpresa e acaba com a tavolagem.

No dia seguinte, como por milagre, baralhos novos, novas fichas e novas *raquettes* aparecem num outro clube — o *Palace*...

Como é?

Ninguém sabe.

São mistérios da cidade do punhal e da gazua.

Na segunda galeria há a mesma febre de jogatina, assim como, durante o dia, há a mesma ânsia de trapacear.

Não há vigilância capaz de evitar as infrações da *zona do chuchu*.

Colocam o Mangue no presídio e ele é o Mangue, assim como Madureira, fiel às suas tradições e à sua divisa, "Tanto faz seis como meia dúzia".

Pela madrugada, a cidade horrenda adormece.

De *Ban-ban-ban!* [1923]

◆

A última viagem

Era madrugada alta quando o rapaz magro e pálido bateu o portão largo do palacete e caminhou, com as mãos nos bolsos do capote, olhando a calçada na rua Conde de Bonfim.

De repente, o rapaz magro ouviu o ruído de ferro de um bonde e parou num poste.

Fez, à distância, o sinal para o motorneiro. Mas o motorneiro não respeitou o sinal e o veículo passou num clarão veloz.

Os vendedores ambulantes que àquela hora se dirigiam para o centro da cidade — quitandeiros, peixeiros e jornaleiros que sobraçavam o encalhe da opinião — ficavam indignados com a atitude do motorneiro cujo veículo não parava. Corria sempre, numa alucinação.

Os fiscais da Light, habituados à meia-marcha que os motor-

105

neiros sempre fazem, mesmo fora dos postes de parada, mostravam-se surpresos com a desatenção do subalterno e gesticulavam seus protestos para o condutor.

Este fazia uns gestos nervosos, como quem dizia:

"Que posso fazer?"

E o bonde, com a figura do motorneiro, ereto, que segurava vigorosamente com a mão direita o volante e com a esquerda o freio de ar — corria, louco, uivando, nos trilhos de aço.

Até o largo do Estácio, o condutor vinha entre os dois últimos bancos, olhando o relógio, a conferir os algarismos da féria.

Do largo do Estácio em diante, atentou mais no procedimento do motorneiro e foi para a plataforma pensar.

A tabuleta estaria em branco?

Mas, se estivesse em branco, os mercadores que se dirigiam às "Barcas" não mandariam o carro parar.

Quis ir perguntar ao motorneiro por que motivo desobedecia assim.

Mas era condutor.

A sua responsabilidade era pelos sinais de saída.

Além disso, tivera, na véspera, uma discussão com o motorneiro por causa da abertura de chaves.

O motorneiro não queria parar, não parasse.

E o bonde continuava na vertigem, iluminado e vazio, com o motorneiro impassível.

Entrava e saía ruas.

Chegou à Cidade.

Atravessou, como um risco de fogo, a avenida Rio Branco.

E desceu, num silvo, a reta da rua da Assembleia.

Quando chegou à linha circular da praça Quinze, ganhou um impulso de fúria.

Com o choque violento da curva, o corpo do motorneiro recuou.

E, recuando, puxou, com o braço duro, o volante do motor, tombando longo, de bruços, no freio de ar.

O carro parou instantaneamente.

O motorneiro vinha morto desde a Muda.

Aldeia Campista, 1923
De *O pato preto* [1927]

PEREGRINO JUNIOR

A propósito da moda

Confesso que é com infinito prazer e incoercível curiosidade que acompanho a evolução da moda feminina entre nós. As últimas toaletes que vi na Avenida — os primeiros modelos de verão, sobretudo — me despertaram um vivo interesse. Fizeram-me sorrir e pensar. Mas principalmente sorrir. Achei-as encantadoras, diabólicas, deliciosas, na exiguidade elegante de suas linhas. Tudo quanto há de mais terrivelmente provocador, excedendo em graça, em excêntrica beleza, todas as anteriores criações dos nossos costureiros. Entretanto, com franqueza, creio que andar uma moça com as hipotéticas toaletes da atualidade, ou com a bíblica folhinha de parreira edênica, faz o mesmo em defesa do calor ou do frio, como diria Camillo. Nua ou com roupas que tais, tanto monta...

Não costumo escandalizar-me com essas coisas, que são os frutos deliciosos do progresso, da civilização. Mas noto que está se agravando, de maneira inquietadora, na Eva contemporânea, a nevrose de nudez que caracteriza o nosso século. De audácia em audácia, a mulher moderna avança resolutamente para a glória pagã da nudez absoluta. Malgrado o berreiro intolerante dos senhores moralistas, a moda continua cada vez mais a despir encantadoramente as mulheres. Ontem, o contorno perturbador das perfeições femininas apenas se adivinhava através da espuma diáfana das rendas, da nuvem esvoaçante das gazes, da onda translúcida das sedas; hoje, já não é preciso adivinhar coisa nenhuma. Vê-se tudo... Vê-se, positivamente. As carnações magníficas das Vênus modernas, os mármores rosados das esculturas vivas refulgem, hoje, em todo o seu esplendor, à luz crua do sol.

É que a moda, como era natural, evoluiu... Fez um progresso sensacional. Da vaga curva indiscreta de um decote, que era já uma audácia, revelando a turgidez decantadíssima dos "colos de alabastro", fomos à exiguidade assustadora da saia curta, que entremostra, sob a carícia das meias finas, as linhas delgadas das pernas. Foi um escândalo delicioso para todos nós e um golpe fulminante para os senhores moralistas, que, rubros de pejo, levaram as mãos à cabeça, protestando, horrorizados, coléricos, casmurros. Mas tudo em pura perda, porque os inventores de figurinos não se preocupam absolutamente com a existência inoportuna e irritante desses caturras, que tanto mal têm feito à humanidade. A mulher, numa ânsia febril de liberdade física, fez da roupa um mito: transformou a saia numa hipótese; baniu o colete; rasgou o decote; descobriu os braços; mostrou as pernas.

Fez mal? Fez bem? É questão de ponto de vista. Entretanto, se prosseguir nesta vertigem encantadora de desnudação, é claro que vai despir-se totalmente. Será a vitória helênica da beleza plástica; será o regresso à felicidade mitológica. Porque não há dúvida de que estamos caminhando, com uma decisão heroica, para a nudez olímpica do paganismo grego. E, se me permitem, aí está onde erram as mulheres.

Não dizemos isso por amor à moral, que esta antipática senhora é a ditadora intolerável do mau gosto. Dizemo-lo, porém, por amor à mulher. É preciso convir, o tempo e as pessoas mudaram deploravelmente, e a lamentável verdade é que a Eva dos

108

nossos dias — cheia das aladas graças do espírito, mas desprovida da formosura olímpica da carne — já não tem perfeições plásticas para mostrar! A mulher moderna não é mais o poema carnal de Rubens, nem tem a beleza fecunda e vigorosa dos tempos mitológicos. Ela é, agora, a figurinha lúbrica, provocante, demoníaca, maravilhosa de Félicien Rops. Vênus, que vivia nas montanhas sagradas da Grécia, sob a glória rutilante do sol pagão, não passeia pelas nossas avenidas, nem toma chá, nem dança o tango. Fugiu, foi expulsa pela civilização. Quem enche de encanto este século é uma simples criaturinha de osso e nervos, caricatural, quebradiça, angulosa, excitante como pinturas de Gervex.

Eu prefiro francamente a graça envolvente dessa deliciosa decadência plástica. Entretanto, a Eva moderna não foi feita para ser vista à luz radiante do dia. Nasceu para ser amada e adivinhada sob a penumbra discreta da noite… Não tem ela a Beleza — que deslumbra; tem somente a Graça — que fascina.

Mas para que falar nessas coisas? Melhor do que nós outros, sabem o que fazem os costureiros e criadores de figurinos. A moda não nasce, como se pensa, do simples capricho de homens frívolos. Ela, ao que se diz, vem do Museu e do Salon, pelas mãos da História e da Arte… Além do que, a Moda, seja feia ou encantadora, é sempre a imagem eterna da Beleza — efêmera, caprichosa, inconstante. É criada para a mulher. *"Femina è cosa garrula e fallace."*

26 — agosto — 1921
De *Vida fútil* [1923]

O verão

O sr. Epitácio Pessoa subiu para Petrópolis. Isto quer dizer que, embora estejamos há muito com uma temperatura senegalesca de fornalha, só agora foi solenemente decretado o verão oficial. É verdade. No Rio é assim: o verão constitucional só entra em vigor, para os efeitos da lei, no dia em que o presidente da República se muda para o Palácio Rio Negro.

Antes, porém, de ser inaugurada a estação governamental, o verão do calendário e da elegância já havia feito a sua entrada — o calor e o sol não podiam deixar dúvidas a respeito. Porém, a prova de que o verão começou há muito tempo, mais do que no calor e no sol, temo-la na Avenida. É um termômetro infalível.

A coluna da elegância, entretanto, opera um singular contraste — baixa com o calor e sobe com o frio. O grande mostruário carioca, que nos doces dias de inverno é tão rico de beleza e de graça, está agora lamentavelmente despovoado. Os trottoirs da Avenida, nestas tardes cálidas e louras de sol, ficam desertos. Apenas, de quando em quando, para variar, aparece a elegância heroica de algumas silhuetas suarentas, empoeiradas, vermelhas... Além disso, lá surgem, às vezes, uns vagos exemplos de beleza suburbana, que têm a coragem de afrontar os 36 graus das caldeiras cinematográficas para o gozo medíocre de ver Chico Boia [*o comediante americano Fatty Arbuckle*] ou Norma Talmadge... E só.

O fenômeno explica-se facilmente: no verão, o Rio foge do Rio, como diria o Eça. As *andorinhas* — as lindas aves de arribação dos salões cariocas — voam para Petrópolis, para as serras, para as estações de águas, para as praias. É o fantasma horrível do calor — comendo brasas, derretendo-se de suor, negro de poeira, mole de cansaço —, que aparece como um espantalho, todos os dias, com o lindo sol que emerge, com roupas régias de ouro e púrpura, das águas felizes de Copacabana. Apavorada, a gente elegante emigra da Avenida, e o cortejo suntuário da beleza carioca desaparece com o fausto perturbador das suas joias, das suas toaletes, da sua fascinação.

Entretanto, se por isso a Avenida perde com a entrada alegre e dispersiva do verão, há outros pontos da cidade que com ela ganham infinitamente. As praias, por exemplo, ficam deslumbrantes. E então, nos banhos de mar, gozamos o deslumbramento forte da beleza, e no footing, o encanto maravilhoso da elegância. Assim, as praias passam a ser a exposição dos mais lindos aspectos e das mais lindas modas do calor: o banho de mar, o esporte, os tecidos claros, o flerte, as toaletes leves, as cores vivas.

Mas, para mim, só uma coisa é verdadeiramente bela e encantadora neste tempo. É a paisagem. A alegria cantante e viva da paisagem. Pode-se dizer, em uma palavra, que o Rio no verão é apenas isto: paisagem. Exagero? Não. Porque, evidentemente, a cidade inteira, agora, é um prodígio de aquarela dourada, em que o céu tem transparências azuis de porcelana velha e o mar, cambiantes exquisitos de seda amarrotada... E ao sol glorioso do verão — como as cigarras e as andorinhas —, a cidade é mais alegre, é mais louçã, é mais rutilante de graça e de vida.

Porém, sobretudo, o que o Rio é, nestes dias de calor, é uma cidade lasciva. Uma cidade lúbrica. A mulher carioca, mergulhada na graça diáfana das toaletes leves e claras, é infinitamente mais fascinante, mais irresistível — seus nervos ficam mais vibrantes e sua alma ainda mais cintilante. A volúpia emoliente do calor dá-lhe vivacidade, alegria, cor... E por isso, nessa grande e maravilhosa paisagem de ouro (ouro no mar, ouro no céu, ouro nas serras, ouro nas almas), a mulher é a Alegria e a Beleza que cantam, que dançam, que riem, para felicidade e desespero do homem, que, só ele, continua a ser — banal, triste e feio…

Janeiro — 1922
De *Vida fútil* [1923]

RIBEIRO COUTO

Depois do jantar

"Aonde vamos?"

"A um cinema, ou a um teatro, como toda gente."

Passa das sete. Ainda vão cheios alguns bondes para Botafogo, Tijuca, todos os bairros. Outros que voltam, cheios também, derramam pela Galeria Cruzeiro e pela rua da Assembleia, canto da Avenida, as multidões curiosas e palpitantes.

A avenida Rio Branco regurgita. De um lado e do outro, desde a rua do Ouvidor, abandonada e obscura, até o Monroe, há filas de gente pelas calçadas. À porta do Pathé, do Odeon, do Cine Palais, do Avenida, do Parisiense, do Trianon, postam-se densos magotes diante dos cartazes, enquanto que lá de dentro vem o quente entusiasmo das orquestras.

"Vamos entrar."

"Espera… Olhemos esses cartazes."

E os cartazes se enfileiram, berrando as cores, à luz exagerada das grandes lâmpadas nas fachadas claras.

Há um movimento enorme de povo na Galeria Cruzeiro, no Ponto Chic, no canto do largo da Carioca, em todo o quadrado do Hotel Avenida, que é o eixo da intensa vida noturna da cidade.

"Vamos até a porta do Trianon."

"Em primeiro lugar, um cinema…"

112

E os cartazes se enfileiram, berrando as cores, num delírio de concorrência. Ininterruptas, as campainhas retinem. Há um entra e sai nas largas portas junto às bilheterias. Passam mulheres formosas, deixando cheiros bons pelo ar.

"Já reparaste? À noite..."

"Todos os gatos..."

"Todas as mulheres são lindas."

"Lírico!"

"E, então, à porta dos cinemas, ou dos teatros, descendo do automóvel! É a hora romanesca das possibilidades sonhadas...!"

"E nunca atingidas."

"Ingênuo!"

Os automóveis, deslizando, carregam burgueses repimpados para as praias. Oito horas. É quando os nouveaux riches pensam que é chique passear na sua Cadillac. Os nouveaux riches têm, aliás, ao lado deste, um outro pensamento, que é um pensamento prático: fazer a digestão suavemente.

"Olha *A Noite* e *A Boa*! Traz o assassinato em Niterói! O marido que matou a mulher!"

Os guinchos pregoeiros da garotada põem uma confusão sonora no rumor geral. As vitrines enormes jorram uma luz ofuscante, que envolve as pessoas ao passar. No primeiro andar da Capital, numa tela de cinematógrafo, uma invisível mão vai desenhando silhuetas e escrevendo reclames. Uma turba compacta, embaixo, a admira, sorridente, boca aberta... "O melhor sabonete é...", "As pessoas de gosto...".

"Paremos aqui. Olha quem desce daquele Águas Férreas."

"Excepcional! E o marido velho tem assim um jeito vago de Conselheiro Aires..."

"Ela, no entanto, bem Iaiá Garcia!"

"*A Noite*! *A Boa*! O marido que matou a mulher em Niterói!"

"Não acha que Niterói, às vezes, é feroz?"

"Hábitos antigos."

A multidão rola, alarga-se, vai...

Toda essa onda humana que passa ou para na Avenida veio para olhar. Olhar facilita a digestão. Olhar qualquer coisa: as vitrinas, uma tela, um palco, as ruas, os outros. Olhar é a necessidade fisiológica de após-jantar.

A multidão rola, alarga-se, vai...

Mas, para os lados da Beira-Mar, passando-se o Monroe, vê-se como que o súbito esvaziamento da vida intensa da cidade. Há poucas pessoas por ali. Por exemplo, um casal que vai andando a passo lento na direção do Passeio Público; um vulto a ler um jornal debaixo de um foco; uma mulher misteriosa que espera um táxi. Na amurada, de bruços, alguém olha a baía imensa e escura, dentro de sua distante cercadura luminosa.

"Ora, voltemos de uma vez. Que fazemos nós por aqui? Não há quase ninguém."

O Monroe dorme. Dentro deste branco mastodonte arquitetônico, ah! quanto eco de vozes inúteis!

O Clube Militar tem as janelas iluminadas. Algum baile hoje? Tanguinhos, Tenentes, a Pátria...

O Supremo Tribunal está silencioso. No portão, o guarda boceja.

A Biblioteca... a Escola de Belas-Artes... o Teatro Municipal... a estátua de Floriano... ("Não sobe mais ninguém!")

Pois, senhores, é um maravilhoso trecho da cidade. Espalhados pelos bancos, vários indivíduos, uns esparramados, outros em atitude correta de mesa de banquete, digerem pacificamente, olhando o asfalto luzidio da Avenida.

Visto assim à distância, o resto da Avenida parece esbraseado por um incêndio panorâmico. Na luz intensa — luz de focos de cinema, luz de vitrinas, luz de reclames pelos telhados, luz das grandes lâmpadas no alto —, na luz intensa a mancha preta da multidão sugere um dia de festa nacional.

"Tens um cigarro?"

Vou como num sonho. Vou como num conto de fadas. Chegamos à Galeria. Sinto, através de uma bruma de miopia extática, que mulheres belas passam por mim. Rapazes falam alto, gesticulam, discutindo esportes, com exclamações, gargalhadas... O cinema da Capital continua ingênuo, propagandístico. As portas do Trianon, do Parisiense e do Central parecem mais feéricas. Vou como num sonho...

"Dá outro cigarro."

"Acabaram-se."

E as campainhas retinem, chamando, cartazes levantam aos nossos olhos largas caras de artistas célebres, os autos correm maciamente abrindo sulcos nos grupos que atravessam a Avenida, a multidão é cada vez mais densa, e rola...

"Vamos a um cinema? Então não te decides?"

Dentro de mim a alma do vagabundo sente o seu cativeiro delicioso. E bate as asas inquietas, todas as noites, em torno desse pedaço luminoso da cidade...

De Cidade do vício e da graça —
Vagabundagem pelo Rio noturno [1924]

◆

A melancolia dos bares

"Não gostei da fita."

Onze horas. Os cinemas começam a esvaziar-se. Os bondes levam para o sossego dos bairros os grupos sonolentos das famílias.

"Mamãe, papai não gostou da fita!"

"Enjoado, este Gomes!"

Os chefes, solenes e respeitáveis, arrancam *A Noite* do bolso e ficam a dois passos de distância, percorrendo o jornal, enquanto

115

não chega o "Largo dos Leões". É em frente à Brahma. As *trotteuses* passam. Os basbaques olham.

"É melhor tomarmos no Ponto Chic. Aqui os bondes já passam cheios."

E vão. *A Noite* é metida no bolso para ser de novo aberta quando estiverem todos acomodados no elétrico.

Os relógios caminham para as onze e meia. Logo será meia-noite. E depois virá a madrugada, com o fechamento dos bares, as ruas ermas, as carroças do lixo, os garis varrendo o asfalto da feira abandonada...

"Vamos tomar um chope."

"Pois vamos. Aqui na Americana?"

"Na Brahma."

"Espera. Vamos ao Nacional."

"Por quê?"

"Assim posso olhar os bondes de Santa Teresa. Não sabes... Às onze e meia, quase todas as noites, eu sento-me lá e fico a espiar... Acontece às vezes que o meu velho *caso* veio a um teatro, ou a uma festa, e recolhe a esta hora... Eu sofro."

"Mau! Mau!"

Ao redor do Hotel Avenida, no Ponto Chic e na Galeria, enquanto os grupos de famílias esperam os bondes, os rapazes conversam, comentando as mulheres. Andam por ali, cínicas e provocantes (e dolorosas!), as *trotteuses* da Glória e do Catete, confundidas com as famílias. Por vezes, o exagero das modas femininas e da maquiagem, que é igual para todas as mulheres, estabelece confusões aos olhos dos simples...

"Então entremos."

É a hora da melancolia dos bares. A Brahma, a Americana e o Nacional estão cheios. Rapazes com a expressão displicente de vivedores, velhotes de atitude instalada, marinheiros de algum navio de guerra americano, alemães de cara ingênua e beberrona, gente noturna de todas as nacionalidades, todos os boêmios e todos os sós na grande feira por aqui ficam, pelas mesas, diante da cerveja, ao som do "Maldito tango", na ilusão de tornarem a noite mais curta. Os que vivem sós na grande feira têm, à noite, o desesperado horror ao sono. Apegam-se ao bar, à música, à cerveja, depois aos clubes, às mulheres, para que a vida não lhes pese, para que a vida lhes dê, nesses pobres prazeres dispersivos, um pouco de esquecimento à sua solidão.

"Outro chope!"

"Para mim também."

À porta do bar, um sujeito de bigodes, a testa escondida pela aba do chapéu do chile, faz a uns rapazes, de longe, um aceno interrogativo de sobrancelhas. É um vendedor de cocaína.

O barulho da orquestra enche completamente a sala enfumaçada. Gargalhadas golpeiam o ar. Uma espanhola gorda e outoniça, de riso aberto e dentes maus, oferece pelas mesas, com um ar meio canalha, a sua cesta de cravos em raminhos de avenca. Uma outra, velha, grisalha, encolhida numa capa de veludo negro, andeja pelas mesas de fora, oferecendo também as suas flores. É humilde, decrépita, ínfima. Os homens, instintivamente, compram-nas, sorrindo com cinismo de desigualdade...

"A melancolia dos bares, meu querido!"

"Chope claro!"

Pintadas e obscenas, mulheres da Lapa e da Glória ocupam mesas de americanos cordatos. Frequentadores habituais do bar chamam-nas, fazem-nas sentar, pedem bebidas. Os garçons acotovelam os fregueses, de um lado para outro, servindo, rápidos. A fumaça turva a atmosfera, brancamente. Nas mesas de fora a espanhola velha insiste com um senhor barbudo, de óculos:

"*Este clavel... solamente este...*"

O relógio do bar marca meia-noite.

Entram grupos de famílias no Ponto Chic, para o chá. Acabaram-se os teatros. A Rio Branco, a Lallet, a Cavé e a Alvear, neste momento, devem estar a encher-se também. Bocas risonhas... espáduas perfeitas a surgir das capas caídas... e rígidas gravatas brancas em rígidos peitilhos, num silêncio de falta de espírito...

"Meu chá é gelado."

"Marieta, pode fazer mal!"

"Que homenzinho burguês, este meu marido!"

É quando os primos e outras pessoas sorriem...

Que é isto? Uma briga? Lá no fundo do bar, um inglês ameaçou de socos um garçom. Estava bêbedo. Juntou gente em roda, a rir. A orquestra rompe nacionalmente um maxixe.

"Vou tomar uísque."

"Não vale a pena..."

"Estou sentimental."

De *Cidade do vício e da graça —*
Vagabundagem pelo Rio noturno [1924]

♦

As noitadas da rua do Passeio

"Hoje vamos aos cabarés do Passeio."

"São tão monótonos!"

"Deixe de histórias. São agradáveis."

"Sempre aqueles rapazes, sempre aqueles velhotes, sempre aquelas mulheres, e mais umas caras de gente do interior, muito regalada com o que vê..."

"És de um mau humor!..."

"Nem sempre..."

"Pois eu imponho: hoje fazemos elegância. Primeiro, o Assírio; depois, o Palace e os Políticos. Se nos der na veneta, espiamos um pouco os cabarés ordinários: o Congresso dos Tenentes e talvez os Zuavos. E ainda há cabarés menores e mais torpes pelas vizinhanças..."

"Se fôssemos encontrar criaturas interessantes!"

"Recitando versos? Bobagens. Mulheres assim, não deves procurar por ali. É preciso que te convenças: em Roma, sê romano. Vamos! Vai ser uma noite deliciosa, sob um aspecto, e estúpida, sob outro aspecto. Mas assim é tudo na vida, seu pedaço de idiota!"

O movimento do cabaré do Assírio começa às onze e acaba à uma. É um cabaré honesto, que não dorme fora de horas. Sua função pode-se dizer que é preparatória. O Assírio é como que o coquetel para o Palace e os Políticos.

"Sentemo-nos ali embaixo?"

"Aqui por cima estamos mais à vontade."

No ventre do Teatro Municipal, como uma espécie de caverna luxuosa, o Assírio é o rendez-vous da elegância noturna. Eloquência e displicência... O teto baixo e as paredes garatujadas de coisas sardanapalescas como que abafam. Mas não abafam — há ventiladores. Veludos bem vermelhos dão à sala quadrada, embaixo, e às estreitas galerias de em torno uma tonalidade voluptuosa. Junto às mesas alvas brilham joias no colo das mulheres, em braços longos, em cabelos armados. Cavalheiros reclinam-se às cadeiras, soprando a fumaça dos cigarros para o alto, ou curvam-se para dizer uma palavra confidente a uma orelha esquiva. Todas as mesas estão ocupadas na grande sala. Pelos corredores há grupos de pé, em palestra. A orquestra semeia ímpetos, com o ritmo das danças americanas e argentinas. Música de pampa tristonho ou de negros humilhados... Ouvindo-a, deixam-se cair no encosto da cadeira, o olhar vago, em abandono; outros animam-se, acompanhando-a com um assobio de sussurro, golpeando uma taça com os dedos, na cadência. Ao centro da sala, no espaço proposital, umas mulheres dançam, pagas pela casa. Um rapazola pálido, grave, move nos braços uma francesa ampla, louraça. Um americano grisalho, risonho, dança com uma ruiva magricela, de olhos tristes. Palmas...

119

A cigarreira anda pelas mesas com a bandeja, servindo. Entre os decotes e os smokings há gente vestida à vontade, a maioria. Há também umas casacas. Há mesmo a mancha clara de um brim branco perdido por ali.

"O delicioso é esta promiscuidade. Vês?"

De novo a música. Aparece uma dançarina, com os braços abertos em oferenda, a sorrir para os lados, colhendo olhares de expectativa. Senhores circunspectos, distraídos, seguram o charuto no ar, dedilhando o polegar nos dentes em serrilha, com abstração; a dançarina começa a girar, espalhando véus. Pobre Salomé antiga, a tortura das imitações...

O rumor harmonioso da orquestra envolve tudo. Na sala estão duas ou três famílias, com uma naturalidade elegante no meio das mundanas. Um ministro europeu exibe a fealdade oficial da esposa; um casal inglês toma chá com gravidade; um deputado conversa com um diretor de jornal, enquanto a senhora, velhusca e bonita, inclina-se para outro deputado — solidário, perfeitamente solidário com o marido — e, por debaixo da mesa, deve haver uma carícia de joelhos ansiosos.

"O Assírio é delicioso..."

"Quem é aquela morena, de grandes olhos? Brasileira?"

"Antonieta. É do Pereira, da Companhia Ítalo-Brasileira de Máquinas."

Quase todos têm o falso ar de enjoarem-se. A aparência é de que a maioria veio por obrigação. À porta do lado da Avenida aglomeram-se, hesitantes, vários rapazes. Dão alguns passos, esticam o pescoço, examinam a sala, espiam, como que a procurar alguém. Simplesmente, estão sem dinheiro. Mas é indispensável aparecer por ali, mostrar-se por um pequeno minuto. Assim documentam a afirmação do dia seguinte: "Você sabe, ainda ontem, no Assírio...". E fingem que esperam uma daquelas mulheres, fingem que são amados, fingem que têm relações, fingem que dissipam a vida... Irão daí a cinco minutos, a pé, para uma pensão da rua Correia Dutra, ou para Laranjeiras.

"O Assírio é delicioso!"

Meia hora depois de meia-noite. Começa a retirada. É o momento do desfile fragmentário, aos poucos. Aumentam os grupos da porta, que se espalham, curiosos. Os automóveis correm, barulhentos, com empáfia, a encostar-se na calçada. Os táxis, à distância, esperam, com o chofer a acusar com o dedo para o freguês incerto.

"Vê como de perto a Antonieta é linda... Boa noite, Pereira!"

O Assírio erma-se. À porta da rua Treze de Maio, um italiano malvestido, de barba atrasada, olhar duro, cara de tenor desempregado, agarra pelo braço a Salomé que há pouco dançava. É o marido. Ele a sustenta. Têm dois filhinhos e moram num quarto da rua dos Arcos. Vão-se de braço, unidos...

O bar está deserto e como que mais chato, com suas tonalidades vermelhas, uma atmosfera de elegância acabada, elegância a prazo certo, que fecha à uma em ponto. Os últimos habitués estão pelas imediações do Teatro Municipal, decidindo o rumo a tomar. Muitos vão a caminho do Passeio Público, para os clubes.

"E agora?"

"Fazemos como os outros: o Palace, depois os Políticos. Eu disse que a noite era dos cabarés."

Caminhamos. No canto escuro e silencioso da rua Senador Dantas com a rua do Passeio, em frente aos altos arvoredos do jardim, uma porta larga, intensamente clara. Há automóveis por ali. E vultos de mulheres que vão e vêm da Lapa. Subimos.

"Estou com fome."

"Vamos cear."

Atravessamos a sala estreita e comprida, iluminada, rumorejante, cheia da frequência habitual. No fim, para o lado da sala do jogo, encontramos a mesa procurada. E ficamos a olhar.

O cabaretier, com uma larga cara escanhoada, tristonha, crapulosa, exclama, batendo palmas:

"*Madame Lola! Attention, messieurs! Madame Lola va chanter 'Milonguita'!*"

A orquestra começa, de manso. Lola, a cabeça bela, os cabelos negros sobre um rosto de desafio, a boca sangrando, toda ela de veludo negro, os braços brancos fortes e trágicos, olha com desprezo e se põe a cantar:

Te accuerdas, Milonguita, vos eres
La pebeta más linda en Chiclana...!

Todos os olhos olham o corpo de Lola. Ela canta com indiferença, pondo a mão na anca, o braço curvo.

Acabou. Os aplausos estrepitam, gerais. Lola vai sentar-se, com seu magnífico ar soberano.

Daí a quinze minutos é Ninette.

"Madame Ninette! Madame Ninette va danser!"

É uma loirita canalha, uma gaze roxa sobre a magreza histérica. Atira beijos aos homens e principia uma dança complicada, com tremores eróticos, excitantes. Aproxima-se das mesas e quase cai sobre elas, provocadora, obscena, vil...

"Vocês por aqui, ceando? Espera aí, meu irmão. Vocês compreendem, não é?"

O jovem repórter Clodoaldo Lima, tão conhecido de todas essas mulheres e de todo este meio, senta-se à nossa mesa, espontaneamente.

"A Ninette é *ramblas*."

Começa a falar várias coisas, enjoadamente, no seu calão encantador. Vem uma bebida. Ele comenta:

"Aquela gorda, vocês estão vendo? Chegou anteontem de Marselha. Telegrafou-me. Boa camarada. O cáften dela está em Buenos Aires. Vem aí como uma fera."

Bebe mais. Mulheres passam pela nossa mesa e bolem com o jovem repórter, acariciando-lhe os cabelos, sorriem.

"Chéri, comment ça va?"

"Alô, pedaço!"

E para nós:

"Anda voando em cima de mim. Espera aí, meu irmão!"

Espalham-se pela sala enfumaçada as primeiras notas de um tango. Uma polaca alta, cheia, faz um aceno para ele.

"Com licença... Vocês compreendem, não é? Defesa, não é?"

Vai-se. Daí a instantes, no torvelinho dos que dançam, Clodoaldo Lima passa agarrado à polaca alta, cheia... Nos seus olhos felizes parece haver isto: "É a defesa, meu irmão!".

Vamos espiar o jogo. Caras diferentes, preocupadas, risonhas ou de tédio, amontoam-se em torno do pano verde, o mesmo pano verde das cinco partes do mundo...

Voltemos a comer o resto da ceia. Pela sala repleta, a alegria ruidosa de mulheres, de rapazes; a rígida atitude de estrangeiros louros, a fisionomia canalha de velhos que pagam magnificamente...

"Muito agradável!"

A música langue dos bas-fonds de Buenos Aires põe uma tristeza de vício no ambiente.

"Vamos?"

"Hoje não estou sentimental."

"Não. Vamos..."

São quase duas horas. Seguimos pela rua do Passeio. Na esquina de Marrecas espiamos por um momento o interior barulhento do Café Avenida, com marinheiros embriagados e mulheres da ralé em algazarra. Seguimos até à porta dos Políticos. Subimos. O salão enorme, todo pintado de branco, sugere uma leiteria.

"É mais amplo. Respira-se melhor."

"Não bebemos mais... Ou bebemos?"

"Para justificar o cigarro..."

Muita gente que estava no Palace, meia hora antes, já passou por aqui. Números de cabaré, música, jogo, risadas, a eterna coisa.

"Vou jogar um bocado."

"Não vale a pena."

"Um bocado…"

O rumor infinito das fichas ressoa nos ouvidos como um convite. É o sorriso sonoro, o "Vem!" pérfido da fortuna esquiva.

"Não te faz uma carícia no ouvido esse rumor?"

"Não."

"Feliz!"

Depois, descemos para a rua.

"Cem mil-réis de menos?"

"E uma esperança também."

E como são duas e pouco da manhã, decidimos ir, para acabar a noite, até o Congresso dos Tenentes.

Descendo, atravessamos o canto da rua do Passeio com a avenida Mem de Sá e subimos ao clube.

"É a segunda classe, caro amigo!"

Joga-se intensamente. Não há por aqui a decoração agradável das mulheres luxuosas e das ceias em que estala, às vezes, o champanhe. O cabaré é mais ordinário. O restaurante é mais ordinário. As criaturas são mais ordinárias. Há nos homens um aspecto de crapulice inveterada e na mole *nonchalance* das mulheres a confissão do preço fácil. As mesas de jogo estão sempre apinhadas.

"Vamos, meus senhores!"

"Agora vem a dama. Está na escrita."

"O valete está de chorrilho."

"Doublé outra vez?"

"De quem é esta ficha?"

"Minha…"

"Não, senhor, é cá deste seu criado."

"Perdão…"

"Isto não é xaveco, está muito enganado!"

"Esperem aí, a ficha é deste senhor."

Uma exclamação longa e irônica, um "aaah!" de vaia acompanha as palavras do banqueiro, e um rapazola magro, sardento, que reclamara a ficha, sai envergonhado, escorraçado, descoberto.

124

"Os águias não dormem!"

"Vamos ver! Façam as paradas!"

Na sala do cabaré, ao lado, um casal espanhol canta coisas de intenção obscena, que fazem rir os espectadores das mesas. Há uma alegria mais aberta por esses clubes de menos importância.

Descemos. Três da manhã. Os cafés estão fechando, as ruas escuras. Raros vultos de mulheres erradias, parando junto a homens ou andando apressadas. Vem do lado do mar um vento fresco, saudável, que faz pensar nos grandes sonos reparadores, de janela aberta para o jardim, nos lares tranquilos...

De *Cidade do vício e da graça* —
Vagabundagem pelo Rio noturno [1924]

THÉO-FILHO

Paris, minha querida Paris

Paris, durante a Grande Guerra, tornou-se uma mulher às bordas da desgraça, atacada por ariscas moléstias de nervos. Vejo-a transida de pânico, em dezembro de 1914, com seus cabarés e teatros fechados, sem autobus, sem feiras *au pain d'épice*, sem gritos de gazeteiros nas vias públicas. Era a época da morte dos vestidos lagartos, época em que surgiam os pequenos chapéus belicosos à imitação do quepe inglês, do gorro belga e do boné do cossaco, época em que a moda consistia em apontar-se a Rússia Imperial como única nação capaz de salvar da derrocada os aliados trapaces do Ocidente. São Petersburgo passara a chamar-se Petrogrado. As russófilas exaltadas queriam que Cherburgo fosse batizada Chergrado, que o bulevar da Tour Maubourg tomasse o nome de Tour Maugrad e que Bourg-la-Reine fosse heroicamente denominada Grad-la-Reine.

Passear por Paris à noite, naqueles inquietantes tempos, era uma excelsa volúpia para o espírito aborrecido do laconismo dos comunicados oficiais. Eu morava, então, no Faubourg Poissonnière, a cem metros do rubro edifício do *Matin*, ante cujas vitrines gostava de demorar-me, ao iniciar, sob o frio cortante e o nevoeiro, a subida do bulevar — armazéns e lojas de luzes apagadas desde as sete horas da noite, cafés de portas cerradas desde as oito horas. De cem em cem metros, lâmpadas elétricas lançando sobre o asfalto clarões melancólicos, baços, minguados. Raros transeuntes retardatários. Rameiras tímidas, peripatéticas, propondo, sob os toldos, o uso e o abuso dos corpos lascivos...

O bulevar era um caminho de catacumbas por onde andavam, ao léu, pobres almas em pena. Dessas catacumbas jorrava a luzinha pálida do Petit Casino, onde Camille Stephani, tão hábil nos gracejos, insultava o Kaiser e dizia, com topete, estribilhos de canções arrepiantes. Dali o bulevar estendia-se, fazendo um cotovelo, sem mais outro atrativo mundano, tão pesado de nevoeiro que até parecia ter descido sobre a cidade, dramaticamente, o manto escuro da própria morte, distraída da sua ronda pelos campos de batalha. Vinha enfim, depois do bulevar dos Italianos, o edifício da Ópera, esmagado no gris torvo da praça que vagarosamente se atravessava, sem o receio diurno das colisões. A Magdalena, a rua Royal, a praça da Concórdia. E estava-se na cruz dos riscos lancinantes dos holofotes da torre Eiffel, do Jockey Club, do Arco do Triunfo, da Coluna da Bastille, da porta de Montrouge, do Sacré-Cœur, que angustiosamente rasgavam o céu pesado.

À direita da praça da Concórdia, os Campos Elísios ofuscados na névoa, o caminho da Étoile, a subida para o Bois de Boulogne, onde os soldados, desde a Porta Maillot, impediam o trânsito inoportuno dos civis. Mais à frente estavam os cais do Sena, onde se viam maltrapilhos deitados nos bancos, loubateiras famintas e trágicas, refugiados do Norte estendidos em sacos de roupa, e o cisco, a lama, as folhas das árvores caídas, amputadas pelas geadas do outono.

Regressar aos bulevares por esses cais infinitamente lúgubres, pelo Châtelet. Tomar o caminho da ponte ou do bulevar Sebastopol, rumo ao bairro Latino, ou a Montmartre, ao Boul' Mich ou a Clichy: um silêncio de Bruges a acompanhar-nos, marcando um compasso de marcha e tam-tam africano...

Foi numa dessas noites de vagabundagem parisiense — posso fixá-la com precisão: 20 de março de 1915, noite de sábado para domingo — que, mais ou menos à uma da madrugada, Paris despertou em sobressalto ao som das cornetas, visitada pelos Zeppelins. Como por encanto extinguiram-se as luzes dos focos elétricos e dos lampiões. Pelas artérias principais, circularam aceleradamente veículos do Corpo de Bombeiros, conduzindo clarins que soavam o *garde-à-vous*, e autometralhadoras ocupados por fuzileiros navais. Na abóbada celeste, uma vaga claridade de veludo cinzento. Estrelas quase invisíveis na noite de equinócio. Chovera em tornada no dia anterior, e o frio de primavera, que persistia desde uma semana, retirara-se com polidez, definitivamente, da estação em flor. O espaço era rasgado em todos os sentidos por fulgores rápidos e penetrantes. Foguetes explosivos pisca-piscavam como se excessivamente carregados de matérias fosforescentes. O arruído do canhão súbito irrompera do lado da torre Eiffel. Estouros de *shrapnels*.

Do alto do meu terraço (acabara de recolher-me naquele instante), eu descobrira na trajetória retilínea de um holofote, qual peixe ondulante, claríssimo, longo, o monstruoso Zeppelin que despertara metade de Paris. O estrépito de seus motores derramava sobre a cidade uma chuva virulenta de vibrações sonoras. Os obuses dos postos mais próximos rebombavam a trezentos, duzentos, cento e cinquenta metros do mastodonte de alumínio. Flocos de fumaça caprichosa deixavam na esteira do seu caminho caudas lentas de nuvens descoradas. Ele viera do Oise, navegava entre 1,5 mil e 2 mil metros de altura, passara pelos arrabaldes de Cormeilles, Argenteuil, Colombe e Levallois, e durante dezesseis minutos dominara com impertinência os céus dos Campos Elísios e do Bois de Boulogne. Depois, dirigira-se entre balas e *shrapnels* para o rumo preciso da floresta de Montmorency, semeando bombas que deixaram marcas fundas de sangue nos bairros de Clignancourt, Épinettes e Batignolles.

Marcas fundas nos bairros — marcas fundas no humor do cidadão francês, mais desabrido do que nunca, irritadiço, pouco indigente para o mundo e para os seus...

Nesses tempos de guerra, em verdade, era coisa curiosa observar-se os vaivéns, os altos e baixos, as sintomáticas oscilações do espírito e do caráter franceses.

No dia 2 de agosto de 1914, por exemplo, quando fora decretada a mobilização geral, todas as bocas, em uníssono, enchiam o âmbito de Paris com este grito filaucioso: *"C'est la revanche!"*. A mocidade já marcava encontros nas calçadas da Unter den Linden. A multidão ululava, chasqueante: "A Berlim! A Berlim!". Mas, com o desastre da ofensiva prematura na direção de Sarrebourg, a invasão do Luxemburgo e da Bélgica e a chegada dos alemães a Liège, os nervos franceses começaram a inquietar-se. *"Ça va mal"* substituiu o pomposo *"C'est la revanche!"*.

A admiração pela Bélgica veio lançar um raio de luz azulina no otimismo abalado nas próprias raízes. Os refugiados do Norte simbolizavam a entidade da Bélgica dilacerada. A moda dos chapéus belgas, das botinas belgas, dos vestidos belgas, da literatura belga. Um cassino no centro da cidade adotou heroicamente o nome de Albert I. Paris teve a sua rua de Liège, o seu bulevar dos Belgas, a sua avenida Albert, a sua Cour de la Reine Elisabeth. O dia belga rendeu para mais de 3 milhões de francos. Namur... Charleroi... a invasão da França... Batalha do Marne... As palestras mudaram de tom:

"Ah!", dizia um. "Viste como são exigentes os refugiados do Cirque de Paris? Querem roupa, dinheiro, casa..."

"Oh! là! là!"

"Dir-se-ia que temos obrigação de sustentá-los! Aqui entre nós, muito mal fazem eles em se vangloriarem de nos terem salvado... Nada mais fizeram do que defender seu território..."

Após a parada do Aisne, o otimismo mais uma vez cedeu lugar ao mais amargo pessimismo. Um clarão de esperança, todavia, acoutava-se na Rússia longínqua, misteriosa, messiânica. O bulevar acreditava pateticamente que os cossacos do Ural atravessariam a Silésia como num passeio militar. O *Matin* anunciava em vermelhas letras garrafais: "*Randemkampf está a cinco etapas de Berlim!*". Mas o urso branco, o *rouleau à vapeur*, detido por Hindenburg, imobilizado nas misteriosas planícies mazorianas, encheu, finalmente, de amargas reflexões a paciência do francês.

"Só a Inglaterra nos poderá salvar!", diziam finalmente os céticos de última hora. "A Rússia?... *M'en bat l'oeil*... Viva lord Kitchener!..."

O inverno de 1915 trouxe a Joffre o amargo epíteto de General Caixa Econômica. A Itália era agora a esperança dos demagogos e patriotas enraivecidos. Mas só na primavera, a 24 de maio, desfraldaram-se as bandeiras da pátria de Cavour. "E viva a Itália! E viva!..." Quando chegaria a vez infalível da América do Norte, e a vez do Brasil?... Sim, do Brasil...

Nessas amargas expectativas, a vida continuava na sua constante e orgulhosa evolução. Paris sentia-se protegida, com eficácia, por densas esquadrilhas aéreas. Os domingos transformavam-se em genuínas jornadas patrióticas. A partir da hora crepuscular, a cidade sumia-se, pia, muçulmanicamente, numa treva absoluta propícia a todas as desorientações. E como os transeuntes viviam a se abalroar pelas esquinas, de encontro às caixas de lixo depositadas nas calçadas, Paris dir-se-ia regredido aos tempos remotos dos Henriques e dos Luíses. Os notívagos cantarolavam pelos faubourgs as estrofes de Rostand:

Si notre avenir — souffrez que je cache
Quelques pleurs amers —
N'est plus sur les mers, il faut que l'on sache
Qu'il est sous les mers.

Depois dessas noites golpeadas de alarmes e súbitas trepidações de regimentos em marcha, vinham dias de encantadora serenidade, e tão claros, tão primaveris, que a gente se julgava em plena paz bem-aventurosa. Uma vizinha loura despertava-me a tocar ao piano uns compassos da *Viúva alegre*. Beethoven e Wagner eram aplaudidos quotidianamente nos concertos ao ar livre das Tulherias.

Aquela vizinha a joeirar despreocupadamente o ar batidíssimo da honestidade de Valencienne! "Paris tem um aprumo verdadeiramente raro!", dizia-se no início dessa radiante transfiguração. Para afirmar-se, finalmente, com asco: *"Paris manque de tenue"*, o que, em português singelo, pode ser traduzido por "Paris carece de decência…".

Em Montmartre, por outro lado, os escândalos reproduziam-se sem qualificativos, em estabelecimentos que funcionavam de portas cerradas, à revelia da polícia. Num só cabaré noturno, durante formidável *raffle*, foram apanhadas oitenta mulheres decaídas, três altos personagens políticos, trinta e tantos estrangeiros incautos, dezesseis rufiões. Outras batidas redundaram na prisão de mais de seiscentos indivíduos suspeitos: espiões a serviço de agências holandesas e suíças, desertores disfarçados em orientais e sul-americanos, jovens ebúrneos de temperamentos inconfessáveis. Paris não se afligia com a tenacíssima resistência dos alemães, formidavelmente entrincheirados a quarenta quilômetros do arrabalde de St. Denis.

Mas os meses férteis em hecatombes, os anos intermináveis de espera nas trincheiras renovadas, inutilmente revolvidas, deram a Paris, pouco a pouco, a máscara guizalhante que se foi apurando até a hora solene e confusa do Armistício.

O bulevar, do Gymnase à Madeleine, viu, pelos olhos canalhas de seus bares ortodoxos, o desfile suntuoso de todas as raças interessadas no conflito. Já vira muitas coisas interessantíssimas, esse bulevar das fuzilarias de 1830 e 1848 — caminho marcial da Restauração, do Segundo Império e de Jules Gambetta, do Café de Paris e dos Bains Chinois, do Café Anglais e do baile da Ópera —, bulevar que se rebolara de gozo no tempo de Louis Philippe e do inconfundível Aurélien Scholl.

A seu exemplo, toda a Paris pouco a pouco adquiriu as mais inéditas feições bandoleiras. Montparnasse deu o sinal da evolução. Os seus cafés se encheram das lendas de Paul Fort e Guillaume Apollinaire, de Salmon e de Max Jacob, de Francis Carco e, por fim, de Picasso. A taverna de La Rotonde tornou-se um dos lugares mais cosmopolitas da Europa cosmopolita. Trótski e os revolucionários russos ali plantaram a tenda durante os invernos das grandes conspirações internacionais. Montparnasse, depois da Guerra, foi a capital artística da Rússia cubista, da Finlândia expressionista, do Japão futurista. Os pintores excêntricos lançaram no Deux--Magots, na Closerie des Lilas, no Dôme, em Baty, com muito sucesso, a moda das exposições de quadros nos fundos dos chopes.

No Quartier Latin era inútil procurar-se uma descendente ou mesmo simpatizante de Mimi ou de Musette. Estudantes de países exóticos — negros, amarelos, vermelhos — invadiram o Boul'Mich, da praça Saint-Michel ao Carrefour Médicis. As ruas de la Huchette, Cujas, Monsieur-le-Prince e de l'École-de-Médecine despiram a túnica severa de anacoretas. Onde encontrar-se Paul Fort no meio de tantos tchecoslovacos, moldávios e *souteneurs* do Glady's Bar?

Montmartre (Mont des Martyrs, Mont Marat, Montmartre, 138 metros acima do nível do mar) não era mais o bairro do vício inocente do Moulin Rouge, com suas falsas lavadeiras que mostravam, aos provincianos e aos velhos, calçolas de seda e fitinhas cor-de--rosa, nem o Moulin de la Galette, onde as galerias dançavam o *pas chaloupé*, ao som de uma orquestra de tziganos. Pierre Mac Orlan vivia no ambiente de La Clique du Café Brebis; André Salmon tinha relações espirituais com La Negresse du Sacré-Cœur. Francis Carco trocava confidências com Jesus-la-Caille. O Chat Noir, L'Enfer, Le Ciel e Le Lapin Agile passaram da moda desde fins de 1914. O centro de Montmartre continuava, na verdade, a ser a praça Pigalle, com o Rat Mort, L'Abbaye e o New Monico. Mas um cosmopolitismo desenfreado estendia-se de leste para oeste, e ali se revelava no Omar Khayam, cabaré persa de ambiente babilônico, no Bricktop da rua Pigalle, cuja *enseigne* elétrica era um grito de alegria: "*Happy home — Miss Adda Smith entertains!*", nos estabelecimentos russos Teremok, Troika, Esturgeon, Pigal, Sans Souci e Samovar, dos quais se tem uma visão alucinante em *Nuits des princes*, de Joseph Kessel, e ainda nas boates americanas, inglesas, eslovacas, italianas e espanholas — Cosy Corner, Nox-Bar, Au Zelli's, American Bar, Palermo, El Garron, El Mirador, Donkey's Bar, Savoy's, Le Perroquet, Florida, Mikado, Club Alabama, Chez Antinéa...

O cetro do vício e da libertinagem nessa Babilônia condenada à morte, impura de todas as cortesãs suspeitas, era a antiga floresta do Rouvray, chamada Bois de Boulogne desde o ano de 1419. Nunca o Bois de Boulogne teve tão grande celebridade, tão prodigioso período como o que se seguiu à paz e ao Armistício de 1918. Nas imediações do Tir-aux-Pigeons, no Chemin des Reservoirs, na estrada de Suresnes, mas principalmente na Allée des Accacias, onde, todas as noites, mormente em julho e agosto, circulavam seiscentos automóveis que eram por assim dizer a guarda avançada das 70 mil mulheres galantes, que enfeitavam Paris de penas de pavões e de gralhas, o Bois transbordava de uma aristocracia especial vinda dos quatro cantos da Eurásia e composta de banqueiros, mundanos, literatos, artistas e gente de teatro.

Ali as Vênus dos *sleepings* exibiram-se a espectadores pervertidos, ávidos de gloriosa cupidez. Uma poetisa recitava versos, sobre um tronco de árvore, para os íntimos de seu marido, e depois, sem lhes permitir que bocejassem, avisava:

"Vou pôr-me nua!!"

E punha-se em atitudes paradisíacas, numa meia-luz de luar salpicada de manchas de folhas de árvores. (Quem não se recorda da intervenção da própria esposa do presidente Millerand nessa escandalosa degradação do seu querido Bois?)

O reinado de tanta ilusão notívaga dilatou-se mercantilmente ao cúmulo da exploração metálica organizada por hábeis caftinos levantinos. Foi a época das exibições *au grand complet*, das saturnais veladas por secretas encarregados de assinalar o aparecimento do gendarme. Brantôme e Restif de la Bretonne jamais encontraram, em suas documentações, tão vasta e copiosa messe de degenerescências morais e ausência de pudor. Tudo no mundo gira em torno do sexo, disse Freud nessa época em que sua psicanálise estava no auge da cotação mundana.

As partidas saturnais (em 1928, a polícia suprimiu-as definitivamente) conduziam a determinado canto do Bois cinco, seis, oito automóveis carregados de homens e de mulheres — homens sérios, negociantes, artistas, políticos, advogados —, mulheres necessariamente seriíssimas, esposas, primas, cunhadas desses negociantes, artistas, políticos e advogados. Os faróis piscavam duas, três vezes, cabalisticamente, e os projetores indicavam o caminho para onde se podia descer e seguir, sem complicações. Os choferes, de tocaia, ficavam guardando os veículos.

"Uma secular fatalidade pesa sobre o Bois de Boulogne!", exclamava, com ênfase, uma alta autoridade eclesiástica de Paris. Sua Reverendíssima, um arcebispo, pensava melancolicamente, creio, na primeira pedra da igreja de Notre Dame de Boulogne, lançada em 1329 por Filipe v, o Longo. ("Por que longo?", pergunta Pol Prille.) E pensava também nos inqualificáveis deboches a que se entregaram, no Bois, em 1815, os cossacos dos regimentos acampados em Paris. Pensava, sem dúvida, no Château de Madrid, construído por Francisco I para repouso de mulheres bonitas e frequentado depois por dom-juans reais de capa e espada, Henrique II, Carlos IX. Na abadia de Longchamp, construída em 1620, com as suas monjas brejeiras e ternas aos sorrisos masculinos.

Ah! como sentimos em tudo isso a alegria tentacular e sinistra da Babilônia de Nabucodonosor! A Paris moderna, como Babilônia, tem as suas generalas do vício, as suas Semíramis e Nitócris. E, no Bois de Boulogne, diurna ou noturnamente, são essas mulheres a gorda Irma, "modelo de pintor montmartrense"; Clara Chouin, "loura apaixonada dos regozijos carnais"; e Marie La Brune, "a Bela Adormecida de Meudon".

De *Impressões transatlânticas* [1931]

Poesia

Assim como os autores das demais seções, os poetas desta antologia entram em cena por ordem alfabética, não de nascimento ou estreia. A cronologia faria ainda menos sentido nesta rubrica porque, no Rio, os poetas não eram parnasianos que decidiram de repente se tornar modernistas.

Aqui, desde os primeiros anos do século XX, já se cozinhava nos jornais, revistas e suplementos literários uma variedade de estilos — da insurreição simbolista, inspirada em Verlaine e Mallarmé, que levou ao turbilhão imagístico e sonoro de Duque-Costa, Moacyr de Almeida e Murillo Araujo, à poesia visual, pré-Apollinaire, de um poema de Hermes Fontes; o verso livre de Mario Pederneiras; o verso casual e ágil de Olegario Marianno, Felippe d'Oliveira e Ribeiro Couto; as audácias de Gilka Machado; a voz whitmaniana, a plenos pulmões, de Ronald de Carvalho; a busca do sentido do poema em Dante Milano; as indagações místicas e torturadas de Ismael Nery e Augusto Frederico Schmidt; o humor de Murilo Mendes; e, muitas vezes, tudo quase ao mesmo tempo e por todos eles.

A música popular, um dos pilares da cultura carioca, está representada por cinco letras do sambista Sinhô. Mas poderia incluir também a saraivada de pedras de toque de Hermes Fontes para a canção "Luar de Paquetá", de Freire Junior: "Surge a ilha — taça erguida/ E o luar — vinho dourado", "Pensamento de quem ama/ Hóstia azul ardendo em chama" e "Paquetá é um céu profundo/ Que começa neste mundo/ Mas não sabe onde acabar". O mesmo Hermes Fontes que, segundo Orestes Barbosa, foi o envergonhado e secreto autor dos maiores versos já publicados num bonde: "Veja, ilustre passageiro/ O belo tipo faceiro/ Que o senhor tem ao seu lado./ E, no entanto, acredite/ Quase morreu de bronquite/ Salvou-o o Rum Creosotado".

Os poetas citados não se limitavam a ser modernos. Eram também poetas.

DANTE MILANO

Soneto

Sentir aceso dentro da cabeça
Um pensamento quase que divino,
Como raio de luz frágil e fino
Que num cárcere escuro resplandeça,
Seguir-lhe o rastro branco em noite espessa,
Ter de uma inútil glória o vão destino,
Ser de si mesmo vítima e assassino,
Tentar o máximo, ainda que enlouqueça,
Provar palavras de sabor impuro
Que a boca morde e cospe porque é suja
A água que bebe e o pão que come é duro,
E deixar sobre a página da vida
Um verso — essa terrível garatuja
Que parece um bilhete de suicida.

◆

Tercetos

Eu sou um rio, a água fria de um rio,
Profundo, cabe em mim todo o vazio,
Um reflexo me causa um calafrio.

Sou uma pedra de cara escalavrada,
Uma testa que pensa, e sonda o nada,
Uma face que sonha, ensimesmada.

Sou como o vento, rápido e violento,
Choro, mas não se entende o meu lamento.
Passo e esqueço meu próprio sofrimento.

Sou a estrela que à noite se revela,
O farol que vê longe, o olhar que vela,
O coração aceso, a triste vela.

Sou um homem culpado de ser homem,
Corpo ardendo em desejos que o consomem,
Alma feita de sonhos que se somem.

Sou um poeta. Percebo o que é ser poeta
Ao ver na noite quieta a estrela inquieta:
Significação grande, mas secreta.

◆

O beco

No beco escuro e noturno
Vem um gato rente ao muro.
Os passos são de gatuno.
Os olhos são de assassino.

Esgueirando-se, soturno,
Ele me fita no escuro.
Seus passos são de gatuno.
Os olhos são de assassino.

Afasta-se, taciturno.
Espanta-o o meu vulto obscuro.
Meus passos são de gatuno.
Meus olhos são de assassino.

*Poemas publicados em jornais entre 1920 e
1930 e só recolhidos em livro a partir de 1948*

DUQUE-COSTA

A tempestade

Curtindo a enorme dor de um parto formidando,
trombas estouram, como em ribombos de bumbo;
e as nuvens, colossais dromedários de chumbo,
sinistramente vão passando, vão passando…

Na torva ogiva, a Lua é a sombra de um nelumbo;
revolto, o Mar é um deus fustigado, berrando;
e a noite — templo roto — é o grande caos de quando,
a blasfemar, convulso, em mim mesmo sucumbo.

Ruivo de raiva ao ruir, o raio risca, ronca,
rompe, ricocheteia, e em relâmpago erra,
e abre brechas e brame e racha a grota bronca.

Lembra campas de bronze, indo aos tombos em pompas;
Roma em ruínas, a arder, e rolando por terra,
num estrondo infernal de petardos e trompas.

Letras e Artes [1917]
De *O livro poético de Duque-Costa* [1980]

138

♦

Poema exótico

Andam línguas pelo ar coligando-te; e dedos
Trêmulos e macios, em segredos sombrios,
Na pelúcia langue do teu corpo exangue!...

Morna, a minha ronda insaciável aumenta;
e lenta,
lânguida, longa,
elástica, em ondas
redondas,
vai reptando, vai serpeando,
e se estica, e se alonga,
num delírio branco!...

Lenta, lânguida,
longa, elástica — serpente
indolente,
lassa, estanguida,
resvala, e vai, voluptuosamente...

... Lambe-te a pele, em flor, arrepia-te os pelos,
queima-te a carne e morde-te os seios
vermelhos,
e cheios,
e se enrola e te abraça
os tornozelos,
e te enlaça
os joelhos,
o ventre, as mãos, o dorso e tudo
pálpito e desnudo!

Sangra-te a boca, e vai, como uma trepadeira
num arranco,
espiralada no teu corpo branco,
buscando-te os refolhos
e te algema, e se esgueira,
e sorve todo o olhar dos teus olhos.

E, em recursos recôncavos, eróticas
parábolas tetânicas, tortuosas
epiléticas sinuosas,
e corcovas esdrúxulas, exóticas
de plástica,
refranze-se, contorce-se e desliza e agoniza
lenta, lânguida, longa, elástica...

[1916]
De *O livro poético de Duque-Costa* [1980]

◆

Visão de maio

Para Rodolpho Machado

Na viva carnação de uma corola aberta
Na puberdade, a seiva untuosa e policroma,
Da perfúmea narcose, em volutas, desperta
Numa conspiração, a alma errante do aroma.

Ei-la, fragrante, a errar pelos tufos, incerta,
grato incenso pagão, surto de estoma a estoma,
que transmigre depois, e depois se reverta
no veludo de um seio! E no ouro de um coma!...

— Hálito vegetal se exala e se destila
nas verdes frondes, como expostas para a Altura,
cheias de verde saúde êxul da clorofila...

E ei-la em névoas que vão, e se vai concebê-las
numa reencarnação de luz que a transfigura,
na auricrinita umbela imensa das estrelas.

Fon-Fon! [1914]
De *O livro poético de Duque-Costa* [1980]

FELIPPE D'OLIVEIRA

Encruzamento de linhas

Núcleo de convergência no bojo da noite oval.
Lanterna verde
(amêndoa fosforescente
dentro da casca carbonizada).
Longitudinal, centrífugo,
o trem racha em duas metades
a espessura do escuro
e, cuspindo pela boca da chaminé
as estrelas inúteis à propulsão,
atira-se desenfreado
nos trilhos livres.

Mas se o maquinista fosse daltônico
a locomotiva teria parado.

De *Lanterna verde* [1926]

◆

Los Krupinos

Irmãos.
Da mesma idade.
Parelhos.
Com a mesma cabeça reluzente de cosmético.
Com o mesmo epitélio de maiô nos troncos iguais.

Os púbis isósceles brilham de lantejoulas sobre o veludo azul
e se empilham.
Cinco. Quatro. Três. Dois. Um.

A face da Pirâmide Humana
inscreve no cone do refletor
um triângulo cintilante.

As peças se desmontam,
se recolhem desarticuladas, uma a uma,
para trás da cortina carmesim.

Brinquedo de armar que volta desarrumado para a caixa.
As crianças se deleitam.
As governantas acham bonito.

Parece um soneto.

De *Lanterna verde* [1926]

◆

Éter

A fala é música. O olhar é silêncio. E tem, delirante, o perfume químico que anestesia. Aspiro-o, desprendo-me dos ossos, dos músculos, e sou uma cor oscilando num céu de tarde. Ao voltar ao meu corpo, sou um veludo branco, fluidificado, através dos poros, no sangue frio. Depois, o dia inteiro, não falo, para que os outros não percebam no meu hálito o cheiro do éter.

1927
De *Obra completa* [1990]

GILKA MACHADO

Noturnos — VIII

É noite. Paira no ar uma etérea magia;
Nem uma asa transpõe o espaço ermo e calado;
E o tear da amplidão, a Lua, do alto fia
Véus luminosos para o universal noivado.

Suponho ser a treva uma alcova sombria;
Onde tudo repousa unido, acasalado.
A Lua tece, borda e para a Terra envia
Finos, fluidos filós, que a envolvem lado a lado.

Uma brisa sutil, úmida, fria, lassa,
erra de quando em quando. É uma noite de bodas
Esta noite... há por tudo um sensual arrepio.

Sinto pelos no vento… é a Volúpia que passa,
Flexuosa, a se roçar por sobre as coisas todas,
Como uma gata errando em seu eterno cio.

De *Cristais partidos* [1915]

◆

Invocação ao sono

Sono! Da tua raça brônzea e fria
dá que eu possa esgotar o éter, a anestesia…
Eis-me: corpo e alma — inteira,
para essa tua orgia.
Busco esquecer a minha hipocondria
na tua bebedeira.
Quero sentir o teu delíquo brando
apoderar-se do meu ser
e cochilando,
bamboleando,
ir, lentamente, escorregando,
pelo infinito do prazer.

Vem, meu lânguido amante,
deixa-me, no teu suave e remansoso seio,
no teu seio gigante,
sem ânsias, sem pesar, sem dores, sem receio,
repousar um instante.

Vem! — já de mim se apossa um sensual arrepio,
todo o meu ser se fica em total abandono…
Dá-me o teu beijo frio,
Sono!

144

Deixa-me espreguiçar o corpo esguio
Sobre o teu corpo que é, como um frouxel, macio.

Eis-me, lânguida e nua,
para a volúpia tua.
Faze a tua carícia,
como um óleo, passar pela minha epiderme;
essa tua carícia, umectante e emoliente,
que no corpo me põe coleios de serpente
e indolências de verme.

De *Estados de alma* [1917]

◆

Cabelos negros

A Rodolpho Machado

A tua cabeleira bipartida
em curvas curtas, suaves,
tem a mesma ânsia indefinida,
ânsia de voo, de amplidão, das aves;
mesmo ao crânio retida,
ela, às vezes, se anima,
e, na realização de algum sonho remoto,
fica, de asas espalmas, ar acima,
tentando uma subida
para o éter, para a luz, para o azul, para o ignoto.

Quando te acaricio,
e meu desejo teu desejo ateia,
teu cabelo aromal, noveloso e macio,
pelo meu rosto sutilmente passa...

Tua cabeça, então, que em meus braços se enlaça,
tua cabeça, de essências cheia,
é uma caçoula que perfumes incendeia...
O teu cabelo queima... é vapor... é fumaça...

Quando, pela fadiga molentada,
sobre o leito me estiro, em completo descuido
(talvez loucura minha, uma obsessão talvez) passo a sentir,
querido, o teu cabelo em tudo:
na paina da almofada,
nas mãos, nos lábios, no próprio ar que é fluido,
sobre a minha nudez,
cobrindo-a, qual um manto de veludo,
da tua ausência na viuvez.
Então, meu corpo ganha
uma volúpia estranha,
e teu cabelo, como que por encanto,
avulta, cresce tanto,
que, largo, longo, perfumado e quente,
da forma as curvas me acompanha,
ondulando, lentamente...
E, sem senti-los, sem ao menos vê-los,
subjetivamente,
durmo enrolada em teus cabelos.

De *Estados de alma* [1917]

◆

Para o outro eu

Minha voz
Leva lampejos de lâminas

Aos teus silêncios.
Sou a suprema tentadora,
Em minha forma inatingível
Materializo o pensamento.
Passarei por tua vida
Como a ideia por um cérebro
Dando-me toda sem que me possuas.

Guardo comigo
Os sentidos da tua formosura;
tenho-te em mim em radiosidades;
Amo-te porque me olhas
De tuas brumas,
Com a fisionomia
Dos meus sentimentos...

Talvez outros braços enlacem teu busto.
Talvez outros lábios murmurem
Palavras líricas
Aos teus ouvidos,
Talvez outros olhos se abismem nos teus...
Agora, e sempre,
Serás, apenas,
— o mundo por mim descoberto,
O tesouro por mim desvelado,
o Homem
Que meu amor acordou
Na imobilidade
Da tua inconsciência.

Longe de mim,
És a Beleza sem a Arte,
A Poesia sem a Palavra;

Longe de mim,
Sei que te não encontras,
Sei que procuras, inutilmente,
Defrontar o teu eu,
No cristal de outras almas,
Porque te falta o fiel espelho
Da minha estranha sensibilidade.

Por que não vens,
Meu estatuário de volúpia?
— há em mim linhas imprecisas de desejo,
que teu carinho deveria modelar;
tuas mãos milagrosas
emprestariam expressões inéditas
ao meu corpo maleável...

Por que não vens?
— à tua vinda,
fechar-se-iam meus lábios,
meus braços
e minhas asas...
ficarias em mim
entimesmado,
no aconchego de meu ser
que é tua sombra...
ficarias em mim
como a visualidade,
em minhas pálpebras
cerradas
para o Sonho...

Festa [n. 2, nov. 1927]

HERMES FONTES

Pouco acima daquela alvíssima coluna [A taça]

Pouco acima daquela alvíssima coluna
que é o seu pescoço, a boca é-lhe uma taça tal
que, vendo-a, ou, vendo-a sem na realidade a ver,
de espaço a espaço, o céu da boca se me enfuna
de beijos — uns, sutis, em diáfano cristal,
lapidados na oficina do meu Ser;
outros — hóstias ideais dos meus anseios,
e todos cheios, todos cheios
do meu infinito amor...
Taça
que encerra
por
suma graça
tudo que a terra
de bom
produz!
Boca!
o dom
possuis
de pores
louca
a minha boca!
Taça
de astros e flores,
na qual
esvoaça
meu ideal!
Taça cuja embriaguez
na vialáctea do Sonho ao céu conduz!
Que me enlouqueças mais... e, a mais e mais, me dês
o teu delírio... a tua chama... a tua luz...

De *Apoteoses* [1908]

ISMAEL NERY

Eu

Eu sou a tangência de duas formas opostas e justapostas.
Eu sou o que não existe entre o que existe.
Eu sou tudo sem ser coisa alguma.
Eu sou o amor entre os esposos.
Eu sou o marido e a mulher.
Eu sou a unidade infinita.
Eu sou um deus com princípio.
Eu sou poeta!

Eu tenho raiva de ter nascido eu.
Mas eu só gosto de mim e de quem gosta de mim.
O mundo sem mim acabaria inútil.
Eu sou o sucessor do poeta Jesus Cristo
Encarregado dos sentidos do universo.
Eu sou o poeta Ismael Nery
Que às vezes não gosta de si.

Eu sou o profeta anônimo.
Eu sou os olhos dos cegos.
Eu sou o ouvido dos surdos.
Eu sou a língua dos mudos.
Eu sou o profeta desconhecido, cego, surdo e mudo
Quase como todo mundo.

[1933]

◆

A uma mulher

Só te quero para mim se te puder dar aos outros.
Porque os outros não são senão eu ampliado.
Quero ver-te beijada por todas as minhas bocas,
Quero ver-te abraçada por todos os meus braços.
Quero ver-te numa rótula e depois num altar
Distribuindo o castigo e o prêmio final
Que merece um poeta na escola da vida.
Quero ver-te no céu ou talvez no inferno.

[1933]

◆

Oração

Meu Deus, para que pusestes tantas almas num só corpo?
Neste corpo neutro que não representa nada do que sou.
Neste corpo que não me permite ser anjo nem demônio.
Neste corpo que gasta todas as minhas forças
Para tentar viver sem ridículo tudo que sou
— Já estou cansado de tantas transformações inúteis.
Não tenho sido na vida senão um grande ator sem vocação.
Ator desconhecido, sem palco, sem cenário e sem palmas.
— Não vedes, meu Deus, que assim me torno às vezes
[irreconhecível
À minha própria mulher e aos meus filhos
Aos meus raros amigos e a mim mesmo?
— Ó Deus estranho e misterioso, que só agora compreendo!

Dai-me, como vós tendes, o poder de criar corpos para as
[minhas almas
Ou levai-me deste mundo, que já estou exausto.
Eu que fui feito à vossa imagem e semelhança.
Amém!

[1933]

◆

Ismaela

A minha irmã é minha edição feminina e meu castigo.
Dá a todos o que nunca de mulher alguma recebi.
Se eu não soubesse que sou também o seu castigo
Há muito tempo que seria fratricida ou suicida.

[1932]

◆

A virgem prudente

Na noite das nossas núpcias eu não me apresentarei a ti com este meu ar solene de profeta. Desmancharei as rugas da minha fronte e transformarei a linha severa da minha boca, que sorrirá. Nessa noite compreenderás todo o teu grande significado e terás com isto uma alegria imensa. Possuir-te-ei como mulher alguma foi por homem algum possuída. O mundo todo será reduzido ao nosso quarto nupcial. Seremos insensíveis ao tempo. Dormirei depois ao teu lado o sono dos justos e tu acordarás de vez em quando para me olhares. Sentirás uma estranha sensação em me veres de perto e abrirás os meus olhos com o dedo, como se abre

152

os de um morto, para te veres neles. O cheiro da tua carne, no qual nunca reparaste, misturado com o da minha, te inebriará — e na minha ausência beijarás os teus braços e te farás carinhos como se fosse eu. No dia seguinte, a cada passo dolorido que deres, sorrirás com a lembrança de que foste minha, e te consolarás na minha ausência. Como sabes, deverei partir na madrugada da noite de nossas núpcias.

[1932]
Poemas inéditos, recolhidos em *IN — Ismael Nery* [2004]

MARIO PEDERNEIRAS

Outono

Outono!
Qualquer coisa lilás,
Schumann em violino,
Angelus tangido em lentidões de sino,
Preguiçoso torpor de um fim de sono,
Espelho de água quieta dos canais!

Cá dentro,
A idade,
Restos de sonho e de mocidade;
Trechos dispersos
De velhas ambições falhas na vida,
Parcelas
De antigas ilusões que ainda, a custo, concentro
E invoco até agora!

Lá fora,
A descida.
O crepúsculo inócuo destes dias,
A tristeza das folhas amarelas,
E a cantar sobre estas ruínas frias
A monótona toada de meus versos.

Desces,
Poeta!
A descida é suave,
Não te demanda rigidez de músculos
E nem exige que teu passo apresses…
A natureza é quieta,
Da ingênua quietação de um sonho de ave,
E há paina nos crepúsculos…

No Outono, a luz é um eterno poente,
Que mais à calma que ao rumor se ajeita;
Brilha,
Tão de manso e calma,
Que até parece unicamente feita
Para o estado d'Alma
De um convalescente.

Faltam-lhe sugestões de alegria casquilha,
De amplos ares sadios,
O tom fecundo do verão insano
E a bamba flacidez
Dos tempos frios.
O Outono que os troncos encarquilha
E as folhas oxida,
É a mais calma, talvez,
Das estações do ano
E a mais suave também das épocas da vida.

Sem ânsias de ilusões que as energias cansa,
Sem labores brutais, que os músculos consomem,
Mas ainda com a da esperança
Rude fora que o doma,
O homem,
Que, mesmo assim, ainda canta e trabalha
A luz grisalha que vem lá de cima
E torna o Céu brumado,
Vê que tem, como o Céu, o olhar embaçado,
Vê que tem, como a luz, a cabeça grisalha
E não mais o seduz a medieva arrogância
Dos feitos e do gesto,
Na ânsia
Da defesa vital de um sonho ou de uma causa
Que, na vida, o Verão tantas vezes sugere;
No Outono prefere
À luta inglória, ao apressado e lesto
Ritmo dos passos,
Ao próprio Sol, que aclara e doura
As estradas, os campos, a lavoura,
A vida regular, a marcha em pausa
E a encardida neblina dos mormaços...

A natureza é quieta,
O sol é menos quente,
Menos gárrula a ave...
Anda por tudo uma impressão de sono
E a luz é um eterno poente.

O teu verso também é mais lento e suave.
É o Outono,
Poeta!

Pela vida e no Céu a mesma placidez,
A mesma luz que, em calma, aclara e brilha.
O mesmo aspecto de cansaço humano.
O Outono, que os troncos encarquilha
E as folhas oxida,
É a mais calma, talvez,
Das estações do ano
E a mais suave também das épocas da vida.

[1914]
De *Outono* [1921]

MOACYR DE ALMEIDA

Saudade de Satã

Cisma e sonha Satã. Seu olhar inclemente
Rompendo a escuridão das tênebras fatais,
Erra no vasto azul coalhado de ouro ardente,
Cheio de imprecações, ululos roucos e ais.

Pesa-lhe no ombro adusto o céu aberto em brasas,
Esmagadoramente, em astros e fuzis;
Veste-lhe o ombro a cruel, dupla noite das asas;
Em pérfidas visões chispam-lhe os olhos vis.

Que vesano ruflar de asas brancas revoando
Entre a cintilação dos gestos! Que visões
De arcanjos, cuja espada, ardente de comando,
Veste-os, da frente aos pés, em golpes e clarões.

Lampejam no ódio ultriz as falanges, no embate
Tremendo; ardem, nas mãos, colubrinas infiéis;
Cada gesto que fulge, entre o horror do combate,
Deixa estrelas rolar pelo aço dos broquéis.

Tudo treme e delira; o Universo, onde dorme
O seu sonho de luz o silêncio estelar,
Ruge; uiva; arqueja como um coração enorme.
Tombam gritos de dor, como estrelas pelo ar.

Céus em raio! Legiões resplandecentes, rudes,
Despenham sobre o pó dos astros! A hediondez
Sinistra de Satã tem negras atitudes.
Deus, no recontro, tem os mundos por arnês.

A águia dos temporais, num brônzeo luar, rebenta
Mil raios. Quem sacode os céus, no seu rugir?
"Quem é?"— fulge, assombrada, uma estrela nevoenta;
E há um funesto clamor do zênite ao nadir.

"Deus!" — soluça o clamor profético dos ventos.
E esta palavra astral, numa rubra manhã,
Rasga um íris, coroando os cataclismos cruentos.
E, embaixo, rosna a voz da Vertigem: "Satã!".

Quando um cadáver de anjo, estruindo os astros, rola,
Uma chuva de sangue envolve o céu atroz;
E, a esse orvalho, o infinito abre a imensa corola,
E nas nuvens e sóis há um delírio feroz.

Depois, a queda! Os céus lívidos, assombrados,
Entre a noite de Deus, veem nas sombras cruéis
Todas as constelações dos anjos fulminados
Despenhar num fulgor de crispações revéis.

E ele, que aos céus brandia a coruscante espada,
— O primeiro que ousou, no maldito poder,
Levantar contra Deus a mão abandonada —,
Viu a noite do exílio, os sonhos lhe absorver.

E Satã, recordando as terras do Intangível,
Chora raios de angústia e levanta-se, enfim.
"Vamos!" — diz. E caminha. E, na noite terrível,
Seguem-no, soluçando, Iscariote e Caim.

Crispando as mãos, o deus das Trevas eleva
O olhar saudoso aos céus. Hirto, caminha; seus
Passos bárbaros vão-se embebendo na treva…
E, arquejando, a seus pés, o chão troveja: "Deus!".

[1916-20]
De *Gritos bárbaros* [1925]

MURILLO ARAUJO

A cidade de ouro

Rosas de ouro em louvor da cidade marinha,
em louvor, em louvor da angra fresca e sonora,
que, da tarde até a aurora,
transmuda de expressão, de cor, a cada hora.
Glória ao poema do mar, aromado a salsugem,
em doce ladainha,
em mansa cantilena,
onde as ondas não rugem —
rezam loas ao sol na sua ária serena.

Glória ao riso da praia entre o céu e o mar grosso
aberto, imenso, franco —
Ah! Tão claro e tão moço! —
Riso d'água e de espuma eternamente branco.
Quem dirá que este é o mar que entesoura, medonho,
cadáveres de naus, perdidas como em sonho?!

Que lâminas de luz lançam de luz o espaço?!
Eis que alvoram clarões imensos de holofotes:
Clarões vermelhos como estandartes de guerra,
Clarões azuis como sinais do céu à terra,
Clarões claros como que claridades de luar.

Entre o oceano e o espaço, entre a espuma e a bruma,
o Corcovado alteia triunfante
o seu vergel de sombra suave acariciante,
um começo de Céu que Abril unge e perfuma.

Longe — longe a cidade,
A cidade da vida,
Sorri de graça nova e ingenuidade,
Ao crepúsculo...
Vestida pela seda enorme e colorida
Dos bosques, dos jardins, dos palácios, dos barcos...
E ornada pela renda alvíssima e garrida
Do Viaduto dos Arcos.

Que doçura a de andar na cidade vazia
que à lua adormeceu!
Andar como assim eu, na noite azul e fria —
andar como assim eu —
eu que encho a alma vadia

nesse ar de liberdade e repouso e alegria,
quando o mundo é, vazio, um domínio só meu.

De *A cidade de ouro* [1921]

◆

Macumba zabumba

Noite velha, no mato, as estrelas acordam...
Que retumbo em rumor
Toa fundo, tão fundo, um ribombo de morte
Nos grotões do Pavor?
É a macumba, é a macumba!
E retumba o tambor...

Risca a pemba do samba os terreiros
Oleosos
Pelo filtro da lua.
Flamejam fogueiras, brandões resinosos,...
E os corpos flamejam sabbáts, saltitando,
Sambando, sambando
Com o filtro da lua.

Nas taipas de ocaras tão claras
tão pasmas —
as sombras debruam legiões
de fantasmas.
As pretas, rodando os tundás, se arredondam
em cateretês...
os pretos
são doidos Sacis-Pererês...

A pólvora em chispas corusca e chamusca.
(Mandinga,
bruxedo)
corisca as luzes por entre o arvoredo.
Um coro plangente
Canta em um só tom:
"Ya-mã-já!
A nossa Mãe tá no fundo do má...

Eh-nhor! Eh-nhá!
Eh-nhá! Eh-nhor!"
É a macumba, é a macumba!
E retumba o tambor!
E crepita na chama
a alma chã do meu povo —
o verdor de sua ânsia,
toda a sua expressão de inocência que canta
todo o seu coração ainda bárbaro e novo
na alegria florida e selvagem da infância.

De *A iluminação da vida* [1927]

◆

Poema sortido

A feira é um jazz-band estridente de cores:
frutas redondas bochechudas, ervas novas, balõezinhos...

Nota alegre:
Entre as mulheres há pequenas suculentas como artigos
[preciosos.

Nota grave:
Têm bigode e grosseria os vendedores.

Desfilam guardas entalados, abotoados de importância.
Junto à baiana das cocadas, um bigode que se ajeita
e se retorce com mais ânsia.
Diz que "o riso da mulata é a cucadinha mais bãim feita".

O vento vem brincar nas vitrinas
de roupas
e com as mãos libertinas
Mestre Vento abre as trouxas,
tufa calças e camisas femininas
e nas vestes enfuna o redondo das coxas.

As barracas de metais estão cheias de raios
com os clarões da manhã.
Junto aos brinquedos como palhacinhos de mola
os bebês batem palmas e soletram: "Mã-mã"...
A algazarra ainda vence a cor e o pinturesco.
Um mocinho cheiroso com o lencinho ao nariz
demanda o "Posto Oficial do Leite Fresco".

Os pregões pregam tudo em mau metal de voz
E até o sol pôs à venda a bandeja de cobre
E a apregoa com a luz num reclame feroz...

De *A iluminação da vida* [1927]

MURILO MENDES

Canção do exílio

Minha terra tem macieiras da Califórnia
onde cantam gaturamos de Veneza.
Os poetas da minha terra
são pretos que vivem em torres de ametista,
os sargentos do exército são monistas, cubistas,
os filósofos são polacos vendendo a prestações.

A gente não pode dormir
Com os oradores e os pernilongos.
Os sururus em família têm por testemunha a Gioconda.
Eu morro sufocado
em terra estrangeira.
Nossas flores são mais bonitas
nossas frutas mais gostosas
mas custam cem mil-réis a dúzia.

Ai quem me dera chupar uma carambola de verdade
e ouvir um sabiá com certidão de idade!

◆

O poeta na igreja

Entre a tua eternidade e o meu espírito
se balança o mundo das formas.
Não consigo ultrapassar a linha dos vitrais
pra repousar nos teus caminhos perfeitos.
Meu pensamento esbarra nos seios, nas coxas e ancas das
[mulheres, pronto.

Estou aqui, nu, paralelo à tua vontade,
sitiado pelas imagens exteriores.
Todo o meu ser procura romper o seu próprio molde
em vão! Noite do espírito,
onde os círculos da minha vontade se esgotam.
Talhado pra eternidade das ideias,
aí quem virá povoar o vazio da minha alma?

Vestidos suarentos, cabeças virando de repente,
pernas rompendo a penumbra, sovacos mornos,
seios decotados não me deixam ver a cruz.

Me desliguem do mundo das formas!

◆

Afinidades

A costureira, moça, alta, bonita,
ancas largas,
os seios estourando debaixo do vestido,
(os olhos profundos faziam a sombra na cara)
morreu.
Desde então o viúvo passa os dias no quarto olhando pro
manequim.

◆

Nova cara do mundo

O cometa de Halley vai passar
Toda a cidade acorda pra ver o cometa
Ele é enorme e fabuloso
destrói idades pensamentos de homem.

164

O mundo muda a cara quando ele passa
e meninas desmaiam no fundo do sertão.
O cometa passa e arrasta um pouco da minha alma
Fiquei triste, triste, jururu!
Em vão minha tia
Virginia Amalia Monteiro de Barros
repete no piano com tanto sentimento
a Valsa Interminável, meu xodó naquele tempo.
Qual valsa, qual nada!
O cometa me traz o anúncio de outros mundos
atrapalhados com o mistério das coisas visíveis.
No rabo imenso do cometa
passa a luz, passa a poesia, todo o mundo passa.

De *Poemas* (*1925-1929*) [1930]

OLEGARIO MARIANNO

Cidade maravilhosa

Cidade maravilhosa!
Na luz do luar fluídica e fina,
Lembra excêntrica bailarina,
Corpo de náiade e sereia,
Desfolhando-se em pétalas de rosa
Com os pés nus sobre a areia…

Cidade do Gozo e do Vício!
Flor de vinte anos, Rosa de Desejo!
Corpo vibrando para o sacrifício,
Seios à espera do primeiro beijo.

Cidade do Amor e da loucura,
Das estrelas errantes... para vê-las
Vibra no olhar de cada criatura
Uma ânsia indefinida
Pelo esplendor longínquo das estrelas
Que é, como tudo, efêmero na Vida...

Cidade do Êxtase e da Melancolia,
De dias tristes e de noites quietas;
Sombra desencantada da estesia
Dos que vivem de lágrimas, os poetas.

De *Cidade maravilhosa* [1922]

◆

A uma senhora moderna

"Boa tarde! Como está Vossa Excelência?
Há quanto tempo não a via assim,
Com esse ar irônico de irreverência
Mostrando os dentes claros para mim.

Posso mesmo dizer que é a vez primeira
Que a vejo rir com tal desfaçatez
E de pernas cruzadas na cadeira
E metendo na frase asneiras em francês.

Que mudança tão rápida foi essa?
E fuma? Deus do céu, chego a perder a voz...
Quando na sua idade o delírio começa
É que vai ser irremediável e feroz."

"E danço otimamente o shimmy." "Dança o shimmy?"
"E o fox-trot também. Todas as noites vou
A um certo canto e então... como a farra é sublime!
Meu corpo é um vaso grego que se quebrou...

E estou gostando de um formoso adolescente,
Magrinho e lânguido. Uma joia de rapaz.
Fala francês e diz tolices como gente...
Fuma ópio e faz coisas que ninguém faz.

Ensinou-me a tomar cocaína, o louquinho.
'Quimera', dito à meia-voz, como ele diz...
Como é bom! *Doucement*, devagarinho...
Poeira do sonho! Ensina a gente a ser feliz.

Põe-se assim sobre a unha e de leve, de leve,
Vai-se aspirando... Tem o esplêndido sabor
De uma gota de luz, pingo de água ou neve,
Na boca que padece o abandono do amor.

Tão bom!... Depois, nos traz a elegante indolência
De uma dama oriental. Que lhe parece então?"
"Não lhe posso dizer... Perdoe Vossa Excelência...
Posso ter o prazer de lhe beijar a mão?"

De *Ba-ta-clan* [1924]

◆

Confidências sentimentais

Ouve, menina! Eu sou capaz de tudo
Para o domínio do meu amor.

As minhas garras são de veludo
Eu venço seja de que modo for.

Dizer que te amo, isto seria
De mau gosto, porque, afinal,
Eu te conheço apenas de um dia,
De uma noite louca de Carnaval.

Contudo, o meu maior desejo
É que saibas, tens de saber,
Que eu te quero muito, que eu te desejo,
Que eu sofro quando não te posso ver.

Lembras-te? Aquela noite calma,
Eu nada disse, tu também
Nada disseste, mas minh'alma
Se interessou por ti como ninguém.

Depois, o prestígio imenso
Da tua voz me enlouqueceu.
E o perfume bárbaro do teu lenço…
És a mulher que o Demônio esqueceu.

E aquele pedaço branco de seio
Que a minha mão trêmula tocou.
E a primeira carícia, o primeiro receio,
E o teu beijo que o meu beijo beijou?

E aquela doce penumbra silenciosa
Do teu encantado boudoir?
E a tua boca em duas pétalas de rosa
Mordendo as frases sem poder falar?

E o teu corpo de oréada alva,
Turíbulo branco de marfim,
Cheirando a sândalo e malva,
Ao se infiltrar dentro de mim?

E o momento lúbrico do desvairo
Quando te punhas a murmurar:
Dá-me o teu cigarro do Cairo,
Que eu quero me deliciar...

E uma pitada de cocaína,
E um cálix desse mágico licor...
Beauté du diable!, como me fascina
Teu corpo! "Toma-o todo, meu amor!

Mas não te amo, que o amor é uma blague, um gracejo,
Nada vale, de tão vulgar.
O que vale é o desejo, esse imenso desejo
De esmagar, de ferir, de torturar,

De fazer sangue nas carnes alheias
E de sorver num êxtase sem fim,
A vida que corre nas tuas veias
Para dar de beber à fera que anda em mim."

De *Ba-ta-clan* [1924]

RIBEIRO COUTO

A mulher passageira

Esta mulher que prometeu vir
Não é a mulher do meu desejo.
É antes a mulher do meu tédio...

Ela virá dentro de uns instantes,
Vai bulir em todas as coisas,
Vai andar por esses tapetes
Perguntará por outras mulheres.

Responderei a tudo com doçura...
Entretanto, é a mulher do meu tédio.
E, ao partir, distraída e fatigada,
Escolherá um livro na estante
Perguntando: "Meu amor, vale a pena?".

De *Poemetos de ternura e de melancolia* [1919-22]

◆

A canção de Manuel Bandeira

Já fui sacudido, forte,
de bom aspecto, sadio,
como os rapazes do esporte.
Hoje sou lívido e esguio.
Quem me vê pensa na morte.

O meu mal é um mal antigo.
Aos dezoito anos de idade

começou a andar comigo.
Mas, enfim, eu sou poeta.
Tenho nervos de emotivo
e não músculos de atleta.

As truculências da luta!
Para estas mãos não existe
o encanto da força bruta.
... Nada como um verso triste
— Verso, lágrima impoluta...

De *Poemetos de ternura e de melancolia* [1919-22]

◆

Milonguita

Chove torrencialmente. O bar está deserto.
Há um cansaço a pairar sobre as mesas vazias.
Foi-se a música. O bar está morto, deserto.

Lá fora a chuva põe pelo asfalto das ruas
Manchas d'água que têm paralisados brilhos.
Que noite pasma! Que ar sonolento nas ruas!

Milonguita não veio esta noite... Esperei-a.
Em que mãos andará seu corpo de menina?
Quem lhe estará dizendo a acariciá-la: "Feia!".
Ela rirá? Estenderá a mão felina,
Pedindo, com doçura, a picada na veia?

Ela tem esse vício... Ela adora morfina...

De *Poemetos de ternura e de melancolia* [1919-22]

RONALD DE CARVALHO

Teoria

Cria o teu ritmo a cada momento.
Ritmo grave ou límpido ou melancólico;
ritmo de flauta desenhando no ar imagens claras
de bosques, de águas múrmuras, de pés ligeiros e de asas;
ritmo de harpas,
ritmo de bronzes.
ritmo de pedras,
ritmo de colunas severas ou risonhas,
ritmo de estátuas,
ritmo de montanhas,
ritmo de ondas,
ritmo de dor ou ritmo de alegria.
Não esgotes jamais a fonte da tua poesia,
enche a bilha de barro ou o cântaro de granito
Com o sangue da tua carne e as vozes do teu espírito.
Cria o teu ritmo livremente,
Como a natureza cria as árvores e as ervas rasteiras.
Cria o teu ritmo e criarás o mundo!

De *Epigramas irônicos e sentimentais* [1922]

◆

Brasil

Nesta hora de sol puro
Palmas paradas
Pedras polidas

Claridade

Faíscas

Cintilações

Eu ouço o canto enorme do Brasil.

Eu ouço o tropel dos cavalos de Iguaçu

Correndo na ponta das rochas nuas, empinando-se no ar molhado, batendo com as patas de água na manhã de bolhas e pingos verdes;

Eu ouço a tua grave melodia, a tua bárbara e grave melodia, Amazonas, a melodia da tua onda lenta de óleo espesso, que se avoluma e se avoluma, lambe o barro das barrancas, morde raízes, puxa ilhas e empurra o oceano mole como um touro picado de farpas, varas, galhos e folhagens;

Eu ouço a terra que estala no ventre quente do Nordeste, a terra que ferve na planta do pé de bronze do cangaceiro, a terra que se esboroa e rola em surdas bolas pelas estradas de Juazeiro e quebra-se em crostas secas, esturricadas no Crato chato;

Eu ouço o chiar das caatingas — trilos, pios, pipios, trinos, assobios, zumbidos, bicos que picam, bordões que ressoam retesos, tímpanos que vibram límpidos, papos que estufam, asas que zinem zinem rezinem, cris-cris, cicios, cismas, cismas longas, langues — caatingas debaixo do céu.

Eu ouço os arroios que riem, pulando na garupa dos dourados gulosos, mexendo com os bagres no limo das luras e das locas;

Eu ouço as moendas espremendo canas, o glu-glu do mel escorrendo nas tachas, o tinir das tigelinhas nas seringueiras;

e machados que disparam caminhos,

e serras que toram troncos,

e matilhas de "Corta-Vento", "Rompe-Ferro", "Faíscas" e "Tubarões" acuando suçuaranas e maçarocas,

e mangues borbulhando na luz,

e caititus tatalando as queixas para os jacarés que dormem no tejuco morro dos igapós…

Eu ouço todo o Brasil cantando, zumbindo, gritando,
[vociferando.
Redes que se balançam,
sereias que apitam,
usinas que rangem, martelam, arfam, estridulam, ululam e
[roncam,
tubos que explodem,
guindastes que giram,
rodas que batem,
trilhos que trepidam,
rumor de coxilhas e planaltos, campainhas, relinchos,
[aboiados e mugidos,
repiques de sinos, estouros de foguetes, Ouro Preto, Bahia,
[Congonhas, Sabará
vaias de Bolsas empinando números como papagaios,
tumulto de ruas que saracoteiam sob arranha-céus,
vozes de todas as raças que a maresia dos portos joga no sertão.

Nesta hora de sol puro eu ouço o Brasil.
Todas as tuas conversas, pátria morena, correm pelo ar…
a conversa dos fazendeiros nos cafezais,
a conversa dos mineiros nas galerias de ouro,
a conversa dos operários nos fornos de aço,
a conversa dos garimpeiros peneirando as bateias,
a conversa dos coronéis nas varandas das roças…

Mas o que eu ouço, antes de tudo, nesta hora de sol puro,
palmas paradas
pedras polidas
claridades
brilhos
faíscas
cintilações

é o canto dos teus berços, Brasil, de todos esses teus berços,
onde dorme, com a boca escorrendo leite, moreno, confiante, o
homem de amanhã.

De *Toda a América* [1926]

◆

Onde estão os teus poetas, América?

Onde estão eles que não compreendem os teus meio-dias
[voluptuosos,
as tuas redes pesadas de corpos eurítmicos, que se balançam
[nas sombras úmidas,
as tuas casas de adobe que dormem debaixo dos cardos,
os teus canaviais que estalam e se derretem em pingos de mel,
as tuas solidões por onde o índio passa coberto de couro, por
[entre rebanhos de cabras,
as tuas matas que chiam, que trilam, que assobiam e fervem,
os teus fios telegráficos que enervam a atmosfera de humores
[humanos,
os martelos dos teus estaleiros,
os silvos das tuas turbinas,
as torres dos teus altos-fornos,
os fumos de todas as tuas chaminés,
e os teus silêncios silvestres que absorvem o espaço e o tempo?
Onde estão os teus poetas, América?
Onde estão eles que se não debruçam sobre os trágicos suores
[das suas sestas bárbaras?
No teu sangue mestiço crepitam fogos de queimadas,
juízes, tribunais, leis, bolsas, congressos, escolas, bibliotecas,
tudo se estilhaça em clarões, de repente, nos teus pesadelos irre-
mediáveis.

Ah! Como saber queimar todos esses troncos da floresta humana e refazer, como a Natureza, a tua ordem pela destruição!
Onde estão os teus poetas, América?

Onde estão eles que não veem o alarido construtor dos teus
[portos,
onde estão eles que não veem essas bocas marítimas que te
[alimentam de homens,
que atulham de combustível as fornalhas dos teus
[caldeamentos,
onde estão eles que não veem todas essas proas entusiasmadas,
e esses guindastes e essas gruas que se cruzam,
e essas bandeiras que trazem a maresia dos fiordes e dos golfos,
e essas quilhas e esses cascos veteranos que romperam
[ciclones e pampeiros,
e esses mastros que se desarticulam,
e essas cabeças nórdicas e mediterrâneas que os teus
[mormaços vão fundir em bronze,
e esses olhos boreais encharcados de luz e de verdura,
e esses cabelos muito finos que procriarão cabelos muito
[crespos,
e todos esses pés que fecundarão os teus desertos?
Teus poetas não são dessa raça de servos que dançam ao
[compasso de gregos e latinos,
teus poetas devem ter as mãos sujas de terra, de seiva e de
[limo,
as mãos da criação!
E inocência para adivinhar os teus prodígios,
e agilidade para correr por todo o teu corpo de ferro, de carvão,
[de cobre, de ouro, de trigais, milharais e cafezais.
Teu poeta será ágil e inocente, América!
A alegria será a sua sabedoria,
a liberdade será a sua sabedoria, e a sua poesia será o vagido
[da tua própria substância, América, da tua própria
[substância lírica e numerosa.

Do teu tumulto, ele arrancará uma energia submissa,
e no seu molde múltiplo todas as formas caberão,
e tudo será poesia na força da sua inocência.
América, teus poetas não são dessa raça de servos que
[dançam ao compasso dos gregos e latinos.

De *Toda a América* [1926]

◆

O mercado de prata, de ouro e esmeralda

Cheira a mar! Cheira a mar!
As redes pesadas batem como asas, as redes úmidas palpitam
[no crepúsculo.
A praia lisa é uma cintilação de escamas...
Pulam raias negras no ouro da areia molhada,
o aço das tainhas faísca em mãos de ébano e bronze.
Músculos, barbatanas, vozes e estrondos, tudo se mistura,
tudo se mistura no chiar da espuma que ferve nas pedras.

Cheira a mar!
O corno da lua nova brinca na crista da onda.
E, entre as algas moles e os peludos mariscos,
onde se arrastam caranguejos de patas denticuladas,
e onde bole o olho gelatinoso das lulas flexíveis,
diante da rede imensa da noite carregada de estrelas,
na livre melodia das águas e do espaço,
entupido de ar, profético, timpânico,
estoura orgulhosamente o papo de um baiacu.

De *Jogos pueris* [1926]

AUGUSTO FREDERICO SCHMIDT

Não quero mais o amor

Não quero mais o amor
Nem mais quero cantar a minha terra.
Me perco neste mundo.
Não quero mais o Brasil
Não quero mais geografia
Nem pitoresco.

Quero é perder-me no mundo
Para fugir do mundo.

As estradas são largas
As estradas se estendem
Me falta é coragem de caminhar.

Me perco no mundo
Me perco nas vidas
Me rasgo de raivas inermes e enormes.

[...]

Eu tenho nos olhos paisagens estranhas —

Paisagens estranhas de frios intensos
Cegonhas tremendo no alto das torres
Visões de distâncias tão raras — tão raras —
Nos mundos estranhos, que voz se ergue então?

— Minha pátria é bem longe
Minha pátria é mais longe
Fujamos daqui.

E a onça é o mistério
Tem febre nos olhos —
Tem sol concentrado no seu coração.

— Minha pátria é aqui mesmo!
Lembrai-vos dos prantos
Que os rios levaram
De alguém que partiu.

Sou um homem primário
Iludo-me sempre.
Quando acertarei?

E rasgam meu peito as noites tremendas…

[…]

Por que sofro tanto
Por que me torturo
Por que me machuco,
Meu Deus sem razão?

Por que tenho tédio?
Nem vejo as belezas
Da terra em que estou?!

Horizontes fechai-vos
Quero ser pequenino
Quero ser bem estreito
Nem nada enxergar.

Nem sei que desejo…

Senhor Deus fazei com que eu fique
Bem preso à minha terra
Sou leve
Sou balão.
Sinto que em breve irei perder-me
No espaço puro
Na amplidão!

Dai-me correntes!
Senhor Deus ancorai-me!
Quero ficar preso
Quero ficar.

[...]

Meu Deus amparai-me
    Não quero perder-me
    Não quero largar-me
    Senhor, quero ser!
    A terra me chama
    A terra me perde
    Senhor, quero ser!

    As noites são tristes
    Os dias mais tristes
    Tristezas há em tudo
    Que existe por cá.

Meu Deus olhai para mim!
    Meu Deus sou brasileiro!
    Sou brasileiro.

Brasileiro sem rumo
Brasileiro sem cabeça
Perdido — perdido no seu país.

Meu Deus olhai pra mim
Me abençoai que eu sou brasileiro,
E o brasileiro que não tem nada
E o brasileiro que está sozinho
O brasileiro tem coração!

De *Canto do brasileiro* [1928]

◆

Lembrança

Todos os que estão neste cinema agora,
Neste cinema alegre,
Um dia hão de morrer também:
Nos cabides as roupas dos mortos
    penderão tristemente.

Os olhos de todos os que assistem
    às fitas agora
Se fecharão um dia trágica e dolorosamente.
E todos os homens medíocres
    se elevarão no mistério doloroso da morte.
Todos um dia partirão —
    mesmo os que têm mais apego às coisas do mundo:

Os abastados e risonhos
Os estáveis na vida
Os namorados felizes

As crianças que procuram compreender —
Todos hão de derramar a última lágrima.

No entanto parece que os frequentadores deste cinema
Estão perfeitamente deslembrados de que terão de morrer
— Porque em toda a sala escura há um grande ritmo de
[esquecimento e equilíbrio.

De *Navio perdido* [1929]

SINHÔ

Fala meu louro

A Bahia não dá mais coco
Pra botar na tapioca
Pra fazer o bom mingau
Pra embrulhar o carioca

Papagaio louro
Do bico dourado
Tu falavas tanto
Qual a razão que vives tão calado

Não tenhas medo
Coco de respeito
Quem quer se fazer não pode
Quem é bom já nasce feito

[1920]

◆

O pé de anjo

Eu tenho uma tesourinha
Que corta ouro e marfim
Serve também pra cortar
Línguas que falam de mim.

Ó pé de anjo, ó pé de anjo
És rezador, és rezador
Tens um pé tão grande
Que é capaz de pisar
Nosso Senhor, Nosso Senhor.

[1920]

◆

A cocaína

Ao carinhoso amigo Roberto Marinho

Só um vício me traz
Cabisbaixa me faz,
Reduz-me a pequenina
Quando não tenho à mão
A forte cocaína.
Quando junto de mim
Ingerindo em porção
Sinto só sensação
Alivia-me as dores
Deste meu coração
Ai! Ai!

És a gota orvalina
Só tu és minha vida,
Só tu, ó cocaína
Ai! Ai!
Mais que a flor purpurina
É o vício arrogante
De tomar cocaína.
Sinto tal comoção
Que não sei explicar
A minha sensação
Louca chego a ficar
Quando sinto faltar
Este sal ruidoso
Que a mim só traz gozo
Somente em olhar.
Para dele esquecer
Eu começo a beber

Ai! Ai!
És a gota orvalina
Só tu és minha vida,
Só tu, ó cocaína
Ai! Ai!
Mais que a flor purpurina
É o vício arrogante
De tomar cocaína
Quando estou cabisbaixa

Chorando sentida
Bem entristecida
É que o vício da vida
Deixa a alma perdida.
Sou capaz de roubar

Mesmo estrangular
Para o vício afogar
Neste tóxico bravo
Que me há de findar
Ai! Ai!

És a gota orvalina
Só tu és minha vida,
Só tu, ó cocaína
Ai! Ai!
Mais que a flor purpurina
É o vício arrogante
De tomar cocaína

[1923]

◆

Gosto que me enrosco

Não se deve amar sem ser amado
É melhor morrer crucificado
Deus nos livre das mulheres de hoje em dia
Desprezam um homem só por causa da orgia

Dizem que a mulher é a mais fraca
Nisso é que eu não posso acreditar
Entre beijos e abraços e carinhos
O homem não tendo é bem capaz de roubar

Gosto que me enrosco de ouvir dizer
Que a parte mais fraca é a mulher

Mas o homem com toda fortaleza
Desce da nobreza e faz o que ela quer.

[1928]

◆

Jura

Jura,
Jura,
Jura
Pelo Senhor.
Jura
Pela imagem
Da santa cruz
Do Redentor
(Pra ter valor a tua
Jura).
Jura,
Jura
De coração
Para que um dia eu possa dar-te o meu amor
Sem mais pensar na ilusão.

Daí então
Dar-te eu irei
O beijo puro da catedral do amor
Dos sonhos meus bem junto aos teus,
Para livrar-nos das aflições da dor.

[1929]

Ficção

A história da literatura produzida no Rio dos anos 20 ainda está por ser contada. Quando isso acontecer, os estudiosos se surpreenderão com a diversidade de estilos e interesses daqueles ficcionistas — da crítica de costumes de Benjamim Costallat ao brutalismo naturalista de Théo--Filho, das ousadias estruturais, protojoyceanas, de Adelino Magalhães ao rendilhado quase impenetrável de Albertina Bertha, da antecipação da ficção científica por Oswald Beresford à do nonsense e do absurdo por Mendes Fradique, das memórias delirantes de Patrocinio Filho à prosa seca, "proletária", de Pedro Motta Lima.

João do Rio e Lima Barreto, mortos respectivamente em 1921 e 1922, mal chegaram a conhecer a década, mas esta assistiria à consolidação do prestígio de Julia Lopes de Almeida — Carmen Dolores, sua brilhante colega de geração, já morrera em 1910 — e à revelação de Chrysanthème, Mercedes Dantas, Gastão Cruls e Romeu de Avellar. A cidade moderna salta das descrições e dos atos e frases dos personagens desses autores.

Nenhum deles estava ali para propor sorrisos à sociedade, nem perdia tempo discutindo gramática. Ao contrário: em muitos casos passavam por cima dela, escrevendo como se falava, descendo a porões imundos e mostrando a língua para uma sociedade que — sabemos hoje — rumava para uma profunda transformação.

Talvez por isso a realidade que lhes sucedeu, a dos anos 30, os tenha condenado ao esquecimento — por serem retratistas tão fiéis de sua época.

ADELINO MAGALHÃES

Casos de criança — Uma resolução

Num instante, ele caiu e quase pegaram-no; sentiu mesmo, como uma cócega levíssima, os dedos de alguém lhe roçarem pelo pescoço.

Deu um heroico puxão ao corpo, à custa das mãos espalmadas no chão; sobre as quais, os braços dobrados bruscamente arremessaram o corpo lá adiante, como uma flecha. Em pé de novo, parecia correr mais velozmente, parecia mais leve, numa raiva titanesca contra os perseguidores; numa audácia — num estrondoso desconhecimento de si mesmo. Lacrimejava, batido pelos golpes de ar frio que lhe jorravam pela cara e lhe repuxavam maciamente os cabelos, numa carícia áspera. Ia zonzo, inconsciente, rompendo um zum-zum! teimoso, que parecia contrariá-lo, num tétrico gesto de luta.

Mal dobrou a esquina da rua e tomou pela margem do rio, um surto de esperança aclarou-lhe o ânimo! É que vira duas lavadeiras esfregando roupa, um pouco mais embaixo, à beira do rio; e nele brotou essa confiança instintiva que as crianças, nas mais trágicas ocasiões, têm pelas mulheres.

Olhando para ele com o rosto virado, açuladas pelos gritos que vinham de perto, elas levantaram de brusco o corpo pesadão, de gorduras frementes, e também se puseram logo a gritar, com a brancura úmida do pano um tanto frouxa entre os braços apartados:

"Pega! Pega! Olá! Pega!"

Não tardou muito que ele fosse pegado. Trôpego, impossibilitado já de correr ia lançar-se ao rio, num desvario sorridente, de redenção, quando sentiu-se preso pela blusa.

Quis ainda escorregar das mãos detentoras, como da outra vez, mas foi inútil.

Uma multidão numerosa, compacta, ansiada, estava em redor dele.

Muita gente ainda vinha lá atrás; gente que aparecera em todos os portões, mas que não pudera acompanhar logo o cortejo por estar em trajes de casa; gente que escutara o barulho à distância e que viera, farejando com todos os sentidos, à procura da convulsionada fonte.

Suavam todos, vermelhos, descabelados, rosto contraído, respiração estrepitosa, empurrando-se uns aos outros — todos querendo ver, todos querendo dar uma palavra, todos querendo dar regras...

"Leva já ao Costinha..."

"Mas como foi, enfim?"

"Não, leva ali ao Duducha, que é subdelegado, a mesma coisa..."

"Mas... ele mesmo? Foi o Bentinho... não é? O filho da d. Inês... aquele, ruivozinho."

"Escuta... ele traz a faca ainda?"

"Não, já tiraram dele; está com o Cazuza. É preciso procurar o Cazuza..."

"Mas afinal, o crime foi de flagrante?"

"Ó, Cazuza! Cazuza!"

"Não sei!"

"Foi! Foi flagrante: o Joca disse... Mas enfim é uma criança; não sei como vai ser. O Código..."

"Vamos levá-lo!"

"Levá-lo no colo! Ele deve estar muito cansado; ele não pode andar..."

O cortejo lá se foi, em direção à praça Quinze, procurando o Costinha, a fim de entregar-lhe o criminoso.

Procurou-se o delegado daqui, procurou-se-o dali, dacolá, até que um dos sujeitos que iam à frente, como *scouts* a farejá-lo, veio correndo com o anúncio:

"Olha, o Juquinha Pires disse que o Costinha está no bilhar..."

O Juquinha Pires também quis fazer seu bonito. E quando chegou, sabendo a notícia dada, não desanimou: pôs-se a detalhá-la:

"O Costinha estava no bilhar com o Jão-Jão, jogando uma de cem... O Jão-Jão deu trinta de entrada ao Costinha e, apesar disto... estava ganhando! Quando eu cheguei e dei a notícia, vocês não calculam!..."

Ninguém prestava atenção no que ele dizia; todos queriam se chegar ao menino para perguntar de novo, incessantemente, implacavelmente, se ele estava cansado; se ele queria ser carregado; se tinha sede... E depois, um pouco mais cuidadosamente, mais arrediamente, misteriosamente, insinuavam a que contasse como cometera o crime e por quê... por quê, afinal?

Foi rompendo a turba o Costinha, nervoso, frenético, dando com os braços doidamente para todos os lados, enquanto pedia "Licença... licença!". Quando chegou ao pequeno assassino, as cataclismadas feições dele alargaram-se numa idiotíssima máscara de pasmo.

"Mas... mas... que é que você... fez?"

"Não pode, seu Costinha! O interrogatório não pode ser feito assim à rua, sem mais nem menos..."

Uma voz quente, profunda, republicana, declarou esse magno "Não pode!".

Era a voz do Chico Bitoca, do partido do dr. Aristides Santiago.

Outras vozes foram também arautando os protestos da lei.

"É, não pode! Onde estão então as exigências da lei?"

"Há, bem expresso, o artigo do Código, que diz..."

"Bem, bem!... Vamos à delegacia."

Saraivado, apedrejado, bombardeado pelos compadres do Código, o Costinha-Delegado lá foi até o edifício da cadeia onde principiou, muito nervoso sempre, muito trêmulo e muito amarelo, defúntico, meio surdo; meio cego; meio paralítico... meio Costinha, enfim:

"Mas... mas... mas como foi... isto?"

E depois:

"O... o... cidadão... com... meteu o crime... como?"

O menino respondia pouco, distraído, ausente entre a compacta multidão... num gozo macio de ausência, macio-macio! Limitava-se a tremer; a esbugalhar os olhos; a sorrir num tenuíssimo debuxo, um tanto abobalhado às vezes.

Oh! se lhe pudessem adivinhar o pensar!... O pensar tumultuoso!...

Pensar tumultuoso que era a recordação da angustiosa noite... da noite passada...

"Sim... impossível!"

"Continuar assim... é impossível!"

Mas que fazer? Pedir... ir por bons modos?

Qual! É tempo perdido!

Tantas vezes já tenho feito... E é pior: mais vontade eles sentem... mais fúria de praticar a maldade!

Ameaçar? Riem-se de mim: batem-me, ainda por cima... E depois, a gente deles é toda gente alta, e a Mamãe... a Mamãe é uma simples, uma pobre lavadeira!...

Oh! não, não: o caminho só pode ser esse!

Continuar assim... é impossível!

Que fez a Mamãe a eles, Mamãe até tem sido tão boa para eles... Mamãe está sempre a lavar a roupa deles e a roupa da gente deles, e a engomar, e a remendar até tarde... tão tarde!

A gente deles é tão exigente! Briga, descompõe a Mamãe por coisas tão à toa... por um botão... por uma manchinha... por mais, por menos um bocadinho de goma!

E para pagar, que custo! Mamãe quantas vezes tem ouvido uma porção de palavras feias e de ameaças do seu João da Venda e do Zé Antônio do açougue, só porque ela não pôde pagar as contas, no princípio do mês...

Mas se Mamãe não recebe o dinheiro da roupa senão depois de dois... três meses!

Mamãe vai chorar lá fora, no tanque, enquanto enxágua a roupa... e nisto entra mês, sai mês! O dinheiro quando vem, não chega para pagar quase nada, das contas: Mamãe diz que "dinheiro chorado é dinheiro amaldiçoado!".

E além disso, Mamãe tem pedido a eles tantas vezes!... Tantas vezes, Mamãe tem pedido a eles que se fiquem quietos, que não continuem a fazer aquilo...

Riem-se dela.

Mamãe vai falar com a gente deles; a gente deles diz que faz e que acontece com eles, mas... acaba não fazendo nada!

Continuar assim... é impossível!

Mudar desse lugar... mudar de Santa Clara — eu já tenho pensado nisso, mas... mas ir para onde?

E ir como?

Mamãe não tem dinheiro e não há ninguém que empreste à Mamãe!

Oh! a Mamãe quando ficar velhinha, o que irá ser dela? Ela não irá ficar como outras velhinhas que conheço, a vir para as crianças, a contar histórias, a contar o rosário... A Mamãe, se tanto mal já fazem a ela, muito mais irão fazer depois! E ela acabará — que desgraça! — como a velha Sancha, corrida e maltratada na rua, com os trapos sujos puxados pelos moleques; com o corpinho muito magro, beliscada pelas unhas deles, apedrejada...

Um abismo de desesperança, de enjoo, de pavor abria-se, nesse momento, aos convulsionados sentidos interiores do menino.

"Mamãe, sempre tão boa, tão boa e tão sofredora! Sempre triste!..."

Quem lhe vem visitar é a velha d. Inácia, às vezes a d. Chiquinha e... só!

192

Antigamente — em algumas ocasiões — vinham homens! Os homens, uns três ou quatro, mandavam vir cerveja e caçoavam com a Mamãe...

Um dia, um deles, o seu Leonardo (lembra-me bem) passou a mão à cintura da Mamãe! Mamãe ficou vermelha, zangada, e pôs-se a xingar o homem...

Depois, nunca mais... aquela gente desapareceu!

Mamãe nunca consentiu que implicassem comigo! Vem beijar-me, sorrindo, quando vê-me contrariado...

Mamãe, tudo na vida, para mim! De meu Pai nem notícia, e para que perguntar à Mamãe se ela fica tão aborrecida!

Mamãe, tudo na vida para mim!

Oh! não, não: eu sei o que hei de fazer... Mamãe tem sempre se queixado: tenho ouvido sempre contrariado, furioso, sem poder fazer nada...

Às vezes até tenho feito malcriações à Mamãe, na raiva de não poder fazer nada!

E ele se lembrava de quando, às oito horas, chegara da rua e que Mamãe perguntara-lhe:

"Então, estes diabretes não querem mesmo que eu ganhe a vida? Quando há de isto parar?"

E mostrando um montão de roupa, à luz do lampião, continuou:

"Olha aí! Está tudo sujo! É a terceira vez que eu lavo tudo isto hoje!"

Ele olhara, muito sério, para a Mamãe que tinha os olhos muito vermelhos e a cara de quem tinha chorado. Sentiu também duas lágrimas correrem-lhe pelo rosto; e um apertão lhe tomou o peito...

E ali, na cama estreitinha, entre as cobertas que lhe estavam a pesar asperamente na pele, seca, dura como um couro, enquanto a cabeça lhe estourava em fagulhas, as horas passavam. As horas passavam, passavam, e ele não podia dormir, cada vez mais decidido a resolver *aquilo*, porque continuar assim... era impossível!

A Mamãe lá estava, andando, remexendo uma porção de coisas: sem dúvida, ainda separava roupa.

De manhã saiu de casa, lesto, rápido como um foguete, sem falar com a Mamãe, e se pôs a vagabundear pela cidade, decidido, meio triste...

À hora de costume estava entre os outros, no lugar em que sempre se reuniam: no terreno que dava para o quintal da casa dele e onde havia os escombros de uma obra, começada e abandonada havia muito tempo.

Não tardou que uma voz, sobrepujando as outras do grupo, desse o grito de comando:

"Chumba! Chumba lama na roupa da nhá Tonica!"

Todos foram deixando a posição que ocupavam assentados ou em pé, a jogar a buraca; a jogar a amarela ou o bilboquê... E foi um só grito:

"Chumba! Chumba, minha gente!"

"Deixem desta brincadeira!"

"Não deixa! Chumba!"

E cacos, pedaços de tijolos, pedras, lama... sujaram o espaço, antes de caírem lá, do outro lado do muro.

"Deixem desta brincadeira, já disse!"

Ele tremia a falar, com os olhos duros, muito fixos, resolutos...

Houve espanto de alguns!... De outras vezes, ele os convidava a roubar pitangas na chácara do Padre, e a deixarem assim, quieta, a roupa da Mãe.

O espanto, porém, mal arrefeceu os artilheiros... Como chefe da tropa, o Bentinho, de novo, comandou:

"Chumba! Chumba, gente!"

Ele não trepidou: pôs a mão debaixo do casaco, em se aproximando do entusiasmado mandachuva, e zás... foi de um só golpe!

O outro caiu como um toco. Tinha a mão no peito, e soltou um gemido muito leve: o rosto ficou branco, como um papel.

O assassino pôs-se a correr, perseguido pelos outros pequenos, aos gritos de:

"Pega! Pega!"

Pareceu-lhe que uma goela diabólica ia engoli-lo: a goela daqueles que numa voragem correram para ele, de bochechas incendiadas e incendiados olhos, como labaredas a perseguir, fantásticas. Depois, tremeram-lhe as pernas e ele sentiu o abismo de querer correr e de não conseguir dar um passo.

Sem saber como, pôs-se de novo a correr como uma flecha, levando atrás de si uma multidão, aos gritos...

... Muda, a multidão continuava a acompanhá-lo ao delegado! Gente ia aparecendo a cada porta — gente conhecida dele, gente que, noutras ocasiões, mal lhe mostrava metade do rosto e que, então, olhava-o de pescoço esticado, com curiosidade; com surpresa; com certa pena e certa simpatia; com certo despeito; com inferioridade...

Ele ora se apavorava; ora confiava; e lá ia, cabeça fugidia à luz inclemente ou cabeça alçada à luz glorificadora.

A faca ficara com o cabo preso no peito do assassinado: examinou-a o Delegado, depois que concluiu o interrogatório do assassino.

O assassino, com seu rostinho tomado de uma expressão muito abobalhada, longínqua, ia falando vagaroso, a meio, sem concluir as frases. Olhava desvairadamente para a massa humana que se espremia na estreita sala escura, aos empurrões, sem chapéu, acrescida a cada momento pelos curiosos que entravam de olhos indagativos, desnorteados... Frequentemente parecia que ele armava os ouvidos de atenção, e os olhos também se desanonimavam um pouco...

De súbito baixou, num pulo, loucamente, vorazmente, do estrado à primeira fila de cadeiras! Mal chegara cá embaixo, pareceu mergulhar no grande amplexo em que o cingiram braços esmagriçados, espectrais, contra um peito vergado, sumido, numa blusa desbotada... Uns soluços profundos, com toda agrura sincera da Dor, romperam então numa queixa, por muito tempo contida: ou, enfim, de um grande sofrimento, de um grande pedido, de uma grande explicação!...

A esses soluços que dominaram o murmúrio da sala ofegante, estribilhava uma palavra indulgente, carinhosa e confortadora:

"Meu filho! Meu filho!"

Era a palavra saída, aos arrancos, num estertor apaixonado, do peito sumido da mulher e que respondia ao apelo quase imperceptível, entrecortado por aquele pranto, em soluços:

"Mamãe! Mamãe!"

À multidão que se espremia cada vez mais, o Delegado em pé no estrado, vermelho, ordenava:

"Afastem-se um pouco daí, ó senhores! Isto assim é impossível!"

Para a própria mulher chegar ao filho, já fora um custo. Estavam todos na ponta dos pés, com o pescoço esticado; por cima dos ombros e entre as cabeças, à frente, cada um escancarava os olhos, úmidos.

De minuto a minuto, ouviam-se as palavras do pequeno assassino, mais nítidas, mais dolorosas, entre os soluços:

"Mamãe! Mamãe!... Mamãezinha!"

De *Casos e impressões* [contos, 1916]

A festa familiar em casa do Telles

"D. Mariquita, aí está a cerveja!"

"Não, não é para a Mariquita, não, seu Costa! É para mim!"

Dois bracinhos, de uma magreza muito nacional, deram um bote decisivo sobre a garrafa que aeroplanava sobre a mesa, defecando espuma pelo gargalo.

"Aí, d. Pequenina, não relaxa! A Brahma ainda acaba lhe dando um prêmio!"

"Viva! Hip! Hip hurra! Viva o Telles!"

"Neste momento solene eu faltaria..."

"Fora! Fora! Não pode!... Não pode!... Olha, que se continuar..."

O orador, pálido de dispepsia e de desconsideração, esbugalhava os olhos em torno da revolta acervejada, sem saber que rumo tomar...

"Entope esse cidadão com a farofa do peru..."

"Mas, senhores, isso é uma casa séria."

"Abre-lhe uma garrafa de gasosa no..."

"Dá-lhe um banho de molho inglês..."

Espírito prático, educado em moldes americanos, o Gustavo ia fazer seguir a ação à palavra, estendendo para isso a mão a um vidro perfilado, junto à fruteira...

"Senhores, atenção", pigarreou o Juvêncio Sales.

"Senhores, o estimado e operoso segundo escriturário da..." Paf!

Um pedaço de pudim de creme abraçara, fremente, a cara do segundo orador pedindo: Não, não, meu benzinho, não fala mais, não. Meu benzinho!...

No meio do tumulto dos gestos, das gargalhadas e das caretas em *raid* sobre o tumulto da mesa, destroçada na grande desordem dos pratos e das garrafas, e das comezainas e dos copos entortados, a indignação do Juvêncio riscou o espaço, numa hipérbole a Castro Alves, trovejando:

"Quem foi aquele, cuja audácia cega, louca, inqualificável..."

"Muito bem! Hip! Hip! hurra! Viva o Juvêncio!"

Sons de piano, vindos da sala próxima, se intrometeram na algazarra, e uma vozinha feminina, de garganta rachada, acentuou:

"Ó gentes, tão tocando o tango pra nóis dansá!"

"Ao tango! Ao tango!"

Mas o último orador estava realmente decidido a lavar a honra, primeiro; depois, naturalmente iria lavar a cara.

"Eu quero saber quem foi..."

"Foi o Castro Araujo..."

"Eu, não! Foi o Manuel Duarte..."

"Ó Juvêncio, deixa disso. Toma mais uma cervejinha! Agora, uma brincadeira..."

E, realmente, tinha razão o Zeca: fora uma brincadeira que, a custo de mais um ou dois copitos de Teutonia, o exaltado esqueceria, dormindo como um pajem da Bela Adormecida, lá para um canto.

"Ao tango, senhores!"

A mesa foi-se esvaziando, com acompanhamento de sons secos e arranhares de cadeiras arrastadas; alguns heróis do prato e do copo persistiam contudo na grandiosidade de seus feitos, incrementando ao mesmo tempo a indústria e a agricultura e a pecuária do país.

E com que patriotismo o faziam... aqueles funcionários públicos!

E com que elegância!

As garrafas segredavam aos copos um fulvo e escorreito segredo; os garfos voavam numa rapidez ascensorial de águia, com bons nacos, para os rubros e macios ninhos das mucosas; e, às vezes, os dedos conduziam, mais sumariamente, blocos grandes, como as grandes ideias, como os grandes sentimentos... como as grandes coisas boas, para aquele epílogo orgânico das coisas boas ou más...

"Ao tango! Aí gente! Viva a pândega!"

Isso era lá... Aqui, pela nossa sala, ainda havia quem, de olhos injetados e cara vermelha, inchada... gritasse:

"Olha o peru! Traz o peru!" E metia o garfo na baba de moça do vizinho, do Almeidinha da 4ª Seção.

"Aí, Zezé! Requebra, meu bem! Não relaxa!"

"Mas, senhores, isso é uma casa séria, de família!..."

O Zezé dançava tão bem, retesava tão bem as pernas e tão bem saltava para a frente tais passos, como um polichinelo; e tão bem empernava a dama, depois, no volteio, espremendo nada perfunctoriamente as coxas da gentil cuja entre as suas; e tão bem achatava-lhe os peitinhos de uma rigidez abatidamente semivirginal que todos, todinhos, batiam palmas, ofegantes, espumantes, gozosos, numa ânsia masturbadora:

"Aí Zezé! Aí Zezé, bom no tango! Mais, Zezinho. Aí! Ah! Zezé!..."

"Aí Dodoca! Ui Dodoca, que passo bonito! Do... do..."

Dodoca e Zezé eram os líderes do "desejo" de toda aquela rapaziada e de toda aquela raparigada.

Feroz desejo ansiado, espumante de ir já... funcionando! E a música, e a luz, e a embriaguez, e o ruído e a desordem dos móveis... pareciam também mãos invisíveis, meio fechadas, para uns, com tubulura ao centro; e para outros, mãos de índice ereto, em atitude de feroz serventia copuladora!...

E sublinhando tudo isso, a voz fanhosa:

"Mas isso é casa de família!"

"Senhores, quem quer linguiça?"

Era a Bitoca, filha do Lopes da Contabilidade, que aparecera ao princípio da exaustão, sucessora do tangoso entusiasmo, e que balouçava entre os dedinhos a longa tripa vermelha; balouçava franca, risonha, como uma donzela que não estranha...

"Ó Bitoca, não balança isso assim..."

"Por quê? Porque pode crescer ainda mais?"

A senhora do dr. Terêncio, do bacharel funcionário do Gabinete do Diretor, conversava com a Zefina Vidal: mas esta jovem amarelenta de idade meio histérica, fez-se vermelha e preparou-se para deixar a cadeira ao despontar o assunto linguiça...

"De quem é a linguiça?"

O Carlinhos Sá começou a tocar um maxixe, mas a linguiça ainda estava à baila.

"Parece que é do Medeiros!"

"Não, é do Lopes..."

Bitoca, a filha do Lopes, ficou tão vermelha como a tripa que lhe pendia dos mimosos dedinhos. Era visível que queria se recolher aos bastidores.

"Oh! D. Alice, não será do seu noivinho?"

"Não pode ser, homem!"

D. Alice, que entrara lá do caramanchão do fundo do jardim, com o Zoca, poderia ter visto qualquer outra linguiça, menos aquela.

Zoca e d. Alice. D. Alice e Zoca. Pareciam disputar um prêmio de "maior rubor", esporte que talvez não fique devendo, em maçada, a nenhum outro.

"Ficaram encaralhados, os pombinhos!", deslizou o Gustavo ao Zezé.

"Hei!"

"Tra... lá... pá pá pá!"

Foram-se as xícaras e o café e o açucareiro!

Mal a nhã-Nácia chegara com a bandeja à sala, o Jorge Amaral, que estava fazendo maxixados à música do Carlinhos Sá, bateu com o braço no veículo da gentileza póstuma do Amaral (pois que o café já devia estar servido há muito) e foi aquela beleza! D. Sinhá

Amaral apareceu, mandou a rapariga recompor "aquele bruto, aquele assanhado..." e, sem mais aquela, recolheu-se.

A mulher do Amaral era sempre um enigma nas festas em casa do estimado e exemplar escriturário da Recebedoria...

Às vezes, nem aparecia.

Segundo alguns maldizentes, afundava-se lá pelas escuridões do anonimato do fundo do quintal, com um tal estudanteco Coelho, filho do Castro da 2ª Seção.

"Ai, meu Deus! Calculem que eu mandei fazer doze compoteiras de doce pelas minhas meninas, e pelas Couto! Até fizemos pela folhinha! E mandei lavar a casa, com tanto cuidado!"

"A sala de visitas esteve fechada desde trasantontem!"

Era a mulher do Telles, que se expandia senhoramente no meio da sala, muito rubra e gesticulante, à vista da desordem que se tentaculizava por toda parte.

Nhã-Nácia fora resmungando, o maxixe continuou, a linguiça desapareceu e... o violão do Roque surgiu!

Foi um quase geral:

"Ah! agora sim!"

Quase geral — porque um rapazelho ficou-se entristecido ao canto, perto da porta do jardim: era um "romântico" a quem a namorada, uma deliciosa figurinha branca, deliciosa como visão de infância — noutras ocasiões muito recatada e virginal —, depois de ter dado pela sala umas gargalhadas um tanto atoleimadas, lhe viera perguntar:

"Vamos dançar o tango, Raul?"

"Você sabe que eu não danço o tango!"

"Pois fique sabendo que você não é homem!"

Uma careta de sincero desprezo acentuara essas palavras, e o rapaz olhou para o jardim... para o espaço, com uma asfixiante dor de atordoado e desiludido, de quem vê incendiar, em momentos, um longo trabalho.

"Ao violão."

"Para esse 'São Paulo futuro', aí, ó Carlinhos!"

O Roque que já se aprumara entediado, superiormente hesitante, ficara todo queimado, todo beiçola-grande e olhões vermelhos e mulatonas bochechas inchadas, quando vira três ou quatro pares tangando, sem ligarem ao violão que ele já tinha entre os dedos...

"Essas futriquinhas amarelentas e chupadas que nem chegam aos pés das nossas caboclas, hein, Roque!" — assim falou o Chico Arruda, para consolar e distrair o ameaçador despeito do protagonista da segunda e interessantíssima seção daquela festa familiar em casa do Telles.

Eis o pinho que chora!

Cabeleira em revolta, em estrondo, a escancarada caverna que é a bocaça do Roque, quase sem a estalactite de um dente — eis o Roque que geme "Ai meu Deus!".

"Ai, meu Deus! se a mulata soubesse!"

"Muito bem, Roque! Muito bem!"

"Muito bem. Bravos!"

"Aí, Roque, velho cansado de guerra!"

O trovador do sertão estava entusiasmado... não se fazia mais de rogado!

"Agora vai a minha predileta!"

D. Alice, o Telles, o Gustavo... quase choravam. A grave e soturna e profunda melancolia do pinho sublimava-se, vencia toda a realista sensualidade dos circunstantes, envolvendo-a numa sonolenta tristura queixosa!

"Patrão! Patrão! Eu não posso ficá na cozinha com o raio daquele seu Zébio..."

"Seu Zébio!", berrou o Zeca. "Ora, vejam, um amanuense de primeira categoria!..."

"Eusébio! Então, nem as cozinheiras velhas escapam?", perguntou o Lopes.

"É... é um sem-vergonha, aquele sô moço! Puxando lá aquelas porqueira... Eu lá com ele não fico!"

O Telles enfim coçou a cabeça e pingou, desconsolado:

"Mas, isso aqui, senhores, é uma casa séria; é uma casa de família honesta!"

Quando procuraram pelo Roque, ele tinha sumido com seu rico violão de seiscentos mil-réis, com um chumaço verde-amarelo pendendo lá de cima.

"Bem, seu Castro, recita!"

"Oh, gente! O fotógrafo da *Buzina* está aí... Ele quer tirá uns grupo..."

"Seu Castro, recita!..."

"Não, ao maxixe!"

Seu Castro já começara a recitar com sua tímida vozinha de poeta modesto — que não frequenta as rodas e chupa balas de ovo: *"Fugitiva existência de querubim..."* — poesia em que havia soluços e queixas estranhas... quando, de súbito, passando a mão pelos cabelos e apontando para o piano, sibilou:

"É impossível continuar!..."

Algumas palmas burguesazinhas, chochas, proclamaram ao seu Castro que ainda existiam por ali alguns resquícios de gentileza: o mocinho namorado da menina que lhe participara que "ele não era homem" bateu-as mesmo com alguma sinceridade, porque aqueles versos sempre eram, enfim, de uma espiritualidade delicada, oposta à naturalística e macabra revelação de sua amada! E... e o piano lá estava a berrar, fanhoso, mais um maxixe.

"À quadrilha, senhores, que é coisa boa! Quanto mais desacertada, mais certa!"

"Não senhor, vai recitar, d. Zilda!"

"Eu não!", protestou a vozinha. "Só recito em Botafogo!"

"Oh! D. Zilda, aquele que diz que meu desejo é uma serpente que se enrosca..."

"À quadrilha, senhores, com marcação da Cidade-Nova, que

aquilo é que é. Beija-Flor! Toca pra diante! Toca pra trás! *Alavantour, chaine anglaise!*"

"Ao maxixe!"

"E o dr. Ferreira não recita?"

"Ferreyra com *y*, cavalheiro! O *y* é o gancho simbólico que vai ao fundo dos canais de Bruges, buscar a minha inspiração... Eu sou simbolista... só recito versos exuis, bizarros, boticelinos, espasmódicos, sonambúlicos... Recito..."

Ia recitar, sem dúvida!

"Quem é esse penetra?", perguntou, de olhos faiscantes, o Soarão da Contabilidade com jeito de quem acrescentasse, ciumento:

"Quem é esse estômago que também vai avançar lá dentro, nos bons manjares?..."

"É poeta e reporte!", respondeu uma taquarazinha. "Ele já fez um brinde lá dentro, a seu Telles; e falou no luar roxo do teu esquecimento sonâmbule..."

O poeta silenciara e tomara atitude de ataque simbólico às coisas, ao espaço!...

"Ao maxixe, gente!"

Este maxixe é que foi estupendo.

Foi a glorificação daquela festa familiar em casa do Telles...

O Telles, a princípio, não se esquecera de recordar mais uma vez:

"Mas, senhores, isso é uma casa de família honesta!"

Depois, sumiu-se. Sumiu-se, enquanto os pares se frenetizavam, cada vez mais pegadinhos — sem hipocrisia! — e cada dançante sentia, era visível, o calafrio apagado, a tremura, o estranho mal-estar que prologa o gozo sensual.

Alguns rapazes deixavam o par disfarçadamente, e se iam, um pouco curvos e mal andantes, esquerdos...

Num certo momento apareceu a Pequenina com uma coxa de galinha na mão.

"Senhores, quem quer uma coxinha?"

"Se é a da senhora..."

"Não, é menos gorducha!"

Depois surgiu a Maricota Cabral, anunciando:

"Ó gente, eu perdi os três... os três biscoitos que seu Zezé me deu!"

"Quem tirou os três... biscoitos de d. Maricota?"

"Quem tirou... toca para a pretoria!"

Oh! aquela festa familiar em casa do Telles estava sublime de delícia! Uma apoteose roxa! O Borges Castro dizia para o Zeca: "Zeca, meu amigo, o Telles hoje ultrapassou-se!"

Pareceu de propósito, falar-se no Telles. Ele apareceu, de fato, muito conselheiro e calmo como sempre, a publicar:

"Mas, senhores, também isso não... calculem... até... em cima de minha cama! Oh! senhores, isso aqui é uma casa séria, de família honesta!"

Dizia isso com sua voz calma, arrastada, chorosa; e arrastava--se, com uma resignação onanista, de quem gosta de apreciar a sacanagem alheia. Para o jardim ia e vinha gente a todo instante: alguns dos vencidos de Cupido, ou de Vênus, ou de Onan ainda entravam a se arranjar, ultimando o ajeitamento de um botão, a perfeita ordem na maneira do vestido ou as ligas lá na perna.

O Roque com certeza adivinhou a patifaria e tanto assim que, excedendo-se ao seu despeito, voltou com o pinho bem dengoso, a se encaracolar todo, e:

"Ei, minha gente! Meu pinho velho! O Roque aqui está!"

Daí a pouco, ouviu-se lá de fora um:

"Ai, seu Roque!"

Alguém veio participar hipocritamente sigiloso que o poeta pegara um garoto lá, na hora: que a mulher do Telles que estava com o *dela* protestou porque o garoto era seu sobrinho; que o poeta, desarmado, lá estava abordando a quanta saia encontrava...

A Pequenina saíra cantando com sua voz de octogenária constipada e voltara com os olhos vermelhos... O Carlinhos falou-lhe aos ouvidos, e ela respondeu com um beicinho, inclinando as mãos como quem diz:

"Assim! Assim! Regular!"

Alguns poucos indivíduos e três ou quatro moças é que se encontravam um tanto ressabiados ou contrariados mesmo, com aqueles heroísmos além de suas forças. Uma ou duas das moças eram feias; mas a Irene Caldas, muito bonitinha, tinha no olhar a inteligência curiosa daquelas pagodeiras tão elucidativas!

Entre os rapazes estava o "que não era homem", que conseguira embebedar ainda mais a namorada, e prendê-la, à chave, num quarto lá nos fundos. Estava pálido, muito triste, como um pedido da Infância-ida àqueles homens e àquelas moças que não continuassem... que se lembrassem dela, da longe-infância; e navegava o olhar desvairado no meio daquela boa brincadeira na boa casa do Telles.

Ao lado dele, o amigo do Roque monologava:

"Quá! Isso na minha terra!... E inté sô Roque... um homem com famia..."

"Hei! Qu'é isso?"

Haviam apagado as luzes! E quase ao mesmo tempo, do âmago da casa, vieram os ecos secos de tiros de revólver e gritos e falatório:

"Mas qu'é isso?"

"Quem foi?"

"Tira a arma dele!"

Serenou depois, logo depois. Fora sem dúvida, algum pau-d'água de mais... ou algum esfomeado que afastara o concorrente do bom prato de Eva! Muita gente já havia pulado o muro àqueles sons desagradáveis...

"Puxa outra arma! Aquela... É o melhor que você tem a fazer, ó Guimarães!", exclamou no anonimato do escuro o Carlinhos, rei dos espirituosos profissionais que frequentam os salões do Catumbi.

206

Na porta do jardim assomaram dois vultos, e quase imediatamente uma voz em falsete denunciou:

"Olha! Lá vão o Lopes e a filha carregando embrulhos e garrafas de cerveja para casa!"

"Deixa o osso, ó Lopes! Isso é feio!"

"Bitoca, meu bem, por que já vais? Já estás satisfei... ta?", berrou, adiante, uma outra voz amascarada.

Pelo jardim e por dentro de casa, a patuscada ia bem... ia liberal, heroica! Era sensível! Entre as gargalhadas e o palavrório e os sussurros escutavam-se os barulhinhos comprometedores, misteriosos, solenes, triunfantes... da *função escandalosa*! Quando era ouvido um gemido, um gritinho mais sinceramente doloroso, não havia quem deixasse de gritar:

"Eia! Mais uma, Filomena!"

"Cuidado com esses sessenta réis!"

"Se já tirou, manda para cá, que os vinténs vão voltar à circulação!..."

"Se está custando, ataca vaselina!", escorregava outro.

No meio da casa, estribilhando a agitação, a observadora presença do Teles desfiava-se:

"Mas, senhores, isso aqui é uma casa séria; é uma casa de famí... lia... ho... nesta!"

A aurora já ruborizava luminosamente as vidraças. Para variar a brincadeira, o Castro veio do jardim, fazendo chafariz em cima dos que ia encontrando deitados...

O Roque deu-lhe um formidável tranco, no momento em que ele, o chafariz, passou-lhe por cima!

E depois, sem interromper um assunto entabulado, lá se foi por entre os canteiros, para o fundo:

"Minha senhora, o trovador já lhe disse que vossos lábios leporinos..."

Um fétido característico, de clara de ovo e de diluído gás de ralo, dominava as salas da boa e honesta casa do Telles...

De *Visões, cenas e perfis* [contos, 1918]

◆

Evoé

Dobrada sobre si mesma, no leito, soluçava profundamente. Da rua, os ruídos delirantes vinham em ímpeto audacioso, irresistível...
... A vibrar a essência doente de todas as coisas!...
Evoé! Subiam em catadupa os gritos, as gargalhadas, as chalaças, o escândalo sonoro das trombetas, a zabumba selvagem... Quiah! quiah! quiah! Evoé!...
Prendera-se um bonde no aranhol turbilhonante: as campainhas tiniam, nevróticas talvez; talvez gaiatas; tiniam! tiniam! diante da grande massa alucinante, que não cedia!
Evoé! Evoé!
Bendito o povo que tem a coragem suprema da Loucura! da Visão-maior, que ultrapassa...
Zé-Pereira! Bum-Bum-Bum!... Evoé!
Um louco fosse, a olhar a baía legendária, por entre as grades do Casarão-macabro, com mãos tubuladas à boca, olhos assanhados...
"Por que essa atitude no coitado?"
"Ele julga que continua no Carnaval! Não sai daquela janela!"
Evoé!
... Soluçava profundamente! incansável soluçar. A essa hora estaria o rapaz embriagado de folia com outras:... a seduzi-las, como a ela seduzira — ah! Soluçava! que teima em soluçar!
"Que é isso? Sossega!"

Manhã seguinte — morna, sonolenta, alheada, prostituída manhã de pós-Carnaval —, maldição sobre o débil! Meu remorso de ter sido sombra na Orgia!

(Desprezível sombra na Orgia!) "Falhara eu na batalha do amor, àquela noite, ali ao quarto do hotel — Cidade Nova, escapo à vigilância policial: por displicência, por cansaço e tonteira falhara, talvez por detalhe menos fascinante apercebido no corpo da modesta rapariga."

... E as trompas do Delírio, sonoras, tomavam de assalto...

Seduzira-a, Carnaval passado, um antigo namorado: a queda foi uma apoteose! um caudal de deslumbramentos banhou em delícias redentoras seu pecado! acendeu-se um devaneio real para que ela se arrependesse jamais! jamais! jamais! Evoé!

Ficara-lhe um inebriamento de todos os instantes; e, ao novo surto da Magia, soluçava!...

Evoé! Trompas, mais alto! O éter desdobra em nós vulcões de nós mesmos!... gargalhadas! Momo! Momo! eia sus! chalaças! nuvens de confete! serpentinas!... Evoé! mais alto! ao Inatingível! eis a Verdade, tudo mais é erro! pueril engodo! eis, alto! alto, trompas!... a Realidade-delírio, eis! Evoé! Sus!

"Por que choras? Sossega!" Os ruídos satânicos subiam até aquele segundo andar, desabusados — hah! hah!

Olha, Chichico, como a Feeria investe contra a Dor! a alegria alucinante contra o senso! hip! hip! hurra! o perfume! a luz, o ruído... ha! ha! ha!

"Lá vêm as sociedades! São os Democráticos!"

"Quá, aquilo é os Tenentes ou os Feniano! — Eta, gente! dessa veis vamo ver os carapicu no chão!..."

"Vai quebrar!..."

Momo! eia! — Lá, Santa Teresa, no silêncio de suas luzes silenciosas!... ah, afundam-me as luzes plácidas, de brusco, na mansuetude de minha melancolia! implacável!

"Não chores! Olha que Carnaval estás te fazendo!... Vem comigo à janela!..."

Fauna sinistra saindo, desenfreada, dos covis, assim fosse, uma população inteira, caro meu, sarabanda na tortura do Esquecimento, que chocalha guizos... evoé! hurrah! sinistro hosana!... apogeu! o grande grito da Perpetuidade se exalta! Morte aos fracos! Aos fracos, a vaia retumbe!

Evoé! Que ânsia de dormir! E ao fechar os olhos, que ânsia de abri-los, sacudido de remorso!... Morte aos fracos! Zé Pereira! Quá! quá! quá! — "Vai quebrar!" Arre! que sempre conseguiu safar-se o bonde! Olha o frenesi daqueles índios, dentro dessa toada africana! ha! ha! "Sê homem! enfrenta a loucura! Sê como os outros!" — Vê lá aquele fraque — bigodões — óculos, diante do cordão, como se bamboleia no mesmo ritmo há que tempos!...

Evoé! Ela olhava para o foco elétrico, de olhos parados...

"Fizeste bem!... fica assim, quieta! Ele virá!..."

Estava sossegada e indiferente à Feeria, que se cataclismava!

"Ânimo, tu! que vergonha! ó trapo de homem!"

Evoé! A Feeria se cataclismava, infrene, cada vez mais, como a escalar outros mundos...

E os olhos da rapariga parados, teimosos no esquecimento...

Da revista *Festa* [n. 5, fev. 1928]

ALBERTINA BERTHA

A sala estava repleta: Voleta escolheu um lugar de onde não pudesse ser vista, mesmo que a porta ficasse aberta; de dentro lhe vinha um ruído surdo de voz de homem: ela fremiu.

Os móveis eram sóbrios, de autêntico estilo inglês, e as cortinas ao longo das portas tinham uma cor escura de pinhão.

Para se distrair, se acalmar, pôs-se a reparar em os retratos que a enfrentavam: um era de Fraenkel Klemperer, que, com os seus olhos claros de magiar arguto, parecia ainda buscar o segredo inexpugnável da Vida que não fenece... Grasset, que ela tanto admirava, sorria a sua beatitude, a sua fé maravilhosa de cientista que afirma e demonstra... Ao deparar com a fisionomia de Ehrich, a sua atenção se deteve por instantes: fugia tanto à banalidade, patenteava uma tal gravidade soturna, um ineditismo tão austero que chegou a experimentar a impressão do cosmos, de ser ele um dos forjadores da gênese da saúde.

As pessoas que a cercavam aparentavam uma resignação, uma parada, um objetivismo enervante — terão alma, sensibilidade, preferências, caprichos? —, ponderava em as observando. — ou serão sempre assim, apenas com as grandes linhas primitivas que se gizaram em o homem, ao despertar-lhe a consciência de ser superior, ao largarem-se-lhes os últimos vínculos que lhe outorgavam a fixidez de uma espécie...

Ao chegar-lhe a vez, leve tremor lhe agitou os membros: o reposteiro da entrada já se afastava para deixar passar o novo consulente... ela hesitava; por fim, sentindo-se o alvo de todos os olhares, ergueu-se e entrou.

Ambos se arrostaram como os céus de abril e o mar cantante... ambos estremeceram como se sobre eles tombassem fragmentos de noites enluaradas, o espasmo rútilo do Universo em contorções de amor...

Ambos foram um para o outro em desvarios, em paixão, em reclamos vampíricos.

"Querido, eu não te trago o ramo dos suplicantes, enrolado de lã branca... Trago-te eu mesma, o meu coração, a minha beleza", murmurou Voleta.

"Foi a minha alucinação de ti que trouxe a mim... Eu te sabia vir entre asas iluminadas... entre asas em doces idílios."

"Hinos me rodeavam..."

"E eu a te esperar impaciente e a repetir — mas o meu amor não vem?..." — suas bocas eram como uma guirlanda de núpcias.

"Que o teu apelo é renitente... tenaz..."

E seus cabelos, que se misturavam, velavam uma só cabeça.

"É bravio e sôfrego."

Dir-se-ia abraçá-los a linha de fogo que se irradia em torno do Orbe.

"Vence... domina..."

E em os beijos desses amorosos havia qualquer coisa de mortal, de muito intenso, de nunca mais; era como o beijo dos corpos ainda indenes à terra fria... das folhas moribundas à hora aguda... era o triunfo múltiplo da vida esplendente.

"Mas eu quisera de ti o que é anterior a mim e ao teu casamento."

"Por que custaste a vir?..."

Esgorjava-os o silêncio das petúnias e das anêmonas esgorjadas de ardores.

"Buscava-te sem cessar... Tinha certeza de que vivias e que padecias por minha causa e para não sofrer o teu sofrimento entreguei-me total ao estudo..."

E sentaram-se.

"O dia em que senti que era no mundo", principiou Voleta, "a mulher sem o homem que Deus lhe havia dado, conheci a Dor; esposei-a e tornei-me o vigieiro do meu próprio caminho... Andei entre os homens como se fossem vergéis floridos, ridentes... e discriminava em cada um a sua individualidade, o seu feitio, alheios ao meu... Rejeitei as oferendas, que me ofertavam... 'Quando virá, onde estará o homem que será meu?', perguntava amiúde a mim, ao meu destino, à noite profunda, a tudo que olhava... Depois de muito esperar, vi-te em penumbras de crepúsculos, em flamas, em vertigens e exclamei: 'Achei o homem que Deus me deu... será meu...'" — e ela toda se imobilizava, se enrijava tal qual a Mulher Febril, ao calar as suas profecias...

"Eu te quero minha... possessão minha..." — Roberto era um estrabismo, uma efervescência delirante.

"Sim, sou tua, como o mar é do céu... assim, longínqua, longínqua..." — e a voz de Voleta se rompia, se desfazia em a garganta, em a sua lassidão imensurável.

Por minutos, ambos permaneceram em apogeus, arrebatados de si, dentro da pulsação estridente da Vida a dois... da Vesânia a dois... do Encantamento a dois.

"Ama... não raciocines,... sê sentimento", balbuciou Roberto, com os lábios presos a sua fronte.

"Rasga-me as veias, mas não exijas nada mais de mim..."

"Não temo eventualidades", exclamou a premê-la contra o peito, como o bem mais precioso que os deuses lhe podiam conceder...

"Eu temo a mim mesma... Macular-me! Meu Deus, eu morreria..." — Voleta se desprendeu dele, e assim de pé, esguia, os cabelos revoltos, plena de dúvidas, claridades e escuridões a se cambiarem sobre o seu perfil, assemelhava-se à filha de Jório retornando do Além, em o Umbral da vida maravilhosa.

"Piedade! Piedade! ó Musa de mantos rubros e invioláveis!..." — e Roberto Annes de novo a estreitava de manso, infinitamente, pungentemente.

"Eu não quero que o meu amor seja o suicídio lento das tuas integridades" — proferiu Voleta após uma pausa.

"Mas é o meu inebriamento, a minha glória... uma potência criadora e feraz" — atalhou o médico com exaltações na voz e no coração.

"Terás que dizer — é a minha ascendência... é a minha perfeição..." — Voleta, à medida que falava, passava-lhe com seus beijos

213

a sua adoração, e essa força ignota, inexplicável, porém prodigiosa, formidável, que lhe defendia o corpo.

"Depois que te amo hei a impressão de trazer o infinito em cada volição…" — proferiu ele, com entusiasmo.

"Desde criança que tudo vivifico… que cultuo o Heroísmo múltiplo…"

E Roberto Annes a lobrigava em emanações argênteas,… em fluidos luminosos.

"Mas tu não contas com a fatalidade… quanta vez ela subtrai todos os nossos esforços para os bons propósitos… Como eu temo aquilo que eu não sei! Como eu temo de vir a ser aquilo que vais abominar…" — e premia as fontes.

"Mas, Roberto, tu não és um impulsivo, um inconsequente", disse, grave, a acariciá-lo.

"Não se trata disso. Ouve, em nós existem por assim dizer fatores que agem sempre de um modo idêntico, que não mudam, que retêm os característicos do homem, criatura moral… mas sobre essa fixidez passam alterações sucessivas, um dinamismo incessante, contínuo, que modifica a nossa individualidade, que faz com que, por momentos, não sejamos os mesmos… É daí que provém o meu medo… o meu receio de me não revelar, em certas circunstâncias, o homem admirável que exiges de mim…"

"Mas a tua consciência então não reage?" — exclamou Voleta, calando em o sentido da exposição que acabava de ouvir.

"A consciência é o elo que liga o indivíduo ao seu eu, aquilo que reintegra o indivíduo ao próprio indivíduo, o que prende o ser e as suas modalidades várias, ao ser em si… É a propriedade estática do homem… é justamente a sua imutabilidade… Compreendeste, Senhora da minha Paixão?"

"No entanto, eu afirmo que te amo" — retorquiu a gracejar e a tecer, com os lábios, um ciclo sanguíneo ao redor do pescoço nu do médico eminente.

214

"Porém não assumes a responsabilidade de te não exceder, de não pecar, quando a sós comigo" — suas palavras desciam sobre pupilas oblíquas, ao viés, em agonias.

"Nunca, oh, nunca eu terei essa fraqueza", exclamou com veemência, embora todas as suas articulações se afrouxassem, todos os seus músculos se relaxassem... embora se sentisse uma só fome, um só desvario...

"Eu por mim não faço esta afirmação... Ah, que loucura", e largou-a e foi encostar-se à mesa.

Voleta rolou sobre a outra ponta do sofá, emaranhada em seus cabelos, inerte, vazia, solta de todo o intenso, como sendo apenas uma das germinações da vida fecunda.

Quando mais calmo, Roberto se aproximou e disse-lhe, as mãos em as suas mãos:

"É preciso que saibas que o meu amor congrega todas as minhas abstinências, e todas as minhas renúncias por amor à ciência... Eu jamais tive o senso prático da minha juventude e da minha liberdade... estados negativos que percorria quase indiferente, distraído, sem apreender-lhes o deleite, a oportunidade única... Devido a isso a minha prisão tem rugidos apavorantes, desejos tão vastos que me alarmam" — em seus olhos sombras e irradiações se revolviam.

"Roberto, eu te suplico... sê a minha perseverança... a minha proteção... a minha virtude... Auxilia-me..." — Voleta era um só clamor.

"Mas a minha vontade impele-me para a pilhagem..." — e a sua voz se abafava.

"Ah, refreia-a, com as tuas magnitudes superiores..." — implorava-lhe de mãos erguidas.

Depois de um silêncio:

"O homem que ama é um bárbaro, acerado de requintes maus..."

"Tu és o eleito que dá saúde ao enfermo, que destila o bálsamo sobre a chaga que corrói... Tu és o homem que não perde a honra" — seus dedos afilados acariciavam a cabeça do bem amado.

"Pedes-me coisas sobre-humanas que tentarei realizar, em homenagem a ti, também sobre-humana..."

"A minha vida está em a tua vida assim" — e a sra. Andreia uniu o seu pulso ao pulso dele.

De *Voleta* [romance, 1926]

BENJAMIM COSTALLAT

No pequenino espelho do camarote, uma cabecinha loura surgiu.

Rosalina, calças de pijama, o busto nu, os minúsculos seios de dezessete anos, atrevidos e brancos, terminados por duas manchinhas cor-de-rosa quase imperceptíveis, olhou para a própria imagem, para a sua imagem de garota adorável, e sorriu...

Preguiçosamente, atirou para trás sua cabeça de miniatura, encheu as mãos com os dois seios miúdos, requebrou-se toda e, levantando-se nas pontinhas dos pés, deu um suspiro:

"Ah!"

A janela do camarote, entreaberta, dando para o tombadilho, anunciava uma linda manhã, um mar absolutamente verde e um céu inteiramente azul.

O *Arlanza* parecia escorregar pelas águas sem o atrito de uma onda.

No passadiço, ouviam-se vozes alegres de passageiros:

"Alô!"

"*Play?*"

"*Yes.*"

Percebia-se então a queda de um corpo mole e depois eram as vozes dos mesmos ingleses que anunciavam:

"*Four! Five! Five! Five! Six!*"

"*Well done!*"

Rosalina, sentada agora numa *coiffeuse* improvisada na cama com caixas de chapéu e um espelho portátil de três faces, as pequeninas ancas amarradas pelo pijama de seda que mal lhe cobria o ventre de criança, tirava de um potezinho claro, às pequenas porções, lentamente, um creme pastoso com o qual ia acariciando os braços, as espáduas, o busto, os seios, as costas, a pele toda, com um ritmo de gata se lambendo...

O pai de Rosalina, ex-ministro da República e atual deputado, como toda fortuna que se respeita, tinha seu palacete na avenida Atlântica, seu bangalô na avenida Koeler, em Petrópolis, sua frisa no Municipal e faria agora sua viagem à Europa.

Como ministro, tinha saído pobre, paupérrimo, do governo. De uns tempos para cá todos os ministros saem assim...

No dia 16 de novembro, ele era visto pelas ruas com um fraque usado, uns sapatos gastos, um chapéu do chile sujo e disforme. Fazia pena...

Os transeuntes abriam alas, respeitosamente, para toda aquela honestidade.

Dizia-se:

"Lá vai o dr. Martins Pontes! Saiu ontem do ministério: saiu pobre, mas saiu honrado! Que belo exemplo republicano!"

Não há mais santa ingenuidade ou mais santa imbecilidade do que a do povo.

Basta um ministro, um desses ministros salafrários que temos tido, oito dias depois de ter deixado o governo, andar regularmente, todas as manhãs e todas as tardes, de bonde, não fumar charutos nem ostentar roupas novas, para estarmos convencidos de que a sua administração foi honesta e sensata.

Martins Pontes era, pois, um ministro íntegro porque tinha saído do governo com roupas usadas...

Mas, passados os oito dias de andar de bonde e de bancar o pobre, oito dias que, na digna terra em que vivemos, eram necessários para firmar até o fim dos séculos uma reputação inabalável de seriedade e de honradez, Martins Pontes arrumou as malas e, com mulher e filha, partiu para a Europa.

Os jornais, no dia imediato, deram a seguinte nota: "Embarcou ontem no *Arlanza*, acompanhado de sua Exma. Família, o ex-ministro do passado governo, o ilustre e honrado dr. Martins Pontes. Motivos imperiosos de saúde fizeram S. Excia. decidir nesta viagem, à última hora. Sua Ex. vai a Vichy, onde fará uma demorada estação de águas."

E o *Binóculo*, no seu frasear pernóstico, na sua linguagem internacional, registrou dias antes:

"Rosalina Martins Pontes, a adorável *jeune fille*, ornamento imprescindível dos nossos *afternoon-teas*, dos nossos dancings *à la mode*, das nossas *fêtes de charité*, a flexível e interessantíssima Rosalina dos melhores foxtrotes do Country Club, parte para a Europa na próxima segunda-feira, a bordo do *Arlanza*. Tão grande é o número de seus admiradores, de suas amiguinhas, e tão vasto é o círculo de relações do ilustre casal Martins Pontes que certamente o embarque de segunda-feira será uma reunião do que de mais fino e mais seleto conta a nossa alta sociedade."

E, naquela tarde transparente de um dia muito claro e muito azul, naquela segunda-feira em que a sociedade em peso se tinha dado encontro no cais Mauá, agitando seus minúsculos lenços de cambraia de linho, que de tão pequenos mal poderiam enxugar uma lágrima, se porventura lágrimas caíssem daqueles olhos pintados de mundanas, o *Arlanza* levantou ferros com um apito rouco, descolou-se do cais, atravessou a baía, contornando ilhas, e, aumentando a marcha, fez-se rapidamente em direção à barra...

Rosalina, comovida, ficou no tombadilho. Tinha dezessete anos. E a tarde era linda.

Pela primeira vez deixava o Rio. Pela primeira vez ia ver o mundo, conhecer a volúpia das grandes viagens, das noites em *sleeping car*, das estadias nos grandes hotéis, vibrantes de luxos e de hóspedes cosmopolitas e estranhos.

Tinha dezessete anos. E a tarde era linda.

O *Arlanza*, como que arrependido, passava lentamente pela fortaleza de Santa Cruz, pelo canal estreito da Guanabara, aproando para a imensidade aberta do oceano...

[...]

Havia oito dias que o *Arlanza* deixara o Rio.

Mar alto.

Depois da Bahia e de Pernambuco, era agora o pleno Atlântico, uns seis dias entre água e céu, a vida monótona e igual de bordo, existência coletiva e sonolenta, em que todos se aborrecem, com o ar de quem se está divertindo muito...

De manhã, às oito horas, os corredores de verniz branco da primeira classe enchem-se repentinamente com os sons estridentes da corneta de bordo que anuncia o *breakfast*, a primeira refeição em que, com o chá, o inglês come carne, peixe, presunto, ovos e o que mais houver...

Pouco depois, saídos de um banho de água salgada, vestidos como para ir ao tênis, com roupas de flanela branca e sapatos de lona e borracha, os passageiros dirigiam-se, militarmente, para a sala das refeições.

É a hora sagrada do *breakfast*.

As horas mais importantes para o inglês são as horas em que ele come. O inglês participa de um almoço como quem cumpre um rito. Encher o estômago é para ele um sacramento. Comer é uma devoção. E só vendo os cuidados, a cerimônia, o respeito, a ternura

219

com que ele passa manteiga nos seus *toasts*, bebe lentamente o seu chá e serve-se de *jam*, de saboroso *jam* de morangos...

Rosalina nunca ia ao *breakfast*.

Quando a corneta de bordo irrompia em toque estridente, perto de sua cabine, a brasileirinha tapava os ouvidos com um travesseiro, virava-se para o outro lado e continuava a dormir.

Enquanto as inglesas, louras e coradas, depois de uma farta refeição, estavam nos tombadilhos praticando ao ar livre os mais variados esportes, Rosalina, com seus dezessete anos voluptuosos, rolava-se na cama e passava a manhã toda em demorada toalete.

Às dez horas, chamava a criada, mandava preparar o banho. E nua, debaixo de um quimono de seda, as pontas dos pés enfiadas em chinelas de cetim bordado, dirigia-se rapidamente para o banheiro, no fundo do corredor.

O banho durava uma eternidade.

Rosalina, lentamente, desprendia-se do quimono. Seus gestos, mesmo sozinha, eram teatrais, Despia-se com os cuidados, o mistério, a esquisita volúpia de quem se despe para um amante. Ensaiava-se...

E, quando o quimono caído fazia um pedestal de seda para a sua nudez, quando toda nua ela se sentia, quando seu corpo surgia impávido e maravilhoso, um frêmito percorria a pequena criatura, fazia vibrar os mais escondidos recantos de sua carne e, durante alguns instantes, os olhos semifechados e os lábios entreabertos como para um beijo, ela ficava imóvel...

Depois, durante longos minutos, ela se acariciava toda — os braços, as pernas, o minúsculo ventre, os seus seios miúdos. E, excitada, beijando-se, mordendo-se, num paroxismo sensual, gozava-se a si mesma, em convulsões voluptuosas, até cair num banho quente, fervendo, onde, exausta e violentamente acalmada, entontecida, ela quase adormecia...

E o seu pequenino corpo estirava-se longos minutos dentro d'água, ligado à banheira como num êxtase.

Assim, ela ficava muito tempo, numa histeria muda.

Um vapor tênue subia do líquido aquecido e perfumado de essências, subia em espirais, subia vagarosamente, enquanto pela imaginação de Rosalina, entorpecida, surgiam as suas recordações de menina escandalosa de uma época mais escandalosa ainda. Fisionomias de homens passavam-lhe pelo espírito. Tipos másculos, figuras de lânguidos almofadinhas. Os seus últimos dançarinos...

Rosalina melhor se lembrava daqueles que mais brutalmente a tinham apertado contra si, lembrava-se dos mais cínicos e dos mais arrojados. Ainda tinha no espírito a frase mais ousada de um deles:

"Como o teu corpo é torneado, Rosalina! Ao agarrar-te para a dança, tenho a impressão de acariciar longamente uma estátua grega e maravilhosa que pouco a pouco fosse se mudando em carne..."

Era um rapaz moreno, quase belo, com os olhos muito sensuais e uma boca de onde as palavras saíam voluptuosas.

"Só sei que não és estátua porque respiro o perfume de teus braços, sinto o teu peito viver contra o meu peito e tenho a sensação de haverem tuas pernas se irmanado às minhas..."

O jazz-band, com barulho, plangia o "J'aime"...

Rosalina, entontecida de champanhe e de música, entontecia--se ainda mais com as palavras de seu dançarino. E ele continuava, com os lábios em seus cabelos, apertando-a contra si, ritmando de todo o seu corpo o lirismo histérico do shimmy:

"Pequena estátua de carne e osso, não deverias dançar! As Vênus de mármore não dançam. São mais belas ainda porque são imóveis. Elas só têm o movimento maravilhoso de suas plásticas. Eu também quisera ver-te imóvel como uma estátua. Eu quisera ver-te linda e parada como o mármore. Eu quisera ver-te assim... Assim... Sem jazz-band, silenciosa, estática, sem nada, talvez com um fundo de veludo vermelho e tendo apenas, debaixo do teu pedestal de mármore, algumas fumaças perfumadas saídas da boca, em adoração, de um Buda japonês, de porcelana…"

O baile era no Guanabara. Dançava-se no jardim iluminado. A silhueta do palácio branco, suas escadarias acesas, lâmpadas coloridas nas árvores, como uma imensa festa de Natal, umas nuvens de champanhe no cérebro, e aquela voz de homem, quente de desejos, e aquela música, comentando-lhe ao longe as mais íntimas emoções, faziam Rosalina tonta, de uma tonteira nova e deliciosa.

Parou a dança.

Ao braço de seu dançarino, agarrados os dois como que dançando ainda, a pequena criatura foi andando, lentamente, para o fundo do parque…

A noite era límpida. Um céu sem nuvens fazia cintilar mil estrelas.

A rua Paissandu, em frente, era uma reta de palmeiras até o mar.

De *Mlle. Cinema* [romance, 1924]

CARMEN DOLORES

A sequestrada

Mais de meia-noite, e só os elétricos desfilavam com maiores intervalos pela rua adormecida, num rumor cromático que morria ao longe, enquanto o fugitivo clarão desferido pelo fio iluminava por um segundo o jardim como um lívido relâmpago.

E nada do automóvel! Que estranha demora! Teria surgido algum transtorno, imprevisto?

Na obscuridade do terraço, protegido pelo seu teto de madeira rendilhada e pelos festões da ipomeia entrelaçados, de colunata em colunata, meus passos e os do Lins se cruzavam, nervosos; e os cigarros tinham um brilho mais vivo de expectativa e impaciência entre os beiços que sopravam a fumaça para o ar puro da noite.

"Diabo!", acabou o Lins por dizer, "não se pode agora ficar aqui toda a noite a esperar... Tua mulher deve estar incomodada."

Ela apareceu, justamente, torneando sem ruído o terraço escuro e veio pousar a mão sobre o meu ombro, num carinhoso exame dos meus olhos brilhantes e decididos.

"Armando!", balbuciou a sua voz meiga, "olha o que fazes!..."

Respondi, um pouco bruscamente, que tarde chegavam os seus receios; e ficamos os três, calados, devassando a sombra da noite e, involuntariamente, bebendo a frescura cheirosa vinda do jardim, onde os insetos brilhavam docemente nos gramados, vozes noturnas casando-se com o perfume mais penetrante das flores. Um elétrico ainda passou, fulgindo, cortando a treva silenciosa com os solavancos dos seus eixos — e empurrei minha mulher, ciciando-lhe, rápido, ao ouvido:

"Vai-te... Teu vestido é muito claro e trai a nossa espera..."

No mesmo momento, escutamos à distância a trepidação de um auto e corremos para o portão, a espreitar a rua deserta, onde o olho ciclópico de uma máquina avultava efetivamente lá embaixo, crescendo para nós. Seria mesmo aquele que esperávamos? Era. E em pouco o monstro estacou junto à calçada e o Bernardo gritou de dentro, nervosamente.

"Subam depressa, antes que algum bonde desça para a cidade..."

Subimos; o chofer, que era o bom do Amaro, deu uma volta de mestre e o automóvel rodou vertiginosamente pelo asfalto da larga via dos Voluntários da Pátria, quebrando à primeira esquina para a de São Clemente, onde fugiu entre a grandeza calada dos antigos solares, alinhados de cada lado da velha rua, e alvejando ao fundo das enormes chácaras de arvoredos seculares, todos negros à treva noturna.

"Quanto casarão!", murmurei, para cortar o silêncio.

O Bernardo, porém, não respondeu, e um automóvel veio sobre nós como um relâmpago e distanciou-nos logo, cheio de rapazes e raparigas alegres, que berraram qualquer coisa para baixo do nosso toldo despido.

"Curiosidade!", explicou o Amaro, ralentando a máquina. "E agora, dobramos para a rua Bambina, não é?..."

"Sim! e depressa!", pediu Bernardo, mais agitado.

Segurei-lhe o braço e senti-o trêmulo; mas já o Lins o censurava pela sua emoção e dizia-lhe que não se mete em certas expedições arriscadas quem tem um mau sistema nervoso, que diabo!...

"Não é isso!", protestou Bernardo, torcendo com impaciência o bigode, "é outra coisa... Não posso dominar não sei que sentimento aflitivo de susto, ansiedade, à ideia de tornar a vê-la, saindo desse lugar. Ah! bandidos!..."

E assentou um furioso murro na almofada do banco, apoiado pelo gesto grave do Lins, que meneava a cabeça com tristeza, dizendo que são de fato lugares malditos, cuja marca sempre fica... Eu declarei que o amor e o carinho apagam depressa essas marcas sinistras. Mas entrávamos na rua Marquês de Olinda, e Bernardo gritou em tom sufocado ao Amaro que parasse, parasse a máquina... Nem mais um rumor!

No topo da rua, em subida íngreme, um parque arborizado negrejava; e essa ladeira conduzia entre canteiros e maciços a um casarão todo cerrado, no alto, onde, entretanto, uma ou outra luz mortiça fugia de certas janelas gradeadas.

Um berro veio lá de cima, cortando o espaço; seguiu-se uma gargalhada, soluçada, aguda, que nos fez passar à flor da pele um arrepio de horror. E Bernardo levou as mãos à cabeça, murmurando:

"Meu Deus!..."

Já tínhamos, porém, saltado do automóvel e corríamos em

224

passos leves para o enorme portão de ferro do estabelecimento. Arfando, Bernardo pedia:

"Olhem para trás... Investiguem a rua toda, vocês, que estão mais calmos. Ninguém?..."

"Ninguém!... Bem, vamos..."

E, numa silenciosa investida, alcançamos o vetusto portão que se abriu a meio sem um rangido.

Um homem de barbas grisalhas empurrou para fora um trêmulo vulto de mulher, vestido com uma *matinée* sobressaia de chita, recebeu de Bernardo um envelope recheado de dinheiro e tornou a fechar depressa a pesada grade que, desta vez, soltou como um gemido ao rodar sob seus eixos.

Imediatamente, cães romperam a ladrar pelo parque, luzes se avivaram no casarão — e nós disparamos, loucos, arrastando a evadida, que tropeçava nas saias e parecia já morta de medo, com olhares esgazeados para trás.

Empurramo-la para dentro do automóvel, ao lado de Bernardo, ordenando ao Amaro, entredentes, que fugisse a toda a velocidade; e a máquina voou, foi sair na Praia de Botafogo, deserta, com o Pão de Açúcar destacado num céu lívido de inverno, virou para a rua da Passagem, entrou na General Polidoro, até que voltou por uma travessa à Voluntários.

Bernardo, entretanto, dizia à raptada, apertando-lhe as mãos frias.

"Minha Therezinha! minha noiva querida!..."

E buscava examinar-lhe as feições, à frouxa luz que consentia o toldo do auto descido. Eu pensava em todo esse drama que tinha agora por epílogo a criminosa evasão de uma interna da casa de saúde, onde a tinham posto em tratamento. Pobre Therezinha! Como era meiga e linda aos vinte anos! Prima de minha mulher e noiva de Bernardo, que se estava formando em medicina, como o Lins, amigo desde os bancos escolares, vivia com um irmão casado, seu único parente, após a sucessiva morte dos pais. Ela não era feliz junto a esse irmão autoritário, irascível, que se subordinava a todos os caprichos de uma esposa brutal, numa fusão de despotismos, para melhor dominar os outros; e seu sistema nervoso de menina delicada se alterou nesse convívio. Chorava frequentemente; isolava-se nos cantos e seu único consolo era escrever ao Bernardo, sua paixão e sua esperança.

Foi quando, num golpe de teatro, faleceu a velha baronesa de Villares, madrinha de batismo da Therezinha; e o irmão soube, com inveja e furor, que a titular legara à afilhada os seus trezentos contos em apólices e prédios.

Que surpresa doce para Therezinha! Ela escreveu logo ao noivo:

"Podemos, agora, casar-nos..."

Ele, porém, respondeu altivamente:

"Não! deixe que eu me forme. Não quero que teu irmão me acuse de cupidez flagrante..."

E então Therezinha chorara muito, emagrecera.

Quatro meses depois, soubemos com indignação e dó que a infeliz menina fora internada pelo irmão num manicômio, a título de observação. Interdita, mais tarde esse irmão passou a receber todos os rendimentos da irmã, como curador da demente. E perto de cinco anos iam correr sobre esse drama sinistro, quando algumas imprevistas cartas da infeliz, conseguindo transpor os muros tumulares do manicômio da rua Marquês de Olinda, graças à piedade duma duchista nova, vieram invocar a nossa misericórdia, o amor de Bernardo, para que a arrancássemos urgentemente do cárcere onde sua razão acabaria soçobrando. Ela fora sequestrada criminosamente, estando no seu perfeito juízo, e vivia agora na companhia de doidas, maltratada, oprimida, como emparedada naquele horror antes dos vinte e cinco anos.

Não hesitamos, então. Uma ação judicial seria longa para se obter um habeas corpus, talvez improvável; e decidimos o rapto

226

por meio de cumplicidades bem recompensadas. Ali estava, enfim, a mal-aventurada!

Ah! pobre Therezinha!...

Descemos à porta de minha casa; o auto voou para a cidade com o Amaro; e na sala de jantar, florida e bem iluminada, minha mulher recebeu a prima nos braços.

Olhamo-la, finalmente; olhou-a o Bernardo; e que mudança! Os belos cabelos de outrora pareciam arrancados, secos, sem cor; nenhuma elegância nas tristes roupas que lhe cobriam o corpo desajeitado, como esquivo, tímido; e o olhar era assustado ou então enigmático, retraído.

"Minha Therezinha!", suspirou Bernardo, de pupilas úmidas, "que fizeram de ti! Mas hás de esquecer tudo quanto sofreste ao meu lado, sabes?"

Ela teve apenas um pequeno sorriso sem expressão; como, porém, passasse um elétrico à frente da casa, estremeceu toda à trepidação, quis erguer-se, fugir...

"É a enfermeira!...", balbuciou.

"É o bonde, minha filha!"

E o Lins, dando uns passos pela sala, segredou-me, grave:

"Não gosto da fisionomia dela... Repara, tu... Não fôssemos ter chegado tarde! E depois o choque, o terror da fuga, tantos sentimentos violentos, repentinamente..."

A nossa vitoriosa alegria se trocara numa impressão confusa de ansiedade e aflição, observando a evadida, que recusava sistematicamente quanto lhe oferecia minha mulher — o chá, um doce, uma rosa...

"Estás cansada, vem deitar-te!", disse-lhe, por fim, ternamente, a prima.

Mas a Therezinha, de chofre, enrijou os braços e partiu em gritos pavorosos, fitando a todos com pupilas dilatadas. Em pouco, rasgou as roupas, arrojou ao chão a xícara de chá, esbofeteou Bernardo, que a continha desesperado; e o Lins acudiu, bradando:

"Eu não disse? Manifestou-se a crise da demência. É o efeito das longas sequestrações nessas casas de saúde... Que horroroso crime, meu Deus!..."

Therezinha teve de ser novamente internada — e desta feita para sempre. É hoje, com razão, uma alienada e nunca viu sua fortuna. Quantas assim!

[1905-10]
De *Almas complexas*, livro póstumo [contos, 1933]

◆

Jornal de uma feminista

Quarta-feira, ao acordar, ouvi de nossa única serviçal que minha mãe estava chorando desde madrugada, sentadinha no leito, a recusar o café que ela lhe oferecia.

Corri ao seu quarto, aflita, esbarrando no corredor em minha irmã, que enviuvara e vivia com quatro filhos em nossa companhia; e ambas penetramos na alcova da nossa querida velhinha, que desde a porta avistamos na atitude descrita pela criada, os joelhos erguidos sob a coberta e a face abismada sobre eles entre as mãos rugosas, tapando o choro. Só se lhe via o arco do dorso e o novelo de prata dos cabelos apanhados por uma travessa, e cujo rolo se desfazia ao tremor dos soluços.

Indaguei ansiosamente o que havia, tomando entre meus braços essa cabeça branca e cansada; e soube que o dinheiro acabara inesperadamente... Ela, que tinha a seu cargo a administração do nosso pequeno lar, supusera ainda possuir dentro de um antigo dicionário, que representava de caixa-forte, a reserva de uns vinte mil-réis. Mas parece que se havia equivocado, ou já gastara sem pensar, embora tão cuidadosa e econômica, porque fora essa manhã ao velho tomo do *Moraes* e o achara vazio.

Folheara com desespero página por página, sacudira o livro e nada, nada...

Então como havia de ser? Não existia mais dinheiro algum em casa, nem para comer nesse dia; e a responsável era unicamente ela, ela só, que já estava a fazer-se caduca, desmemoriada...

Sosseguei-a, olhando para Clementina, minha irmã viúva, mas esta, que tinha ouvido a história sem parar de vestir-se, apertando o colete, enfiando as saias, abotoando o cinto, porque era vendedora numa casa de modas e tinha de partir para o emprego, com hora marcada, foi me dizendo que ela, infelizmente, não podia remediar a situação.

Havia recebido de um agiota o adiantamento do seu ordenado de 150 mil-réis para fornecer o enxoval do filho mais velho, admitido gratuitamente no colégio dos Salesianos, em Niterói, e andava agora obviamente com os bolsos vazios.

Como a miséria ensina uma forçada filosofia, Clementina, já de chapéu, voltou-se com um tique nervoso e sugeriu-me:

"Café com pão, é o caso... Olha as crianças."

A cancela bateu e eu sentei-me junto do leito de minha mãe, para recapitular as minhas condições. A bolsa era comum entre nós, mas eu, mais preparada e que ganhava mais, contribuía com maior quantidade para as despesas gerais. Sem orgulho, podia dizer que sobre mim repousava todo o peso da vida. Naquele momento, entretanto, a vinte do mês, a minha situação era bem embaraçosa, dado o desastre que à minha pobre mãe valia tantas lágrimas e a outros só faria rir, pela sua mesquinhez.

Quem é que chora por causa de vinte mil-réis? Chorava, contudo, a minha velha e eu sofria, pois esse dinheiro representava a nossa parca subsistência até o fim do mês.

Pus-me a pensar, ansiosamente, mas buscando serenar o espírito e refletir com sangue-frio. Tinha eu dois artigos entregues na revista *O Ensino*, mas não publicados, e lá não pagavam senão depois da publicação. No jornal da tarde *A Refrega* existiam também trabalhos meus, um já inserido na primeira coluna, outros por inserir — essa folha, porém, só pagava as colaborações em princípios do mês, lá para o dia 10. Da tradução que eu oferecera a uma livraria, de um romance de Conan Doyle, não me viera ainda resposta do chefe, que vivia na Europa. E só me restavam agora as lições — em colégios e particulares. Cumpria-me examinar o meu caderninho de notas e a ele recorri, depois de ter obrigado minha mãe a engolir um pouco de café e levantar-se para cuidar dos netinhos.

Ai de mim! o exame do meu caderno foi desanimador, porque, na ânsia de regularidade, eu acertara todos os meses das lições a fim de receber sempre esses vários dinheiros por junto — e mais de oito dias me separavam ainda da data dos recebimentos. E se, porém, eu pedisse excepcionalmente a importância de alguns desses meses de lições, como já vencidos? E evoquei a branca figura de d. Branca dos Santos, diretora do Colégio Santa Brígida, onde eu lecionava piano…

Sim, essa senhora tão franca e tão amável não me negaria certamente um tão pequenino favor.

Atirei-me à toalete, calçando as botinas, cujos saltos se retorciam, gastos de um lado; abotoei depressa a jaqueta de diagonal azul-marinho, que o suor das longas caminhadas em dias de verão esbranquiçara nas costas; e ia enterrar o grampo de cabeça de vidro na copa do meu chapéu encardido, onde se balançava uma borboleta de fitas moles, quando me vi ao espelho, e parei todos os movimentos. Fitos os olhos no vidro sarapintado pelas falhas do aço, fui-me sentindo pouco a pouco penetrada de uma piedade intensa e dolorosa que me provocava a figura refletida nesse velho cristal; fiquei a olhá-la como se a não conhecesse assim, magra e abatida, com esse chapéu usado, essa jaqueta surrada, correndo tão cedo à caça do pão — e de súbito um véu se interpôs entre mim e a face murcha que eu contemplava, e esse véu era fruto de lágrimas…

Lágrimas! Mas porventura chora uma feminista? Quando

muito faz rir quando passa pelas ruas a passo dobrado, consultando as horas como um homem, sem sorrir, porque já não tem sorriso nem faceirice, porque a fealdade das roupas lha veda, e sem o aprumo que devia dar-lhe o sentimento da sua coragem e da sua dignidade, porque sabe que estas coisas só merecem do vulgo o escárnio...

Limpei depressa os olhos, exprovando aos meus vinte e oito anos esse minuto de fraqueza feminina, quando só me cabia na vida o triste lote de feminista — e parti, atirei-me a um bonde, chegando ao Colégio Santa Brígida com o estômago vazio de almoço, mas a alma repleta de ansiedade. A surpresa com que d. Branca veio ao meu encontro não era para me inquietar. De resto, um riso esquisito e nervoso emprestou logo às minhas palavras não sei que sentido suspeito, e vi essa senhora recuar na cadeira, trespassando-me com um olhar desconfiado.

Eu atabalhoava a história de um vestido que precisava fazer e cujo feitio devorara a reserva para os últimos dias do mês, e então...

O maldito riso continuava a crispar-me um canto da boca — e a diretora fulminou-me com sua severidade. Isso não era direito! Eu devia ter esperado a época dos pagamentos para então fazer o vestido, e quando lhe sugeri, timidamente, com o lábio ainda mais repuxado pela angústia nervosa, que talvez não lhe fizesse muita diferença pagar-me o mês das lições antes de inteiramente vencido, d. Branca fechou a cara que eu supunha amável e declarou-me com rispidez que o sistema do seu colégio não permitia tais adiantamentos.

Saí, pedindo desculpa pela ideia, a fingir despreocupação, como se se tratasse de uma coisa leve, mas na rua estaquei, a pensar aflitivamente no que faria. E nesse dia bati a três portas, e todas três me negaram o dinheiro que afinal era meu, só porque nove dias me separavam do vencimento do mês. Nenhuma caridade. Nenhuma compreensão do sofrimento que palpitava atrás da minha proposta de mulher isolada, lutando pela subsistência sua e dos seus. Oh! Sociedade maldita!

Subi então ao jornal vespertino *A Refrega*, onde tudo andava numa atividade louca, homens entrando, saindo, as folhas úmidas sendo entregues aos vendedores ambulantes — toda a marcha de um mecanismo que funciona bem, com vigor e energia.

Um empregado de farda cochilava sobre uma cadeira ao corredor. Interroguei-o:

"O dr. Sant'Anna, diretor?"

Ele estendeu um beiço sonolento:

"Em conferência com deputados, chefes políticos..."

Fiquei arrimada à parede, porque me sentia fraca. Todo aquele rumor de colmeia em atividade me entontecia, me dava uma sensação de próximo desmaio. E ouvi, nesse vago esmorecimento, que da sala diretorial vinha um zunir de xícaras de café e o som de vozes alegres e risadas.

Era a conferência.

Não vi, portanto, o diretor; o secretário já saíra; o gerente me declarou que nada podia resolver por si; os empregados da redação e do balcão cochicharam ironicamente quando eu passei nos meus trajes de feminista. Que belas gargalhadas devem ter esfuziado quando eu desapareci na calçada, um pouco trôpega, porque só tomara o café da manhã, a face provavelmente amarrotada e lívida, sem nada, enfim, da rapariga *smart*, leviana e garrida que seduz as vistas e acorda simpatias!

Não obstante a falta de alimento, tentei ainda recorrer à revista *O Ensino*, mas achei-a fechada e tornei à casa, mais e mais lenta à proporção que me aproximava da porta familiar, refúgio da minha tristeza e da minha miséria.

Que teria a velhinha comido? E as crianças de Clementina? Logo, porém, que transpus a cancela, aspirei com uma volúpia animal o cheiro do nosso prato brasileiro, o feijão, que devia por força fumegar ali por perto — a menos que não fosse uma ilusão

232

do meu olfato, e então cruel... mas não era!... Minha mãe já vinha a passinhos rápidos e miúdos para mim, e tomou-me as mãos frias e beijou-me as faces descoradas, perguntando:

"Então?..."

Abri desalentadamente os braços, como correspondendo: nada!

E entrevi um raio de malícia na boca franzida da santa velhinha, que me foi puxando para a sala de jantar e mostrou-me os netos devorando pratadas do petisco nacional.

Sem ouvir mais nada, porque a besta me cavalgava a moral, assaltei eu também a terrina; e só de apetite mais calmo é que indaguei, curiosa:

"Mas como foi, minha mãe?"

A velha apresentou-me o seu quarto dedo contorcido, onde só a antiga aliança ainda brilhava; outro anel do passado, uma grossa cobra de ouro, desaparecera.

E como o meu olhar apiedado interrogasse, ela explicou simplesmente que o sr. Antonio, dono do armazém vizinho, que gostava dessa joia, a tinha comprado.

"Sempre que eu lá ia trocar algum dinheiro, ele reparava. Então eu... neste apuro, de que fui causa..."

Agarrei-lhe a mão nodosa de reumatismos e beijei-a enternecidamente.

Pobre mãe! O que a minha instrução superior não alcançara — e era o recurso imediato, o remédio contra a fome de um dia de penúria —, a sua simplicidade ignorante obtivera por meio do sacrifício pessoal.

E a essa hora de intimidade, ao calor da humilde dedicação que nesse estreito lar ainda velava por nós, senti menos a áspera inclemência da minha vida tão rude, de lutadora e de isolada...

[1905-10]
De *Almas complexas*, edição póstuma [contos, 1933]

CHRYSANTHÈME

Com a face apoiada na mão e alongada numa fofa poltrona, amesquinhada e perplexa, eu penso no que me disse o médico que acaba de sair.

"Minha senhora", declarou-me ele, depois de me ter fixado longamente com um olhar que luzia através dos vidros redondos do seu pince-nez de tartaruga, "o que a transtorna assim tão profundamente, a faz rir, andar e chorar sem motivo, o que a impele a amar e a odiar, o que a impulsiona hoje para o bem e amanhã para o mal, o que a obriga a procurar sempre novas sensações e frequentes emoções, o que a torna, enfim, senhora de uma alma complicada e ansiosa, é que a minha deliciosa cliente é uma 'enervada'."

Eu deixara-o falar, com as minhas mãos esfriadas sobre o meu regaço, e ouvira-o a sentir o coração bater-me sem compasso dentro do peito. "Enervada", que quereria dizer essa palavra, que me soava mal como uma ameaça de moléstia nova e ainda desconhecida?

Segundo os hábitos de todo facultativo moderno, o dr. Maceu Pedrosa elogiou a minha palidez rosada, o peignoir de rendas transparentes que eu encomendara sobre um de Francesca Bertini que admirara no cinema, e partira depois de me receitar qualquer coisa que ainda não tive a curiosidade de ler. Ficaram-me, simplesmente fincados no cérebro, o seu longo olhar admirador de médico elegante e seu diagnóstico incompreensível e novo para mim: enervação!

Eu sou, então, uma "enervada"; e tudo isso que me atormenta de dia e de noite, esse atropelo de pensamentos, essa ânsia de gozar a vida, de não perder um bom pedacinho dela, de amar exaltadamente, de aborrecer depois fastidiosamente o que ontem eu adorava, serão os sintomas dessa moléstia que me atacou sem que eu lhe soubesse o nome?

234

Mas, Deus meu! todas as minhas amigas são então, como eu, umas "enervadas", porque me parecem vítimas dos mesmos acessos que me martirizam ou me elevam ao sétimo céu! A Maria Helena, que vive presa à saiazinha curta da Kate Villela, é forçosamente o mesmo que eu, e Laura, sempre irritada contra o pobre Luiz, e tão poucas vezes carinhosa com ele, que se arruína em recepções, em teatros, em toaletes para ela, tem de ser forçosamente também uma "enervada". Não falo da Magdalena Fragoso, porque esta, à força de ingerir cocaína, perde a cabeça três ou quatro horas por dia, e nesse estado de excitação manda vir o chofer para a sala, chama-lhe filho, irmão, dá-lhe todo o dinheiro que possui e intitula-se bolchevista feroz.

Se me tivessem achado esgotada, neurastênica, com o fígado congesto ou o rim mal colocado, eu choraria, temeria a morte e, para impedir a sua vinda, numa covardia viscosa, ter-me-ia ajoelhado aos pés das botas envernizadas do meu bonito e trescalante doutor. Mas "enervada", título com que ele agraciou os meus desequilíbrios de moça da moda e da época, obriga-me a alinhar, de ora em diante, em folhas de papel, tudo o que se passa em mim e comigo, para que ele tenha certeza de que a medicina é uma ciência de intrujice, de ignorância e de palavras sem alcance e sem sentido.

Sob a influência desse desejo de provar a Maceu que ele não entende nada de moléstias femininas e que não me impôs nenhum terror com seu diagnóstico pomposo de "enervada", saltei, como disse, lépida e viva da cadeira. Corro à mesa e, diante de um mimoso papel de cartas, comprado para enviar ao Roberto as frases de amor que me brotam da mente quando ouço uma mórbida valsa lenta ou um fogoso tango americano e leio alguns versos de Géraldy, principio a escrever a história da minha moléstia, que penso não ser moléstia, mas eflúvios de uma alma de mulher bem da sua época. Antes de encetar a narração fidelíssima do meu mal, se mal ele é, torna-se necessário que eu observe aqui as respostas

235

gaguejadas do dr. Pedrosa, quando eu, com meus grandes olhos abertos em súplica, lhe pedi uma explicação plausível do termo "enervada", que ele empregara.

Ainda conservo a recordação, pensando bem, do sorriso que lhe desabrochou nesse momento, nos lábios finos e rosados, que, ao erguerem-se, mostraram uma pequenina coroa de ouro que se ocultava no fundo da sua orla dentária perfeita:

"Ser 'enervada', minha formosa doente, é ser o que é, entendeu?", respondeu-me ele, erguendo-se.

Não entendi nada, mas a boca de Maceu era tão vermelha e sugestiva, assim entreaberta, que o lembrar-me de fechá-la com um beijo fez-me olvidar todo o resto.

Não sei se ele adivinhou esse pensamento malsão, que me mudou o olhar um segundo, mas recordo-me que a sua mão muito branca e alongada me deu uma palmadinha afetuosa no braço nu, que parecia de jaspe, na doce sombra do aposento em que nos achávamos.

Será ser "enervada" ter-se vontade de beijar um médico moço e bonito que nos visita na intimidade do nosso quarto, que nos apalpa e nos ausculta com carinho e a quem nós confessamos os nossos gostos, os nossos sonhos, os nossos temperamentos?

Certamente que não. Isso é ser-se humano e mais nada.

Bem! mas continuemos, ou antes, comecemos a nossa narrativa. Antes de tudo tratemos do meu físico, porque muitas vezes o físico ajuda a compreensão do moral. Eu fiz, na primavera passada, trinta anos, que completaram, com sua pujança, o encanto um pouco delgado demais ante eles da minha pessoa. Entretanto só confesso vinte e seis. Todas as minhas amigas agem como eu, e, quando alguém duvida da veracidade de uma de nós, todas as outras afirmam e juram, numa só voz, que a esperança de que seja sincera na questão da idade é irrealizável, pois é um crime antifeminino. Até a mignonne Kate, que fez semana passada vinte anos, disfarça a sua pouca idade, dizendo, em tom terno e

236

com aqueles olhos claros de criança, que ainda não completou dezesseis!

A mentira faz parte, como se vê, da organização social de hoje. Está na massa do sangue de todos nós. O dr. Pedrosa garantiu-me que sou bem constituída, frase que tomei na sua verdadeira expressão, que eu era excessivamente bem-feita, apesar de alta e delicada. Os meus olhos, de que cor serão? Esperem que eu vá buscar um espelho e, mirando-os, eu os descreverei melhor. Muito bem. Eles possuem uma cor indecisa entre cinzento e azul, mas pertencem à classe dos felinos, em que à falsidade se alia uma misteriosa luz. Quando eu era criança, minha mãe, antes de ir para os bailes, beijava-me um instante levemente, muito de leve na testa, e contemplando-me um instante no seu *face-à-main* de ouro, exclamava: "Esta pequena tem uns olhos de gata".

"Deve enxergar no escuro!" Foi desde esse dia que entrei a sonhar com gatos, a imaginar-me uma gatinha branca na outra existência e a extasiar-me de gozo, quando, uma tarde em que discutíamos, uma das minhas camaradas me disse com cólera: "Já estás tu com os teus olhos de gata enraivecida!".

Os meus cabelos? Realmente, já esqueci a sua cor natural, porque a moda hoje prescrevendo o simples castanho ou o negro banal das tranças femininas, eu tentei, com a ajuda do henê, dar-lhes um colorido entre vermelho e preto, que atrai o olhar como uma chama velada. Estou crente que me veem tal qual sou depois desse retrato, não? Esbelta, alta, de rosto fino, olhos perversos, em toda eu transpira o anseio louco de ser admirada, desejada e de sentir bem nos lábios, que uma macia e rósea polpa forra todo o sabor gostoso da vida.

Possuo umas parentas velhas que me julgam uma criatura abandonada por Deus e condenada às fogueiras infernais. Quando me encontram na rua, sobretudo depois do meu divórcio com Júlio, cuja honra se sentiu melindrada repentinamente, mas só após as minhas idas sucessivas ao ministro para que este lhe arranjasse um emprego e uma promoção —, elas fecham e sombreiam as velhas e murchas faces quando nos passeios ou festas me avistam esgalgada e formosa nos meus vestidos ultramodernos, dentro dos quais o meu colo, os meus braços e as minhas pernas não se sentem prisioneiros. É uma graça ver-se então os olhares faiscantes de desdém invejoso que as anciãs me lançam dentre as pregas amolecidas e balançadas das suas gorduras amarelas. Eu rio-me, sempre, nessas ocasiões, mas oculto uma intensa vontade de lhes dizer que não sou tão ruim, nem tão pecadora como elas me julgam, segundo a sua estrita visão da virtude.

Por que seria eu má? Meu pai era bom, generoso, embora melancólico por causa da existência a que o obrigava minha mãe, fútil e gozadora, para a qual dormir era perder tempo e meditar estragava o dia. Vejo ainda meu pai no fundo do seu gabinete a estudar latim, a lê-lo em voz alta, fazendo soar bem claro o final das declinações. Eu, como filha única, possuía a inteira afeição desse casal tão disparatado, mas essa afeição só transparecia em tão raros momentos que, muitas vezes esquecida dela, eu me agarrava à criada preta que cuidava de mim. Mas nunca fui realmente má. Tinha sempre um gesto de carinho para o nosso velho cão Nestor, e vertia lágrimas quando minha mãe, aborrecida com as lambidas do pobre animal, o empurrava com o pé ou com qualquer outra coisa que encontrasse à mão. Pobre e triste Nestor, como ele respondia ao afeto que eu lhe servia, ambos nós isolados na grande casa do Rio Comprido, cujas alamedas corríamos um atrás do outro, gritando eu, latindo ele, numa fusão de alegria de dois amigos íntimos!

Não sei por que hoje, diante desse quadrado de papel róseo, em que resolvi escrever minha história passada e presente, a fim de *interloquer* o galante dr. Maceu sobre o seu pseudodiagnóstico de "enervada", muita recordação que eu julgava olvidada me vem à mente! Evoco os meus quinze anos e lembro-me de que no dia

238

desse meu aniversário minha mãe despertou com uma face tão aborrecida que imediatamente tudo e todos na casa tomaram um aspecto tristonho. Convidara eu algumas camaradas minhas do colégio que frequentava naquela ocasião como interna, e à vista do rosto cerrado da minha progenitora compreendi logo que o meu *lunch* ficaria gorado. Fazia um lindo domingo, todo luz e ouro, com uma brisa fresca a embalar as árvores da nossa chácara. Do repuxo, a água irisada caía em chuva fina sobre a bacia, onde, de espaço em espaço, uma cabeça de anjo se debruçava. Eu era naquele dia uma mulher, pensava eu, e, no meu cérebro, uma imensidade de desejos vagos, mas tumultuosos e em borbotões, se acendiam.

Passei pelo jardim, cheirando as flores, mirando o céu rutilante de claridade e mordendo de quando em quando uma folha que arrancava das árvores enquanto passava entre elas. Fervia dentro de mim um mundo de esperanças, de ânsias, de ideais mal esboçados...

Tudo isso ruiu diante do olhar da minha mãe, que me esperava na sala de jantar. Declarou-se ela doente, incapaz de receber alguém, de ouvir barulho, dando ordem para se fechar o portão e dizer a toda gente que não havia pessoa alguma em casa.

Agora, mais experiente, eu penso que naquela bela manhã em que eu entrava nos meus luminosos quinze anos, minha autoritária e majestosa mãe teve pela primeira vez a noção da velhice que se aproximava, à medida que a mocidade vinha a mim, com os seus enlevos, os seus entusiasmos, a sua radiosidade.

Nessa manhã, porém, eu não imaginei nada disso: só me lembro que chorei, chorei como a criança que ainda era.

Aliás, alguns meses depois, ela morria repentinamente em pleno fulgor, na sua plena soberania de mulher. Meu pai, viúvo, em vez de se agradar do silêncio e sossego da casa, retirou-me do colégio mundano onde me educavam, ensinando-me o francês, as danças, as distinções sociais entre os ricos e os pobres, entre as meninas que pagavam muito e as que pagavam pouco, entre as que trajavam elegantemente e as que um vestido modesto somente podiam usar; e deu-me professoras em domicílio. Começou então, para mim, uma existência feliz e livre...

Recebia quem queria, nos meus dias de recepção, dançava em liberdade os tangos modernos e lia tudo que me caía debaixo os olhos. Minhas velhas tias já citadas quiseram intrometer-se no meu modo de viver, censurando-o a meu pai, mas eu servi-lhes um tal gelado diálogo quando elas me foram visitar depois disso que já naquele tempo eu lhes devia parecer uma alma danada.

De *Enervadas* [romance, 1922]

◆

Covardia

O táxi corria sereno pela avenida Beira-Mar, contornando o cais que a rodeia como uma moldura o espelho glauco das águas oceânicas. O firmamento em chamas rubras parecia um céu de incêndio.

Embalada pelo movimento do automóvel, Helena fitava com seus olhos febris aquele belo horizonte tão seu conhecido, e uma amargura de não lhe poder gozar plenamente o encanto dava ao seu lindo rosto, de mulher moderna, uma expressão angustiada e má. Maquinalmente, uma das suas mãos enluvadas, que descansava sobre o seu regaço, moveu-se convulsivamente e procurou a outra, que apertou com anseio e crispação.

Ao contemplar aquela tarde radiosa, com sua luz carmesim e azulada e seu aroma de seiva ardente, uma dor funda mordia-lhe a alma sombreada por uma tremenda tempestade moral. Maldizia aquela natureza em festa, do mar luzente à grama fresca, enquanto ela sofria e desconfiava de todos que a cruzavam e cujos olhares

240

eram atraídos pela sua silhueta elegante, atirada, como numa doce languidez, sobre as almofadas do carro que corria.

A ironia do contraste existente entre a alegria do que a cercava e a melancolia que a pungia no seu íntimo tornava o seu olhar duro, a sua face contraída e a sua boca de criança fanada como a de uma velha.

Voltava de uma visita a Carlos, o seu Carlos, que ela, na sua fraqueza e na sua ingenuidade, adorava com o coração e com os sentidos, colocando-o muito alto, tão alto, que ela só pudera ajoelhar-se diante dele, numa postura de submissa, de implorante...

Nesse dia, em que chamas vermelhas lambiam o céu e a terra germinava aromas e seivas, ela notara a distração dos seus olhos negros, a inconsciência do seu riso, a transformação das suas atitudes.

Há muito que a frieza e a gargalhada sucederam ao ardor e ao silêncio das primeiras frases de amor de Carlos, mas Helena, a pobre enamorada, não quisera ver o que, afinal, por aquela tarde cor de ouro e de sangue, lhe saltara aos olhos, ecoando tristemente no fundo do seu ser de delicadeza e paixão. Debalde, ela fingira até então não perceber o que se passava nas horas de encontro, unindo o seu riso ao dele, pronunciando frivolidades, representando a comédia de desatenta quando ele se referia a amores passados, a estados d'alma desalentadores, a projetos, enfim, em que ela era empurrada fora da sua vida, como por um violento e brutal gesto da sua mão forte de homem.

Em ocasiões dessas, Helena procurava não escutar o que os lábios amados murmuravam, limitando-se a admirar os luminosos olhos escuros, sublinhados por um bistre gracioso e a boca sensual que ela ansiava por fechar sob a sua, esfriada de emoção.

Quando, sozinha, no veículo que a trazia à casa, voltava humilhada daquela embriaguez, uma agonia de desmaio, uma revolta angustiada subia-lhe ao peito como uma onda que a ameaçasse afogar.

Seria possível que ela se tivesse submetido a tamanha abjeção por um homem que ela sentia não mais a amar? Ela, Helena, a criatura fina, a mulher requintada, orgulhosa do seu físico e do seu moral, sujeitara-se a desdéns contra os quais talvez outra mais inferior se rebelasse? E todos os dias, agora, depois dessas horas de viva perturbação, ao lado de Carlos, ela se sentia tão diminuída, tão desprezível, que a vergonha alternava, com o amor que ela ainda experimentava!

Naquela tarde, a cena fora tão tremenda e claramente representada pelo homem que ela adorava, que, cambaleante, lívida, teve de despertar dos seus sonhos de paixão. As risadas tinham sido demasiadamente cruéis, as frases sarcásticas como chicotadas e as atitudes desdenhosas como gestos que repelem. Inerte no sofá de repes escuro, abandonada como uma triste boneca sem molas, ela alargava somente os seus claros olhos, que uma lágrima caída umedecia.

Afinal, num esforço, tentara erguer-se para sair, mas ele continuando a falar, ela permanecera por um segundo como sonâmbula, sem o ouvir e sem saber bem o que fazia ali, naquele quarto que não era o dela e junto daquele rapaz que a ofendia.

De repente, ele rira-se gostosamente com a cabeça para trás, mostrando a dentadura perfeita, entre as gengivas úmidas cor-de-rosa. Magnetizada, gulosa, ela ficou e riu também.

Agora, no fundo daquele automóvel, cruciada, envergonhada, ela revia a sua pose humilhante, com a luz clara da sua razão. Prometia a si mesma, sem firmeza, que nunca mais voltaria a ver o seu tirano, o seu algoz, que encontrara uma nova forma de vingar-se da sua passada fraqueza de homem para ela.

Ao evocar-lhe, entretanto, os esplêndidos olhos negros, os lábios rubros e macios, como polpa de uma fruta madura, a elegância robusta e, sobretudo, o perfume dele, que ela trazia nas mãos e nos vestidos, um estertor torcia-lhe a alma e movimentava-lhe o corpo sobre as almofadas à ideia de que nunca mais o veria! Uma cólera imensa vinha-lhe então contra ela mesma, tão covarde, tão indigna, tão vil. Mas o juramento de não mais o ver quebrava-se na sua mente encapelada como um mar em fúria, e ela chorava sem pudor, sem orgulho, sem esperança...

Seus olhos empanados de pranto caíram sobre o mar, ondulante como uma rede, e ergueram-se depois para o céu que nuvens violetas estriavam. A ideia de Deus, de prece à Virgem Santíssima, mulher como ela, veio-lhe à ideia nessa necessidade de consolação e de auxílio que a dominava. Avistou, então, a branca igreja de N. S. da Glória do Outeiro, fincada entre a casaria de tetos vermelhos e a verdura opulenta do morro.

Balbuciante, quase genuflexa sobre o tapete usado do táxi, covarde como um miserável que tem fome, Helena juntou as mãos que tremiam e, bela, da beleza admirável dos fracos e dos vencidos, gritou:

"Minha mãe celeste, ordenai ao Carlos que me ame ainda ou fazei com que eu não me aperceba do seu desamor."

Conto na revista *Mundo Literário* [1922]

ELYSIO DE CARVALHO

Terça-feira, 8

As minhas visões têm a cor do amargurado. A paisagem está impregnada da tristeza infinita que paira no jardim de Helsingor, povoado dos sonhos desfeitos e desgraças funestas, velho parque abandonado por onde ainda hoje era o espectro do príncipe infeliz. As coisas se me apresentam vagas, incoercíveis, e tomam formas extravagantes. Há em todo o ambiente uma calma profunda, um fundo mistério, uma paz mortuária: o silêncio conspira. As árvores, altas e possantes, parecem, dentro da escuridão da noite, uma imensa legião de demônios em pompa feral, e apavoram-me. Não tenho tranquilidade, dentro do meu cérebro desencadeia-se uma violenta tempestade, a febre escalda-me o sangue, sinto os nervos irritados, afinados, exacerbados. Através deste delírio mórbido, embriaga-me o perfume de flores suspeitas, ofuscam-me reflexos de espelhos tenebrosos, perturbam-me desejos bizarros, vejo impérios em agonia, cidades de ouro flutuando em crepúsculos bárbaros, populações de andróginos e de hermafroditas em êxodo, sátiros perseguindo ninfas ensanguentadas, esfinges com olhos de esmeralda. Sou um galé dessa atroz enfermidade que dissolveu tantas almas nobres, com um nojo imenso de tudo, um grande desprezo pela vida e até pela própria arte, como se sentisse n'alma a vacuidade de ser, de existir e de aspirar. Neste doloroso silêncio noturno, em que tudo se confunde em meu ser, o passado com seus encantos e o presente com seus tristes pressentimentos, Gustavo d'Aguilar, desfeito e pálido, na gravidade consciente deste dia de desastres e irresoluções, aparece-me para anunciar a grande desgraça. Sidônia partira, sem uma palavra e sem uma promessa, quase à traição, e esta notícia, semelhante a uma tempestade violenta, feroz e inesperada, tudo destruiu em mim, as minhas ilusões, os meus projetos de felicidade e deixa-me na desolação trágica das ruínas irreparáveis. À maneira dessas moléstias contagiosas, há revelações e contatos que, uma vez entrevistos e sentidos, bastam para envenenar uma existência inteira para todo o sempre.

> *... La beauté, c'est le philtre inconnu*
> *Souverain et vainqueur, qui corromp tout au monde,*

disse o poeta, e estou quase a crer. Sidônia veio mudar totalmente a minha vida, e agora, que vejo que a perdi, depois de me ter infligido uma lição dura e sem réplica, não sei como suportar esta dolorosa situação. Tenho a alma desfeita por este amor insano...

sofro tudo quanto se pode sofrer... e extenuado, inerte, sem forças, abatido como uma massa, apavora-me tudo que vai vir... Gustavo consola-me, chamando-me à realidade das coisas e falando à minha dor com palavras edificantes, sábias e sinceras: "Há mister, meu caro amigo, que tuas feridas se fechem e que tuas fraquezas adquiram um vigor másculo. Deves aceitar a vida tal qual ela nos parece ser, tal qual se mostra, tal qual é realmente: difícil, ardente, incoerente, cruel. Se a felicidade nos foge, inacessível, é preciso, no entanto, viver, o coração lépido, para criar, por uma doce ilusão, todas as puras e intactas sensações imprevistas". Sobre mim, sinto o peso do meu destino, e minh'alma, vencida e lacerada, vai pela vida como que envolta numa fria mortalha, ululante, caminho do pranto e da dor, mas sem maldizer o momento em que ela me revelou "o amor com seus pecados e a vida com seus crimes"... Não haverá sonho algum da inteligência que desvaneça as longas torturas do meu coração. Nesta espécie de loucura amorosa, sinto-me impotente para dominar-me, conciliar minhas ideias e estabelecer a síntese dos meus sentimentos. A ausência de Sidônia faz-me sofrer tanto que fico estupefato com a agudeza de minha dor, na verdade tão forte que parece transformar-se num sofrimento físico, atroz e intolerável. O coração dói-me como se o comprimissem; as forças abandonam-me; a mente esvai-se como flocos de neve dissolvidos pelo calor do sol; foge-me o sentimento da realidade. Não tenho coragem de olhar-me interiormente, procurar conhecer exatamente o meu estado moral, tomar uma resolução verdadeiramente enérgica que ponha termo a este constrangimento. Só tenho um único pensamento, um único desejo, um único propósito: partir, viajar, viver com fervor uma existência de aventuras e paixões, perder-me no desconhecido, mergulhar na energia dos povos jovens e na beleza das raças privilegiadas, na sublimidade dos instintos pagãos.

Je veux oublier qui j'aime.
Emportez-moi loin d'ici,

En Flandre, en Norvège, en Bohème,
Si loin qu'en chemin reste mon souci.
Que restera-t-il de moi-même,
Quand, à l'oublier, j'aurai réussi?...

Atingi o extremo das minhas fraquezas e, desfalecido de amor, sinto no meu íntimo uma coisa obscura e ardente, uma coisa que se assemelha a uma infecção mórbida, uma coisa que subsiste contra minha vontade e contra tudo, uma coisa que já me contaminou o sangue e o espírito. Nunca pensei que a sedução de uma mulher provocasse tais catástrofes na natureza moral de um homem cheio de todas as corrupções da arte. Para fugir a esta ideia fixa, escrevo, escrevo muito, procuro meditar sobre a solução de graves problemas abstratos. Faço versos e, em seguida, leio *D. Quixote*, os contos droláticos de Balzac, as histórias diabólicas de Barbey d'Aurevilly, mas, fazendo tudo isto, só penso nela, em Sidônia, e esta obsessão cada vez mais me domina, me atormenta, me tortura sem descanso. Na verdade, o amor é a pior das loucuras.

De *Five o'Clock* [romance, 1909]

GASTÃO CRULS

Donegal, relançando a vista pela sala e já espiritado por algumas taças de champanha, perguntava-se a si mesmo: "Mas eu estarei bêbedo? Será uma alucinação?".

E mais ele examinava os circunstantes e se fixava nessa dúvida, receando que tudo aquilo não passasse de uma fantasmagoria.

Logo à direita, e bem próximo do seu grupo, Yolanda e Philippe. Duas mesas depois, o sr. Paes da Rocha e as quatro filhas solteiras. Defronte, recamada de joias e atraindo a curiosidade de todos, Yvette de Nancy. Fazia-lhe companhia e realçava-lhe o esplendor da riquíssima fantasia de Bela Helena, certo dominó de seda preta que não se afastava de seu lado e se mantinha em atitude discreta. Não longe deste par e ainda em situação de serem bem observados pelo romancista, Brás de Vila-Flor, a mulher e mais duas mocinhas que, segundo Rodrigo, eram também filhas do dr. Robespierre.

Mas dir-se-ia mesmo que ele estivesse vendo toda aquela gente? Aliás, tudo concorria para que Donegal pudesse temer por uma ilusão dos seus sentidos.

O grande salão estava repleto, e a sociedade que ali se reunia, numa algazarra indescritível, viera disposta a divertir-se e sentia sobre os rins o acicate da luxúria. Além do vozear confuso e da permanente atoarda de gaitas, apitos e pipias soprados por mil bocas, as orquestras não cessavam de tocar, e, mal se iam os últimos compassos de um choro dengoso e repinicado, o jazz irrompia azoinante e torrencial. Jogos de luz cambiante e projetores de focos concêntricos traziam os pares numa variegada mutação de cenários, e tanto se dançava sob um terno eflúvio de luar, como tudo crepitava nas labaredas de uma enorme e rutilante fogueira. Pairava no ar um fartum enjoativo: odor a éter, bafio de carnes suarentas, fragrância de essências raras... Pelas paredes, havia largos painéis sarapintados, e lanternas venezianas, glóbulos multicores, flâmulas berrantes pontilhavam os intercolúnios de pequenas manchas luminosas.

Tudo isso, e mais o contínuo triscar dos copos, a agitação dos dançarinos, o tom vivo de algumas toaletes, fazia com que Donegal se sentisse num verdadeiro estado de aturdimento e pudesse desconfiar do que os seus olhos viam.

"Então? Quem é que tinha razão?", perguntou-lhe maliciosamente o amigo, aludindo à presença de todos os seus personagens. "E você, que não queria vir!"

"Quem é que não queria vir?", espantou-se Rodrigo, que do

247

grupo era o mais animado e não poderia conceber que se perdesse um baile daqueles.

Jaguarão respondeu:

"Ele mesmo. Você não sabe quem é este homem. Imagine que, à última hora, ele descobriu que não tinha nenhum colarinho duro e eu ainda tive que dar um pulo em casa."

De fato, fora um verdadeiro custo para arrancar Donegal dos seus hábitos, e só mesmo a teimosia de Jaguarão conseguira o prodígio de arrastá-lo até o Palace Hotel, na Terça-feira Gorda.

A mesa pertencia a Silvares e Jaguarão, e tanto Rodrigo como Donegal eram convidados dos primeiros. Talvez por isso, para não corresponder com uma grosseria à delicadeza dos amigos, que ele se decidira por aquela noitada alegre e de tão inesperadas impressões. No seu íntimo, entretanto, havia de existir outro motivo a espicaçá-lo. É que, de antemão, por intermédio de Rodrigo, lhe fora garantida a presença das pessoas que o interessavam, e isso era o bastante para que ele suportasse com maior resignação a contingência de se ver espremido num smoking de empréstimo.

E valera o sacrifício. Logo de entrada, e quando a sala ainda se achava meio vazia, ele dera com os olhos nas figuras de Yolanda e Philippe, que saudaram efusivamente a Rodrigo e já haviam jogado serpentinas para a sua mesa. Yolanda estava também fantasiada de pastora ou camponesa, e iam-lhe admiravelmente bem ao tipo louro e fino o corpete de veludilho negro e o grande chapéu de palha-da-itália, todo enfeitado com papoulas, margaridas e outras flores agrestes.

Só um pouco mais tarde, ao tempo em que o baile já se animava, foi que chegaram os outros seus personagens. Primeiro o sr. Paes da Rocha e as filhas; a seguir, Brás e o seu grupo; finalmente, Yvette e o tal dominó enigmático.

Donegal, à medida que essa gente transpunha as portas, ia de surpresa em surpresa, mas nenhuma lhe foi maior e mais desagradável do que quando se viu forçado a reconhecer no pai de Brás

248

a figura do velho que galanteara Yolanda na Lallet. Lá estava ele, então de ponto em branco, tendo à lapela um grande cravo rubro, mas com a mesma cara rosada e prazenteira.

Atento a tudo, não passou despercebida de Donegal a diferença dos cumprimentos trocados entre os Paes da Rocha e os Davitt. Enquanto o velho, tão depressa avistou Philippe e Yolanda, desfazia-se em sorrisos e momices, as filhas mal lhes abaixaram a cabeça, num gesto de extrema frieza, e assim mesmo só porque, para alcançar a mesa que lhes fora reservada, estavam na necessidade de passar defronte do casal. Brás, ao penetrar no salão, também cumprimentara Yolanda. Outro tanto não fez sua mulher que, nessa ocasião, talvez propositadamente, se fingiu distraída e, voltando-se para o lado oposto, começou a falar com uma das irmãs.

O jazz iniciara um charleston irresistível, de ritmos sincopados e dissonâncias agudas, e, ao som dos saxofones fanhosos e das caixas ensurdecedoras, os pares se encontravam numa gesticulação epilética.

"Vocês não se animam? Isso assim não pode ser..."

E, fazendo um sinal a Yvette, que prontamente se levantou, Rodrigo foi esperá-la no pequeno espaço destinado à dança. A francesa era boa no saracoteio de quadris e, em pouco, os dois rabeavam nas mais incríveis posturas, de nalgas estofadas e pés tremelicantes.

O dominó preto, agora sozinho, parecia invejar a situação de Rodrigo e, através da máscara, não descravava olhos de Yvette, cuja fantasia se destacava entre todas, não só pelo gosto, como pela riqueza e profusão dos adereços que a completavam. Ela estava com uma túnica de seda rosa, leve e colante sobre o corpo, mas tão atrevidamente golpeada aos lados que, mesmo acima dos joelhos, ainda muito havia com que contentar os olhos que até lá fossem. Infelizmente, um longo e luxuoso manto, todo franjado a ouro, descia-lhe das espáduas leitosas em largos panejamentos à grega e, só às furtadelas, permitia a visão magnífica e tentadora.

249

O romancista, detalhando-lhe os traços fisionômicos, a cabeleira com fulgurações acobreadas, os olhos escuros e artificiosamente bistrados, a boca cordiforme a sangrar numa mancha muito rubra, certo *grain de beauté* que lhe mordia a face esquerda, tinha bem presente o tipo que ele se criara para a mundana de espavento, que perdia grandes somas no Cassino do Copacabana. Também, só de vê-la, ele logo a identificou como a *sua* Yvette de Nancy, e não foi preciso que Rodrigo lhe desse maiores informações a respeito, como aconteceu com relação às cunhadas de Brás, as outras filhas do dr. Robespierre, que nunca haviam entrado nas suas lucubrações e, por isso mesmo, lhe eram inteiramente desconhecidas. Aproveite-se para assinalar que essas eram duas meninotas de aspecto languinhento e desenxabido, cujas toaletes, petecadas de folhos e laçarotes, acusavam os últimos figurinos da província. Já a mulher de Brás, talvez por influência deste, estava vestida de maneira muito diversa e era a mesma elegante criatura que Donegal vira saindo do Solar Vila-Flor, em Humaitá.

Mas Rodrigo tornara à mesa e voltava a insistir para que os companheiros dançassem.

"Isso assim não está direito", dizia ele. "Vocês agarrem qualquer uma. Há tanta rapariga por aí…" E, depois, olhando para a mesa dos Davitt: "Eu estou com pena é de Yolanda. Está tão abandonada! Vou apresentar um de vocês a ela. Vamos, Jaguarão…".

Silvares ponderou:

"E por que você não dança mais com ela?"

"Agora não posso. Vocês não conhecem Yvette. Ela era capaz de fazer uma das suas."

Donegal não se conteve e deixou escapulir a pergunta que havia muito lhe andava nos lábios:

"Rodrigo, quem é o tal dominó que está com ela?"

Rodrigo sorriu com brejeirice; mas, como a orquestra atacasse um maxixe buliçoso e Yvette, de longe, lhe fizesse acenos, indicando que não queria perdê-lo, disse, já de pé:

250

"O Silvares sabe. Mas olhe: é segredo."

"Você não sabe?", esclareceu Silvares. "É o dr. Robespierre."

"Não me diga! E com as filhas aqui?"

"Que é que você quer? Ele está com um rabicho louco pela francesa e não a deixa. Assim, preferiu vir fantasiado a privar-se da sua companhia."

"E Rodrigo? Ele não sabe então do que existe entre ambos?"

"Sabe, mas fecha os olhos. Não fosse ele um bom *coronel*. Yvette é muito estourada e, se não tivesse Rodrigo, teria outros. Os três dão-se até muito bem e têm as suas atribulações perfeitamente definidas. Imagine você que o dr. Robespierre, por vezes, parlamenta com Rodrigo quando se sente roubado e procura reivindicar as noites que lhe cabem por semana. Já se vê que eles só não discutem uma coisa: é a questão do dinheiro. Para isso o deputado está sempre presente e marcha com todas as despesas." E, depois, sorrindo: "Oxalá que muitos casais vivessem em tão grande harmonia...".

Silvares e Donegal ainda se entretinham com o mesmo assunto, quando tiveram a atenção despertada por certo pierrô azul, que viera ter à mesa deles e começava a mexer com Jaguarão. Ainda que mascarado por uma larga e alvaiadada face de lua cheia, as formas roliças e pequenas mãos enluvadas traíam uma mulher, motivo por que Jaguarão lhe foi todo ouvidos e, em pouco, o convidava para dançar.

Não levou muito para que Donegal se visse só. Silvares, também espigaitado pelo álcool, saíra aos traspés e, decidido a partilhar do fandango, agarrou-se à primeira rapariga que lhe aceitou os derriços — uma bailarina cambojana.

Foi por aí que Donegal verificou o que teria ocorrido instantes antes e lhe passara despercebido. Os Paes da Rocha e os Davitt, pela aproximação das duas mesas, formavam um único e numeroso grupo, no mais alegre dos convívios.

De que prodígios não era capaz o champanha, pensava Donegal. Quem os visse à entrada e os observasse agora! As meni-

251

nas, tão secas, momentos antes, conversavam amistosamente com Yolanda, que já não sabia como se esquivar às impertinências dos dois lança-perfumes de que se achava munido o velho Paes da Rocha. Este, sorrindo por todos os poros da face gorda e deslavada, babava-se de gozo quando, com uma bisnagada mais indiscreta, ia a certos sítios muito de seu agrado e que lhe cocegavam a lubricidade senil, como o entresseio carnoso e ondulado e a axila penugenta.

O que mais indignava Donegal é que Philippe participava daquela alacridade e já dançara algumas vezes com as irmãs de Brás. "Ah, cabrão!", resmungava o romancista de si consigo, mal sopitando o desejo de levantar-se e ir esbofetear o lovelace sexagenário e o marido tauricéfalo.

Mas Donegal começava a se enojar daquilo tudo. À medida que o baile prosseguia e espocavam novas garrafas de champanha, aumentava o relaxismo de costumes e uma onda de animalidade avassalava o ambiente. Aos vapores do álcool e à excitação das danças, frenesiado embolamento de pares pegadiços nas mais lascivas posturas, subia à tona a lia de todas aquelas consciências, uniformemente dissolutas, instintivamente libidinosas...

O que mais irritava Donegal é que tudo ali se fazia em família, e Rodrigo tanto dançava com Yvette como não se pejava de ir tirar as filhas do dr. Robespierre. Quem sabe mesmo se o deputado não lhe pedira tal favor, uma vez que as meninas pareciam pouco divertidas na companha de Brás? Na verdade, este e a mulher eram dos poucos que se mantinham com certa distinção de maneiras, e mais se diriam espectadores do que propriamente comparsas da folia. Mas seria mesmo discrição de atitudes ou apenas a iniciação, precoce e agudíssima, daquele terrível *tédio a dois* com que alguém já definiu o casamento? Philippe também quebrara um maxixe com Yvette e, pelos modos, todo mesuras diante da cocote, parecia estar penalizado por não poder levá-la até a sua mesa e reuni-la à suciata na companhia da mulher e dos amigos.

O romancista meditava sobre essas coisas, quando os camaradas voltaram a ladeá-lo. Todos acabavam de dançar e vinham ávidos por um gole de champanha. Jaguarão estava entusiasmadíssimo com o tal pierrô azul, que já lhe era um par constante e a respeito do qual futurava grandes coisas. Para ele, tratava-se de gente muito fina e que tinha medo de se comprometer.

"Mas você ainda não sabe quem é, nem desconfia?...", perguntou-lhe Silvares, enchendo novamente as taças.

"Não, já fiz tudo, mas não há meio. O que sei é que ela é muito boa e há de render..."

O mesmo não dizia Silvares a respeito da dele. A tal cambojana só lhe aceitara os galanteios e assentira em ser seu par por algumas vezes, na esperança de que ele lhe pudesse conseguir uma prise de cocaína.

"Se não fosse Yvette, eu era capaz de *tirar um fiapo* com ela, pois sei onde arranjar *poeira*", concluiu Rodrigo, a sorrir.

Este trouxera a novidade de que o dr. Robespierre já estava num pifão horroroso e à viva força queria dançar com a amante.

"E ela?", inquiriu Silvares.

"Yvette acabará cedendo, principalmente agora que começou a misturar uísque com champanha e já declarou que não sai daqui sem dançar, ao menos uma vez, com o Paes da Rocha."

"Mas ele não dança", obtemperou Donegal.

"Não dança? Espere um pouco..."

De feito, não tardou que Donegal, com a mais dolorosa das surpresas, esbugalhasse os olhos para ver Yolanda colada ao ventre bojante do velho Paes da Rocha, que se esbofava, atrozmente ridículo, regamboleando os primeiros passos de um foxtrote. Yolanda parecia sumir-se entre os braços do seu globoso companheiro, cuja careca, gordurenta e esbraseada, quase lhe descansava sobre o ombro, e lhe espalmava nas costas uma manopla gorda e cabeluda.

Donegal, para fugir à torpitude daquele quadro, começou a

observar os outros pares. O baile atingira o delírio coletivo; a sala era um verdadeiro pandemônio onde uma multidão ensandecida se premia e acotovelava, fremindo nos mais acerbos paroxismos. A orquestra voltara a atacar uma das músicas mais em voga, e todos, *una voce*, repetiam o estribilho famoso:

> *Dondoca, Dondoca,*
> *Anda depressa*
> *Que eu belisco essa pernoca...*

Das pessoas que o preocupavam, quase todas tomavam parte na sarabanda demencial. Yvette desnalgava-se com o dominó preto. Philippe tinha por par uma das filhas do sr. Paes da Rocha. Outra dançava com Rodrigo. Jaguarão continuava com o pierrô azul. Uma das filhas do dr. Robespierre se abraçava a um desempenado *highlander*. Silvares andava às voltas com uma graciosa Mimi Pinson, de chapeuzinho preto atado sob o queixo e vistosa saia de rodaça.

Ainda se dançava quando alguns *chasseurs*, caprichosamente fardados, começaram a fazer uma larga distribuição de prendas aos convidados: chapéus e barretinas de papel, grinaldas de flores, disfarces burlescos, pequenas antefaces de seda.

Pouco depois, o velho Paes da Rocha bamboava sobre o crânio suarento uma coroa de pâmpanos e racimos: dir-se-ia um trôpego e pantafaçudo sileno. E era aquilo, aquela massa repulsiva e enxundiosa que se apelidava Didico, ao telefone, falando com Yolanda. Raimundo... Mundico... Didico... Raimundo para as classes conservadoras; Mundico entre os seus mais íntimos; Didico nas frequentes escapulas ao toro conjugal. (E d. Quitinha? Donegal lembrou-se que, dentre os seus personagens, era esse um dos poucos que ele ainda não conhecia, e talvez nunca viesse a conhecer. Provavelmente, tratava-se de uma excelente mãe de família, paradigma de virtudes domésticas, toda votada às lides caseiras e que, de manhã à noite, brigando com a criadagem, jamais tivera tempo para se aperceber das peraltices do marido.)

Philippe, muito lampeiro, ostentava um rubicundo nariz de palmo e meio. Por que não lhe deram um par de chifres?, dizia para si Donegal, cada vez mais irritado com o que via e pronto a retirar-se.

Mas debalde ele esperava pelos companheiros. Rodrigo, sentado à mesa de Yvette, já bebia champanha por um recipiente metálico, espécie de pequeno batel, que servia de depósito ao pão, mas que ele usava, talvez sem o saber, à maneira dos ácatos gregos.

Só nesse instante Donegal reparou que o dr. Robespierre se desfizera da máscara e teve assim a explicação por que, pouco antes, Brás e o seu grupo haviam partido tão precipitadamente. O deputado, já bastante bebido, tinha os olhos vidrados e sanguinosos, e sorria alvarmente para todos, com aquela mesma cara de arenque defumado, que Donegal já lhe conhecia através dos retratos publicados na imprensa.

Jaguarão levara sumiço. Sem dúvida, continuava atrás do pierrô azul, com quem ainda pouco antes estivera dançando. Silvares também não aparecia. Talvez constasse de um grande grupo que o romancista lobrigava à distância e do qual parecia fazer parte a figura de Mimi Pinson.

Donegal, já impaciente, resolveu partir sozinho. Quando chegou à Avenida e jogou-se no fundo do primeiro táxi que passava, veio-lhe um desespero surdo, uma náusea mal contida.

O velho Paes da Rocha era mesmo o amante de Yolanda... Brás estava casado... Rodrigo era o gigolô de Yvette...

Não havia mais dúvida: o seu romance estava irremediavelmente perdido.

De *A criação e o criador* [romance, 1928]

JOÃO DO RIO

Dentro da noite

"Então causou sensação?"

"Tanto mais quanto era inexplicável. Tu amavas a Clotilde, não? Ela, coitadita, parecia louca por ti, e os pais estavam radiantes de alegria. De repente, súbita transformação. Tu desapareces, a família fecha os salões como se estivesse de luto pesado. Clotilde chora... Evidentemente havia um mistério, uma dessas coisas capazes de fazer os espíritos imaginosos arquitetarem dramas horrendos. Por felicidade, o juízo geral é contra o teu procedimento."

"Contra mim?"

"Podia ser contra a pureza da Clotilde. Graças aos deuses, porém, é contra ti. Eu mesmo concordaria com o Prates, que te chama velhaco, se não viesse encontrar o nosso Rodolfo, agora, às onze da noite, sob tamanha intempérie, metido num trem de subúrbio, com o ar desvairado..."

"Eu tenho o ar desvairado?"

"Absolutamente desvairado."

"Vê-se?"

"É claro. Pobre amigo! Então, sofreste muito? Conta lá. Estás pálido, suando apesar da temperatura fria, e com um olhar tão estranho, tão esquisito. Parece que bebeste e que choraste. Conta lá. Nunca pensei encontrar o Rodolfo Queiroz, o mais elegante artista desta terra, num trem de subúrbio, às onze de uma noite de temporal. É curioso. Ocultas os pesares nas matas suburbanas? Estás a fazer passeios de vício perigoso?"

O trem rasgara a treva num silvo alanhante, e de novo cavalava sobre os trilhos. Um sino enorme ia com ele badalando e pelas portinholas do vagão viam-se, a marginar a estrada, as luzes das casas ainda abertas, os silvedos empapados d'água e a chuva lastimável a tecer o seu infindável véu de lágrimas. Percebi então

que o sujeito gordo da banqueta próxima — o que falava mais —
dizia para o outro:

"Mas como tremes, criatura de Deus! Estás doente?"

O outro sorriu desanimado.

"Não; estou nervoso, estou com a maldita crise."

E como o gordo esperasse:

"Oh! Meu caro, o Prates tem razão! E teve razão a família de
Clotilde, e tens razão tu cujo olhar é de assustada piedade. Sou um
miserável desvairado, sou um infame desgraçado."

"Mas que é isto, Rodolfo?"

"Que é isto! É o fim, meu bom amigo, é o meu fim. Não há
quem não tenha o seu vício, a sua tara, a sua brecha. Eu tenho um
vício que é positivamente a loucura. Luto, resisto, grito, debato-
-me, não quero, não quero, mas o vício vem vindo a rir, toma-me
a mão, faz-me inconsciente, apodera-se de mim. Estou com a crise.
Lembras-te da Jeanne Dambreuil quando se picava com morfina?
Lembras-te do João Guedes quando nos convidava para as *fumeries* de ópio? Sabiam ambos que acabavam a vida e não podiam
resistir. Eu quero resistir e não posso. Estás a conversar com um
homem que se sente doido."

"Tomas morfina, agora? Foi o desgosto, decerto..."

O rapaz que tinha o olhar desvairado perscrutou o vagão.
Não havia ninguém mais — a não ser eu, e eu dormia profundamente... Ele então se aproximou do sujeito gordo numa ânsia de
explicações.

"Foi de repente, Justino. Nunca pensei! Eu era um homem
regular, de bons instintos, com uma família honesta. Ia casar com
a Clotilde, ser de bondade a que amava perdidamente. E, uma noite, estávamos no baile das Praxedes, quando a Clotilde apareceu
decotada, com os braços nus. Que braços! Eram delicadíssimos, de
uma beleza ingênua e comovedora, meio infantil, meio mulher — a
beleza dos braços das Oréadas pintados por Botticelli, misto de castidade mística e de alegria pagã. Tive um estremecimento. Ciúmes?

Não. Era um estado que nunca se apossara de mim: a vontade de tê-los só para os meus olhos, de beijá-los, de acariciá-los, mas principalmente de fazê-los sofrer. Fui ao encontro da pobre rapariga fazendo um enorme esforço, porque o meu desejo era agarrar-lhe os braços, sacudi-los, apertá-los com toda a força, fazer-lhes manchas negras, bem negras, feri-los... Por quê? Não sei, nem eu mesmo sei — uma nevrose! Essa noite passei-a numa agitação incrível. Mas contive-me. Contive-me dias, meses, um longo tempo, com pavor do que poderia acontecer. O desejo, porém, ficou, cresceu, brotou, enraigou-se na minha pobre alma. No primeiro instante, a minha vontade era bater-lhe com pesos, brutalmente. Agora a grande vontade era de espetá-los, de enterrar-lhes longos alfinetes, de cosê-los devagarinho, a picadas. E junto de Clotilde, por mais compridas que trouxesse as mangas, eu via esses braços nus como na primeira noite, via a sua forma grácil e suave, sentia a finura da pele e imaginava a súbita estremeção quando pudesse enterrar o primeiro alfinete, escolhia posições, compunha o prazer diante daquele susto de carne que havia de sentir."

"Que horror!"

"Afinal, uma outra vez, encontrei-a na *sauterie* da viscondessa de Lages, com um vestido em que as mangas eram de gaze. Os seus braços. Oh! Que braços, Justino, que braços! Estavam quase nus. Quando Clotilde erguia-os, parecia uma ninfa que fosse se metamorfoseando em anjo. No canto da varanda, entre as roseiras, ela disse-me, 'Rodolfo, que olhar o seu. Está zangado?'. Não foi possível reter o desejo que me punha a tremer, rangendo os dentes. 'Oh! Não!', fiz. 'Estou apenas com vontade de espetar este alfinete no seu braço.' Sabes como é pura a Clotilde. A pobrezita olhou-me assustada, pensou, sorriu com tristeza. 'Se não quer que eu mostre os braços, por que não me disse há mais tempo, Rodolfo? Diga, é isso que o faz zangado?' 'É, é isso, Clotilde.' E rindo — como esse riso devia parecer idiota! —, continuei: 'É preciso pagar ao meu ciúme a sua dívida de sangue. Deixe espetar o alfinete'. 'Está louco, Rodolfo?' 'Que tem?' 'Vai fazer-me doer' 'Não dói.' 'E o sangue?' 'Beberei essa gota de sangue como a ambrosia do esquecimento.' E dei por mim, quase de joelhos, implorando, suplicando, inventando frases, com um gosto de sangue na boca e as frontes a bater, a bater... Clotilde por fim estava atordoada, vencida, não compreendendo bem se devia ou não resistir. Ah! Meu caro, as mulheres! Que estranho fundo de bondade, de submissão, de desejo, de dedicação inconsciente tem uma pobre menina! Ao cabo de um certo tempo, ela curvou a cabeça, murmurou num suspiro: 'Bem, Rodolfo, faça... mas devagar, Rodolfo! Há de doer tanto!'. E os seus dois braços tremiam.

"Tirei da botoeira da casaca um alfinete, e nervoso, nervoso como se fosse amar pela primeira vez, escolhi o lugar, passei a mão, senti a pele macia e enterrei-o. Foi como se fisgasse uma pétala de camélia, mas deu-me um gozo complexo, de que participavam todos os meus sentidos. Ela teve um ah! de dor, levou o lenço ao sítio picado e disse, magoadamente: 'Mau!'.

"Ah! Justino, não dormi. Deitado, a delícia daquela carne que sofrera por meu desejo, a sensação do aço afundando devagar no braço da minha noiva, dava-me espasmos de horror! Que prazer tremendo! E apertando os varões da cama, mordendo a travesseira, eu tinha a certeza de que dentro de mim rebentara a moléstia incurável. Ao mesmo tempo que forçava o pensamento a dizer nunca mais farei essa infâmia! Todos os meus nervos latejavam: voltas amanhã; tens que gozar de novo o supremo prazer! Era o delírio, era a moléstia, era o meu horror..."

Houve um silêncio. O trem corria em plena treva, acordando os campos com o desesperado badalar da máquina. O sujeito gordo tirou a carteira e acendeu uma cigarreta.

"Caso muito interessante, Rodolfo. Não há dúvida que é uma degeneração sexual. Mas o altruísmo de são Francisco de Assis também é degeneração e o amor de santa Teresa não foi outra coisa. Sabes que Rousseau tinha pouco mais ou menos esse mal? És mais

259

um tipo a enriquecer a série enorme dos discípulos do marquês de Sade. Um homem de espírito já definiu o sadismo: a depravação intelectual do assassinato. És um Jack-the-Ripper civilizado, contentas-te com enterrar alfinetes nos braços. Não te assustes."

O outro resfolegava, com a cabeça entre as mãos.

"Não rias, Justino. Estás a tecer paradoxos diante de uma criatura já do outro lado da vida normal. É lúgubre."

"Então continuaste?"

"Sim, continuei, voltei, imediatamente. No dia seguinte, à noitinha, estava em casa de Clotilde, e com um desejo louco, desvairado. Conversávamos na sala de visitas. Os velhos ficavam por ali a montar guarda. Eu e Clotilde íamos para o fundo, para o sofá. Logo ao entrar tive o instinto de que podia praticar a minha infâmia na penumbra da sala, enquanto o pai conversasse. Estava tão agitado que o velho exclamou: 'Parece, Rodolfo, que vieste a correr para não perder a festa'.

"Eu estava louco, apenas. Não poderás nunca imaginar o caos da minha alma naqueles momentos em que estive ao lado de Clotilde no sofá, o *maelstrom* de angústias, de esforços, de desejos, a luta da razão e do mal, o mal que senti saltar-me à garganta, tomar-me a mão, ir agir, ir agir... Quando, ao cabo de alguns minutos, acariciei-lhe na sombra o braço, por cima da manga, numa carícia lenta que subiu das mãos para os ombros, entre os dedos senti que já tinha o alfinete, o alfinete pavoroso. Então fechei os olhos, encolhi-me, encolhi-me e finquei.

"Ela estremeceu, suspirou. Eu tive logo um relaxamento de nervos, uma doce acalmia. Passara a crise com a satisfação, mas sobre os meus olhos os olhos de Clotilde se fixaram enormes e eu vi que ela compreendia vagamente tudo, que ela descobria o seu infortúnio e a minha infâmia. Como era nobre, porém! Não disse uma palavra. Era a desgraça. Que havia de fazer?...

"Então depois, Justino, sabes? Foi todo dia. Não lhe via a carne, mas sentia-a marcada, ferida. Cosi-lhe os braços! Por último perguntava: 'Fez sangue, ontem?'. E ela, pálida e triste, num suspiro de rola: 'Fez…'. Pobre Clotilde! A que ponto eu chegara, na necessidade de saber se doera bem, se ferira bem, se estragara bem! E, no quarto, à noite, vinham-me grandes pavores súbitos ao pensar no casamento, porque sabia que se a tivesse toda havia de picar-lhe a carne virginal nos braços, no dorso, nos seios… Justino, que tristeza!…"

De novo a voz calou-se. O trem continuava aos solavancos na tempestade, e pareceu-me ouvir o rapaz soluçar. O outro, porém, estava interessado e indagou:

"Mas então como te saíste?"

"Em um mês ela emagreceu, perdeu as cores. Os seus dois olhos negros ardiam, aumentados pelas olheiras roxas. Já não tinha risos. Quando eu chegava, fechava-se no quarto, no desejo de espaçar a hora do tormento. Era a mãe que a ia buscar. 'Minha filha, o Rodolfo chegou. Avia-te.' E lá de dentro: 'Já vou, mãe'. Que dor eu tinha quando a via aparecer sem uma palavra! Sentava-se à janela, consertava as flores da jarra, hesitava, até que sem forças vinha tombar a meu lado, no sofá, como esses pobres pássaros que as serpentes fascinam. Afinal, há dois meses, uma criada viu-lhe os braços. Deu o alarme. Clotilde foi interrogada e confessou tudo, numa onda de soluços. Nessa mesma tarde, recebi uma carta seca do velho pai desfazendo o compromisso e falando em crimes que estão com penas no código."

"E fugiste?"

"Não fugi; rolei, perdi-me. Nada mais resta do antigo Rodolfo. Sou outro homem, tenho outra alma, outra voz, outras ideias. Assisto-me endoidecer. Perder a Clotilde foi para mim o soçobramento total. Para esquecê-la, percorri os lugares de má fama, aluguei por muito dinheiro a dor das mulheres infames, frequentei alcouces. Até aí o meu perfil foi, dentro em pouco, o terror. As mulheres apontavam-me a sorrir, mas com um sorriso de medo, de horror.

"A pedir, a rogar um instante de calma eu corria às vezes ruas inteiras da Suburra, numa enxurrada de ápodos. Esses entes querem apanhar do amante, sofrem lanhos na fúria do amor, mas tremem de nojo assustado diante do ser que pausadamente e sem cólera lhes enterra alfinetes. Eu era ridículo e pavoroso. Dei então para agir livremente, ao acaso, sem dar satisfações, nas desconhecidas. Gozo agora nos tramways, nos music halls, nos comboios dos caminhos de ferro, nas ruas. É muito mais simples. Aproximo-me, tomo posição, enterro sem dó o alfinete. Às vezes elas gritam. Eu peço desculpa. Uma já me esbofeteou. Mas ninguém descobre se foi proposital. Gosto mais das magras, as que parecem doentes."

A voz do desvairado tornara-se metálica, outra. De novo, porém, a envolveu um tremor assustado.

"Quando te encontrei, Justino, vinha a acompanhar uma rapariga magrinha. Estou com a crise, estou... O teu pobre amigo está perdido, o teu pobre amigo vai ficar louco..."

De repente, num entrechocar de todos os vagões, o comboio parou. Estávamos numa estação suja, vagamente iluminada. Dois ou três empregados apareceram com lanternas rubras e verdes. Apitos trilaram. Nesse momento, uma menina loura, com um guarda-chuva a pingar, apareceu, espiou o vagão, caminhou para outro, entrou. O rapaz pôs-se de pé logo.

"Adeus."

"Saltas aqui?"

"Salto."

"Mas que vais fazer?"

"Não posso, deixa-me! Adeus!"

Saiu, hesitou um instante. De novo os apitos trilaram. O trem teve um arranco. O rapaz apertou a cabeça com as duas mãos como se quisesse reter um irresistível impulso. Houve um silvo. A enorme massa resfolegando rangeu por sobre os trilhos. O rapaz olhou para os lados, consultou a botoeira, correu para o vagão onde desaparecera a menina loura. Logo o comboio partiu. O homem gordo recolheu a sua curiosidade, mais pálido, fazendo subir a vidraça da janela. Depois, estendeu-se na banqueta. Eu estava incapaz de erguer-me, imaginando ouvir a cada instante um grito doloroso no outro vagão, no que estava a menina loura. Mas o comboio rasgara a treva com outro silvo, cavalgando os trilhos vertiginosamente. Através das vidraças molhadas viam-se, numa correria fantástica, as luzes das casas ainda abertas, as sebes empapadas d'água sob a chuva torrencial. E, à frente, no alto da locomotiva, como o rebate do desespero, o enorme sino reboava, acordando a noite, enchendo a treva de um clamor de desgraça e delírio.

De *Dentro da noite* [contos, 1910]

◆

O bebê de tarlatana rosa

"Oh! Uma história de máscaras! Quem não tem na sua vida? O Carnaval só é interessante porque nos dá essa sensação de angustioso imprevisto... Francamente. Toda gente tem a sua história de Carnaval, deliciosa ou macabra, álgida ou cheia de luxúrias atrozes. Um Carnaval sem aventuras não é Carnaval. Eu mesmo este ano tive uma aventura..."

E Heitor de Alencar esticava-se preguiçosamente no divã, gozando a nossa curiosidade.

Havia no gabinete o barão Belfort, Anatólio de Azambuja, de quem as mulheres tinham tanta implicância, Maria de Flor, a extravagante boêmia, e todos ardiam por saber a aventura de Heitor. O silêncio tombou expectante. Heitor, fumando um gianaclis autêntico, parecia absorto.

"É uma aventura alegre?", indagou Maria.

"Conforme os temperamentos."

"Suja?"

"Pavorosa, ao menos."

"De dia?"

"Não. Pela madrugada."

"Mas, homem de Deus, conta!", suplicava Anatólio. "Olha que está adoecendo a Maria."

Heitor puxou um largo trago à cigarreira.

"Não há quem não saia no Carnaval disposto ao excesso, disposto aos transportes da carne e às maiores extravagâncias. O desejo quase doentio e como incutido, infiltrado pelo ambiente. Tudo respira luxúria, tudo tem de ânsia e do espasmo, e, nesses quatro dias paranoicos, de pulos, de guinchos, de confianças ilimitadas, tudo é possível. Não há quem se contente com uma..."

"Nem com um...", atalhou Anatólio.

"Os sorrisos são ofertas, os olhos suplicam, as gargalhadas passam como arrepios de urtiga pelo ar. É possível que muita gente consiga ser indiferente. Eu sinto tudo isso. E saindo, à noite, para a porneia da cidade, saio como na Fenícia saíam os navegadores para a procissão da Primavera, ou os alexandrinos para a noite de Afrodite."

"Muito bonito!", ciciou Maria de Flor.

"Está claro que este ano organizei uma partida com quatro ou cinco atrizes e quatro ou cinco companheiros. Não me sentia com coragem de ficar só, como um trapo, no vagalhão de volúpia e prazer da cidade. O grupo era o meu salva-vidas. No primeiro dia, no sábado, andamos de automóvel a percorrer os bailes. Íamos indistintamente beber champanha aos clubes de jogo que anunciavam bailes e aos maxixes mais ordinários. Era divertidíssimo e, ao quinto clube, estávamos de todo excitados. Foi quando lembrei uma visita ao baile público do Recreio. 'Nossa Senhora!', disse a primeira estrela de revistas, que ia conosco. 'Mas é horrível! Gente ordinária, marinheiros à paisana, fúfias dos pedaços mais esconsos da rua de São Jorge, um cheiro atroz, rolos constantes...' Que tem isso? Não vamos juntos?

"Com efeito. Íamos juntos e fantasiados de mulheres. Não havia o que temer, e a gente conseguia realizar o maior desejo: acanalhar-se, enlamear-se bem. Naturalmente fomos e era uma desolação, com pretas beiçudas e desdentadas esparrimando belbutinas fedorentas pelo estrado da banda militar, todo o pessoal de azeiteiros das ruelas lôbregas e essas estranhas figuras de larvas diabólicas, de íncubos em frascos de álcool, que têm as perdidas de certas ruas, moças, mas com os traços como amassados, e todas pálidas, pálidas feitas de pasta de mata-borrão e de papel de arroz. Não havia nada de novo. Apenas, como o grupo parara diante dos dançarinos, senti que se roçava em mim, gordinho e apetecível, um bebê de tarlatana rosa. Olhei-lhe as pernas de meia curta. Bonitas. Verifiquei os braços, o caído das espáduas, a curva do seio. Bem agradável. Quanto ao rosto era um rostinho atrevido, com dois olhos perversos e uma boca polpuda como se ofertando. Só postiço trazia o nariz, um nariz tão bem-feito, tão acertado, que foi preciso observar para verificá-lo falso. Não tive dúvida. Passei a mão e preguei-lhe um beliscão na perna. O bebê disse num suspiro: 'Ai que dói!'. Estão vocês a ver que eu fiquei imediatamente disposto a fugir do grupo. Mas comigo iam cinco ou seis damas elegantes capazes de se debochar, mas não de perdoar os excessos alheios, e era sem linha correr assim, abandonando-as, atrás de uma frequentadora dos bailes do Recreio. Voltamos para os automóveis e fomos cear, no clube mais chique e mais secante da cidade."

"E o bebê?"

"O bebê ficou. Mas no domingo, em plena avenida, indo eu ao lado do chofer, no burburinho colossal, senti um beliscão na perna e uma voz rouca dizer: 'Para pagar o de ontem'. Olhei. Era o bebê rosa, sorrindo, com o nariz postiço, aquele nariz tão perfeito. Ainda tive tempo de indagar: 'Aonde vais hoje?'."

"A toda parte!", respondeu, perdendo-se num grupo tumultuoso.

"Estava perseguindo-te!", comentou Maria de Flor.

"Talvez fosse um homem...", soprou, desconfiado, o amável Anatólio.

"Não interrompam o Heitor!", fez o barão, estendendo a mão. Heitor acendeu outro gianaclis, ponta de ouro, sorriu, continuou:

"Não o vi mais nessa noite, e segunda-feira não o vi também. Na terça desliguei-me do grupo e caí no mar alto da depravação, só, com uma roupa leve por cima da pele e todos os maus instintos fustigados. De resto, a cidade inteira estava assim. É o momento em que, por trás das máscaras, as meninas confessam paixões aos rapazes, é o instante em que as ligações mais secretas transparecem, em que a virgindade é dúbia e todos nós a achamos inútil, a honra uma caceteação, o bom senso uma fadiga. Nesse momento tudo é possível, os maiores absurdos, os maiores crimes; nesse momento há um riso que galvaniza os sentidos e o beijo se desata naturalmente.

"Eu estava trepidante, com uma ânsia de acanalhar-me quase mórbida. Nada de raparigas do galarim perfumadas e por demais conhecidas, nada do contato familiar, mas o deboche anônimo, o deboche ritual de chegar, pegar, acabar, continuar. Era ignóbil. Felizmente, muita gente sofre do mesmo mal no Carnaval."

"A quem o dizes!", suspirou Maria de Flor.

"Mas eu estava sem sorte, com a *guigne*, com o caiporismo dos defuntos índios. Era aproximar-me, era ver fugir a presa projetada. Depois de uma dessas caçadas pelas avenidas e pelas praças, embarafustei pelo São Pedro, meti-me nas danças, rocei-me àquela gente em geral pouco limpa, insisti aqui, ali. Nada!"

"É quando se fica mais nervoso!"

"Exatamente. Fiquei nervoso até o fim do baile, vi sair toda a gente, e saí mais desesperado. Eram três horas da manhã. O mo-

266

vimento das ruas abrandara. Os outros bailes já tinham acabado. As praças, horas antes incendiadas pelos projetores elétricos e as cambiantes enfumadas dos fogos de bengala, caíam em sombras; sombras cúmplices da madrugada urbana. E só, indicando a folia, a excitação da cidade, um ou outro carro arriado, levando máscaras aos beijos ou alguma fantasia tilintando guizos pelas calçadas fofas de confete. Oh! A impressão enervante dessas figuras irreais na semissombra das horas mortas, roçando as calçadas, tilintando aqui, ali um som perdido de guizo! Parece qualquer coisa de impalpável, de vago, de enorme, emergindo da treva aos pedaços... E os dominós embuçados, as dançarinas amarfanhadas, a coleção indecisa dos mascarados de último instante arrastando-se extenuados! Dei para andar pelo largo do Rocio e ia caminhando para os lados da Secretaria do Interior, quando vi, parado, o bebê de tarlatana rosa.

"Era ele! Senti palpitar-me o coração. Parei. 'Os bons amigos sempre se encontram', eu disse. O bebê sorriu sem dizer palavra. 'Estás esperando alguém?' Fez um gesto com a cabeça que não. Enlacei-o. 'Vens comigo?' 'Aonde?', indagou a sua voz áspera e rouca. 'Aonde quiseres!' Peguei-lhe nas mãos. Estavam úmidas, mas eram bem tratadas. Procurei dar-lhe um beijo. Ela recuou. Os meus lábios tocaram apenas a ponta fria do seu nariz. Fiquei louco."

"Por pouco..."

"Não era preciso mais no Carnaval, tanto mais quanto ela dizia, com sua voz arfante e lúbrica: 'Aqui não!'. Passei-lhe o braço pela cintura e fomos andando sem dar palavra. Ela apoiava-se em mim, mas era quem dirigia o passeio, e os seus olhos molhados pareciam fruir todo o bestial desejo que os meus diziam. Nessas frases de amor não se conversa. Não trocamos uma frase. Eu sentia a ritmia desordenada do meu coração e o sangue em desespero. Que mulher! Que vibração! Tínhamos voltado ao jardim. Diante da entrada que fica fronteira à Leopoldina, ela parou, hesitou. Depois arrastou-me, atravessou a praça, metemo-nos pela rua, escura

267

e sem luz. Ao fundo, o edifício das Belas-Artes era desolador e lúgubre. Apertei-a mais. Ela aconchegou-se mais. Como os seus olhos brilhavam! Atravessamos a rua Luís de Camões, ficamos bem embaixo das sombras espessas do Conservatório de Música. Era enorme o silêncio, e o ambiente tinha uma cor vagamente ruça, com a treva espancada um pouco pela luz dos combustores distantes. O meu bebê gordinho e rosa parecia um esquecimento do vício naquela austeridade da noite. 'Então, vamos?', indaguei. 'Para onde?' 'Para a tua casa.' 'Ah! não, em casa não podes...' 'Então por aí.' 'Entrar, sair, despir-me. Não sou disso!' 'Que queres tu, filha? É impossível ficar aqui na rua. Daqui a minutos, passa a guarda.' 'Que tem?' 'Não é possível que nos julguem aqui para bom fim, na madrugada de Cinzas. Depois, às quatro, tens que tirar a máscara.' 'Que máscara?' 'O nariz.' 'Ah! sim!' E, sem mais dizer, puxou-me. Abracei-a, beijei-lhe os braços, beijei-lhe o colo, beijei-lhe o pescoço. Gulosamente a sua boca se oferecia. Em torno de nós, o mundo era qualquer coisa de opaco e de indeciso. Sorvi-lhe o lábio.

"Mas o meu nariz sentiu o contato do nariz postiço dela, um nariz com cheiro a resina, um nariz que fazia mal. 'Tira o nariz!' Ela segredou: 'Não! Não! Custa tanto a colocar!'. Procurei não tocar no nariz tão frio naquela carne de chama.

O pedaço de papelão, porém, avultava, parecia crescer, e eu sentia um mal-estar curioso, um estado de inibição esquisito. 'Que diabo! Não vá agora para casa com isso! Depois não te disfarça nada.' 'Disfarça, sim!' 'Não!' Procurei-lhe nos cabelos o cordão. Não tinha. Mas abraçando-me, beijando-me, o bebê de tarlatana rosa parecia uma possessa tendo pressa. De novo, os seus lábios aproximaram-se da minha boca. Entreguei-me. O nariz roçava o meu, o nariz que não era dela, o nariz de fantasia. Então, sem poder resistir, fui aproximando a mão, aproximando, enquanto com a esquerda a enlaçava mais, e de chofre agarrei o papelão, arranquei-o.

"Presa dos meus lábios, com dois olhos que a cólera e o pavor pareciam fundir, eu tinha uma cabeça estranha, uma cabeça sem nariz, com dois buracos sangrentos atulhados de algodão, uma cabeça que era alucinadamente — uma caveira com carne...

"Despeguei-a, recuei num imenso vômito de mim mesmo. Todo eu tremia de horror, de nojo. O bebê de tarlatana rosa emborcara no chão com a caveira voltada para mim, num choro que lhe arregaçava o beiço, mostrando singularmente abaixo do buraco do nariz os dentes alvos. 'Perdoa! Perdoa! Não me batas. A culpa não é minha! Só no Carnaval é que eu posso gozar. Então, aproveito, ouviste? Aproveito. Foste tu que quiseste...'

"Sacudi-a com fúria, a pus de pé num safanão que a devia ter desarticulado. Uma vontade de cuspir, de lançar apertava-me a glote, e vinha-me o imperioso desejo de esmurrar aquele nariz, de quebrar aqueles dentes, de matar aquele atroz reverso da luxúria... Mas um apito trilou. O guarda estava na esquina e olhava-nos, reparando naquela cena da semitreva. Que fazer? Levar a caveira ao posto policial? Dizer a todo o mundo que a beijara? Não resisti. Afastei-me, apressei o passo e ao chegar ao largo inconscientemente deitei a correr como um louco para casa, os queixos batendo, ardendo em febre.

"Quando parei à porta de casa para tirar a chave é que reparei que a minha mão direita apertava uma pasta oleosa e sangrenta. Era o nariz do bebê de tarlatana rosa..."

Heitor de Alencar parou, com o cigarro entre os dedos, apagado. Maria de Flor mostrava uma contração de horror na face e o doce Anatólio parecia mal. O próprio narrador tinha a camarinhar-lhe a fronte gotas de suor. Houve um silêncio agoniento. Afinal o barão Belfort ergueu-se, tocou a campainha para que o criado trouxesse refrigerantes e resumiu:

"Uma aventura, meus amigos, uma bela aventura. Quem não tem do Carnaval a sua aventura? Esta é pelo menos empolgante."

E foi sentar-se ao piano.

De *Dentro da noite* [contos, 1910]

JULIA LOPES DE ALMEIDA

In extremis

"Estás pronta, Laura?", perguntou o dr. Seabra entrando no quarto de toalete da esposa.

"Estou... só me faltam as luvas... Como me achas?"

"Linda!"

Ele não mentia. A mulher parecia-lhe ainda mais formosa e mais fresca, com o seu vestido azul-claro muito leve e o chapeuzinho de rendas finas bem pousado na cabeleira loura, de ondas largas. Ela sorriu contente, pulverizando-se com *white rose*. Ele franziu as sobrancelhas grisalhas, percebendo através da carnação delicada de sua mulher um íntimo estremecimento de vaidade satisfeita.

"O carro está à porta?", perguntou a moça com modo distraído, mirando-se toda num grande espelho e a passar, num último toque vaporoso, o pompom de *veloutine* pelo pescoço branco e perfeito.

"Está... e lá tens o ramo de rosas que pediste..."

"Como és bom!..."

"Hoje as corridas devem ser muito animadas. O tempo está lindo! Levas o pequenino?"

"Não. Mamãe toma conta dele, já a mandei para lá... Sabes? Estou hoje com tanto leite!... tenho medo de manchar o vestido... que vergonha se..."

"Escuta", interrompeu ele, "antes de irmos para o Derby parece-me que deveríamos entrar um pouco em casa do Bruno Tavares..."

O dr. Seabra contemplava-a no espelho, com olhar perscrutador e vigilante. Viu-a estremecer; fez uma pausa; ela suspendeu o pompom, à espera da conclusão. Ele acabou por fim:

"O Bruno está muito mal... creio mesmo que não escapará."

Laura voltou-se muito pálida, com os olhos esgazeados e os beiços trêmulos. O marido baixou o olhar, entristecido. Havia muito tempo já que sabia quanto amor a esposa consagrava ao Bruno. O seu drama de marido não explodira nunca, mas concentrava-se, cada vez mais amargo, no fundo do coração. O outro era moço, e ele já se avizinhava da velhice; o outro era um sonhador, um idealista, simpático à imaginação ardente de Laura; ele era um homem da ciência, materialista, descrente, já sem forças para encantar ninguém. Conhecia, estudava sem tréguas o espírito e o coração da mulher, e confiava nela.

Laura era honesta, dedicada e abafava com ânimo forte o seu amor pecaminoso nas dobras de um manto de virtude e de sacrifício. Ele sabia que o Bruno não se declarara nunca, mas o que os lábios calavam respeitosamente diziam o seu olhar, a sua pele quente, o som de sua voz moça e o arrojo da sua fantasia de apaixonado!

Quantas vezes o dr. Seabra, fingindo ler os seus livros de estudo *auscultava* de longe aqueles dois corações, que se conservavam ali, um em frente ao outro, mudos e ternos, enquanto as bocas falavam de poesia e de flores, de luar e de música, de aves e de estrelas, de tudo que brilha, que alegra, que entusiasma e que une as almas apaixonadas.

Eles liam juntos, contavam-se cenas da infância, alegremente, com interesse mútuo; e o dr. Seabra passava as páginas secas do seu livro tremulamente, com os olhos úmidos e o coração pesado. Tinha medo de intervir, calava os seus receios, esperando sempre uma solução ou um meio de levar a sua Laura para outras terras, sem mostrar o seu zelo, com vergonha de parecer ridículo ou de ofender a esposa. Ela era trêfega, graciosa, mas firme. Mesmo naquele dia, ele compreendia bem que toda a sua graça, todo o seu perfume, toda a sua gentileza se dirigiam ao outro, que esperava encontrar nas corridas, na arquibancada...

Eram para o *outro* a doçura do seu ramo de rosas, o mimo de suas rendas finas, o colorido brando da sua toalete primaveril.

Voavam para o *outro* todo o seu pensamento, toda a sua vontade, toda a sua alegria.

Laura continuava pálida, suspensa.

"Quem me disse isso foi o médico", continuou o marido. "Como és amiga da família, lembrei-me de que desejarias talvez ir lá…"

"Sim!… Vamos, vamos!"

Desceram. O dia estava esplêndido, passavam carros cheios de moças para as corridas. Sorria o sol, dourando o espaço, e o rumor de um domingo festivo alegrava as ruas.

Laura sentou-se muito calada, apertando nas mãos com desespero o seu ramo de flores. O marido sentia-lhe a dor através do silêncio e do olhar parado de quem vê fantasmas…

Tinha pena dela, dessa pobre amante virtuosa, sonhadora e casta. Falecia-lhe a coragem de perturbar-lhe a mágoa e o pensamento com uma palavra ou um simples gesto.

Aquela piedade singular enchia-o de pasmo a ele mesmo!

Ela parecia-lhe agora um pouco sua filha, embora a adorasse como mulher. Era tão moça, tão inexperiente, mas tão meiga, tão dócil, que se julgava com o supremo direito de a conduzir com carinho, na solicitude amável de um pai. Compreendia a firmeza do caráter da moça, sabia que ela preferiria morrer a enganá-lo grosseiramente e que toda a sua paixão pelo Bruno era feita de imaginação e de sonho.

A culpa não era deles, mas sua, que já tinha cabelos brancos, falas amortecidas, o espírito inquietado por atribulações diferentes.

A morte daquele pobre rapaz era um alívio para o seu coração. Desaparecido ele, teria morrido a causa do seu ciúme amargo e irremediável. Laura continuaria por longo tempo a amá-lo nas suas orações, através das estrelas; mas o tempo viria sossegadamente atenuar-lhe as saudades… e tudo acabaria em doce paz. Se o outro não sucumbisse… ele então arrastaria a esposa para bem longe, sem que ela desconfiasse por que, temendo entretanto a luta e descrente da vitória.

Sentia que o pensamento dos dois unir-se-ia sempre através das distâncias, arrastados pelo mesmo ideal, pelo mesmo ardor e pela mesma esperança. Sim, só a morte, a morte bendita, poderia cortar com as suas asas frias aquele amor nascente...

Quando o carro parou, Laura desceu sem esperar auxílio e correu para a casa de Bruno. Dentro havia um silêncio triste, um ar de túmulo...

A mãe do moço apareceu-lhes chorando. O filho desenganado pelos médicos; e descreveu os horrores da febre que o levava assim rapidamente...

"De mais a mais ele nega-se a todo alimento", dizia a pobre senhora. "Só consegue tomar leite... Os médicos mandam-no tomar leite de peito, tenho chamado amas... mas não querem dar-lhe o seio, outras recusam-se a tirar o leite com a bomba. E meu filho morre... meu filho morre!"

Laura olhou para o esposo; conservaram-se mudos um em frente ao outro. A dona da casa levou-os por fim para o quarto do doente.

O moço, enterrado entre as dobras dos lençóis, pareceria dormir se não movesse continuadamente os lábios muito secos. Exalava de todo o seu corpo um calor intensíssimo de febre. A irmã mais velha vigiava-o solicitamente, sentada ao pé do leito.

"Já veio a ama, mamãe?", perguntou ela com voz chorosa.

"Ainda não."

Bruno não abriu os olhos, mas uma ligeira contração arrepanhou-lhe as faces. O dr. Seabra estremeceu. Parecia-lhe a morte. Laura voltou-se de novo para o marido, com o rosto transtornado e o olhar interrogativo.

Ele vacilou um momento; depois fez-lhe um sinal afirmativo, muito vago, quase imperceptível.

A moça ajoelhou-se rapidamente e desabotoou com os dedos

273

nervosos e tacteantes o seu lindo vestido de seda azul-claro. O marido curvou-se, trêmulo, com as narinas dilatadas e o coração opresso; arrependido de seu consentimento, ia talvez dizer "Não!" — mas Laura tirara o seio túmido, branco, onde às vezes excediam tênues fios azulados, e encostava o bico róseo à boca ardente e seca do moribundo.

Ela, muito curvada, encobria a meio o busto do enfermo; ele engolia o leite a largos tragos, sofregamente, descerrando a pouco e pouco os olhos.

A comoção de Laura era imensa! Salvar o seu amor, o seu amante sonhado, a sua esperança, com o leite da sua carne, o sangue da sua vida, era um gesto de inextinguível doçura. Não era a volúpia, a paixão sensual que vibrava no seu corpo frágil de mulher moça, mas uma piedade, uma ternura que lhe alagava a alma, de tal jeito que a fazia amar agora o moço como uma mãe adora o filho pequenino...

Ele abriu completamente os olhos; reconheceu-a... houve um sorriso entre ambos, um clarão de verdade! Mas a febre exigia mais leite e ele continuou a chupar com sofreguidão a carne da mulher que nem em sonhos profanara nunca, dizendo-lhe com o olhar tudo que tinha sempre calado — que a amava... que a amava!... até que a prostração veio de novo cerrar-lhe as pálpebras e ele adormeceu profundamente, sem contrações, com um sorriso de paz nos lábios satisfeitos. Laura escondeu o seio, trêmula e feliz.

Só o dr. Seabra compreendeu que aquele sono do moço era o último, e foi com piedade e comoção que viu Laura levantar-se e dizer-lhe, toda dele, atirando-se aos seus braços, com ar vitorioso e sincero:

"Obrigado, meu querido... como és bom!"

De *Ânsia eterna* [contos, 1903]

LIMA BARRETO

O homem que sabia javanês

Em uma confeitaria, certa vez, ao meu amigo Castro, contava eu as partidas que havia pregado às convicções e às respeitabilidades para poder viver.

Houve mesmo uma dada ocasião, quando estive em Manaus, em que fui obrigado a esconder a minha qualidade de bacharel, para mais confiança obter dos clientes que afluíam ao meu escritório de feiticeiro e adivinho. Conto eu isso.

O meu amigo ouvia-me calado, embevecido, gostando daquele meu Gil Blas vivido, até que, em uma pausa da conversa, ao esgotarmos os copos, observou a esmo:

"Tens levado uma vida bem engraçada, Castelo!"

"Só assim se pode viver... Isto de uma ocupação única: sair de casa a certas horas, voltar a outras, aborrece, não achas? Não sei como me tenho aguentado lá no consulado!"

"Cansa-se; mas, não é disso que me admiro. O que me admira é que tenhas corrido tantas aventuras aqui neste Brasil imbecil e burocrático."

"Qual! Aqui mesmo, meu caro Castro, se podem arranjar belas páginas de vida. Imagina tu que já fui professor de javanês!"

"Quando? Aqui, depois que voltaste do consulado?"

"Não; antes. E, por sinal, fui nomeado cônsul por isso."

"Conta lá como foi. Bebes mais cerveja?"

"Bebo."

Mandamos buscar mais outra garrafa, enchemos os copos, e continuei:

"Eu tinha chegado havia pouco ao Rio, estava literalmente na miséria. Vivia fugido, de casa de pensão em casa de pensão, sem saber onde e como ganhar dinheiro, quando li no *Jornal do*

Comércio o anúncio seguinte: '*Precisa-se de um professor de língua javanesa. Cartas etc.*'.

"Ora, disse cá comigo, está aí uma colocação que não terá muitos concorrentes; se eu capiscasse quatro palavras, ia apresentar-me. Saí do café e andei pelas ruas, sempre a imaginar-me professor de javanês, ganhando dinheiro, andando de bonde e sem encontros desagradáveis com os *cadáveres*. Insensivelmente dirigi-me à Biblioteca Nacional. Não sabia bem que livro ia pedir, mas entrei, entreguei o chapéu ao porteiro, recebi a senha e subi. Na escada, acudiu-me pedir a *Grande Encycopédie*, letra J, a fim de consultar o artigo relativo a Java e à língua javanesa. Dito e feito. Fiquei sabendo, ao fim de alguns minutos, que Java era uma grande ilha do arquipélago de Sonda, colônia holandesa, e o javanês, língua aglutinante do grupo malaio-polinésio, possuía uma literatura digna de nota e escrita em caracteres derivados do velho alfabeto hindu.

"A *Enciclopédia* dava-me indicação de trabalhos sobre a tal língua malaia e não tive dúvidas em consultar um deles. Copiei o alfabeto, a sua pronunciação figurada e saí. Andei pelas ruas, perambulando e mastigando as letras.

"Na minha cabeça dançavam hieróglifos; de quando em quando consultava as minhas notas; entrava nos jardins e escrevia estes calungas na areia para guardá-los bem na memória e habituar a mão a escrevê-los.

"À noite, quando pude entrar em casa sem ser visto, para evitar indiscretas perguntas do encarregado, ainda continuei no quarto a engolir o meu abc malaio, e, com tanto afinco levei o propósito, que, de manhã, o sabia perfeitamente.

"Convenci-me que aquela era a língua mais fácil do mundo e saí; mas não tão cedo que não me encontrasse com o encarregado dos aluguéis dos cômodos:

"'Senhor Castelo, quando salda a sua conta?'

"Respondi-lhe então eu, com a mais encantadora esperança:

'Breve... Espere um pouco... Tenha paciência... Vou ser nomeado professor de javanês e...'.

"Por aí o homem interrompeu-me: 'Que diabo vem a ser isso, senhor Castelo?'.

"Gostei da diversão e ataquei o patriotismo do homem: 'É uma língua que se fala lá pelas bandas do Timor. Sabe onde é?'.

"Oh! alma ingênua! O homem esqueceu-se da minha dívida e disse-me com aquele falar forte dos portugueses: 'Eu cá por mim, não sei bem; mas ouvi dizer que são umas terras que temos lá para os lados de Macau. E o senhor sabe isso, senhor Castelo?'.

"Animado com esta saída feliz que me deu o javanês, voltei a procurar o anúncio. Lá estava ele. Resolvi animosamente propor--me ao professorado do idioma oceânico. Redigi a resposta, passei pelo *Jornal* e lá deixei a carta. Em seguida, voltei à biblioteca e continuei os meus estudos de javanês. Não fiz grandes progressos nesse dia, não sei se por julgar o alfabeto o único saber necessário a um professor da língua malaia ou se por ter me empenhado mais na bibliografia e história literária do idioma que ia ensinar.

"Ao cabo de dois dias, recebia eu uma carta para ir falar ao doutor Manuel Feliciano Soares Albernaz, barão de Jacuecanga, à rua Conde de Bonfim, não me recordo bem que número. É preciso não te esqueceres que entrementes continuei estudando o meu malaio, isto é, o tal javanês. Além do alfabeto, fiquei sabendo o nome de alguns autores, também perguntar e responder 'Como está o senhor?' — e duas ou três regras de gramática, lastrado todo esse saber com vinte palavras do léxico.

"Não imaginas as grandes dificuldades com que lutei para arranjar os quatrocentos réis da viagem! É mais fácil — podes estar certo — aprender o javanês... Fui a pé. Cheguei suadíssimo; e, com maternal carinho, as anosas mangueiras que se perfilavam em alameda diante da casa do titular me receberam, me acolheram e me reconfortaram. Em toda a minha vida, foi o único momento em que cheguei a sentir a simpatia da natureza...

"Era uma casa enorme que parecia estar deserta; estava maltratada, mas não sei por que me veio pensar que, nesse mau tratamento, havia mais desleixo e cansaço de viver que mesmo pobreza. Devia haver anos que não era pintada. As paredes descascavam e os beirais do telhado, daquelas telhas vidradas de outros tempos, estavam desguarnecidos aqui e ali, como dentaduras decadentes ou malcuidadas.

"Olhei um pouco o jardim e vi a pujança vingativa com que a tiririca e o carrapicho tinham expulsado os tinhorões e as begônias. Os crótons continuavam, porém, a viver com a sua folhagem de cores mortiças. Bati. Custaram-me a abrir. Veio, por fim, um antigo preto africano, cujas barbas e cabelo de algodão davam à sua fisionomia uma aguda impressão de velhice, doçura e sofrimento.

"Na sala havia uma galeria de retratos — arrogantes senhores de barba em colar se perfilavam, enquadrados em imensas molduras douradas, e doces perfis de senhoras, em bandós, com grandes leques, pareciam querer subir aos ares, enfunadas pelos redondos vestidos à balão; mas, daquelas velhas coisas, sobre as quais a poeira punha mais antiguidade e respeito, a que gostei mais de ver foi um belo jarrão de porcelana da China ou da Índia, como se diz. Aquela pureza da louça, a sua fragilidade, a ingenuidade do desenho e aquele seu fosco brilho de luar, diziam-me a mim que aquele objeto tinha sido feito por mãos de criança, a sonhar, para encanto dos olhos fatigados dos velhos desiludidos...

"Esperei um instante o dono da casa. Tardou um pouco. Um tanto trôpego, com o lenço de alcobaça na mão, tomando veneravelmente o simonte de antanho, foi cheio de respeito que o vi chegar. Tive vontade de ir-me embora. Mesmo se não fosse ele o discípulo, era sempre um crime mistificar aquele ancião, cuja velhice trazia à tona do meu pensamento alguma coisa de augusto, de sagrado. Hesitei, mas fiquei.

"'Eu sou, avancei, 'o professor de javanês que o senhor disse precisar.'

"'Sente-se', respondeu-me o velho. 'O senhor é daqui do Rio?'

"'Não, sou de Canavieiras.'

"'Como?', fez ele. 'Fale um pouco alto, que sou surdo.'

"'Sou de Canavieiras, na Bahia', insisti eu.

"'Onde fez os seus estudos?'

"'Em São Salvador.'

"'E onde aprendeu o javanês?', indagou ele, com aquela teimosia peculiar aos velhos.

"Não contava com essa pergunta, mas imediatamente arquitetei uma mentira. Contei-lhe que meu pai era javanês. Tripulante de um navio mercante, viera ter à Bahia, estabelecera-se nas proximidades de Canavieiras como pescador, casara, prosperara e fora com ele que aprendi javanês."

"E ele acreditou? E o físico?", perguntou meu amigo, que até então me ouvira calado.

"Não sou", objetei, "lá muito diferente de um javanês. Estes meus cabelos corridos, duros e grossos, e minha pele *basanée* podem dar-me muito bem o aspecto de um mestiço de malaio... Tu sabes bem que, entre nós, há de tudo: índios, malaios, taitianos, malgaxes, guanches, até godos. É uma comparsaria de raças e tipos de fazer inveja ao mundo inteiro."

"Bem", fez o meu amigo, "continua."

"O velho", emendei eu, "ouviu-me atentamente, considerou demoradamente o meu físico, pareceu que me julgava de fato filho de malaio e perguntou-me com doçura: 'Então está disposto a ensinar-me javanês?'.

"A resposta saiu-me sem querer: 'Pois não'.

"'O senhor há de ficar admirado', aduziu o barão de Jacuecanga, 'que eu, nesta idade, ainda queira aprender qualquer coisa, mas...'

"'Não tenho que admirar. Têm-se visto exemplos e exemplos muito fecundos...'

"'O que eu quero, meu caro senhor...'

"'Castelo', adiantei eu.

"'O que eu quero, meu caro senhor Castelo, é cumprir um juramento de família. Não sei se o senhor sabe que eu sou neto do conselheiro Albernaz, aquele que acompanhou Pedro I quando abdicou. Voltando de Londres, trouxe para aqui um livro em língua esquisita, a que tinha grande estimação. Fora um hindu ou siamês que lho dera, em Londres, em agradecimento a não sei que serviço prestado por meu avô. Ao morrer meu avô, chamou meu pai e lhe disse: 'Filho, tenho este livro aqui, escrito em javanês. Disse-me quem mo deu que ele evita desgraças e traz felicidades para quem o tem. Eu não sei nada ao certo. Em todo caso guarda-o; mas, se quiser que o fado que me deitou o sábio oriental se cumpra, faze com que teu filho o entenda, para que sempre a nossa raça seja feliz. Meu pai', continuou o velho barão, 'não acreditou muito na história; contudo, guardou o livro. Às portas da morte, ele mo deu e disse-me o que prometera ao pai. Em começo, fiz pouco-caso da história do livro. Deitei-o a um canto e fabriquei minha vida. Cheguei até a esquecer-me dele; mas, de uns tempos a esta parte, tenho passado por tanto desgosto, tantas desgraças têm caído sobre a minha velhice, que me lembrei do talismã da família. Tenho que o ler, que o compreender, se não quiser que meus últimos dias anunciem o desastre da minha posteridade; e, para entendê-lo, é claro que preciso entender o javanês. Eis aí.'

"Calou-se e notei que os olhos do velho se tinham orvalhado. Enxugou discretamente os olhos e perguntou-me se queria ver o tal livro. Respondi-lhe que sim. Chamou o criado, deu-lhe as instruções e explicou-me que perdera todos os filhos, sobrinhos, só lhe restando uma filha casada, cuja prole, porém, estava reduzida a um filho, débil de corpo e de saúde frágil e oscilante.

"Veio o livro. Era um velho calhamaço, um in-quarto antigo, encadernado em couro, impresso em grandes letras, em um papel amarelado e grosso. Faltava a folha do rosto e por isso não se podia ler a data da impressão. Tinha ainda umas páginas de prefácio, escritas em inglês, onde li que se tratava das histórias do príncipe Kulanga, escritor javanês de muito mérito.

"Logo informei disso o velho barão que, não percebendo que eu tinha chegado aí pelo inglês, ficou tendo em alta consideração o meu saber malaio. Estive ainda folheando o cartapácio, à laia de quem sabe magistralmente aquela espécie de vasconço, até que afinal contratamos as condições de preço e de hora, comprometendo-me a fazer com que ele lesse o tal alfarrábio antes de um ano.

"Dentro em pouco, dava a minha primeira lição, mas o velho não foi tão inteligente quanto eu. Não conseguia aprender a distinguir e a escrever nem sequer quatro letras. Enfim, com metade do alfabeto levamos um mês, e o senhor barão de Jacuecanga não ficou lá muito senhor da matéria: aprendia e desaprendia.

"A filha e o genro (penso que até aí nada sabiam da história do livro) vieram a ter notícias do estudo do velho; não se incomodaram. Acharam graça e julgaram a coisa boa para distraí-lo.

"Mas, com o que tu vais ficar assombrado, meu caro Castro, é com a admiração que o genro ficou tendo pelo professor de javanês. Que coisa única! Ele não se cansava de repetir: 'É um assombro! Tão moço! Se eu soubesse isso, ah! onde estava!'.

"O marido de dona Maria da Glória (assim se chamava a filha do barão) era desembargador, homem relacionado e poderoso; mas não se pejava em mostrar diante de todo o mundo a sua admiração pelo meu javanês. Por outro lado, o barão estava contentíssimo. Ao fim de dois meses, desistia da aprendizagem e pedira-me que lhe traduzisse, um dia sim outro não, um trecho do livro encantado. Bastava entendê-lo, disse ele; nada se opunha que outrem o traduzisse e ele ouvisse. Assim evitava a fadiga do estudo e cumpria o encargo.

"Sabes bem que até hoje nada sei de javanês, mas compus umas histórias bem tolas e impingi-as ao velhote como sendo do crônicon. Como ele ouvia aquelas bobagens!...

"Ficava extático, como se estivesse a ouvir palavras de um anjo. E eu crescia aos seus olhos!

"Fez-me morar em sua casa, enchia-me de presentes, aumentava-me o ordenado. Passava, enfim, uma vida regalada.

"Contribuiu muito para isso o fato de vir ele a receber uma herança de um seu parente esquecido que vivia em Portugal. O bom velho atribuiu a coisa ao meu javanês, e eu estive quase a crê-lo também.

"Fui perdendo os remorsos; mas, em todo o caso, sempre tive medo que me aparecesse pela frente alguém que soubesse o tal patuá malaio. E esse meu temor foi grande, quando o doce barão me mandou com uma carta ao visconde de Caruru, para que me fizesse entrar na diplomacia. Fiz-lhe todas as objeções; a minha fealdade, a falta de elegância, o meu aspecto tagalo. — 'Qual!', retrucava ele. 'Vá, menino; você sabe javanês!' Fui. Mandou-me o visconde para a Secretaria dos Estrangeiros com diversas recomendações. Foi um sucesso.

"O diretor chamou os chefes de seção: 'Vejam só, um homem que sabe javanês — que portento!'.

"Os chefes de seção levaram-me aos oficiais e amanuenses e houve um destes que me olhou com mais ódio do que com inveja ou admiração. E todos diziam: 'Então sabe javanês? É difícil? Não há quem o saiba aqui!'.

"O tal amanuense, que me olhou com ódio, acudiu então: 'É verdade, mas eu sei canaque. O senhor sabe?'. Disse-lhe que não, e fui à presença do ministro.

"A alta autoridade levantou-se, pôs as mãos às cadeiras, consertou o pince-nez no nariz e perguntou: 'Então, sabe javanês?'. Respondi-lhe que sim e, à sua pergunta onde o tinha aprendido, contei-lhe a história do tal pai javanês. 'Bem', disse-me o ministro, 'o senhor não deve ir para a diplomacia; o seu físico não se presta... O bom seria um consulado na Ásia ou Oceania. Por ora não há vaga, mas vou fazer uma reforma, e o senhor entrará. De hoje

282

em diante, porém, fica adido ao meu ministério e quero que, para o ano, parta para Bâle, onde vai representar o Brasil no Congresso de Linguística. Estude, leia o Hovelacque, o Max Müller e outros!'

"Imagina tu que eu, até aí, nada sabia de javanês, mas estava empregado e iria representar o Brasil em um congresso de sábios.

"O velho barão veio a morrer, passou o livro ao genro para que o fizesse chegar ao neto, quando tivesse a idade conveniente, e fez-me uma deixa no testamento.

"Pus-me com afã no estudo das línguas malaio-polinésicas; mas não havia meio!

"Bem jantado, bem-vestido, bem-dormido, não tinha a energia necessária para fazer entrar na cachola aquelas coisas esquisitas. Comprei livros, assinei revistas: *Revue Anthropologique et Linguistique*, *Proceedings of the English-Oceanic Association*, *Archivo Glottologico Italiano*, o diabo, mas nada! E a minha fama crescia. Na rua, os informados apontavam-me, dizendo aos outros: 'Lá vai o sujeito que sabe javanês'. Nas livrarias, os gramáticos consultavam-me sobre a colocação dos pronomes no tal jargão das ilhas de Sonda. Recebia cartas dos eruditos do interior, os jornais citavam o meu saber e recusei aceitar uma turma de alunos sequiosos de entenderem o tal javanês. A convite da redação, escrevi no *Jornal do Comércio* um artigo de quatro colunas sobre a literatura javanesa antiga e moderna..."

"Como, se tu nada sabias?", interrompeu-me o atento Castro.

"Muito simplesmente: primeiramente, descrevi a ilha de Java, com o auxílio de dicionários e umas poucas publicações de geografia, e depois citei a mais não poder."

"E nunca duvidaram?", perguntou-me ainda o meu amigo.

"Nunca. Isto é, uma vez quase fico perdido. A polícia prendeu um sujeito, um marujo, um tipo bronzeado que só falava uma língua esquisita. Chamaram diversos intérpretes, ninguém o entendia. Fui também chamado, com todos os respeitos que a minha sabedoria merecia, naturalmente. Demorei-me em ir, mas fui afinal. O homem já estava solto, graças à intervenção do cônsul holandês, a quem ele se fez compreender com meia dúzia de palavras holandesas. E o tal marujo era javanês — uf!

"Chegou, enfim, a época do congresso, e lá fui eu para a Europa. Que delícia! Assisti à inauguração e às sessões preparatórias. Inscreveram-me na sessão do tupi-guarani e me abalei para Paris. Antes, porém, fiz publicar no *Mensageiro de Bâle* o meu retrato, notas biográficas e bibliográficas. Quando voltei, o presidente pediu-me desculpas por me ter dado aquela sessão; não conhecia os meus trabalhos e julgara que, por ser eu americano brasileiro, estava-me naturalmente indicada a sessão do tupi-guarani. Aceitei as explicações e até hoje ainda não pude escrever as minhas obras sobre o javanês para lhe mandar, conforme prometi.

"Acabado o congresso, fiz publicar extratos do artigo do *Mensageiro de Bâle*, em Berlim, em Turim e Paris, onde os leitores de minhas obras me ofereceram um banquete, presidido pelo senador Gorot. Custou-me toda essa brincadeira, inclusive o banquete que me foi oferecido, cerca de dez mil francos, quase toda a herança do crédulo e bom barão de Jacuecanga.

"Não perdi meu tempo nem meu dinheiro. Passei a ser uma glória nacional e, ao saltar no cais Pharoux, recebi uma ovação de todas as classes sociais. O presidente da República, dias depois, convidava-me para almoçar em sua companhia.

"Dentro de seis meses fui despachado cônsul em Havana, onde estive seis anos e para onde voltarei, a fim de aperfeiçoar meus estudos das línguas da Malaia, Melanésia e Polinésia."

"É fantástico", observou Castro, agarrando o copo de cerveja.

"Olha: se não fosse estar contente, sabes que ia ser?"

"Quê?"

"Bacteriologista eminente. Vamos?"

"Vamos."

Do apêndice de *Triste fim de Policarpo Quaresma* [romance, 1915]

Sua Excelência

O ministro saiu do baile da Embaixada, embarcando logo no carro. Desde duas horas estivera a sonhar com aquele momento. Ansiava estar só, só com o seu pensamento, pesando bem as palavras que proferira, relembrando as atitudes e os pasmos olhares dos circunstantes. Por isso entrara no coupé depressa, sôfrego, sem mesmo reparar se de fato era o seu. Vinha cegamente, tangido por sentimentos complexos: orgulho, força, valor, vaidade.

Todo ele era um poço de certeza. Estava certo do seu valor intrínseco; estava certo das suas qualidades extraordinárias e excepcionais. A respeitosa atitude de todos e a deferência universal que o cercavam eram nada mais, nada menos, que o sinal da convicção geral de ser ele o resumo do país, a encarnação dos seus anseios. Nele viram os doridos queixumes dos humildes e os espetaculosos desejos dos ricos. As obscuras determinações das coisas, acertadamente, haviam-no erguido até ali, e mais alto levá-lo-iam visto que só ele, ele só e unicamente, seria capaz de fazer o país chegar aos destinos que os antecedentes dele impunham...

E ele sorriu quando essa frase lhe passou pelos olhos, totalmente escrita em caracteres de imprensa, em um livro ou jornal qualquer. Lembrou-se do seu discurso de ainda agora:

"Na vida das sociedades, como na dos indivíduos..."

Que maravilha! Tinha algo de filosófico, de transcendente. E o sucesso daquele trecho? Recordou-se dele por inteiro:

"Aristóteles, Bacon, Descartes, Espinoza e Spencer como Sólon, Justiniano, Portalis e Ihering, todos os filósofos, todos os juristas afirmam que as leis devem se basear nos costumes..."

O olhar, muito brilhante, cheio de admiração — o olhar do líder da oposição — foi o mais seguro penhor do efeito da frase...

E quando terminou! Oh!

"Senhor, nosso tempo é de grandes reformas; estejamos com ele; reformemos!"

A cerimônia mal conteve, nos circunstantes, o entusiasmo com que esse final foi recebido.

O auditório delirou. As palmas estrugiram; e, dentro do grande salão iluminado, pareceu-lhe que recebia as palmas da Terra toda.

O carro continuava a voar. As luzes da rua extensa apareciam como um só traço de fogo; depois, sumiram-se.

O veículo agora corria vertiginosamente dentro de uma névoa fosforescente. Era em vão que seus augustos olhos se abriam desmedidamente; não havia contornos, formas, onde eles pousassem.

Consultou o relógio. Estava parado? Não; mas marcava a mesma hora e o mesmo minuto da saída da festa.

"Cocheiro, aonde vamos?"

Quis arriar as vidraças. Não pôde; queimavam.

Redobrou os esforços, conseguindo arriar as da frente. Gritou ao cocheiro:

"Aonde vamos? Miserável, aonde me levas?"

Apesar de ter o carro algumas vidraças arriadas, no seu interior fazia um calor de forja. Quando lhe veio esta imagem, apalpou no peito as grã-cruzes magníficas. Graças a Deus, ainda não se haviam derretido. O leão da Birmânia, o dragão da China, o lingão da Índia estavam ali, entre todas as outras, intactas.

"Cocheiro, aonde me levas?"

Não era o mesmo cocheiro, não era o seu. Aquele homem de nariz adunco, queixo longo com uma barbicha, não era o seu fiel Manoel.

"Canalha para, para, senão caro me pagarás!"

O carro voava e o ministro continuava a vociferar:

"Miserável! Traidor! Para! Para!"

Em uma dessas vezes voltou-se o cocheiro; mas a escuridão

que se ia, aos poucos, fazendo quase perfeita, só lhe permitiu ver os olhos do guia da carruagem, a brilhar de um brilho brejeiro, metálico e cortante. Pareceu-lhe que estava a rir-se.

O calor aumentava. Pelos cantos o carro chispava. Não podendo suportar o calor, despiu-se. Tirou a agaloada casaca, depois o espadim, o colete, as calças...

Sufocado, estonteado, parecia-lhe que continuava com vida, mas suas pernas e seus braços, seu tronco e sua cabeça dançavam, separados.

Desmaiou; e, ao recuperar os sentidos, viu-se vestido com uma reles libré e uma grotesca cartola, cochilando à porta do palácio em que estivera ainda há pouco e de onde saíra triunfalmente, não havia minutos.

Nas proximidades, um coupé estacionava.

Quis verificar bem as coisas circundantes; mas não houve tempo.

Pelas escadas de mármore, gravemente, solenemente, um homem (pareceu-lhe isso) descia os degraus, envolvido no fardão que despira, tendo no peito as mesmas magníficas grã-cruzes.

Logo que o personagem pisou na soleira, de um só ímpeto aproximou-se e, abjetamente, como se até ali não tivesse feito outra coisa, indagou:

"V. Excia. quer o carro?"

De *Histórias e sonhos* [contos, 1920]

MENDES FRADIQUE

A Independência

A história da nossa independência tem suas origens no início da era cristã.

Tomados a sério os estudos de Allan Kardec, Catespero e Flammarion, encontraremos a personalidade de d. Pedro repetida em mais de mil encarnações sucessivas, desde Pedro, o apóstolo, até Pedro, o Flechão. Merecem destaque, todavia, as seguintes encarnações:

Pedro, o apóstolo, santos Pedros diversos e dez ou doze Pedros reis de Portugal, Castela, Rússia, Sérvia etc.; Pedro Malasarte, Pedro Álvares Cabral e, finalmente, Pedro I, pai de Pedro II, avô de Pedro III e....................

Quando d. João Cesto, reanimado pelos funerais de Napoleão, volvia calmamente aos chouriços e vinhaças do Reino, deixou no Brasil um menino malcriado, com honras de cadete e entrada permanente nos cinematógrafos.

Frequentador assíduo dos Tenentes e do High Life, vivia o príncipe entre a verborragia dos cavadores descontentes e as negaças de uma donzela, mãe de dois filhos, e que se chamava Inês de Castro.

Apreensivo com a intimidade estabelecida entre seu filho e Tiradentes, Lopes Trovão e outros maximalistas, houve por bem d. João Cesto chamar o incorrigível fedelho à sua adiposa e régia presença.

A contrariedade foi geral.

Os humoristas anteviam a falência de sua indústria por falta de assunto; as rãs choravam de antemão a ausência do rei; Inês de Castro munia-se prudentemente de um vidro de Lisol, e o sr.

Xico Salles chouriçava a supressão dos almoços governamentais com o delfim.

Em suma, de todos o mais descontente era o próprio príncipe, que estava disposto a não abandonar aquela sinecura e principalmente a Inês de Castro.

Protestos populares rebentaram de todos os cantos do país.

No largo de São Francisco, José Bonifácio berrava aos quatro ventos contra a saída do príncipe; Floriano, em frente ao Municipal, de espada em punho e armado com um pedaço de canhão, impunha ao povo que impedisse o embarque; Lucas do Prado e Lustosa de Aragão participaram também dessa cruzada.

Uma comissão composta de Epitácio Pessoa, Calógeras e Inês de Castro foi ao Catete implorar de Sua Alteza o sacrifício de continuar a esbanjar os cobres nacionais.

A resposta não tardou a explodir.

Aparecendo numa das janelas do palácio, diante de uma multidão inumerável de selvagens, o príncipe, afunilando as mãos à boca, berrou aos ouvidos do Raul, então ouvidor-geral do Reino:

"Como é para bem de todos, felicidade e geral danação, diga ao povo que fico!"

E ficou.

Desde essa hora memorável, submetiam-se as resoluções da metrópole ao veto de d. Pedro, e o sr. O. Duque Estrada, secretário do príncipe, lançava todos os dias, no seu belo cursivo de amanuense, o *cumpra-se* ou *não cumpra-se* sobre a papelada.

Os atos de rebeldia às cortes de Lisboa sucediam-se com amiudada frequência, e foi numa tarde de chuva que o sr. Lima Barreto organizou o conselho de procuradores, encarregado de procurar um meio de realizar o quanto antes a independência pessoal de cada um.

Por essa ocasião Castro Alves, amador de cavaquinho e poeta satírico, primo de Inês de Castro e rival de d. Pedro, cuspiu os seguintes versos sobre a conduta da prima, tornando-a Liberdade por tabela:

Eras tu, liberdade peregrina,
Esposa do porvir, noiva do sol!

Inês de Castro, indignada, confiou a defesa a Camões, que saiu da querela com um olho vazado e foi torrar café à rua Senador Eusébio.

Foi então a defesa de d. Inês entregue a Gonçalves Lobo, que pôs termo à questão com a célebre frase:

"Está acabado o tempo de enganar os homens."

Irritado com tais picuinhas, d. Pedro aliou-se, como vimos, a Tiradentes, Lopes Trovão, Maurício de Lacerda e outros, reunindo-se todos no Stadt München, na noite em que um dos conjurados, o sr. Ellis, traiu os companheiros propondo o decreto do sítio.

A esse ponto surge uma dúvida histórica.

Uns afirmam que d. Pedro, apavorado com a suspensão das garantias constitucionais, abalou para São Paulo, onde proclamou a Independência; outros asseguram que, ao saber da assinatura do sítio, o príncipe, tomado de terror pânico, enganchou-se no cavalo do tílburi mais próximo e encarapitou-se num pedestal existente no largo do Rocio à saída do Stadt München, no que foi imitado por alguns selvagens mais solidários e uns bichos que haviam fugido dos quadros inventados pelo sr. Drummond no Jardim Zoológico, mais tarde convertidos em instituição nacional permanente, sob a guarda e proteção das autoridades civis e militares: o jogo dos... ditos. O medo intenso resfriou bruscamente o grupo, petrificando-o e bronzificando-o em seguida.

Outros sustos semelhantes têm aumentado um tanto o volume dos heróis.

Ainda lá se vê um índio, apontando a flecha que se destinava a um guarda-civil da tribo dos Goitacazes, que tentara dar voz de prisão ao grupo. Apesar disso, o Brasil passou a ser uma nação mais ou menos independente, tendo como imperador o barão de Rotschild.

A cerimônia de coroação foi marcada para o dia 12 de outubro, no Palácio Monroe; mas a chegada imprevista de Cristóvão Colombo, que vinha expressamente descobrir a América, fez com que se a transferisse para o dia 15 de novembro, aniversário da proclamação da República.

Foram então criadas várias ordens e condecorações, entre elas a Ordem do Banho, ideia do sr. Capistrano de Abreu; os Dragões da Independência, pelo sr. Gustavo do Norte; as Turmalinas Pretas, pelo sr. Hemetério; e a Ordem da Jarreteira, ou Liga das Nações, pelo sr. Wilson Woodrow.

De *História do Brasil pelo método confuso* [humor, 1927]

MERCEDES DANTAS

Potranca

Aqui tenho este — o primeiro. Escrevo à margem, como etiqueta, para, de relance, identificá-lo: potranca. E vacilo. Talvez pudico: mulher. Não. Talvez perfeita, corça ou... Está resolvido: potranca. Chama-se po-tran-ca, simples e nuamente.

Tenho minhas razões. E se as confessasse? Se as escrevesse em letras redondas, bem redondinhas, aqui, para caricaturá-las ou ferreteá-las, dá no mesmo?

É uma mulher, ou por outra, uma pequena, de dezoito a vinte anos prováveis. Talvez mais. Não importa. A fausse maigre de flexibilidade de junco, cintura estreita, sem cinta, seios livres, ombros nus. Que mais? Cabelos cortados, sob um nome qualquer, à la garçonne, à efebo, sei lá... Que mais? Ah! Por que não? Sobrancelhas quase depiladas — um fiozinho inexpressivo, enegrecido, por cima dos olhos cheios de luz, ansiosos de luz! Lábios como o ás de copas de baralhos caprichosos; mãos finas etc. etc.

Eis aí. Linhas elegantes, esguias, talhe esculturado numa carnação moça, morena, quente, com penugens de pêssegos macios na boca, na nuca, junto das orelhas...

O fino Anatole pôs sinteticamente na boca de Platão estas palavras: "*L'âme est triple. Nous avons une âme três grossière dans le ventre, une âme affectuese dans la poitrine et une âme raisonnable dans la tête. L'âme est immortelle. Les femmes n'ont que deux âmes. Il leur manque la raisonnable*".

Teria ele previsto este meu exemplar? Justos céus! Eu que, há tempos recuados, mentalmente, ri em frente das veneráveis barbas do velho ironista!

Mea culpa, mea culpa...

Eis a fisionomia externa da pequena. Da interna direi somente e, talvez de maneira mais irretorquível, não tem cabeça, ou tem-na de vento.

Chama-se, segundo o registro civil e como exigem as novelas, chama-se Josephina — Fifi. É mais sonoro ou mais fino. É um nome.

Morava com a família, obscuramente, numa casinha de frente de rua, janelas baixas, porta-portão ao lado.

Devia ter, então, seus doze anos bem desenvolvidos, desabrochantes, viçosos. Um botão, como poeticamente se diz.

E era de ver, à tarde, quando na esquina próxima passavam os bondes apinhados, ou os automóveis velozes, capotas arriadas e casais felizes — as labaredas de seus olhos cheios de luz! Esticava o pescoço — de garça, vá lá —, boca entreaberta, e olhava, e olhava horas desfiadas...

Um suspiro. Olhos revirados:

"Meu Deus! Quem me dera um automóvel!"

292

E não mais queria ir à escola. Para quê? A ciência da vida, a grande, a sábia, a útil, ela já conhecia inteirinha, com todos os parágrafos. Ora! Ficava suspirando pelos automóveis, nas tardes douradas e quentes. Era mais proveitoso.

Aos quatorze anos já tinha meia dúzia de namorados — uns rapazelhos de linguagem suspeita, olhares cínicos, charutos, mãos nos bolsos, coração vazio.

A todos deixara colher, à primeira súplica açucarada, a flor fresquinha de sua boca pequenina, na penumbra da porta-portão.

À noite, na solidão das horas sem sono, ficava estirada na cama, pensando...

Arrastava os dias, modestamente, pelas calçadas poeirentas e cinemas baratos.

A mesa era magra, o guarda-roupa quase despovoado.

Que sacrifícios lhe custava um vestido de crepe da China feito por suas mãos esguias, muito simples, bordadinho à missanga, ou todo liso, colante! Um chapéu! Bem os conhecia a todos quando os via em outras cabeças inexpressivas!

Ela possuía o mais alto senso das proporções, o dom maravilhoso de combinar matizes surpreendentes com a cor local.

Sabia que pulseira lhe realçaria melhor o tom amorenado dos braços.

Via, via tudo isso, nitidamente, como se fora deliciosa realidade.

E tanta gente que nem sabia vestir-se e viver as horas boas da vida!

E Fifi continuava a ser uma estranha flor, desabrochando ignorada, quietamente, sem finalidade, sob o teto paterno — pobre teto de funcionário público, atormentado e cheio de dívidas!

Na arcada do peito ela sentia um coração sequioso de emoções, da grande alegria de viver, tonta de luz, a ebriez das horas únicas do amor, do luxo, da riqueza!

Um automóvel de placa particular, lento, macio, soberbo...
Vestidos de seda, joias fulgurantes, passeios orgulhosos...
Suspirava. Deus dá nozes a quem não tem dentes...
Se ela achasse as nozes...
Acordava irritada, olhos fundos, febris. Respondia desabrida
a quem lhe dirigisse a palavra, anatematizando a sorte, e ia encostar-se à janela baixa, espiando, na esquina próxima, passarem os
automóveis vertiginosos, capotas arriadas, casais felizes.

Uma vez apareceram-lhe os tios.
Vieram num belo automóvel bem lançado e luzidio.
Fifi veio vê-los na calçada e, abraçando-os estouvadamente,
fixou o luxuoso carro.
Lindo, sereno, faiscando todo à luz límpida do dia, monograma na portinhola! E, da porta, enquanto os fazia entrar, ainda
o contemplou pensativa um minutinho! Lindo!
Titia era uma gorda montra de joias magníficas. Busto desmesurado, alvo, róseo, úmido de suor. Boa pessoa de pequenos
olhos complacentes. Titio, moreno, bigodão rente ao beiço, olhos
fatigados, cabelos raros.
"Vejamos, Anália, pensa bem. Levaremos Fifi. Ela precisa conhecer a sociedade, aproveitar os anos..."
"E achar um bom casamento", concluiu titio, olhando-a,
como excelente avalista que era.
E foi-se a Fifi. Pronto!
Cobriu-se de seda, cortou os cabelos, depilou quase as sobrancelhas, contou mais dois anos na lista secreta da idade — e
ei-la na grande feira da Vida, fixada por minha objetiva, tal qual
lá no princípio eu te mostrei, leitor amigo.
Que faz Fifi?

Ávida, eletrizada, mergulhou na larga onda de prazer que lhe dava o meio social para onde a carregaram. Acordava tarde. Horas de toucador. Almoço, telefone, Avenida. Programa: cinema, chá, flirt — Ah! O flirt! Delicioso entendimento! Mudo dizer que bem quisera... Fifi tem uma prima. É verdade. Esquecia-me, mas ainda está em tempo. Pois tem uma prima alta, elegante, triste — companheira benevolente de passeios, alegrias e bailes. Segue-a na linha reta de sua simpleza e moderação.

No fundo do coraçãozinho, Fifi tem pena dela e diz-lho porque é sua amiga:

"Sabes, Lalá, não farás nada na vida assim... Mal sorris, não vibras, não te divertes, não zombas dos homens. Eles não te querem. Os homens nos julgam por nosso decote, nossas unhas, nossa trousse..."

"Erras, Fifi, verás."

"Eu, não. Tu. A que mais ri, a que mais dança... Nem te digo. Para quê?"

Mas Fifi pontificava, legislava, soberanamente, em casa, desde a disposição das flores até a vestimenta da criadagem...

Titio achava-a simplesmente adorável.

"Deliciosa, essa pequena!", dizia, a baforadas espaçadas, olhos no teto pintado a óleo...

Sim. Puro-sangue de raça superior, árdega, insatisfeita! Quando se senta num automóvel, vê-se-lhe no irradiar dos olhos a estranha luz da satisfação da vida em quase sua plenitude! Sim, quase! Em frente ao espelho, no fulgor de seus vestidos de baile, morde o bico do beiço, na ânsia inextinguível do luxo! Mulher superior! Puro-sangue de dar volta ao miolo de muita gente sisuda...

Enxames de rapazes, em volta, ei-la nos bailes, quero dizer, nos chás dançantes, onde rodopia e se mistura muita espécie de gente.

295

Vê como foxtroteia: ora une-se ao cavalheiro na mesma ardente finalidade estética de arte, ora afasta o busto livre e se olham, e riem alto, muito alto mesmo.

É incomparável! Por que gargalha assim, freneticamente, quase gritando, chamando os rapazes por *você*, ajeitando-lhes as gravatas descuidadas, teimosas?

Uma vez — foi verdade —, acariciou certo queixo sorridente, caluniando o bom gosto de tê-lo raspado *à gillette*.

A prima começava a temer alguma coisa que mal ousava pensar...

"Esta Fifi..."

Carnaval!

Que impressionantes instantâneos, se quiséssemos, eu e tu, leitor, sair batendo chapas escolhidinhas, anotadinhas, identificadinhas... Hem?

Repara: ali está aquele grupo ou bloco, como se chama hoje. Tem um nome: *"Mamãe, eu vou ver"*, *"Você não quer mas eu vou mesmo"*. Por aí, mais ou menos.

Aquelas jovens quase nuas pintadas *à vermillon*, olheiras fundas, desgrenhadas, gargalhando e cantando "coisas"... que te parecem?

Pois são moças de família, honestíssimas, que, da banda de cá, ao findar-se de todo o Carnaval, ficam o que realmente são: moças ajuizadas, detestando a penumbra dos cinemas, moças que saem somente acompanhadas, que leem bons e recomendáveis livros, que só flertam para casar. Aí está. Não sejas tolo.

E aqueles rapazes? Em mangas de camisa ou mesmo fantasiados, cínicos etc. etc.?

Pois são moços igualmente de família, instalados na vida, e que estão com suas irmãs, ou suas esposas, ou suas noivas, ou...

Mas chega. Sabes melhor do que eu e vamos a Fifi no Carnaval.

Está no automóvel do tio. Não disse bem, toda a família está no automóvel.

A prima é odalisca — uma bem triste odalisca.

Ela, não, inventou uma fantasia, de fino gosto, dentro das três regras fundamentais da elegância moderna: curta, decotada, sem mangas. O resto não importa. Penachos a mais ou a menos. O importante é o automóvel da retaguarda. Um belo carro com cinco rapazes esplêndidos. Nababos das serpentinas, que as acompanham até o fim do mundo, se possível disputando-a a um só tempo.

No primeiro dia já se tratam por *você*, oferecem-se mutuamente sanduíches deliciosos; segundo dia, descem do automóvel, nas pausas intermináveis do corso, e vão com ela conversar, ao lado da capota; terceiro dia, residência e telefone, enterro do Carnaval num grande baile.

Quarto dia...

É em casa, a Fifi depois do telefone.

Está triste, muito triste. Não ouve a prima sentimental.

Sua pequena cabeça, muito bem frisada, pensa um dilúvio de coisas importantíssimas...

Aquela casa devia ser no bairro mais elegante da Capital. Não é. Suas mãos finas e lindas fazem ainda certos trabalhinhos domésticos. Não devia ser assim. O automóvel nem sempre está à porta, à disposição de seus caprichos. E podia. Os tios já se impacientam com as travessuras de seus vinte anos oficializados. Não tinham razão. A prima não a entende. Nascera para mãe de família, para criar filhos sem ama. Ela não compreendia casamento com prole, mulher em casa adorando as louras cabecitas dos pequerruchos, fazendo do lar uma região de tranquilidade, de bom gosto e de dedicação. A vida era, simplesmente, um prado com a respectiva pista e o prêmio disputado a focinho, na tabuleta branca de chegada.

Vertigem! Sim, porque, depois, lá vinham as rajadas frescas dos trinta, os primeiros frios, já prolongados, os quarenta e... o horror branco dos cinquenta. E o que restou? Nada! Era aproveitar. Para isso era uma deliciosa flor humana, sempre contemplada com admiração pela outra metade dos viventes.

Ora, mães de família sem gosto, do século passado, que a fitavam com olhos evidentemente surpresos! Ela era uma alma americana num corpo viçoso desta América.

Começaram os dias de mau humor.

As horas gloriosas do Carnaval rasgaram-lhe perspectivas extraordinárias, que ela suspeitava apenas.

Perfurar outra camada social, outra ainda!

Às vezes, deplorava, no íntimo, o deserto de sua cabeça, a falta de habilidades artísticas.

Mas... quantas moças cultas, finos espíritos anelantes do Belo, imobilizadas na vida, sem um olhar de amor!

Fifi não perdia tempo com essas ninharias, quando possuía a força de seu sorriso, a luminosidade de suas pupilas escuras. Tinha ânsia de liberdade. Ser livre! Saborear todos os pomos dourados da vida, ir borboleteando, aqui e além, colhendo os triunfos da mocidade, sem coração nem consciência!

O grande prado com a respectiva pista e a tabuleta branca da chegada!

Estava certo dia de silêncio, no quarto, no divã convidativo.

Levantou-se e foi à janela.

"Sabes, Fifi, o Sylvio quer casar comigo", disse a prima entrando, abrindo-se num incomparável sorriso de felicidade.

"Contigo! E vais casar! Tu! Com um rapaz que só tem um conto e pouco por mês! Tu!"

E riu explosivamente, mãos nas ilhargas.

A outra, admirada, fitava-a em silêncio.

298

"Tu!", repetia. "Pois olha. Eu não me casaria assim. Quero cinco contos mensais. Senão, não."

"Não acharás. Bem sabes por quê."

"Ora! Verás que sim, verás. Enfim, minha filha, meus cumprimentos."

E voltou à janela, pensativa.

E Fifi, pela primeira vez na vida, ficou séria, muito séria mesmo. Não ria. Não sabia por quê. E dizia consigo:

"Vai casar, vai criar filhos, por certo. Não tenho coragem para tanto. Alguns já me têm dito o mesmo que Sylvio, mas depois desaparecem. Sabem o que sou aqui... Valho o meu sorriso, mais nada. Outros são pobres... pobres moços que vislumbro lá embaixo..."

Longa pausa.

"Depois, bem pensado, o casamento é uma prisão bem desagradável, sem alegrias como as compreendo e quero. Um marido! Um glorioso marido — eis a cela sem saída para a mulher. Monja da vida!"

Longuíssima pausa.

"Eu... eu prefiro a liberdade... a li-ber-da-de... Isto sim, isto sim..."

Uma hora de ruminação silenciosa.

Olhos profundos seguindo, invejosos, o voo de uma formiga de asas.

"O Sylvio não é mau. Mas ganha pouco. Aquele do automóvel é soberbo, simplesmente soberbo. E está apaixonado, a-pai-xo-na-do por mim... Já m'o disse e eu sei que é verdade. Espero por ele e... por outros, mais algum tempo. Pronto. Depois resolvo a vida. Pronto. A meu modo, muito a meu modo. Pronto."

Esperou pelo do automóvel um mês, dois, três...

Ele não atava nem desatava. Dizia-se extremamente apaixonado e ela continuava na vertigem da pista, a ver se chegava à tabuleta branca do prêmio.

A prima casou-se. Nesse dia, sublinhado a lápis vermelho no canhenho de notas íntimas, o soberbo do automóvel fez uma esplêndida derrapagem, como sabia fazer sempre.

Fifi mais nervosa, mais ávida, a todos deslumbrou, positivamente, com sua inoportuna jovialidade, suas risadas, sua elegância. Mas ninguém, até então, lhe servia. Eram blagues. Ou ganhavam pouco ou... queriam muito.

Em geral aspiravam apenas à frescura de sua boca de ás de copas e não lhe falavam de himeneu.

No fim do dia chimpou-se a um senhor "distinto, de quarenta anos, têmporas esbranquiçadas", e que ela não perdia de vista, há muito.

Flertaram com todos os parágrafos.

Ele tinha pérola na gravata e caderneta no Banco.

À meia-luz, no vão da janela protetora, sussurrou-lhe ele com voz apaixonada e quente:

"Escute, Fifi, já lhe tenho dito como a quero. Se você pensa como eu, montaremos um ménage delicioso. Não vivo com minha mulher há quatro anos. Ela se foi em busca de felicidade e eu creio que a encontrei com você. Quer?"

Gesto de espanto de Fifi.

"Não te espantes, filha. A vida é isso mesmo. Realizarei a tua com todos os primores do bom gosto: limusine, Copacabana e até passeios à Europa. És uma mulher digna de uma fortuna. Eu te ofereço a minha."

Outro gesto de Fifi. Não de espanto.

"Nada de receios. Doto-te. Para dar satisfações à sociedade abelhuda e impertinente, casar-nos-emos onde quiseres, como quiseres, não faço questão."

Fifi refletiu profundamente. Pensou na tola da prima, sorriu e fez com a graciosa cabeça um sim imperceptível...

Desapontado, leitor? Aposto. Querias que ela dissesse não, que o chamasse de certos nomes à altura das circunstâncias, que lhe desse solenemente as costas e que bradasse com todas as letras e entonações terríveis e humanas, não, não, não, seu este, seu aquele!

Não disse.

As Fifis — flores da época — não dizem não. Dizem sim na primeira oportunidade, impacientemente, e este sim é o patamar da grande escada da qual rolarão até, até...

De *Nus* [contos, 1925]

OSWALD BERESFORD

As saias de Mlle. Jazz-Band

Ela é bem pantera, uma pantera ultracivilizada, cujas formas Poiret, Redfern e Worth tivessem envolvido num foulard de crepe da China. E cujo corpo Bichara, Lhose, Bohem, Gabilla e Scher tivessem embebido em suas essências diabólicas. E aquela imensa maple de couro verde-sombrio, com seus almofadões de seda amarela, é bem um juncal docemente traiçoeiro.

Seus olhos irradiam uma luz fria e têm uma expressão hostil, quase agressiva.

São verdes como a esteira dos barcos no mar, como as selvas virgens, como as algas dos penhascos batidos pelas vagas, como as násicas de Sumatra, como as malaquitas da Sibéria, como os jades mais puros, como o absinto consolador, como a toalha líquida e espectral das albufeiras, como a água morta onde dormem os nenúfares.

Não eram tão verdes as najas sagradas do Egito, o vaso místico do Santo Graal, o veneno dos Bórgias, os berilos da Índia antiga. Como se fossem crisólitos ou crisoberilos ao contato da luz, suas íris fosforescentes se iluminam de súbitos clarões de jalde. Na Ásia longínqua, nos juncais caiados pelo luar, não luzem tanto as pupilas das panteras.

Desmaiam em suas faces duas rosas pompom. Em seu colo há curvas e alvuras de cerusa; em sua cabeleira, todo o ouro dos veios ignotos. Não têm a maciez voluptuosa de sua pele as plumas e arminhos, os cetins de Esmirna e as sedas de Nagasáki. Não é tão branca como a sua a carne lactescente dos lótus, sob o beijo amoroso do luar.

Mlle. Jazz-Band nasceu dum sonho de Léo Fontan e Hérouard, numa noite delirante de shimmy. Mlle. Jazz-Band é um frêmito vivo, uma serpente elétrica, uma espiral alucinada. Contudo, quando o Angelus soluça na imensa quietação vesperal, seu corpo tem o langor lascivo da *Odalisca* d'Ingres.

Ele é bem um guerreiro mouro, com sua tez acobreada e seus olhos negros, onde arde o fogo do deserto. Reclinado molemente em sua maple, seria uma grande força tranquila, se a inquietude não incendiasse suas pupilas.

Ela é bem uma Xerazade moderna, desfiando um rosário de maldades e futilidades. As palavras despenham-se de seus lábios, vertiginosas, encachoeiradas, com estridências metálicas e sonoridades agudas. Ele é bem um novo Schariar, um Schariar de camisas futuristas e gravatas Ba-ta-clan, um Schariar da idade louca do foxtrote.

Ele dormiu sobre um leito dessas fabulosas anacompseras que faziam o desejo irromper e crepitar com violências de tufão. E, agora, todo ele é uma lava ardente, uma pira sagrada, uma ara votiva do amor.

Em sua fisionomia impassível de ídolo oriental, apenas as pupilas de ônix, com seu fulgor desvairado, dizem que seus lábios têm mais sede que o Saara.

Um minuto, as asas de Hórus, douradas e imensas, se alastraram pelo espaço. As nuvens se encharcaram dum sangue mais vermelho que azaléas pisadas e que carbúnculos, granadas e cornalinas em fusão. Depois um velário roxo, embebido no sangue de violetas e glicínias, desceu sobre a terra. Mlle. Jazz-Band sorri agora. Seus olhos mongóis se estiram, se fendem ainda mais, derramando uma luz glauca, que se dilui em clarões de topázio. Seus lábios de laca se movem sempre, mais rubros que a cochonilha.

Olhos incendiados por fulgores dementes, a imaginação abrasada por sonhos delirantes, lábios secos e trêmulos, o sangue a ferver nas veias, o corpo inteiro em febre, ele é uma sarça do deserto que o beijo siroco inflamou e agora arde, suplicando amor na solidão das dunas esbraseadas.

Parece que o Universo se imobilizou. No ar parado, há odores estranhos, que anulam a vontade e alucinam os sentidos. Um torpor imenso pesa sobre todas as coisas. As energias se fundem em langores mórbidos, em dormências de água morna. No balcão florido, os cravos se abrem para o beijo úmido da noite.

Com lentidões litúrgicas, ele se aproxima de Mlle. Jazz-Band, agora silenciosa, vagamente extática, imensa numa pasma *rêverie*, e cinge-lhe, com os braços robustos, o corpo coleante de serpente. Sua boca procura os lábios de laca vermelha com a ânsia com que os guerreiros do Reno, prostrados em combate, sorviam outrora no Walhalla o hidromel das Valquírias.

Mas, antes que se tivessem afundado na polpa úmida e sangrenta, num prenúncio da hora suprema da volúpia, a extrema-unção do espasmo, uma gargalhada, estrídula e metálica como um choque de címbalos, rasgou o silêncio ambiente, quebrando o imenso pasmo das coisas.

E agora Mlle. Jazz-Band tem a placidez irônica das divindades amarelas.

No céu lápis-lazúli, a Galáxia é uma gaze espúmea, velando o braseiro policrômico das constelações.

Na avenida azul, orlada de luas elétricas e de arvoredos farfalhantes, o guerreiro da Mauritânia afundou-se nas almofadas da sua Studebaker, com a melancólica resignação de quem marcha para o exílio.

Sentia agora uma prostração infinita, como se tivesse consumido toda a sua seiva transbordante de fauno moço numa orgia desvairada. Tinha os nervos lassos, um ar de infinita amargura e desencanto. Enquanto o fanal vermelho do auto ia pincelando de sangue o asfalto, seus lábios iam surdinando "La copa del olvido". O volante tremia em suas mãos. Os pensamentos se atropelavam em sua mente.

"Essa derrota!..." Oh! Mas, também, com semelhante timidez, com tamanha falta de audácia!... Impossível exigir mais do pudor feminino...

Dez horas. Uma campainha soa desesperadamente. Envolto num roupão violeta, ele pensa numa viagem longínqua, contemplando o lento espiralar do fumo do seu cigarro. Uma voz metálica que ele, na perturbação do momento, não sabe reconhecer, vibra do outro lado do fio:

"Meu pobre amigo, és bem um símbolo, o símbolo melancólico dos tímidos, da legião torturada dos que não ousam... No entanto, o amor não é tão complicado nem tão inacessível como supões. Toda a carne sucumbe ao arrepio da volúpia. Apenas é preciso não se iludir com uma resistência aparente e fictícia, produto maquinal, espontâneo e hipócrita de preconceitos e hábitos seculares. Meu pobre amigo, toda a sabedoria do amor se resume na audácia de levantar as saias de Mlle. Jazz-Band..."

Ele não contava, positivamente, com esses preceitos profundos, misto de sabedoria do Corão e da *Vie Parisienne*. Mas, antes que voltasse a si do seu espanto, já um ruído metálico, semelhante ao tinir de campainha pelo templo budista, anunciava que sua interlocutora pousara o receptor no gancho.

De *O Mundo Literário* [revista, 5 jun. 1923]

◆

O inimigo gaseificado, ou a vingança do sr. Concreto

O cubo de aço estacou. Vinha diretamente do 115º andar. Dele desceram: o homem chupado, o homem abracadabrante, o poeta das *Baladas eletrossiderúrgicas* e da *Mulher-locomotiva*, o novelista quilométrico da *História dum homem muito elástico*, o sr. Concreto, presidente do Clube da Relatividade e da Entreprise Intercontinental pour le Développement du Suicide, o sr. Clorureto, chefe da Universal Company for Instantaneous Restoring to Youth, Ltd., e Maomé, de braços com o sr. Alfredo Ellis.

"Janta comigo hoje em Honolulu? O aerobus M-415, da Trans-Pacific, deixará a ponta do Arpoador às 35 horas", convidou o sr. Clorureto, fundindo-se em amabilidade, como bismuto à chama do maçarico.

"Impossível", redarguiu o sr. Concreto. "Tenho um compromisso com meu representante em Tanganika."

◆ ◆ ◆

Um corisco de fogo ilumina. No alto dum arranha-céu afunilado, um cartaz cubisticamente berrante:

Companhia Universal de Rejuvenescimento Instantâneo Ltda.
(Universal Company for Instantaneous Restoring to Youth, Ltd.)
Processo eletrolítico com enxerto de glândulas do menocaquitiossauro.
Aviso — Em vista do despovoamento das florestas da Rodésia, majoração
definitiva de 55% sobre todas as nossas tabelas.

Um negro de Madagascar, com uma fardeta arco-irisada e cartola vermelha, passa num tanque de aço, onde se lê repetidamente, em grandes caracteres:

Empresa Intercontinental para o Desenvolvimento do Suicídio
(Entreprise Intercontinental pour le Développement du Suicide)
Nossos métodos são:
Os mais seguros.
Os mais suaves.
Os mais econômicos.
Verifiquem!

Passam negritos das Filipinas, de monociclos, com pequenos cartazes às costas:

A vida é um fardo.
Por que V. S. não se suicida?
O sr. B. era extremamente infeliz. Vivia acabrunhado.
Procurou-nos. E, graças aos nossos processos suaves de
dissociação das moléculas, vive hoje serenamente no espaço,
sob a forma de gases.

306

Mirai-vos neste exemplo!

Quereis ser feliz? Suicidai-vos.
Os nossos estabelecimentos estão sempre repletos.
Milhares de atestados.

No aerobus 993-P, linha Timbuctu-Punta Arenas.

O sr. Clorureto conversa com o sr. Concreto e fuma um charuto químico, expelindo densas baforadas verdes. Falam dos fatos do dia. O presidente da República Socialista do Tibete torceu um pé; o telescópio do monte Wilson foi bombardeado com projéteis helicoidais por marcianos vagabundos; o primeiro vice-subchefe do Serviço de Repressão ao Contrabando Aéreo, de Teerã, apreendeu uma valiosa muamba, consistente em 300 mil tubos de elixir dinâmico-genésio Pluribus; incendiaram-se os depósitos de hélio de Tehuantepec; faleceu em Zanzibar um macróbio extraordinário, o mongol Li-Wu-Fang, que contava 21 anos de idade; o transatlântico submarino *Anakolu* explodiu a 10 mil metros da costa da Flórida, perecendo, entre outros passageiros, o sr. Ikamus Browning, o último bigode do universo; baixaram consideravelmente as ações da Companhia Siberiana para a Extração de Substâncias Nutritivas da Atmosfera.

A cordialidade que os srs. Clorureto e Concreto punham em suas relações estava longe de corresponder a uma realidade afetiva.

Ambos se odiavam ferozmente, porque seus interesses se contrapunham sem cessar.

O sr. Concreto explorava comercialmente o suicídio, utilizando-se de um processo eletroquímico de dissociação das moléculas do corpo humano, processo esse que lhe permitia transformar os clientes em vapores imponderáveis.

Todo o seu interesse, em consequência, estava em gaseificar a humanidade.

Além disso, como presidente do Clube da Relatividade, tinha opiniões singulares e inabaláveis sobre o destino do homem no planeta. Era intenção sua (e pensava que todos deviam imitá-lo) gaseificar-se por seu turno, logo que a existência começasse a pesar-lhe, passando a direção da empresa a seu primogênito. Irritava-lhe assim o propósito do sr. Clorureto de eternizar a humanidade, rejuvenescendo homens decrépitos que, em vez das glândulas do menocaquitiossauro, deviam solicitar as torres crematórias. Aliás, idêntica opinião não cessava de formular o seu amigo Popocynodex, homem de largos dinheiros, diretor de várias empresas funerárias. A diversidade dos interesses comerciais complicava-se com o antagonismo das crenças filosóficas, pois o sr. Clorureto neste terreno nutria ideias exatamente opostas.

Não obstante, nas suas relações pessoais predominava a mais refinada cortesia.

Nesse dia, por exemplo, com a fisionomia iluminada por um sorriso, o sr. Concreto dizia ao seu interlocutor:

"Por que não visita nossas instalações na avenida 1238? Temos aparelhos maravilhosos."

"Impossível. Estou atochado de afazeres. Imagine que há, em nossos estabelecimentos, 40 mil indivíduos aguardando rejuvenescimento. Estamos em crise de glândulas. As florestas africanas despovoam-se. Nossos laboratórios procuram febrilmente um substituto."

"Oh! Não seja por isso. Temos que gaseificar ainda hoje 9 mil desgostosos, além de 3202 sócios do meu Clube."

"Bem! Já que insiste, já que isso lhe faz prazer, lá irei amanhã às 28 horas."

O aerobus perfurava agora uma nuvem cor de cloro.

O sr. Clorureto está visivelmente deslumbrado. Os aparelhamentos eutanásicos do seu adversário fizeram-lhe profunda impressão. Além disso, a amabilidade nipônica deste o deixa desconcertado.

"Fume uma destas cigarrilhas Ramsés II. Produz uma fumaça azul, como a dos charutos do tempo do *Jornal do Comércio*."

O outro não sabe como recusar.

Acham-se numa das salas transformadoras, toda revestida de mosaicos brancos. O teto é de latão brunido amarelo-vermelho.

Ouve-se o zumbir de dínamos, o arfar de êmbolos, o latejar estrepitoso de mil peças metálicas, que se unem, se separam, sobem, descem, volteiam, compondo a harmonia complexa duma entrosagem. Por todos os cantos, espalham-se campânulas de vidro, serpentinas, retortas, esferas de aço, estiletes de cobre, rodas singulares de marfim, triângulos esquisitos de ferro, redes emaranhadas de fios, que deitam chispas azuis, chiando.

O sr. Clorureto está fatigado. Esses zumbidos metálicos deixam-no aturdido.

"Mais um Ramsés. Nada tão aconselhável para nervos lassos", insiste o sr. Concreto, sempre risonho. "Pode saboreá-lo naquele divã acolá, perto das bobinas e do gerador de fluxo Nihil."

O visitante acede. É uma volúpia esse divã de couro negro! E a suave embriaguez dessa cigarrilha egípcia!

O seu torpor pesa cada vez mais. Dentro em pouco, seu corpo tem a imobilidade dum paralelepípedo.

Com um fulgor sinistro nos olhos de aço, o sr. Concreto aproxima-se dum transmissor acústico. Berra uma ordem. Um sarcófago de vidro, com uma tubagem emaranhada, baixa sobre o divã. Crescem os zumbidos. Ouvem-se estrépitos compassados, semelhantes ao bater de correames.

O sr. Concreto ocupa-se de um jogo de pequenas alavancas. Num quadrante branco, três agulhas finíssimas sarabandeiam. Uma lâmpada vermelha ilumina-se a instantes.

O rosto e as mãos do sr. Clorureto tornam-se mais negros que a carapinha dum zulu. Depois, no sarcófago, tudo se confun-

309

de numa espessa fumaça violeta que pouco a pouco se dilui, até adquirir uma tonalidade amarela quase diáfana.

Sorrindo, o sr. Concreto precipita-se para um dos ângulos da sala. Faz girar rapidamente um volante niquelado. Aproxima-se duma fumacinha amarela, tenuíssima, quase imponderável — tudo quanto resta do sr. Clorureto.

De *O Mundo Literário* [revista, 5 ago. 1923]

◆

O perfil dum sibarita

Iko Crang ufana-se duma linhagem ilustre de devassos que, a traços indeléveis de escândalo, marcaram sua passagem pela Marinha inglesa. Além de libertinos, a vida errante os fizera cosmopolitas na mentalidade e nos hábitos. Casos semelhantes nada tinham de singular. Manifestavam-se até com frequência na malsinada classe dos europeus coloniais.

Nômades profissionais, desembarcavam em Hong Kong. Misturavam-se às turbas herméticas e hostis, no torvelinho das ruas europeizadas. Corriam os bairros do amor venal, as *fumeries*, sinistras umas no seu luxo mortuário de tapeçarias negras e lambrequins dourados, delirantes outras na sua *chinoiserie* de pagodes, *yamens* e quimeras aladas. E voltavam para bordo já com o pensamento em Cingapura, em seus paraísos de ópio, em suas mestiças de bronze ardente.

Depois, outras alcovas sombrias, outros corpos de âmbar escuro, de seios moles como odres vazios. Baralhavam-se as recordações. Impossível distinguir as horas lúbricas de cada porto. E assim, sempre...

Contudo, é preciso não julgá-los duramente. Mereciam alguma indulgência. Os da Marinha de Guerra, em virtude das estações navais, eram forçados a longos exílios, quase sempre em regiões tórridas da Ásia e da Oceania. E dificilmente as fibras ocidentais resistem à ação emoliente dum céu comburente.

O avô de Iko, o capitão de longo curso Arnold William, uniu-se a uma cingalesa em circunstâncias curiosas. Comandava então o *Mongolia*, da Oriental Mail. De retorno da Austrália, após uma travessia tormentosa, ia fundear em Colombo, quando um cargueiro francês, que saía do porto, o *Cormoran*, o abalroou pela popa. Da colisão resultaram, para o *steamer* inglês, dois eixos torcidos e um rasgão no casco abaixo da linha de flutuação. A unidade britânica teve de sofrer reparos imediatos, que dilataram de forma imprevista a duração da escala.

Encarregando o seu imediato de fiscalizar as obras, o comandante Arnold aproveitou a oportunidade para percorrer os vários pontos da ilha. Visitou assim Kandy, delírio vegetal; Trincomali, berço de pérolas; e Anuradhapura, a cidade morta do Lohamahapay — o Palácio de Bronze.

Em Kandy, a sedução mais penetrante não lhe veio das colchas místicas de lótus, sobre a água silente dos tanques. Veio de Mantana, uma cingalesa voluptuosa, filha dum vendedor de bugigangas budistas.

Desde o primeiro instante em que a viu na penumbra da loja exótica, entre incensórios de bronze, lanternas coloridas, Budas em autoadoração umbilical e dez mil quinquilharias sagradas, sua imaginação não teve mais repouso. Os lábios grossos de Mantana, seus olhos oblíquos, o âmbar quente da sua pele, a curva lúbrica das ancas, converteram-lhe a existência num delírio erótico.

Nessas condições, não trepidou ante uma união legal, malgrado a oposição escandalizada dos seus compatriotas. Aliás, não foi infeliz. Durante largos anos, Mantana o acompanhou amoro-

311

samente, dum extremo a outro do mundo, fosse a Port-Said ou a Xangai, a Sydney ou a Yokohama. Desse enlace, proveio Edward Crang, que esposou Marjorie Hutchinson, de Newcastle. Ingressando depois na carreira consular, quebrou pela primeira vez a tradição dos Crang — homens do mar. Os seus bens pessoais, produto dum labor duro e tenaz, unidos aos de sua consorte, perfaziam um total não desprezível, capaz de avolumar-se ainda mais, como de resto aconteceu. Exercia o novel cônsul as suas funções em S. Francisco quando nasceu Iko, rebento único, cuja vida lhe custou a de Marjorie. Anos depois, o Foreign Office o removia para Havana e, mais tarde, para o Rio de Janeiro, *terminus* da sua carreira. Neste intervalo, seu filho efetuou uma viagem à Inglaterra.

Em Portsmouth, teve ocasião de assistir a uma soberba revista da *home-fleet*. O desfile lento dos dreadnoughts e destroyers, coroados pela fumaça das salvas, empolgou-o, como uma vertigem, reacendendo-lhe o anseio ancestral do mar, até então latente. Sua juventude inteira ardeu no sonho dos altos-comandos, dos cruzeiros longínquos, duma vida intensa entre as muralhas de aço dum couraçado.

Mas sua constituição orgânica, demasiado frágil, vetou-lhe todos os projetos. Com um desencanto amargo, volveu aos Estados Unidos. Em Stanford, doutorou-se ironicamente em filosofia. Estribando-se na esquisita indulgência paterna, nas suas condições financeiras, e argumentando sempre com o seu fracasso e inaptidão para outros misteres, preparou-se para não fazer nada. Converteu-se num ocioso elegante. Fez a sua aprendizagem da insolência.

Anos após, no Rio, ao perder o seu progenitor, viu-se só no mundo, com uma quantidade apreciável de títulos e ações de companhias americanas, em nítida prosperidade. Passada a primeira emoção, volveu à sua existência anterior. Dispondo integralmente dos seus bens, pôde requintar ainda mais os seus hábitos de indolência voluptuosa e elegante.

Suas atitudes petulantes nunca foram simpáticas à colônia anglo-americana. Contudo, um sentimento de afetuoso respeito pelo cônsul atenuava de certo modo a aspereza dos comentários. Desaparecido este, a hostilidade ambiente manifestou-se rispidamente. Os businessmen em particular revoltaram-se com a sua aversão ao trabalho. Declararam-no indigno das tradições de Edward Crang, um homem que fizera o seu lugar ao sol com a energia dum pugilista.

Não tardaram as consequências: irritado, Iko fez-se esplendidamente cínico e frívolo. Stuart Holmes cinzelado, seria hoje capaz de escrever breviários de estética. Verdade é que, no seu caso, o cinismo representa uma reação necessária, inteligente, contra os excessos da sensibilidade. É um verniz irritante e útil.

Frívolo, preocupam-no mais suas camisas futuristas do que o relativismo de Einstein ou o túmulo de Tutankhamon. Sua gravatoteca — todas Ba-ta-clan, arco-irisadas, em tons violentos, conforme a exigência de sua retina — produz cólicas nos censores da Avenida.

Três ou quatro ideias que o seduziram norteiam-lhe a existência. As demais são-lhe tão indiferentes como as revoluções chinesas ou os massacres na Avenida.

Não perdoa o Ocidente — ele criou a lei estúpida do trabalho. Exalta o Oriente — ele cultuou a indolência voluptuosa, erigindo-a em finalidade. Tem pontos de contato com os "civilizados" de Farrère. Como Mevil, antepõe a mulher do próximo a todas as outras. Como Torral, nutre um desdém sarcástico pelos homens, cuja estupidez, no seu entender, só encontra paralelo na miséria dos seus sentimentos instáveis. Idêntica é a sua fórmula, derivada dum egocentrismo imperioso: máximo de gozo, mínimo de esforço. Apenas não tem a grosseira sensualidade do engenheiro, nem a candura intrínseca de Fierce.

Desconhece o amor sentimentalizado, espiritualizado, complicado. Não confunde funções cerebrais com funções testiculares. Por isso, as mulheres lhe são particularmente reconhecidas.

Filho de Sybaris, a exasperação alheia nunca o impediu de viver languidamente, em severa obediência aos mandamentos epicuristas, aos cânones do seu egoísmo luxurioso. Brummell insolente, a sua morgue mal se dissimula sob uma afabilidade irônica. Contudo, na sociedade indígena, todos o absolvem. E quem não o faria? Ele frequenta os chalezinhos discretos do Leblon. E tem pilhas de dólares mais altas que os ferros de engomar da Broadway.

Único trecho conhecido de *Madame Cosmópolis*,
romance cuja edição, já impressa, foi destruída
pelo editor por pressão de uma liga moralista.
De *O Mundo Literário* [revista, 5 dez. 1923]

PATROCINIO FILHO

A ronda do condenado

O pátio da prisão é descampado.

Um guarda preside ao exercício, do alto de um estrado de pedra. E os presos, por higiene, cada dia, silenciosos, circulam em monômio sobre um trilho redondo e cimentado.

Faça sol, faça frio — a caminhada é de uma hora exata. E cada um deles marcha a dois passos de intervalo do outro, urgido como quem vai a algum lugar.

A princípio, caminham calmamente. O passo é cadenciado, mas sem pressa, e as solas dos sapatos rufam juntas, no sonoro caminho de cimento.

Breve, no entanto, o giro vão tonteia. Calados, os próprios passos os instigam e o ruído dos seus tacões os atropela. O movimento anima-se, absorvente, e acelera-se a cada volta nova que dão no chão cinzento e duro.

É uma força incoercível que os impele. Seguindo-se, rodando, contornando o pátio limitado pelos muros, ganha-os uma vertigem giratória e andam de instante a instante mais depressa, exacerbados pela urgência inútil e empolgados por ela.

Romaria do rebotalho rubro da ralé rechaçada no redondel recôncavo e refece do cárcere — o rabaz rodopio recrudesce e a récua resfolegante de reprovados ronda, retorna, roda em roldão rebanhio e retrossegue em redor da redonda raia, que ressoa ao ritmo do rufo ramerrante e rouco dos rudes passos ríspidos, repisando em rápida roda-viva o mesmo rastro. Roda o muro; o caminho, rodopiando, foge e escapa a seus pés. E o guarda roda, o pátio todo roda e o céu roda lá no alto, indiferente ao corrupio alucinado. Vêm, vão, voltam e viram vezes sem fim em torno desse pátio.

E, quando o guarda trila o apito, ainda dão uma volta, pois o impulso os impede de parar.

Mas eu, desde o primeiro dia, andava à parte e só com outro companheiro. Embora no mesmo pátio, era num trilho diferente que passeávamos, com outro guarda, atento, a nos vigiar.

Entretanto, logo à segunda vez que nos víamos, meu companheiro conseguiu perguntar-me baixinho:

"Fala francês?"

"Falo..."

Ele mostrou-me um papelzinho pardo, dobrado e redobrado, e mo passou quando nos recolheram.

Era um bilhete. À sós, na minha cela, li-o e reli-o várias vezes.

"Quem é você: É índio? Que fez você? Eu sou acusado de vir fazer espionagem; prenderam-me a bordo, em Greensend. Desculpe o meu mau francês, porque sou um flamengo e um operário. Se lhe sobrarem batatas ou pão, traga-me o que lhe sobrar e deixe-o no W.C. quando viermos passear. Já estou aqui há três meses; breve serei julgado — Van der Gotten-Dupré."

315

Os dias que acabava de viver tinham-me transformado por completo. E o meu primeiro pensamento foi para julgar aquele homem um desses agentes especializados em surpreender confidências nas cadeias. Não lhe responderia, pois. E, além de tudo, que me podiam importar os criminosos que me rodeavam?

Mas, quando nos abriram as portas para o "exercício" da tarde, Van der Gotten, logo no hall, interrogou-me com os olhos ansiosos. Desviei o olhar. Saímos. Fora, o pobre-diabo caminhava como um tonto, o queixo enterrado no peito, o chapéu na mão pendente. De repente, parou e pôs-se a soluçar.

"Caminhe!", exclamou o guarda.

Soluçando, cambaleando, Van der Gotten retomou o passeio e os passos trôpegos. Ia como um cão batido e humilde. O seu casaco castanho-claro, quase amarelo, tombava-lhe dos ombros com a desolação impessoal das roupas penduradas. Todo ele era como uma coisa arruinada e vil, rolando ao léu da vida... Vi-o tão desprezível, tão só, tão fraco que, durante essa meia hora, toda a minha desconfiança se desvaneceu e fez lugar a uma imensa piedade.

Na minha cela, à noite, todos os meus pensamentos foram para aquele desgraçado através de quem vi, absolutamente vi, o que seria de mim em três meses, se não reagisse contra a pressão tirânica do regime a que me tinham submetido, sob a férula do regulamento, dos guardas, da solidão e do silêncio que me pesavam.

Poucos dias depois, transferiram-nos, a Van der Gotten e a mim, sozinhos, para o "D-hall!", a galeria unicamente destinada aos detidos por motivo de guerra. E o isolamento foi maior ainda. Nem sequer tornava a ouvir o passo dos guardas e dos presos empregados no asseio da prisão. A janela, além de abrir sobre um pátio interior, era mascarada por um vidro fosco. Encerrado vinte e duas horas e meia, durante as vinte e quatro do dia, sentia-me como que enterrado vivo e vivia como um morto, sem me mexer, sentado no meu banco o dia inteiro e deitado desde que a tarde começava a cair.

316

Todas as distrações se resumiam à leitura de dois romances ordinários e duas visitas à capela — às quartas e aos domingos — por semana.

E cada hora, a cada instante, o silêncio parecia aumentar. Nem cartas, nem jornais — nada que transmitisse um eco lá de fora. Mas o rigor e a amargura da prisão aceleram o hábito da prisão e geram a astúcia do encarcerado. Instintivamente, comecei a ter as manhas dos prisioneiros. Comunicava-me com Van der Gotten por escrito; nas horas do exercício, conversava com ele, não obstante a acérrima vigilância dos guardas. Era estúpida e sugestiva a sua história.

Com diminutos vencimentos, fora empregado do cônsul belga em Breda e, com frequência, ia da Holanda à Bélgica auxiliar os patrícios que se evadiam do território ocupado pelos alemães. Um dia, dois espiões anglo-belgas propuseram-lhe aproveitar-se do seu posto para dar informações aos inimigos. Disseram-lhe que eles mesmos o faziam, ganhando assim pelos dois lados. Van der Gotten correria até menor perigo, pois eles próprios se encarregariam de fazer chegar as suas informações às autoridades germânicas.

Sua situação era precária. Os recursos minguavam para a família que deixara nos arredores de Bruxelas. Relutou, mas cedeu.

Fez um, fez dois, três relatórios.

Sucede, porém, que o governo britânico dava um prêmio a quem entregasse um espião à sua polícia. Os dois meliantes viram em Van der Gotten um bom negócio.

Ofereceram-lhe uma forte soma para que fosse à Inglaterra colher certas informações. Ele aceitou. E os três partiram juntos...

Todavia, logo ao chegar a Gravesend, Van der Gotten foi preso.

Sua causa tornou-se logo indefensável: os relatórios que escrevera eram a prova material irrefutável da sua traição. Ele próprio tinha apenas a vaga esperança de escapar à pena última, mas contava como certo ser condenado a dez ou quinze anos de trabalhos forçados.

Cerca de três semanas depois de minha chegada a Brixton, um domingo pela manhã, na capela onde por engano nos haviam posto no mesmo banco, Van der Gotten assegurou-me que seria julgado no dia seguinte. Levei um choque. Não fiz mais atenção à missa. Enquanto ele rezava com fervor, mirava-o curiosamente, avidamente, como se o não tivesse visto nunca. Sem medir a imprudência, aproximei-me dele quanto pude e, sôfrego, febril, pedi-lhe que me prometesse contar o que ocorresse no tribunal.

Ele acenou que sim. Mas eu queria ouvir-lhe a voz e, impacientado, puxei-lhe a aba do casaco amarelo.

"Você há de contar-me tudo, hem? Contar ou escrever, mas tudo, compreende, tudo!"

Ele acedeu de novo, com a cabeça.

"Fale! Diga-me que sim!"

"Sim..."

Tive apenas tempo de afastar-me. Um dos guardas voltava a cabeça. Mas, como se ele me hipnotizasse, meus olhos não se podiam desprender de Van der Gotten.

O menino do coro agitou liturgicamente a sinete do Santíssimo. De pé, e de mãos postas, os prisioneiros entoaram em coro um hino lancinante.

As notas tristes e agudas das vozes trêmulas, que o harmônio asmático acompanhava, de sons solenes, produziam nos meus nervos tal abalo que caí soluçante sobre o banco. Eu me encontrava perfeitamente ridículo, mas não me podia dominar.

Uma bola subia-me ao peito até a garganta, esmagando-me à passagem o coração.

Senti que ia gritar, debater-me, caído sobre os bancos, mordendo o assoalho. Mas, nesse momento, enquanto Van der Gotten, que ia comungar, se encaminhava para o altar, um guarda viu, tomou-me por um braço e conduziu-me fora da capela.

Alguns minutos depois, no meu cubículo, quedei arfante, com os olhos em brasa, sentado no meu banco, contando estupidamente os varões da janela.

Não vi mais Van der Gotten, nem na segunda, nem na terça-feira. À noite, ouvia encerrá-lo e ouvia-lhe os passos regulares sobre o azulejo sonoro do chão da cela. Apertava-me o coração em conjeturas funestas. Enfim, na quarta-feira pela manhã, quando de novo me levaram à capela, ele lá estava.

Mas era inútil falar-lhe. Tinham-no colocado a três bancos de distância do meu banco, junto ao púlpito em que um guarda vigiava.

Ouvi a prece, os hinos desatenciosamente, seguindo os mínimos gestos de Van der Gotten. A um dado momento, pondo a mão atrás das costas, ele mostrou-me um bilhete. Palpitei. Foi preciso dominar-me para não ir buscá-lo logo. E fiquei esperando, ansioso, que a cerimônia acabasse.

Fizeram-no sair antes de mim. Cheguei-me para a ponta do banco, onde estava só, e, à sua passagem, arranquei-lhe da mão o cobiçado bilhete.

É claro que não tive sossego durante o exercício; o bilhete queimava-me a palma da mão. Como nos tinham separado, via-o de longe, com os ombros mais pendentes, a face fúnebre, de uma palidez cadavérica, em que os olhos pareciam apagar-se e o seu casaco amarelo mais largo, mais miserável, vestindo-o impessoalmente, como um sudário.

O bilhete dizia assim:

"Fui condenado à morte por crime de alta traição. Não sei ainda se serei enforcado ou fuzilado. Você, quando for a sua vez, não diga nada ao juiz, nem ao advogado; não responda uma só palavra, que é a única maneira de salvar-se. Então, quando estiver livre, escreva para minha

mulher — Mme. Van der Gotten-Dupré, Duffel, perto de Bruxelas, Bélgica. Diga-lhe que o meu último pensamento foi para ela e para os nossos filhos. Tenho dois filhos pequeninos, imagine você! Não deixe de escrever-lhe quando você estiver livre, porque ninguém o condenará se você não disser nada. Agradeço-lhe o pão e as batatas. Tenho um filho e uma filha. Serei executado dentro de três semanas se o rei não me perdoar; mas tenho pouca esperança. Você escreva, cale-se e fique tranquilo. Reze por mim. Não se esqueça de escrever quando estiver livre — Van der Gotten."

Van der Gotten perambulou alguns dias mais pelo pátio da prisão. Seu rosto tinha qualquer coisa de extra-humano e bestial.

Quando, por acaso, passava no ar um aeroplano, voltando ou indo para a guerra, ele quedava estático, mirando avidamente o voo livre e glorioso.

Depois, recomeçava a andar maquinalmente. Era como uma sombra caminhando, era um fantasma, pasmo por ainda estar sentindo a vida.

Já nem tinha sequer a cor humana; estava verde, verde-claro, inexplicavelmente verde!

Os guardas, eu, os outros presos, olhávamos para ele com espanto. Quando nos dava as costas, designavam-no com uma pantomima aterradora.

"Fuzilado!"

"Enforcado!"

Ele seguia.

Até de mim o tinham separado. Ia e vinha sozinho, caminhando como se regulasse o passo mentalmente, pelo ritmo de alguma marcha fúnebre.

Os outros iam e vinham, rodopiando em torno do palco, onde o céu parece um teto, ao alto dos muros altos…

E também o tiraram do meu hall.

Não veio mais passear quando passeávamos.

A última vez que o vi foi no hospital, acompanhado, como sempre, por um guarda que tinha vários papéis na mão.

Que fim levou?

Morreu?

Nunca soubemos.

A justiça, naqueles tempos, era às vezes tão misteriosa como o próprio crime...

[1919]

De *A sinistra aventura* [romance, 1923]

◆

A labareda do pecado

Foi certa noite, em Reading, que eu soube da morte de Mata-Hari. Conversávamos sobre execuções de espiões na França quando o barão de Tylleighem acrescentou o nome dela à lista dos mais célebres condenados.

"Mataram-na?", interroguei, atônito e comovido.

"Há mais um ano. Você não leu?"

Não lera. Na Holanda, poucos jornais franceses se encontravam, e raramente chegavam lá notícias dessa ordem.

Senti turvar-me a vista. Deixei-me cair num banco, cabisbaixo: "Ela era uma espiã?"

"Ficou provado. Foi ela quem denunciou aos alemães a invenção dos tanques e anulou, com as informações que lhes deu, o êxito da primeira ofensiva dessas máquinas de guerra."

"Mata-Hari?!"

"Sim... mas que tem você... Está tão pálido... Conheceu-a?"

"Se a conheci..."

"Pois, se lhe interessa, posso emprestar-lhe os jornais que narram o seu julgamento e a sua execução."

"Foi fuzilada?"

"Como qualquer espião..."

Dali a pouco fechei-me no meu cubículo e pus-me a ler avidamente as notícias de todo o seu processo.

Era um libelo emaranhado e horrível, de audácia, de consciência e de ambição. Mas, pouco a pouco, lendo o truculento fim dessa criatura trágica, recordei-me da aventura que nos unira por um momento...

Noite...

"Aonde hei eu de ir?", pensei, erguendo-me da vazia poltrona de couro em que me enterrara depois do jantar, no hall do Victoria Hotel.

Chegara só, na véspera, a Amsterdam, onde não conhecia ninguém. Nem compromissos, nem amigos. O inestimável direito de usar de mim e de meu tempo como melhor me parecesse. E, naturalmente, enxotando-me de casa, essa atração hipnótica que sobre todos exercem as ruas de uma cidade desconhecida.

Abril.

Apesar desse mês ainda ser frio, já se sentia subir a seiva da primavera...

Tempo de amor...

Perguntei ao porteiro:

"Aonde hei eu de ir?"

"V. S. pode ir ao Bellevue."

"Ao Bellevue?"

"Sim, é o mais elegante dos nossos music halls. Excelente programa — orquestra de *musicanti* napolitanos. Os excêntricos americanos Jim e Rodgers. Mas, sobretudo, nossa célebre bailarina..."

"Uma bailarina holandesa?"

"Quase... Malaia, das Índias Holandesas. Mata-Hari. V. S. nunca ouviu falar dela?"

Decidi-me pelo Bellevue.

Tomei um táxi.

Alguns minutos depois, chegava lá.

Ia em meio o espetáculo.

Dificilmente achei o meu lugar na plateia, que já então estava às escuras.

Só tinham ficado acesas as luzes da ribalta e do jardim de inverno. Toda a sala mergulhava numa penumbra sugestiva, e a orquestra, apenas alumiada por alguns focos verdes, a que os abajures diminuíam mais a intensidade, atacou uma música dolente e de ritmo bizarro, sob cujo som o pano foi subindo devagar.

Ela surgiu então de uma coxia — a passos cadenciados, longos, solenes, como atitudes rituais, mas voluptuosos e indolentes...

Seminua... Sustentava-lhe o seio um peitoral lantejoulado; pendiam-lhe, da cintura aos tornozelos, tiras de fina gaze multicor.

Os pequenos pés descalços e alvos deslizavam sobre o tapete escuro em relevo. Eram de um ruivo fulvo os seus cabelos, os olhos, de treva iluminada e quente, e negros os longos cílios veludosos. A boca nervosa e rubra como uma punhalada de carmim. Por entre a polpa sensual dos lábios entreabertos apareciam-lhe os dentes brancos, incisivos, felinos, cruéis... O colo túmido. E a cicatriz do umbigo se destacava no ventre nu, alvíssimo e redondo como um fruto.

Mata-Hari dançava.

Seus movimentos foram-se amiudando. Era uma sucessão de gestos suplicantes, pávidos, expressivos, em que os seus braços se estendiam com as mãos espalmadas, e os seus ombros se erguiam e se abaixavam a um colear erótico do busto. As ancas balançavam num lento meneio, enquanto seus seios se empinavam, como que sob o estímulo do cio...

Era a ereção do desejo, na carne capitosa de Eva! Palpitavam-lhe as narinas, como se haurisse o cheiro de um jardim em que as flores fossem talitros — que têm o aroma da semente humana...

E gradualmente se detalhava a estatuária de sua plástica, evidenciando todos os contornos das suas formas harmoniosas.

No ritmo agora mais vagaroso da música, cada um dos seus movimentos era uma sugestão pecaminosa. E quando cada membro se desenhava no detalhe da sua perfeição, o andamento da melodia se apressava e ela amiudava as poses, excitada, devorada pelo olhar cobiçoso da plateia, fixo e estrábico, sobre a brancura do seu corpo.

Dir-se-ia que passava num fantascópio um sonho de Gomorra, uma alucinação de Lesbos, e que uma raiva ninfomaníaca arrepelava-a e levava-a cambaleante pelo palco, com os olhos cheios de um brilho de cantáridas e os lábios latejantes. Roçando-se no ar de braços abertos, parecia buscar um corpo a que se unisse. E, arqueando a espinha, com a cabeça pendida para trás, apoiava no chão, por fim, os pés e as mãos, numa cínica oferta do seu sexo!

Corriam arrepios na plateia. Ouvia-se a respiração entrecortada dos homens e o rumor glúteo das laringes engolindo a baba da luxúria. A gente mal colocada punha-se em pé, ávida e trêmula. Nos camarotes, mulheres quebravam o leque, com um estalo seco de madeira, enterravam as unhas no braço dos amantes, que alargavam o colarinho, numa ânsia de ar, com o coração aos pulos.

E ela dançava...

Agora era o coleio rápido de uma serpente em fúria, um delírio de contorções convulsas, em que todos os seus nervos vibravam, em que havia a agitação de uma febre alta, abrasando a sua carne fustigada pela música...

Cá, os olhos ardentes se arregalavam, cada vez mais vesgos. Homens soerguiam-se inconscientemente, com interjeições inarticuladas. Vivia-se um frêmito! Como que no delírio desse ambiente, os desejos crepitavam.

E, desvairada pela histeria das bacantes, ela continuava a dançar num pernear desabalado, que revivia todo o deboche dos suburgos antigos e dos montmartres contemporâneos. Eram pas-

324

sos e gestos pornográficos, em que os seios lhe tremiam, as ancas rebolavam, o ventre tinha revulsões obscenas, que só cessavam, de instante a instante, numa atitude lúbrica de espasmo. Mas, rodopiando numa vertigem que a despia toda, bateu o ar, finalmente, como se seus braços fossem asas, e, num tatalar desorientado, fechou os olhos e rolou desamparada, como um pássaro ferido no coração.

Caiu o pano.

Um instante infinitamente rápido, mas parecendo longo, de silêncio. Ainda empolgava os espectadores atônitos a emoção desse bailado trágico e voluptuoso. E os aplausos reboaram, estrugiram, como uma catadupa prisioneira. Aclamavam-na os homens e mulheres. Todos de pé vozeavam o seu nome, num longo ululo de ventania:

"Mata-Hari!"

Ininterruptamente estalavam as palmas estrepitosas.

E ela avultou, olímpica, com os seios nus, libertos do peitoral, e rijos e pontiagudos, como dois peros, sobre o tórax.

Não fez um gesto. Em pé, à beira da ribalta, era a escultura do pecado.

E o delírio cá embaixo redobrava, exaltava-se, exacerbava-se, excitado pelo seu próprio eco:

"Mata-Hari!"

"Mata-Hari!"

Quando se retirou, por fim, de novo, em vão a música entoou um trecho vivo, animador e alegre. A plateia parecia desfalecer, exaurida, numa absoluta depressão nervosa. E o espetáculo já não teve interesse para ninguém...

Saí.

Vim pela margem dos canais, estáticos ao luar que os prateava. O meu sangue, caldeado, borbulhava por Mata-Hari.

Imaginava-a agora nos meus braços, palpitante e amorosa, no conúbio das nossas carnes e dos nossos vícios. E como era ela que me conduzia, errei sem rumo pelas ruas longas, à sombra dos plátanos antigos, à beira da água silenciosa...

Que tempo caminhei?

Não sei.

Já tarde, subi a escadaria do Victoria, exausto e ainda vibrante. E logo, como uma visão perturbadora, vi-a no hall, abafada em peles caras, tendo na mão um ramo de orquídeas, dizendo adeus a um homem já grisalho.

Parei confuso.

Ela morava ali?

Morava. Até subimos juntos no ascensor — eu, com o coração cabriolante, ela, com a indiferença de uma deusa.

E até hoje não sei, não distingo com nitidez, nas reminiscências dessas horas, como que, três dias depois, passei o umbral da porta do seu quarto!

Era um vasto salão atapetado de couros de ursos-brancos e de tigres. Ao fundo, o leito baixo e largo como um vale, coberto de almofadas muito brancas, bordadas, sobre uma imensa pele loura de guanaco. Flores. Mais almofadas pelo chão, redondas, chatas, oblongas, de seda, de veludo, de damasco. O gorgorão das cortinas confundia-se com o estofo verde-claro das paredes. E a luz das lâmpadas foscas, nessa noite, o ouro, a prata, os cristais, nas mesas de toalete, magnetizavam-me com chispas de opulência...

Só guardava sobre si um longo colar de pérolas, que lhe escorria entre os seios. Ela, reclinada num monte de coxins, tinha entre os dedos um cachimbo de âmbar, como os dos mandarins que fumam ópio...

Ah, se eu a amei!...

Desde esse instante, ela absorveu-me como uma mania. Não existia senão para possuí-la, ou para renovar o meu desejo, ven-

326

do-a dançar no music hall, sorvendo a amargura do meu ciúme, como quem sorve um tóxico delicioso. A baixeza da situação em que vivíamos aumentava a volúpia de seu coito. Nem para o que gastava em flores chegava o meu dinheiro. De sorte que eu não ignorava que alguém devia pagar o seu luxo, os seus caprichos dispendiosos, os seus dois automóveis, as joias com que chegava a cada dia, Deus sabe de onde...

Frequentemente, por isso, revoltado contra mim mesmo, eu a insultava. Jurava que não tornaria a vê-la, erguia os punhos para a esmagar. Ela sorria, vinha como uma gata e murmurava:

"Baby..."

E o seu lábio era rubro, e seu seio cheirava e a sua carne me atraía, como num abismo...

Uma noite, mais enervado, segurei-a, atirei-a de encontro a um canapé e esbofeteei-a alucinadamente.

"Baby!...", fez numa doce súplica.

Entretanto, arremessei-a ao chão de novo, com um insulto, erguendo o tacão da bota:

"Miserável!"

Mas, de repente, sem transição, entrelacei-a, rolei com ela pelo assoalho, louco, beijando-a, sugando-a como um vampiro, possuindo-a, enfim, ainda uma vez!

Dessa vez, na manhã seguinte, selando as pazes, partimos num dos seus automóveis para a Haia. Ela ia ao volante. Junto a Haarlem, atravessamos os campos de tulipas, policromos e ressumbrantes, como um imenso estendal de maravilha. Lá, na cidade antiga, as velhas casas gríseas e históricas iam ficando à beira do caminho. E ela, afinal, parou junto da torre, que hoje é um museu, mas foi um cárcere nos tempos tenebrosos de Guilherme, o Taciturno.

"Vamos entrar aqui."

"Que ideia!"

"Eu quero."

Entramos.

A prisão está qual foi há três séculos. Vimos o calabouço em que De Witt agonizou com fome. A masmorra em que um mouro, capturado num cruzeiro de piratas holandeses, arremessou-se de encontro ao muro e abriu o crânio. A jaula situada em cima da cozinha, onde eram encerrados os que deviam morrer de inanição...

Ela, porém, só quis se demorar na sala das torturas. Ali, diante dos cavaletes, dos torniquetes, da roda, das tenazes enormes e das pinças que esfacelavam carnes palpitantes, sentia-a enterrar as unhas no meu braço.

"Baby!"

Mirei-a atônito.

"Como seria bom sofrer, ganir aqui, martirizada, só para amar depois!..."

Seus olhos brilhavam, seus lábios tinham um ricto de cruel delícia. E o guarda do museu nos contemplava num misto de admiração e desconfiança, prestando ouvido ao desatino...

Oito dias depois, disse-me que ia à Espanha. Assinara contrato para Madri, Sevilha e Barcelona, e devia partir quanto antes. Mas voltaria. Eram três meses rápidos de ausência; que eu a esperasse, confiante...

Fui levá-la a Ymuiden. Nas represas, o vapor aguardou, durante horas, a cheia da maré. Por fim, abriu-se a porta do canal. Cortou os ares um apito estrídulo. Desci. Fiquei na doca, a vê-la, toda de cinzento, a acenar-me do tombadilho com seu lenço. Ainda lhe ouvi dizer:

"Baby..."

Rapidamente o vapor entrava pelo mar.

O lenço ao longe me acenava sempre.

Meus olhos se encheram de água:

"Adeus! Adeus!"

E nunca mais ela voltou!

E nunca escreveu uma carta, uma palavra, em dois anos e tanto!...

Agora, à luz mortiça que alumiava o meu cubículo, só me restava dela a notícia dos jornais narrando a sua morte.

Morrera ao desabrochar da primavera, no Forte de Vincennes, a meia hora de Paris.

As gazetas contavam...

Recusada a petição de indulto que enviara ao presidente da República, homens de catadura atroz, de madrugada, entraram na sua cela da prisão de São Lázaro.

"Mata-Hari!"

Dormia.

Eles a sacudiram:

"Mata-Hari!..."

Abriu os olhos esgazeadamente.

Que era aquilo?

Que lhe queriam esses homens todos, paisanos e militares, a olhá-la assim com tão sinistros olhos?

"Foi recusado o seu perdão."

"Hem?!..."

"Coragem..."

Um padre se destacou de entre os outros:

"Chegou a hora, minha filha..."

"Já?!"

"Peça perdão a Deus de seus pecados..."

E, algum tempo depois, ela seguia, com os pulsos presos por algemas, dentro de um automóvel em que a guardavam dois soldados boçais e silenciosos.

Longo o percurso, longo e, contudo, rápido para ela, que tiritava a caminho do inexplicado mistério da morte.

Os bastiões de Vincennes apareceram. Fizeram-na saltar. Ainda a levaram por corredores e salões soturnos, para inscrevê-la nos registros macabros dos condenados.

Seus grandes olhos negros marejavam-se de lágrimas. Tremia, de vez em quando, repetindo:

"Eu não quero morrer!..."

Ah, não queria?...

Mas que tinham com isso os militares? Não fora espiã? Não aprendera os segredos do Exército para os entregar aos inimigos? Pois morreria no horror e no opróbrio, sem piedade, sem consolo, sem nada, infamemente!

Que importava a excelsa beleza da sua juventude? Porventura eram juízes do Areópago? Fora uma resultante da insânia infrene do desvario de prazer da sociedade? Isso era com os filósofos, os sociólogos, os apóstolos...

Com eles, a questão era o concreto fato que se provara: o crime de espionagem praticado.

E, embora se debatesse e suplicasse, agarrando-se a tudo que encontrava, arrastaram-na, contundindo-a e arrancando-a, quase despedaçando-a — ao negro poste do suplício.

As mãos dela sangravam. Seu rosto se descompunha numa expressão patética de medo, e as suas roupas, esfrangalhadas, deixavam ver sua carne capitosa, arrepiada de pavor.

Amarraram-lhe os membros frouxos ao marco ignominioso e vendaram-lhe os olhos bruscamente.

"Eu não quero morrer!"

Rrrrá!

A descarga.

O corpo trespassado pelas balas pendeu, rompendo-lhe os laços, e tombou, estertorante e ensanguentado.

Um sargento abaixou-se e deu-lhe um tiro, para a acabar de vez, em plena fronte.

O sangue escorreu vermelho sobre a terra.

Mas, aos meus olhos atônitos, que viam tudo como se se passasse ali, no meu cubículo, ele alastrou-se como o óleo que se inflama e fica ardendo, à noite, à tona d'água...

330

As labaredas colearam, rubras e serpentinas, crepitando em espirais diabólicas. Ergueram-se como cobras em delírio, emaranhando-se, enfeixando-se numa chama, que, afinal, era única e terrível. Então, como sucede à salamandra, seu corpo se modelou dentro da flama, irradiante e impecável como outrora. O fogo a vestia toda, espadanando! E por toda a noite a vi, e a amei, e a tive, no pesadelo que me consumiu no sepulcral silêncio da prisão.

[1919]
De *A sinistra aventura* [romance, 1923]

PEDRO MOTTA LIMA

I

Eurico, no turbilhão da peleja, impa sob a responsabilidade que o esmaga. Fábricas de tecidos, fábricas de calçados, fábricas de chapéus, oficinas metalúrgicas, padarias, construção civil — as forças do choque inicial. Nos dias imediatos, a hemiplegia da cidade agravada por sintomas de uma paralisia completa. Automóveis de praça, ônibus, caminhões, todos os veículos de carga. O tráfego da Leopoldina interrompido, a desligar do Centro vasta zona pobre, envolvendo, interessando metade da população suburbana. Para a vitória resta conquistar os trabalhadores do porto, os marítimos, os ferroviários da Central, os dos bondes, os das usinas de energia elétrica, telefones, correios, telégrafos...

II

O movimento perde o caráter de ofensiva. Não cai, à custa de um esforço heroico dos agitadores. Estacionário, convulsiona-se ao primeiro rebate da derrota. E a luta da vanguarda se desenvolve para apagar do quadro-negro as perspectivas desoladoras.

III

A polícia solicita ao Comitê de Greve autorização de livre trânsito para as ambulâncias da Assistência. Mas chegam também as notícias das primeiras escaramuças com a tropa armada. Nos bairros operários, a cavalaria dissolve ajuntamentos. Fábricas, locais de trabalho defendidos por metralhadoras. Grupos de paredistas respondem ao fogo das armas automáticas com as suas ridículas pistolas pica-pau.

IV

Prisões. A direção do movimento passa à vida ilegal. Líderes que agem ocultos enquanto matilhas de agentes secretos farejam seu rastro. O esforço dos líderes amarelos para furar a greve. A legião dos *crumiros*, os furadores. A triste escória do proletariado, os miseráveis sem trabalho, os famintos da superpopulação relativa, prontos a trair seus companheiros aceitando a qualquer preço a situação que os outros procuram melhorar. Eles marcham dentro de quadrados, sucumbidos, na meia consciência da indignidade, sob apupos e pedras dos grevistas.

Um tiroteio. Operários feridos rolam na sarjeta. E os milicianos continuam tiroteando.

Asseguram a liberdade de trabalho...

V

A maioria não dá número para as sessões da Câmara. Eurico não pode aproveitar a tribuna parlamentar na propaganda da greve. A sua presença, entretanto, impede o funcionamento de um órgão do governo. Encalha a ordem do dia, encalham os orçamentos, encalha a projeção de legislação acelerada. Situação também intolerável para os adversários.

Isolado, combatido por todos, Eurico ainda espera vencer.

VI

Eurico chega ao estado-maior proletário. Um segundo andar em rua central, movimentada. No pavimento térreo é um armarinho. No primeiro andar, uma pensão de empregados do comércio. No segundo, residência de um vendedor ambulante. Colchões pelo assoalho na sala da frente. Ali se acampou, fugindo à perseguição policial, o Comitê de Greve.

Alexandre Leão, José Gonçalves, presidente dos Ferroviários, Potengy, da União dos Gráficos, Annita Mazaniello, um metalúrgico, um tecelão, um marítimo. Entram e saem camaradas portadores de informações e recados. Alexandre, sentado no colchão, escreve bilhetes para os comitês das várias indústrias.

"... *aproveitando o movimento de caráter espontâneo, quando mais não seja, para engrossar e fortalecer as fileiras da Federação Regional...*"

VII

"Engenho de Dentro aderiu!"

O emissário vem suarento, olhos em chispas, sua palavra reaquece o ambiente. Erguem-se todos e o cercam.

"Como foi?"

"Quem lhe disse?"

"Você viu? E desde quando?"

Ele conta. Foi no almoço. O pessoal desde o princípio estava com vontade. Às onze horas, Felipe trepou num carro e danou-se a falar.

"O Felipe está ficando um batuta!"

Disse que o fracasso da greve não prejudicaria somente os que estavam nela. Encorajaria os burgueses a retirar todas as concessões feitas aos trabalhadores. Novas leis se votaram argumentando (aqui ele bancou o verbalista...) "o peso das cadeias que prendem o escravo moderno do salariato". O pessoal gostou. E toca a juntar gente. O pátio ficou assim, apertadinho. Nisso, um gritou "Larga!", e a negrada encheu: "Larga! Larga!". Saiu tudo pra fora, pro lado da estação, gritando, assobiando, num barulho dos seiscentos diabos.

"E o tráfego?"

"Do tráfego não sei. O Felipe não faz muita fé. A diretoria tem espião à beça, e basta um maquinista ou um guarda-freio falar na greve pra ser logo mandado pra Polícia Central..."

VIII

É preciso auxiliar o Felipe na conquista da Central do Brasil. O presidente dos ferroviários, José Gonçalves, não pode aparecer. A polícia fareja.

Annita sai com Eurico, à noite, para o subúrbio. As imunidades o garantem, mas sua presença num grupo revelaria às autoridades o foco da agitação. Ele vai com a operária, disfarçadamente, de bonde. Estreitam a camaradagem.

IX

Encontros, confabulações, controle da distribuição de boletins, ligação com os elementos da Barra, do Engenho de Dentro, de S. Diogo, de d. Pedro II, contato com o Comitê de Greve...

Trabalho estafante, sem a verificação imediata dos resultados. Um dia de fadiga muscular, de superexcitação nervosa.

X

"... *a guerra ao capital precisa de capital...*"

Felipe é um proletário enérgico, inteligente, ativo, de decisão pronta. Semianalfabeto, sabe aproveitar bem, por instinto, a pequena cultura revolucionária feita na imprensa de classe. Comanda sem hesitação, aplicando as máximas que repete enfaticamente:

"... para Napoleão, os três fatores principais de uma vitória eram dinheiro, dinheiro e mais dinheiro. Na guerra de classe, como na guerra militar, o dinheiro..."

É do que se ressente o movimento. Falta de dinheiro. Não

teria sido um crime arrastar a massa obreira à luta sem um fundo de reserva? No lar miserável dos grevistas, a fome entrou a fazer escaramuças. A agitação e a propaganda sofrem com a carência de recursos financeiros. Esforça-se o Comitê de Greve para remediar a crise. Eurico empenha os subsídios do último mês de mandato.

XI

O terror policial. Prisões, prisões, prisões. Mas a greve continua firme. O tráfego da Central diminui. Maquinistas e foguistas da Armada arrastam-se a meio, apalpando as linhas. Comboios sem horário são atacados à pedra. Passageiros cansados de esperar fraternizam com os grevistas. Soldados guarnecem os trens.

XII

Eurico pernoita no barracão humilde. Seria uma imprudência descer ao centro da cidade para voltar muito cedo no dia seguinte, *acampado* por secretas.

XIII

"Aguenta firme, doutor! A vida do pobre não é canja..."

Annita improvisa um jantar de muita parcimônia. O feijão levanta a fervura, borbulhante na lata que finge de panela ao fogareiro sempre atiçado.

"Quer descascar essas batatinhas para mim?... Eh! Sem jeito mandou lembrança, hem? Deputado só presta mesmo pra dar com a língua..."

"Quem sabe?..."

Um olhar malicioso de Eurico arranca faíscas nos olhos claros e ingênuos da operária. E ela continua no arranjo do jantar. Silêncio. Quando passa diante do lampião de querosene, uma sombra imensa projeta-se a sarabandear nas paredes e no teto do barracão.

XIV

Volta do chuveiro, num vestidinho limpo, o cabelo fulvo mareado, o rosto a gotejar. Cheirando a sabão de coco...

Jantam sobre a toalha de algodão, um luxo, uma excepcional homenagem ao hóspede, ao companheiro identificado naqueles dias de luta braba.

XV

"Bonito! Hem? Aquela massa cantando pela rua..."

"... *De pé, de pé, não mais senhores!*

Se nada somos em tal mundo..."

"Havemos de vencer, Annita!"

"Se não agora, algum dia..."

"Por que não agora, o mais breve possível?"

"'Tivesse na nossa vontade... Eu, por mim, dava sem pena a vida."

Calam-se, emocionados. Eurico passa-lhe a mão nas costas, aperta-lhe o ombro, chamando-a para si. Um cheiro pobre de sabão de coco. Ela absorta, o olhar parado. Insensível, alheia ao ambiente. Sonhadora.

XVI

"Você vive só aqui, Annita? Seu pai? Seu irmãozinho? Suas irmãs?"

"Tudo espalhado. E pobre tem família?!"

"Você nunca pensou em casar?"

Ela sorri. Nos lábios, uma expressão de infinito desprezo. Casar? Para ser escrava de um companheiro mais bruto? Noutros tempos ambicionava um pequeno conforto burguês, uma casinhola de tijolo bem limpinha, cama de casal vistosa, um toalete cheio de porcarias, sala de jantar com armário e louça bonita. Na cozinha, panelas e caçarolas penduradas em prateleiras com papel de cor... marido com bom ordenado e ela só cuidando dos filhos...

336

A ambição do cativeiro de corpo e de pensamentos. Pedir licença ao companheiro egoísta até pra botar a cabeça na janela e espiar o mundo... Proibida de entrar e sair à hora que quisesse, proibida de pensar diferente dele, proibida de conversar com os outros camaradas, de andar ao lado deles, de trabalhar com eles pela vitória da classe... Proibida de tudo. E ele só exigente, mas sem ligar a ela, abusando da liberdade, fazendo o que lhe viesse às ventas, emporcalhando-se com gente de toda laia...

"Passo!"

"Onde aprendeu você isso?"

"Me julgava mais ignorante? Homem faz sempre pouco-caso de mulher... Mesmo o homem revolucionário! Vocês 'tão de acordo pra derrubar o senhor lá fora, na rua. Mas é uma dor de cabeça pro senhor cair também dentro de casa..."

"*De pé, de pé, não mais senhores!...*"

"E se você encontrasse um companheiro camarada?"

"Ia experimentar se a escrita dava certo."

"Feliz, satisfeita, sem medo de o perder?"

"Ué! Perder o quê? Perder ele? Só tem medo de perder um homem a desgraçada que não sabe trabalhar. Essa aguenta o diabo. Não pra segurar o marido, que, quando eles desembestam, desembestam mesmo. Pra segurar o emprego. Com muito grito, muito desaforo, pouco-caso, bordoada! Pouca-vergonha... Vá dizer isso a uma melindrosa... Responde logo que somos contra a família. Família... Os ricos 'tão aí com amantes e mais amantes. Descasam aqui e vão casar no Uruguai. A mulher de um foge com o marido da outra... Dizem depois que nós 'tamos querendo acabar com a família. Vê lá se pobre pode ter luxo! Cadê a família do meu pai?"

XVII

"Quer viver comigo, Annita?"

"Tá louco!"

"Você é uma mulher linda, uma mulher inteligente. Você é um diamante que deve ser lapidado! Você..."

"Devagar... E as outras?... As melindrosas? Não vê que você troca por mim tanta burguesinha chique... Quantos dias?..."

Olhos que se umedecem. A pele maltratada aveluda-se. Narinas ofegantes, lábios entreabrindo-se para um beijo mordiscado...

De *Bruhaha* [romance, 1929]

ROMEU DE AVELLAR

"Um passeio ligeiro, Marta... Só para fazermos a digestão do jantar."

Recostada no divã, a fumar indolentemente um cigarro, Marta corria os olhos pela *Cena Muda*, com muita preguiça de sair.

Roberto, entretanto, continuava a insistir, fazendo-lhe muito mimo.

Ela lhe sorriu, mostrando os seus pequenos dentes alvos e certos, pegando-lhe delicadamente dos pulsos — porque tinha cócegas em qualquer parte do corpo. Não sentia mesmo nenhuma vontade de deixar aquele ninho delicioso e morno, a sua linda salinha tão quieta e encantadora.

"Não, Roberto, ficamos hoje em casa... Hoje só, meu bem. Como estou assim indisposta, não tolero nenhuma diversão, nem suportarei aquelas caras do clube..."

E se amuara, encolhendo-se para o fundo do divã.

Depois do jantar, uma preguiça se lhe derramara por todos os nervos, atormentando-os como um narcótico poderoso, derribando-a ali. Com um cigarro à boca, não tinha ânimo para tirar a fumaça. Era uma indolência como nunca experimentara, estranha mesmo!

Mas o amante é que não se conformava. Passar o primeiro dia de Carnaval em casa, quando todo mundo estava a divertir-se, a espantar para bem longe as trezentas e sessenta e cinco apreciações do ano? Não, não ficaria por nada. Seria até uma estupidez de sua parte. Diabo! a vida também não era um ano de trabalho cerrado e de seriedade eterna...

E chegou a ser descortês com a amante, que, mumificada no fundo do divã, revelava, pela sua fisionomia, que ainda estava no firme propósito de não ceder.

"Se decididamente não vais, Marta, irei então eu dar o meu giro, ver o povo... Vê tu que um homem também não é um bicho para estar dentro da toca sempre e sempre... A gente precisa distrair o espírito, ver coisas diferentes... E um dia como o de hoje, quem é que fica em casa? Até o pobre vai divertir-se por aí... Pois eu vou!"

Marta levantou-se precipitadamente, atirou com a revista para cima da mesa e entrou pela porta da alcova, fechando-a em seguida com ruído atrás de si.

Ele, meio irônico, riu, acendendo um cigarro; depois, foi encostar-se à janela do fundo, um pouco esquecido, a olhar vagamente os telhados escuros da grande cidade, a cidade que o havia tentado com a sua vida prodigiosa, de tragédias e de sonhos atordoadores...

Dos fundos de uma casa embaixo subia uma voz triste de mulher. Ele então pôs o busto para fora, inclinou-se muito e conseguiu ver, por uma janela aberta, uma mocinha que engomava, com a luz muito forte diante dos olhos. Era uma criatura franzina, minada pelo trabalho, e parecia despender grande esforço cada vez que o ferro ia e vinha sobre o pano. E era ela que cantava aquela coisa triste que o comovera... Quem seria a pobre criatura? Teria pai? Teria mãe? Uma órfã talvez, ganhando o pão duro do dia... O mundo! Ah, a vida!...

Atirou nervosamente com o toco do cigarro para fora, escarrou e encostou, com vagar, as duas bandas da janela. A voz agora parecia vir de muito longe, de um subterrâneo, mas sempre arrepassada de vaga melancolia...

Súbito, porém, Marta apresentou-se já do meio da sala, vestida numa linda *pierrette*, de grandes olheiras e muito rouge nos lábios.

"Então decidiste, filhinha?" E ele, transformado de repente, precipitou-se para ela, dando-lhe um ruidoso beijo no alvo do pescoço.

Ela, entretanto, mostrava-se ainda arrufada dentro da sua fantasia negra, muito interessante.

Intrigado, porém, com tal seriedade, ele puxou-a toda para si e deu-lhe outro beijo, na boca, interrogando-a muito meigo:

"Por que te amuaste, hein? Ficaste zangadinha? Não quero que tenhas queixas do teu maridinho..."

Ela, então, desmanchando a fisionomia, pediu-lhe com ternura na fala:

"Veste o teu *pierrot* negro, benzinho... iremos de negro. Dois corvos!"

Às dez horas, os dois, misteriosamente mascarados, chegavam ao Assírio, que acendia em viva animação.

Uma vozeria ensurdecedora se prolongava por todo o vasto salão feericamente iluminado.

As serpentinas faziam redes labirínticas do teto às colunas. A folia não podia ser mais licenciosa. Uma extraordinária variedade de fantasias representava todas as classes sociais e quase todas as raças do globo. O ar impregnava-se de um cheiro ativo e afrodisíaco de éter e essências finas. Era a loucura contagiosa que se alastrava por todos aqueles seres embriagados de um imenso contentamento irrefreável, presos por uma vontade diabólica de rir e gargalhar, num destrambelhamento de todos os nervos, desvairados e cínicos. Uma orquestra sacudia frêmitos de nevroses no ar... O champanhe espocava, taças se atritavam ao alto das mil cabeças alvoroçadas.

A casa continuava a vibrar e encher-se assustadoramente.

Convencido de que não havia mais lugar, Roberto deu o braço a Marta e saiu, tomando rumo da avenida. Cá fora, a folia era mais vasta, o delírio maior. Os passeios, intransitáveis, turbinavam de uma multidão alucinada que se apertava e magoava por lúbrico prazer.

Entretanto, Marta não se mostrava nada satisfeita com o aspecto comunicativo dessa multidão inconsciente e impressionada de desvairamentos. Olhava tudo com álgido indiferentismo e pesar no coração. Não sabia mesmo a que atribuir tal estado d'alma. Desconfiava que estivesse grávida; porque há dias vinha sentindo tonteiras repetidas, vontades estranhas e uma indolência desanimadora para tudo...

"Vamos parar aqui um pouco... Estou tão cansada!"

Estavam à porta do bar Americano. Tudo ali também cheio a se não transpor.

Roberto, impaciente já, soltara uma praga quando uma cabeça empoada de homem surgiu risonhamente por uma janela e gritou para ele:

"Poeta!"

Era o Bernardo, que o reconhecera no meio da multidão.

Roberto atirou-se por cima da janela, com um grande abraço para ele, exclamando:

"Sufocamos aqui... Já tiramos até o *loup*! Um horror!" E, pegando do braço de Marta, acrescentou ainda: "Marta está furiosa contigo... não queria vir. E foi uma decepção para ela, coitada, que ainda não conseguiu sentar-se...".

Bernardo, então, muito amável, os conduziu até a sua mesa. Notando, porém, que faltavam cadeiras, meteu-se novamente pelo povo, insinuando-se por dentro da massa irrequieta que movimentava a vasta sala de bebidas.

341

Pouco depois voltava, muito suado, agitando uma pesada cadeira no ar.

Roberto abraçou-o alvoroçadamente, dizendo-lhe:

"Já íamos embora para casa! Foi o acaso... O diabo isto hoje! O Assírio está que não cabe a cabeça de um alfinete! Ora, parece que a guerra animou e apimentou mais os nossos foliões..."

"Que bebem?", perguntou Bernardo, quando todos já estavam acomodados em torno da mesa.

Marta aceitou um quinado.

"Eu te acompanho no chope", disse Roberto por sua vez.

Bernardo estava muito contente com a presença ali de seu antigo companheiro de pândegas e misérias; sentia que lhe notava uma perfeita amizade de irmão. Fora um tempo bom aquele, em que os dois viviam alma com alma, sem segredos um para o outro, com pouco dinheiro e muito sonho... Dois impenitentes românticos que eram!...

"Tens sabido notícias de Mário? Como era preciso que aquele rapaz se regenerasse! E o Luciano deixou a mulher! Já sabias?"

"Há quatro meses que não os vejo...", disse Roberto com indiferentismo.

"Quanta falta de juízo no mundo!", suspirou Marta, lembrando-se do irmão.

Entretanto, Bernardo não lhe tirava os olhos de cima; e, um pouco tocado dos muitos chopes que tomara, tinha um quebro de lubricidade no olhar.

"Não sabes?", disse ele, unindo mais a sua cadeira à de Roberto. "No mês passado, Mário foi preso em Niterói, por haver embriagado um mineiro e depois lhe surripiado um relógio de ouro no valor de oitocentos mil-réis. Levou duas semanas na cadeia. Fui até lá vê-lo, dei-lhe mesmo uns níqueis..."

Roberto ficara visivelmente contrariado, sorvendo devagar o seu chope. Que a pobre Marta ignorasse mais essa torpeza do desgraçado irmão!

342

Bernardo ficara mono, olhando o copo vazio do companheiro. Marta tomava aos pequenos goles o seu quinado.

De repente, uma chuva desabou sobre a cidade, fazendo a enorme massa de gente que se divertia lá fora precipitar-se por tudo quanto eram portas abertas.

Num instante o bar ficou literalmente cheio, ninguém podia mover-se nos seus próprios lugares. Uma sufocação, um desespero contínuo em todos os semblantes agitados. Os garçons não podiam mais servir as mesas, nem conter o povo nas entradas. E eram gritos, risadas canalhas, queixas, apertões, damas e meninas apalpadas por mãos poderosas e invisíveis, crianças asfixiadas que berravam no regaço das mães aflitas, burgueses revoltados com a patifaria subterrânea das pernas de alguns cavalheiros que cavalgavam cinicamente as traseiras das senhoras indefesas...

A chuva continuava alagando as ruas, a chicotear os transeuntes ariscos que atravessavam os passeios como sombras fugidias.

Dentro da sala, um cordão de rapazes que conseguira forçar a entrada logo ao princípio começou a cantar, indiferentes à grande balbúrdia:

Depois do caso feito,
Como há de ser? Como há de ser?
Papai, mamãe não qué
Que eu me case com você...

Mas um deles, querendo fazer mais espírito, cantou:

Depois de nove meses,
Como há de sê? Como há de sê?
Mamãe, papai não qué
Que eu só... meta com você...

Dos lados surgiram logo protestos violentos, ameaças de indignação:

"Isto é contra a moral, seus patifes!"

"Não pode!"

"Canalhas!"

"Prendam-nos!"

E imediatamente deu-se o conflito esperado. Socos, garrafadas, trancos e cadeiras no ar. A polícia, com muita dificuldade, conseguiu entrar; mas, dentro, o frege já estava começado, cabeças abertas, caras amassadas e uma balbúrdia incompreensível de ânimos exaltados.

"Prendam esses imorais!", berrava um rotundo burguês, cheio de cerveja, do alto de uma cadeira.

"Prendam os biltres!"

"Olha esse cordão de frescos!"

Roberto defendia Marta corajosamente, aos trancos e socos, quando sentiu um violento murro nas costas, que o prostrou por sobre uma das mesas próximas; enraivecido, voltou-se, ainda aturdido da pancada que levara, e desfechou uma gravata sobre a cabeça de um indivíduo que estava a empurrá-lo. O homem, rodando nos pés, afundou-se para o chão.

Marta gritava; muito pálida, queria desfalecer. Roberto e Bernardo ampararam-na imediatamente, abanando-a com os chapéus.

"Não posso... Morro aqui!", soluçava, numa angústia.

A polícia distribuía pancadas a torto e a direito, efetuando várias prisões.

"Não pode! Não pode!", gritava um rapazote, abrindo caminho pela multidão.

Um guarda-civil o pegou do braço violentamente e perguntou-lhe na cara:

"Por que não pode, seu besta? Hem? Por que não pode?"

O rapaz ficou aturdido, olhando para os lados e, medroso, respondeu:

344

"Não pode... porque... porque estão dizendo ali que não pode..."

O guarda empurrou-o para a frente, numa insolência estúpida:

"Pois você também vai, seu fresco!"

As bengalas brandiam no ar, derrubando chapéus, fazendo brechas nas cabeças agitadas; mesas viravam com estrondo, espatifando copos e garrafas. E o povo já patinava sobre um lago de bebidas no chão... O caixa, agarrado à registradora, arengava para que a polícia fizesse a multidão evacuar a sala.

À porta, a luta recrudesceu e houve ainda algumas bengaladas e socos.

Queriam prender também Roberto, que se defendia com palavras enérgicas e a pontapés de rachar, à frente de Marta, que soluçava aflita sobre o ombro de Bernardo.

"Vai! Feriu o rapaz, há de ir!"

E um grupo exaltado de moços exigia a prisão de Roberto.

A polícia, então, fez logo serenar tudo levando o agressor, que não se insurgiu contra a ordem.

"Iremos todos juntos!", gritou Bernardo.

Mas Roberto, notando que Marta se esforçava para acompanhá-lo também, pediu ao amigo que a levasse para casa, que ele iria sozinho.

Bernardo, porém, não queria deixá-lo. E só depois de muita insistência é que se dispôs a ficar com Marta.

Envergonhada dos olhares que se lhe convergiam com insistente curiosidade, Marta desceu o *loup* sobre o rosto, deu o braço a Bernardo e ambos tomaram a direção do largo da Carioca, em busca de um auto. Ali, porém, não havia carros; por isso seguiram pela rua da Assembleia.

Mas os autos passavam sempre ocupados, numa carreira vertiginosa, fonfonando.

Havia estiado um pouco e a massa humana enchia novamente as ruas molhadas.

345

Já com um princípio de resfriamento, Marta começou a tossir, queixando-se:

"Que horror, meu Deus! Quando chegarei hoje em casa?"

Bernardo, muito ancho de levá-la pelo braço, animava-a carinhosamente:

"Vamos andando devagar que encontraremos um auto. Os pezinhos... é? Estão doendo?... Depois descansa..."

E ele já era todo ternura.

Não haviam vencido dois quarteirões quando a chuva desabou novamente, mas, desta vez, com pingos enormes e muito vento. As árvores vergavam-se agitando as copas molhadas, enquanto a água cantava nos esgotos profundos da rua.

Marta, impaciente, arrancava os cabelos, chorando à ombreira de uma porta.

Bernardo, muito amoroso, pegou-a delicadamente pela cintura, conduzindo-a à entrada de um sobrado, cuja escada estava às escuras.

"Podemos passar a chuva aqui..."

Ela, quase encharcada, obedeceu-o, entrou; e, batendo os sapatos para desentorpecer os pés, sentou-se no patamar da escada, com um nervosismo que a fazia inquieta.

O Bernardo, muito contente dessa aventura inesperada, aninhou-se logo perto dela, afetando frio; e quis afagar-lhe as mãos — o que foi imediatamente repelido com dignidade. Mas, de repente, ela sentiu uns braços fortes de homem que a prenderam num abraço, ao mesmo tempo que a sua boca era sugada por lábios de fogo que gemiam na escuridão.

Como que tocada por uma mola elétrica, deu um pulo e pôs-se de pé:

"Canalha! Pensei que soubesse respeitar uma senhora!"

Bernardo, num assomo de cólera bestial, segurou-a brutalmente pelos dois braços e arrastou-a com violência até ao desvão da escada, todo fora de si, sensual como um turco, querendo erguer-lhe as saias:

346

"Tens agora que me dar... Vamos! De pé mesmo..."

Marta estava para desfalecer; quis então gritar, correr para fora — mas ele ameaçou-a de matá-la definitivamente se ela recusasse o seu pedido.

Mas ela não queria, trancava as pernas, torcia-se pela parede, gemendo... E o homem obstinado, com um brilho de embriaguez perigosa nas pupilas, apalpava-lhe as coxas, as nádegas, rilhando os dentes:

"Vamos... tira a mão daí... É um instantezinho... e eu te levo para casa... Senão eu te forço e é pior!"

Marta continuava a relutar corajosamente, defendendo a honra do amante:

"Deixe-me, por piedade! O senhor não tem coração! Não quero..."

O homem meteu-lhe repetidamente o joelho no ventre e subjugou-a à parede do fundo, com uma brutalidade de doido:

"Queres ver como me dás já esta porcaria?..."

Foi aí que ela, uma criança, temeu aquela fúria do louco que lhe magoava as vísceras sem piedade, quase a sufocando. Duas lágrimas de desespero lhe escorriam pelas faces; e a sua voz estertorante suplicou ainda:

"Não faça isto... Estou doente..."

E envergonhada da sua mísera situação, escondeu a cabeça sobre o ombro do seu próprio carrasco.

Mas Bernardo, bêbedo e sensual, era muito infame, queria ver...

"Que homem monstruoso é o senhor!", exclamou com profunda indignação, olhando-o, alucinada.

Sentindo lhe faltarem as pernas, já extenuada, Marta teve o prenúncio de uma síncope; mas o homem já lhe havia erguido as saias, numa volúpia desordenada, machucando-lhe agora os lábios com beijos infernais, correndo-lhe a mão pelo ventre como um epiléptico, querendo absorvê-la, gozá-la toda...

347

Assim mesmo, ela ainda fazia alguns movimentos de repulsa, trancando as pernas, torcendo-se, numa defesa inútil de criança impotente.

E ele, o macho, com o seu instinto aceso de animalidade, preso a ela dos pés à cabeça:

"Abre... vamos!... merda!"

Marta estava louca; reavendo sua energia perdida, num repente, agarrou-o pelos cabelos e deu-lhe uma dentada terrível na cara. Bernardo soltou um gemido surdo, e quando, na dor do desespero, ia derrubá-la definitivamente, satisfez-se num espasmo repentino de galo...

A chuva lá fora continuava forte. Pela porta aberta viam-se os raros automóveis que cortavam o deserto da rua molhada. Transeuntes passavam, vertiginosos, trotando os passeios. O vento agitava as árvores e roncava nas bandeirolas das casas, açoitando doidamente o aguaceiro que descia sobre a cidade.

Cá dentro, tudo em trevas, o drama havia terminado. Bernardo gemia ainda, com o rosto dolorido e lavado de sangue.

Depois de tornar a si, sentindo-se livre, Marta precipitou-se pela porta fora e fugiu como um animal espavorido.

Quando o auto parou à porta, Marta saltou tão comovida que já ia entrando em casa sem pagar o chofer; e voltou logo, pondo as mãos na cabeça, de aflita:

"Ora, o senhor queira desculpar-me..."

O homem riu boamente, recebendo a cédula de cinco mil-réis que ela lhe entregara sem querer troco.

E, na sala, deixou-se cair pesadamente como um fardo sobre o divã. Estava tão fatigada que nem podia respirar, os olhos cerrados, distendida inteiramente, os braços caídos para os dois lados, como morta. Não sabia onde estava! Sentia-se muito longe do mundo, vendo tudo imprecisamente, perdida num labirinto nebuloso...

348

Lá dentro o relógio da sala de jantar pingava as três da madrugada. Depois caiu novamente o silêncio. As árvores molhadas sacudiam os ramos no jardim, como que friorentas. Havia estiado, mas a noite continuava fria e cheia de vento rugidor. Pela janela aberta entrava uma claridade baça de luar de inverno, derramando uma luz sinistra pelos móveis e pelos recantos da sala.

Quando sentiu sede é que se animou e se dispôs a ir com ingente esforço, escudando-se pelas paredes do corredor, até a copa. E foi com uma ânsia extraordinária que entornou toda a água na boca ressequida, deixando o copo vazio.

Depois veio para a sala novamente, estirando-se ao comprido no seu divã predileto. Estava mais calma, as forças mais reparadas com o líquido regenerador.

Mas Roberto tardava! Que teria acontecido? Teria ficado preso? E era isso que ainda lhe afligia o coração...

Não podendo dormir, fechou os olhos numa espertina dolorosa, pensando na sua vida que até agora tinha sido um campo imenso de provações terríveis. Parecia não ter mais fim a sua desventura. Que mundo de amargores e desgraças havia experimentado num espaço de vida tão curto! Todas seriam assim, também deserdadas? Talvez... Por isso, muitas se embriagavam toda noite, vinham caindo de bêbedas para casa... Outras afogavam suas decepções na cocaína e nas injeções de Pravaz. As ruas, as vielas, os clubes estavam cheios desses seres miseráveis, escorregados para um abismo assustador... E, entretanto, todas essas pobres criaturas haviam tido um lar, uma família, uma mãe carinhosa que as beijava pensando nos seus futuros... Todas tiveram um pouco de sol e de felicidade na vida.

E ela se comovia pela vida das outras, das suas desgraçadas companheiras de infortúnio que tinham tomado, como ela, pelo mesmo tortuoso caminho...

Surpreendera-se com muitas lágrimas nos olhos. Então, fatigada, um longo aborrecimento de tudo, recolheu-se ao quarto,

349

a fim de repousar a cabeça que parecia querer-lhe saltar. Mas, quando aí entrou, vendo a janela que dava para o jardim aberta às bandas, ficou apreensiva; e, repentinamente, tomando-se de um medo quase infantil, fugiu para a sala, sobressaltada, como se tivesse visto algo de anormal.

Irrequieta, mas com um pouco de energia e curiosidade, procurou sondar com os olhos espantados os cantos da sala, quando um vulto de homem espirrou pela segunda porta e desapareceu logo na semiescuridão do corredor. Ela ficou tão assustada que ia cair; mas reanimou-se logo e, alcançando a janela da rua, gritou a todos os pulmões por socorro.

O eco do seu grito angustiado perdia-se ao longe por trás das casarias adormecidas.

Um apito ressoou no ar e, logo em seguida, outro respondeu e mais outro. Ela continuava a gritar, acordando o silêncio conventual da rua.

Pouco depois, havia tropel de cavalos pelo asfalto, correrias, apitos redobrados. Janelas se abriam com ruído, aparecendo cabeças medrosas.

Dois policiais invadiram a casa, enquanto alguns soldados de cavalaria guardavam a entrada do jardim.

Curiosos retardatários paravam à porta, olhando pelas grades, indagando.

A pesquisa continuava lá dentro. Marta guiava os dois homens, mostrando-lhes os quartos, os esconderijos e todos os recantos da casa. E eles, silenciosos como sombras, mergulhavam por debaixo das camas, de joelhos pelo chão, arredando móveis, abrindo-os, devassando-os, com os revólveres em pontaria. Mas tudo debalde.

"Pois vi um vulto de homem que escapuliu daqui deste quarto...", repetia, toda nervosa.

Os guardas, entretanto, prosseguiam na sua investigação infrutífera, já um tanto desanimados e agora pisando cautelosamente pelas dependências de baixo do prédio.

350

Ficando só, Marta lembrou-se de ir ao toalete ver se lhe faltava alguma coisa. Haviam roubado tudo! Encontrou a gavetinha das joias arrombada e limpa até de seus grampos de prata. Pôs as mãos na cabeça num gesto de desespero louco.

"Roubaram-me tudo!", disse ela, numa voz de angústia, quando os policiais tornaram.

Os homens se debruçaram sobre a janela da alcova, espreitando a noite. Havia um silêncio perfeito em torno. As árvores, ainda molhadas, se buliam no jardim como sombras pávidas... Um resto de lua morria para trás do casaredo da cidade.

De repente, um tiro partiu do quintal do vizinho, secundando-o logo um grito de alarme. Os policiais transpuseram rapidamente a janela do jardim e se precipitaram na direção de onde vinha o ruído.

Marta, desfalecida de susto, deixara-se ficar no leito.

Entretanto, na rua, o povo afluía à entrada do prédio vizinho onde, dizia-se, a polícia atirara no gatuno quando ele tentava escalar o muro.

De *Os devassos* [romance, 1924]

THÉO-FILHO

Julião percebia, confusamente, que uma estranha, misteriosa perturbação deveria estar impedindo o funcionamento regular dos órgãos genitais de Cecilia. A falta de um ovário ou, o que era mais grave, a ausência de ambos, não haveria produzido os vícios que redundavam primeiro na infertilidade e, depois, numa espécie de impotência nervosa? Como chegar ao ponto elucidativo daquele caso que bem podia caracterizar a impotência ou frieza física, a primeira redundante de uma deformidade do órgão copulativo, subordinada a alterações nervosas, moléstias, intoxicações; a segunda redundante de motivos provindos do cérebro, dos sentidos, do pensamento; a primeira, material, a segunda, mental? Era evidente, indiscutível a falta, em Cecilia, da regularidade do movimento reflexo que consiste na animação peristáltica das trompas e do útero.

Saber se tal infelicidade possuía raízes físicas ou morais passou a ser, desde logo, o pensamento obstinado de Julião. Se a mulher tem comumente a fonte da volúpia na sede dos órgãos sexuais, nem sempre acontece que essa volúpia desperte em contatos de outro corpo. Um beijo cinemático demorado, um momento psicológico, um abraço na escuridão propícia, imagens lúbricas ciciadas à orelha são, bastas vezes, suficientes para exaltar essas friezas, comparáveis, por isso mesmo, aos homens atacados de anafrodisia.

Mas, à primeira vista, a frieza de Cecilia tinha a sede central fixada no cérebro. Nenhuma teoria mais antiquada que a de que os focos erógenos repercutem no centro genital por intermédio do sistema nervoso emanente desses focos. Vista de dentro para fora, a excitação genésica começa na imaginação e acaba na congestão sanguínea dos corpos cavernosos, por intermédio da medula. Julião buscaria o meio de excitar Cecilia pela mente, ao mesmo tempo que tentaria preparar-lhe os focos erógenos para o espasmo genésico.

Foi copioso de mil invenções e de sutilezas várias. Experimentou efeitos da luz e da penumbra, a nudez absoluta sob o revérbero do quebra-luz vermelho, o contato da seda preta sob o revérbero do quebra-luz amarelo, as obscenidades cochichadas na treva durante incríveis anomalias evocadas ao balanço dos corpos ajustados. Experimentou a leitura de livros torpíssimos comprados por mil-réis à porta dos engraxates, ricos de fotografias abomináveis, com abraços monstruosos entre criaturas disformes e obesas. Chegou às repugnantes tentativas de excitamento por

352

meio das sucções demoradas, das poses aberrantes e, finalmente, da pederastia.

Sem desistir dos meios práticos aos quais se entregava por consentimento da paciente, pôs-se a estudar, com sofreguidão, pesados compêndios de psicopatologia, chegando a conclusões importunas que o deixavam num cansaço iracundo, na dúvida da ciência e de tudo o mais, no desgosto da própria vida e da própria mulher. Tantas preocupações tornaram-no distraidíssimo, obrigaram-no a escrever verdadeiros disparates sobre assuntos de que até então se julgara absolutamente senhor. Seus artigos políticos tornavam-se prolixos, o raciocínio transmitia-se-lhe penosamente para as tiras de papel. "Estás positivamente apaixonado", dizia-lhe o secretário de um vespertino em que fazia pró-labore. "Se continuas assim, desces a fazer plantões policiais e serás um funcionário quase aposentado do jornalismo..."

Mas, à timidez e à ingenuidade da companheira, devia contrapor a sua experiência e a sua cultura de homem enciclopédico. Os tratados médicos haviam-lhe ensinado que, quase sempre, as criaturas nas condições de Cecilia eram portadoras de uma anomalia na vulva ou, mais frequentemente, de uma anomalia na vagina. Posto que muito raras e excepcionais, as anomalias da vulva excluíam a mulher do papel procriador. Casos até havia, advertidos por especialistas, da completa ausência dos grandes e dos pequenos lábios, da abertura orgânica, ou do clitóris. Às vezes, a obliteração vulvar sucedida pela união das ninfas, em seguida a acidentes por queimaduras, varíola ou chagas sifilíticas, vinha também impossibilitar a aliança regular de dois corpos que se tentassem aproximar estreitamente.

Julião observara na companheira aquela parte dos órgãos genitais a que um clínico alemão dera o nome de "vestíbulo" e nada encontrara de suspeito. Cecilia tinha os lábios normais das ninfas e o órgão lúbrico a que Venette chamava "trono do amor". Um pouco crescido, este apresentava-se com seus caracteres essenciais, sem desvios sintomáticos. O seu desenvolvimento exagerado, contudo, nada indicava que pudesse influir sobre a volúpia, a lubricidade ou a frieza, sabia-o ele perfeitamente; e, outrossim, sabia que uma mulher de clitóris pequeno pode ser ardente até a ninfomania, ao passo que outra, de clitorismia, pode ser indiferente aos contatos e às carícias mentais. A deformidade orgânica quase nunca tem ligação com a deformidade psíquica. Veio-lhe então a curiosidade de observar o hímen da companheira. Embora não notasse que o mesmo pusesse obstáculo à cópula, supunha com vago pessimismo que pudesse, sem ter sido rompido, estar recalcado profundamente. Alguns casos semelhantes eram geradores de esterilidade, embora quase sempre acompanhados de dores que se localizavam não só na membrana resistente imperfurada ou punctiforme, como também na matriz e nas paredes do útero. O caso de imperfuração ele o pôs de lado, visto que mensalmente vinham as regras de Cecilia, sem perturbações, sem sofrimento e sem os atrasos que provocam a retroperitonite. Tinha, ademais, a certeza de haver ele mesmo rompido a parede de resistência, na hora já longínqua em que possuíra a virgindade dela.

Afastou a hipótese da anomalia do hímen com reflexos diretos sobre o sistema nervoso e foi então mais além nas suas análises, levando-as ao canal membranoso que forma o órgão copulador. "A vagina", lera algures, "é naturalmente, por suas deformidades e doenças, a sede principal da impotência feminina. Todos os obstáculos em receber livre e voluptuosamente o órgão másculo para ir levar e conduzir o princípio, o germe da vida na matriz, são as suas causas diretas. A ausência desse conjunto ou sua imperfuração, como a oclusão, o estreitamento, a separação ou a bifilidade, são outros tantos empecilhos à cópula normal. Suas funções mais importantes predispõem mesmo a produzir essa impotência pelos ferimentos, dilaceramentos que podem daí resultar, sem levar-se em conta a parte considerável que os órgãos vizinhos, adjacentes, tomam na sua produção por seus deslocamentos." Mas a vagina de Cecilia era normalmente constituída, normalmente dilatada, sem erosões e sem rupturas. Não possuía aquele fatal estreitamento verificado pelos médicos ingleses em Joana d'Arc, cujo canal vulvuterino era de tamanha escassez que só muito penosamente e depois de sofrimentos super-humanos suportaria a introdução de um nervo reprodutor.

Cecilia tinha todas as coqueterias da mulher asseada. Não era clorótica nem sofria de tumores ou derramamento sanguíneo espontâneo. Nenhum abscesso, nenhum edema dos grandes lábios, nenhum quisto, nenhum vestígio de pólipo. Julião sabia perfeitamente que não é somente no clitóris, na vagina ou na vulva que está fixada a sede da excitação erótica feminina; é antes no cérebro, na cabeça, na espinha, donde irradiam os fluidos que vão diretamente provocar a sensação e o espasmo voluptuoso. A mulher pode parecer impotente sendo, no entanto, apenas uma fria. "A origem da frieza", aprendera ele, "é, como a da anafrodisia, essencialmente moral, isto é, nervosa; e é evidentemente no cérebro que reside a fonte principal. As perturbações, as afecções do espírito, da imaginação, da própria inteligência, podem determiná-la pela predominância dessas faculdades sobre as funções genitais. Nesse sentido, é uma verdadeira nevrose, sem lesão material apreciável, e cuja causa determinante é puramente psíquica."

E, para entrar neste terreno, Julião tinha de transpor os obstáculos dificílimos do inquérito minucioso, das perguntas inevitáveis sobre os hábitos secretos de Cecilia. Antes de sua junção com ele, tinha mesmo de ir além e procurar saber algo sobre seus pais, seus avós, suas irmãs, a família enfim de que ela fazia parte e da qual devia ter alguma tara hereditária. E, uma tarde, numa volta sentimental pelas aleias do jardim do Campo de Santana, deu começo ao seu interrogatório, no momento propício em que, sentados sobre um banco afastado de todo bulício, haviam tocado na matéria que tanto os mortificava.

"Tens tido notícias de casa?", perguntou Julião, riscando a areia com a ponta da bengala.

"Esta semana… Ainda não vi ninguém… mas creio que mamãe não dura muito tempo… Da última vez achei-a pior… tossindo… já nem se aguentava de pé…"

"Coitada! Que moléstia horrível! Disseste-me uma vez que era a tuberculose…"

"Sim… Apanhou-a por excesso de padecimentos, a pobrezinha… Sempre nos repete que nossos avós eram seres muito fortes… e que não conhece nenhum parente tísico… A culpa é do papai, que fazia dela uma espécie de molambo… Batia-lhe!… Dizem os vizinhos que morreu de tanto lhe bater…"

"Morreu de outra coisa, hem, Cecilia!"

"Ah! Foi…"

Sucedeu entre eles um penoso silêncio durante o qual se recordou Julião do que sabia daquela morte, sempre relembrada por Cecilia com terror infantil. Tratava-se de um ébrio, incorrigível no seu vício degradante, de um bêbedo que nunca entrava em casa sem trazer o estômago encharcado de álcool, o cérebro turbado, as ideias confusas, os nervos numa excitação que somente encontrava lenitivo no martírio da esposa, a quem moía grosseiramente de pancadas. Depois de surras impiedosas, trancava-se no quarto com a mulher e ali demoravam a suspirar lubricamente, pelo resto da noite. Tratava-se de um alcoólatra atingido de satiríase, quando em estado de desequilíbrio orgânico. Resultado: a morte dele, de delirium tremens, e a tuberculose dela, como consequência das torturas e dos excessos venéreos.

"Há muito tempo que teu pai faleceu?", indagou Julião, rompendo finalmente o silêncio.

"Há cinco anos…"

"Ele sempre bebeu?…"

"Diz a mamãe que sim, mas não gosta de falar nisso…"

"Não teve a tua mãe nenhum parto, antes de te dar ao mundo?"

"Não... Ainda era muito moça, quando nasci... Tinha dezessete anos..."

"Dezessete anos... natureza em plena evolução... coito com alcoólico sádico... apenas sádico... A satiríase pode ter vindo como consequência das libações e das intemperanças..."

"Que estás a dizer?", interrompeu Cecilia, ouvindo-lhe vagamente as palavras.

"Nada! Estava a pensar num artigo que devo escrever sobre o problema do alcoolismo... Parece incrível, mas a nossa imprensa não mostra nenhum interesse por assunto de tamanho alcance social..."

De *Dona Dolorosa* [romance, 1910]

◆

Num gesto habitual, o livreiro-editor, distraidamente, roeu as unhas; depois, batendo no ombro do suplicante:

"Como sabe, nada posso resolver sem a prévia consulta aos meus sócios. Vou ouvi-los..."

"Mas tenho urgência na resposta..."

"Não se amofine por tão pouco. Eles estão na casa. Conversaremos imediatamente. Queira esperar-me aqui."

E, enquanto o outro se afastava para o escritório, Claudio ficara de pé, apreensivo, sem ver a multidão que se acotovelava ao largo dos balcões, lendo as lombadas dos livros, considerando as novidades literárias, separando revistas de moda ou simplesmente conversando aqui e acolá. Perfis notórios de velhos cabotinos ou de rapazolas sempre inéditos, figuras respeitáveis de médicos e de medicastros ainda sem clientela, silhuetas adolescentes de estudantes, lindos tipos de mundanas e de elegantes de chás da Colombo, tudo isso viu ele de relance. Uma atriz conhecida, Itala Ferreira, com seu formoso corpo de amazona e sorriso cínico e cético, comprava a *Tentação de Eva*, de Mozart Monteiro, ao lado de Zilah Monteiro, a poetisa *reporter woman* que acabara de lançar *Sugestões do silêncio*. Uma menina de físico desenvolvido e rosto pálido, onde brilhavam dois olhos de romântica, folheava a *Mulher nua*, de Gilka Machado, olhando de soslaio para uma brochura de Romeu de Avellar, o qual acabava estrondosamente de ingressar nas letras publicando *Os devassos*, livro demolidor, cheio de fel e de verdade crua.

Aliás, pouco adiante, esse mesmo Romeu de Avellar derrengava-se para uma loura curva, muito conhecida das rodas artísticas pela singularidade de não passar sem dois gramas de cocaína por dia, ultimamente enleada num namoro discreto com Odilon Azevedo, o magnífico regionalista de *Macegas*. Harold Daltro, o poeta dos gatos da cidade, diretor de uma revista de alta cavação cultural, impecavelmente vestido de cinzento, passeava entre duas senhoras de branco o seu sorriso ingênuo, cheio de mocidade e sensualismo desbragado. Uma roda de gagaístas impedia a circulação na parte do recinto a que se dava pitorescamente o rótulo de "vestíbulo futurista" ou "vestíbulo das mordidelas" e onde às vezes Graça Aranha parava a distribuir apertos de mão aos discípulos de sua metafísica e aos novíssimos que não poucas vezes lhe suplicavam jantares e auxílios pecuniários.

Mas, súbito, quando a atenção de Claudio se concentrava no burburinho dos iconoclastas, um movimento de sensação se produziu em todo o recinto da livraria. Um ligeiro espetáculo cinematográfico, uma cena de pugilato colorida, a troca de murros inestéticos, o sangue a espirrar de um nariz machucado e, por fim, o apartar dos energúmenos, dois satélites da geração novíssima, Max Bradford e Sergio dos Países Baixos.

Aquele Sergio dos Países Baixos, com quem travamos relações alta noite no Cais Pharoux, era um menino bondoso e amável, inofensivo autor de vários títulos de obras fluídicas, as mais recentes das quais estavam anunciadas como trazendo os títulos de *O nariz de cera do senhor X*, *A bota do verbo botar* e *O automóvel adormecido no bosque*. Trombeta da *Klaxon* paulista, caixeiro-viajante das notabilidades sem público, os decadentes do Rio ofereciam-lhe jantares regados à cachaça e os passadistas diziam-no pobre de espírito e desmiolado.

Ora, entre os que o tinham na conta de um paranoico digno da galeria de Dostoiévski estava um reacionário na violenta acepção do termo, discípulo e amigo mental de Paul Morand, Proust e André Salmon: Max Bradford, autor de trabalhos de exótico sabor literário, como "O inimigo gaseificado ou a vingança do sr. Concreto", "Mlle. Jazz-Band" e *Mme. Cosmópolis*. A rivalidade entre Max e Sergio começara quando ambos haviam publicado, no mesmo sábado e na mesma revista, dois artigos pitorescos, um com o título de "Tomando Treparsol" e o outro com o título de "Não tomando Treparsol". Na tarde desse sábado longínquo, olharam-se de catadura torva e falaram-se com frieza, acusando-se reciprocamente de plágio. Depois vieram as intrigas maquiavelicamente dirigidas pelo rosado diplomata Vinício da Veiga e pelo jovem solitário Francisco Galvão. Max e Sergio deixaram de se cumprimentar. E, uma noite, como Sergio soubesse que Bradford o comparara à peste do filme extraído do livro de Blasco Ibañez ou, antes, ao terceiro cavaleiro do Apocalipse, batera-lhe no ombro, rudemente intimando:

"Deixe-me tranquilo, seu patife!"

Estupefação de Max, que replicara meio trêmulo:

"Eu o racho, estafermo!"

Nada mais, e os inimigos afastaram-se. Sergio, porém, durante doze horas, espalhou por todos os cantos da cidade e dos subúrbios que havia dado tremenda sova no autor de "O inimigo gaseificado ou a vingança do sr. Concreto". Daí nada mais natural a indignação de Max Bradford, que, avisado de tal perfídia, jurou tomar uma desforra e a tomou de fato, caindo de rijo, forte e indomável, sobre os costados do autor de *Automóvel adormecido no bosque*, ali, em pleno recinto da livraria. Dois berros, um protesto "Ai, que me matam!" e a intervenção de pessoas estranhas ao conflito, gritos medrosos de senhoras histéricas e os adversários foram separados. Sem se mover de seu lugar, teve Claudio um sorriso de longo prazer, recordando-se dos dias em que fora bravo e ardente como um cavalo árabe, fogoso como um mosqueteiro e gostava daquelas rusgas literárias e batalhas campais. Um minuto a sua atenção acompanhou o vaivém dos amigos dos contendores, numerosos e exaltados, a discutir sem um mínimo de trégua, perturbando o comércio da casa. O gerente Lapenda, vindo às pressas do escritório, intervinha com autoridade, protestando contra o que classificara de "falta de consideração às senhoras presentes". Ali não era arena para campeonatos de boxe — trocassem murros à vontade, lá fora, na calçada, mas respeitassem ao menos o templo da sabedoria, *"La cité des livres"*...

"Não podemos consentir que Sergio se torne tábua de ensaboar de Bradford!", protestava Teixeira Soares, o britânico do Álbum de Caliban, caindo das alturas dos seus músculos. O Sergio, tão bonzinho, coitado!...

"Raspem-se, meus amigos, raspem-se...", pedia Lapenda, cada vez mais nervoso... "Que mocidade futebolista, senhores! E tudo por causa do Treparsol!..."

Pouco a pouco os ânimos se foram serenando. Claudio Lacerda, sempre impassível, um cotovelo apoiado à secretária do editor, viu este finalmente reaparecer dizendo:

"Está feito o acordo!". E, com um ricochete: "Parece que tivemos uma cenazinha de pugilato...".

"Pitoresca..."

"Felizmente eu não estava aqui! Enfim, passou..."

"E não há mortos nem feridos. O Alexandre agora mesmo andava de lente em punho, à procura de cadáveres e de vestígios de sangue..."

360

"É um humorista, o Alexandre... Mas, como eu ia dizendo, meu bom amigo Claudio, me parece que podemos entrar em acordo. Quanto pediu pelos seus direitos autorais?"

"Cinquenta contos..."

"Foi isto mesmo... Cinquenta contos. Conversei com o Spicer, trocamos ideias a respeito das suas pretensões. Achamo-las muito justas, justíssimas mesmo e, se dependesse apenas do que ditasse o nosso coração, não vacilaríamos em oferecer-lhe muito mais de cinquenta contos, digamos, oitenta, digamos, cem contos... Sucede, porém, que, neste momento, com a depressão cambial, as nossas transações, principalmente as de papel, não se fazem com o desafogo desejável. A nossa empresa vai de vento em popa, isso não resta a menor dúvida, mas as nossas despesas são formidáveis... Assim sendo, combinamos oferecer-lhe trinta contos de réis..."

Claudio baixou a cabeça, meditando, sem que se contraísse nenhum músculo das suas faces. "Tudo faz levianamente, sem pensar no dia de amanhã", repetia Querubina Doria sempre que lhe contava ele uma das suas negociações arruinadoras. Não estava ele disposto a vender até por vinte contos todos os seus direitos autorais quando fizera o pedido já humilhante de cinquenta contos? "Contanto que me raspe dessa apertura!", pensava com seus botões.

"Aceito!", exclamou, batendo no ombro do editor.

No escritório, um entressolho quadrangular para onde se subia por duas escadinhas estreitas e onde se estava apertado entre altas mesas de guarda-livros, não foi longo o tempo que perderam a revisar os documentos necessários. Trinta contos, apesar de tudo, era uma bela soma, capaz de fazer desmaiar qualquer gênio literário dos tempos de Aluísio ou Alencar.

"Quer levar a importância num só cheque ou precisa de dinheiro miúdo?"

"Basta o cheque bancário", afirmou Claudio, afetando displicência.

Guardando vagarosamente a ordem para o Banco do Brasil, ele pressentia que seus sofrimentos morais iriam ter trégua de algumas semanas. Durante essas semanas talvez pudesse recomeçar a escrever… E, agora, o editor pedia-lhe um novo livro, um novo romance que contivesse muita realidade, a realidade e a vida que escandalizavam os puritanos e agradavam a todas as inteligências, mesmo as medianas.

"Um romance como *A agonia de um ídolo!*", repetia o editor, conduzindo-o até o meio do recinto, estendendo-lhe finalmente a mão: "Traga-mo… Sempre faremos um bom negócio…".

Passara a hora dos grupos turbulentos, chegara a hora em que a livraria transbordava a sua melhor clientela, as mulheres, admiravelmente vestidas, da alta sociedade de Botafogo e Santa Teresa, as celebridades médicas, os literatos acadêmicos e semiacadêmicos, o clero discreto e silencioso. Começava o regresso dos habitantes dos bairros à beira-mar. Criaturas elísias, trajando seda e falando familiarmente umas com as outras, revezavam-se nos aparelhos telefônicos. Num ângulo do banco central, um grupo de médicos ouvia a exposição de uma nova teoria sobre o absurdo — ante a qual, iniludivelmente, o alienista Juliano Moreira teria de se curvar e abrir as portas do casarão da Praia Vermelha: Mendes Fradique conseguira, com efeito, levar ao auge a desordem humorística, o contrassenso hilariante e o *sense of humour* no seu último livro, aparecido naquele dia. Em outra roda conversavam Alfredo Horcades, o ianque terrível da nação brasileira, muito vermelho, a proclamar as maravilhas das doutrinas de Ford, seu ídolo, seu mestre na vida. Mme. Chrysanthème, a escritora das cocaínas e ninfomaníacas, a sagaz observadora de uma sociedade corrompida e viciada, Evaristo de Moraes, o grande criminalista, o formidável advogado cuja voz trazia caudais de imagens e de lógica destruidora, cujo gênio oratório era quase lendário, Adelino Magalhães, o precursor do modernismo brasileiro, organizando programas para as suas *Vesperais de Cultura*, Terra de Senna, o blaguista esfuziante, descobrindo, a propósito da revolução no Rio Grande do Sul, que, no ano do centenário da independência ou morte, havia ainda pendência ao sul... e Gilberto Amado, o prosador dannunziano, desdenhoso da turba, todo recolhido na sua torre de marfim...

Saindo pelo *vestíbulo dos futuristas*, Claudio desembaraçou-se dos ardores de uma juventude que lhe estendia a mão, hipocritamente, e o difamava pelas costas. Seis da tarde, o crepúsculo a cair de um céu que se deixava tingir de cores enlutadas, um *brouhaha* de feira na calçada do Ponto Chic, campainhas de bondes a tilintar, gritos de gazeteiros, buzinar de klaxons, correrias, exclamações femininas, um violento odor de mil perfumes caros de mistura com esterco e detritos de esgoto, o odor característico da cidade ao tombar da noite. No cruzamento da Avenida, um verdadeiro redemoinho de multidão, gentes de olhar sonhador que saíam de uma sessão do Cinema Central, gentes de faces maceradas que regressavam de encontros inconfessáveis, gentes paradas, apalermadas, a impedir o trânsito na Galeria Cruzeiro. Acendiam-se os focos elétricos...

De *Quando veio o crepúsculo*... [romance, 1926]

◆

"Leblon, chofer!"

Julgava-se na iminência de alcançar o seu desiderato. O busto de Maria parecia-lhe de uma suavidade de veludo, e ela tão frágil, tão raquítica, dir-se-ia a virgem que tivesse saído dum claustro sem luz para o seu gozo exclusivo de macho requintado. Mariana resmungava contra o calor, querendo abrir a blusa, a fim de receber sobre o peito o vento da noite.

"Espera, tiazinha", disse-lhe Silverio. "Vamos descer um pouco..."

"Que calor, meu Deus! Onde está Maria?..."

"Está aqui à tua beira... Vamos descer, Mariana! Precisas de ar..."

"Não chove, não?..."

O automóvel parou logo após a curva que faz o bonde de Ipanema, no fim da avenida Vieira Souto. Silverio desceu, dando os braços às duas mulheres.

"Vamos tomar ar, meninas!..."

"Preciso mesmo, seu Silverio... Que calor danado!..."

"Espere aí, chofer..."

Embrenharam-se pelos matos rasteiros, aos trambolhões, tropeçando aqui, tropeçando ali, e chegando ao fim à areia da praia. Recomeçava a cair uma chuva leve, trazida por um vento frouxo, que abrandara subitamente.

"Xii! Vamos voltar!", propôs Mariana.

"Isto não é chuva, mulher! Tu é que andas nela! Vê lá como te portas!"

"Seu Silverio diz isto porque está de capa de borracha... Eu estou me molhando! Vou voltar!..."

"Pois volte, se quer! Eu fico com a Maria..."

"Para me seringar a pequena, seu trouxa, não precisava vir aqui", berrou-lhe a velha num momento de lucidez. "Lá no quarto estávamos melhor..."

E enternecendo-se:

"Muito melhor, muito, ora esta!... O trouxa quer levar-me a filha! Eu não estou bêbada!... Olha o trouxa! Olha o trouxa!..."

"Estávamos melhor naquele gabinete...", ciciou Maria. "Eu vou constipar-me, Silverio..."

"Vamos voltar", aquiesceu o corretor.

Decerto que estariam muito bem no Mère Louise, se Mariana não bradasse alarme contra todas as audácias dele. Qualquer descuido teria produzido o escândalo que lhe não convinha por tão pífias personagens. Mais facilmente poderia cevar os seus instintos de debochado naquela praia deserta — e fora essa ideia secreta que o levara ali. Mariana embriagada fazia parte do seu programa perverso; mas a chuva, despenhando-se novamente das nuvens, atrapalhava-lhe os planos.

A velha puxava-o pela capa de borracha, apavorada com a treva, temendo perder-se caso se afastasse cinco passos. E então, apanhando-a de súbito distraída, Silverio embaraçou-lhe as pernas, com uma rasteira. Mariana caiu, tentou levantar-se, veio-lhe um grande vômito, uma dor opressiva na cabeça, e ficou estatelada, sem compreender o que sucedia.

Agarrando brutalmente Maria, Silverio arrastou-a para o capim. Mas a rapariga resistiu, dizendo-lhe que não deveriam afastar-se de Mariana e que, se fizessem tal coisa, seria uma maldade que Jesus castigaria.

"Não a deixemos a sós, Silverio... Vamos embora! Esta chuva vai fazer-me mal!..."

"Tolinha!... Se adoeceres, pago a farmácia e o médico!..."

Ela começava a zangar-se, não propriamente contra ele, mas contra tudo aquilo, contra aquele passeio idiota pela praia molhada, aquela embriaguez da mãe jogada ao chão, aquela insistência impertinente de Silverio Silva. Para além da praia e do mato e da dupla avenida de automóveis, raras luzes tremeluziam nos palacetes recentemente construídos. Muito ao longe, no mar invisível, avistava-se de quando em quando o pisca-pisca do farol da ilha Rasa. A chuva redobrava de violência, chispavam relâmpagos, trovões estalavam no espaço. E vendo-se completamente desprotegida, ela sentiu passar-lhe pelas faces um sopro gélido e teve medo, um medo atroz do desconhecido...

"Silverio, por favor, vamos daqui", suplicou. "Ajuda-me a levantar a mamãe... Estou até com frio..."

"Vem cá, meu bem", intimou ele, indiferente ao sofrimento dela, não pensando senão na necessidade de obedecer ao seu erotismo.

Dum salto novamente empolgava Maria, que se desvencilhava do seu abraço, à orla do mato.

"Ma... ma... ri... a...", grunhiu a bêbada.

"Lasco-te a cabeça!", vociferou Silverio, voltando-se para a sombra, no chão. "Olha o abantesma!..."

"Não, Silvério", choramingou Maria. "É impossível o que quer!"

"O que eu quero! Então tu sabes o que eu quero?... Ah! Ah! Tu bem sabes, hem, garota?... Pois eu quero... quero... e hoje mesmo..."

Com o seu corpinho de púbere em crescimento, a menina havia de sucumbir por mal, já que não queria ceder por bem. Havia de a possuir desse no que desse, mesmo que fosse preciso rebentar a cabeça de Mariana! E dizia tudo isso com uma voz pastosa, as mãos ásperas, os olhos acesos pela gula, o corpo presa de um longo estremecimento... Havia de a possuir, fatalmente, para sempre...

A um apertão mais forte, Maria revoltou-se e quis dizer a verdade. Só o medo das consequências lhe conteve ainda a osga. Entretanto, como Silverio procurasse derrubá-la, resistiu valentemente, arranhando-lhe o rosto.

"Tu resistes, meu amor", grunhiu ele, evitando-lhe as unhas. "Tu me feres... Está bem! Está bem!! Tu te defendes do fauno! Ah! Ah! que ideia!... O fauno! Eu sou o fauno!... A virgem! Tu és a virgem!..."

Divagava como se sonhasse, e os seus maxilares avançavam como os dos homens primitivos, nas lutas das cavernas, quando procuravam derrubar a fêmea rebelde.

De repente Maria caiu, ferindo-se em alguma coisa. Com a dor do ferimento, sua raiva explodiu num grande grito:

"Estúpido! Velho estúpido!"

"O que quiseres, meu amor!"

"Velho estúpido! Cachorro! Deixa-me!..."

"Amo-te, Maria! Como eu te amo!"

"Deixa-me, cachorro! Já te disse!"

Mordeu-lhe os braços, o rosto, as mãos, qual fosse a donzela aterrorizada a defender-se do violador. Uma força nervosa extraordinária se concentrava na sua natureza fraca... Como seus dentes se cravassem numa orelha de Silverio Silva, este perdeu a noção da prudência, desatando a distribuir murros.

"Velho cachorro! Velho trouxa!", ela reagia.

Ia revelar-lhe tudo quando ele lhe tapou a boca, prendendo-lhe a respiração. Estrebuchou, agoniada, e deixou de resistir, enquanto, à claridade dum relâmpago formidável, reparava Silverio nas suas feições transfiguradas e no seu pescoço tão fino e delicado. A chuva molhava-lhe os cabelos, o rosto, as vestes... E Silverio parara, antegozando a vitória. Seus maxilares avançavam com um tremor, na alegria da posse selvagem.

"Silverio! Silverio!"

Ela gemia e um sorriso satânico assomara-lhe aos lábios.

"Velho trouxa! Velho trouxa!"

Estava tão cansada que mal podia balbuciar; dir-se-ia prestes a sucumbir.

"Velho trouxa! Tu estás nos restos dos outros! Já dormi com mais de cem homens! Idiota!... Eu, virgem?... Burrego dos diabos! Se eu gostasse de ti já teríamos dormido juntos desde o primeiro dia!... Burro! Burro!..."

Tentou levantar-se, mas as forças traíram-na. Subitamente Silverio compreendeu. O passado clamava a verdade — as correrias das duas vagabundas pelos fundos dos cafés, as histórias picantes que circulavam a respeito delas. Poderia ter feito como tantos outros, contentando-se com uma carícia furtiva, no canto duma escada, mas preferira a ilusão dum desejo proibido, a satisfação de trincar um fruto ainda não maduro. E agora, na sua cólera de roubado, vinham-lhe rancores de marido traído.

"Burro! Burro! Quem quer dorme comigo! Mas tu... velho trouxegas!... Porco!..."

367

Então, no seu ódio infernal, ele foi ferocíssimo:

"Pois vais ser minha, grandessíssima égua!..."

E possuiu-a ali mesmo, como um bruto, punindo-a com pancadas. Depois, deixou-a sem sentidos, a verter sangue pelo nariz.

"Ora a pécora!", resmungou, afastando-se.

Como tropeçasse em Mariana adormecida, deu-lhe tremendo pontapé na barriga.

"Acorda, miserável!"

Atravessou aos pulos o terreno coberto de ervas bravas e chegou à avenida. Chovia torrencialmente.

[1920]
De *A grande felicidade* [romance, 1921]

Provocações

Vários escritores cariocas dos anos 1920 faziam da polêmica e da provocação o oxigênio para a sua produção. Seus alvos eram os canastrões da cultura, os servos das ideias feitas e os centuriões das leis atrasadas e retrógradas.

O crítico Agrippino Grieco era tão temido por suas frases que certos autores não lhe mandavam seus livros, temendo o que ele iria escrever. Mas Agrippino não se alterava. Lia os livros de graça nas livrarias e os resenhava do mesmo jeito, para desespero desses autores. Todos os jornais tinham suplementos e críticos literários, e as estocadas eram a granel. A Academia Brasileira de Letras já não era levada a sério no Rio desde 1908, quando morreu Machado de Assis, mas um duro golpe ainda lhe estava reservado: o discurso com que Graça Aranha, do próprio púlpito da instituição, pregou o seu fechamento — logo ele, que, sendo um dos "imortais", era o único que tinha a perder ao atacá-la (leia seu discurso mais adiante). Por causa disso e por Graça ser famoso, só ali, em 1924, o resto do país ficou sabendo que estava havendo um movimento modernista.

Vários assuntos que fariam a pauta do século XXI já tinham entrado na pauta daqueles escritores de cem anos atrás. O divórcio e o feminicídio, causas já então urgentes para a mulher, eram tema dos artigos de Carmen Dolores e Paulo Silveira. A droga — no caso, a cocaína — era uma especialidade de Patrocinio Filho, que não se furtava a consumi-la e denunciá-la ao mesmo tempo. E o problema negro era uma preocupação de Antonio Torres e Benjamim Costallat. Nem todas as modernidades eram assimiladas de imediato. Em 1911, João do Rio ainda se assustava com os automóveis que estavam tomando as ruas do Rio. E nem sempre as ojerizas faziam sentido. *O futebol, por exemplo, era um dos ódios em comum entre os aparentemente antípodas Lima Barreto, simpático ao nascente bolchevismo, e Antonio Torres, de extrema direita.*

Exceto alguns arranca-rabos em letra de fôrma e troca de sopapos e bengaladas em livrarias, o convívio entre aqueles homens era ameno e civilizado. Mas convinha que, numa roda literária, não se fosse o primeiro a sair.

AGRIPPINO GRIECO

Frases

[*Sobre d. Pedro II*]: Talvez o único republicano que o Brasil já teve.

◆

[*Sobre a República*]: Um regime que ninguém proclamou ao certo. Proclamou-se a si mesmo, diante da indiferença do povo, do conformismo dos futuros adesistas e do júbilo dos republicanos históricos, que passariam de boêmios famélicos a senadores e tabeliães.

◆

Somos uma raça de escribas, de sofistas, de rábulas, de teólogos. A dedicação com que nos damos ao inútil...

◆

[*Sobre Machado de Assis*]: Procura-se o homem e só se encontra o escritor.

◆

Machado de Assis só confessava sua admiração ou seu
ódio pelos mortos distantes. Nunca se soube direito o
que pensava de d. Pedro II e dos heróis da Abolição.

◆

Machado de Assis acreditava-se um humorista
porque andava sempre de mau humor.

◆

[*Sobre o obeso (144 quilos) diplomata e historiador Oliveira
Lima*]: Tem-se a impressão de que os volumes lidos por
ele lhe desciam ao ventre, em vez de subir-lhe ao cérebro.

◆

[*Sobre Coelho Neto*]: Autor de o nada em dezenas
de tomos.

◆

[*Sobre o conde Afonso Celso, autor de* Por que me ufano de meu
país]: Inimigo hereditário de sucessivas gerações de leitores.

◆

[*Ainda sobre Afonso Celso*]: Bela cabeça, com muito
cabelo, alguma caspa e nenhuma ideia.

◆

[*Sobre Eduardo Prado, autor de* A ilusão americana, *Paulo
Prado, autor de* Retrato do Brasil, *e outros Prados*]: Ah, a
vaidade da família Prado! Nem todo o imenso território
conquistado pelos bandeirantes bastará para comportá-la.

◆

[*Sobre o lançamento das obras completas de um escritor já morto, mas famoso em vida por seus livros fracassarem nas livrarias*]: Vingança póstuma, impiedosa mão do finado a querer agarrar os leitores em fuga.

◆

[*Explicando por que parou de doar os livros que recebia dos membros da Academia Brasileira de Letras para os presos da Casa de Detenção*]: Pobres-diabos! Já sofrem tanto! Por que afligi-los ainda mais?

◆

[*Sobre Domicio da Gama, um dos fundadores da Academia*]: Se teve talento, ocultou-o com todo o cuidado.

◆

[*Sobre o enterro do crítico João Ribeiro, acompanhado por seus colegas da Academia*]: Sinistro cortejo. Os mortos eram eles.

◆

[*Sobre o escritor Carneiro Leão, eleito para a Academia*]: Em geral, a Academia elege só um animal. Agora elegeu dois.

◆

[*Sobre os dois críticos literários mais influentes de seu tempo*]: Silvio Romero e José Verissimo insultavam-se mutuamente. Os dois tinham razão.

◆

[*Sobre um ator recém-falecido, mais famoso do que talentoso*]: Eu gostava dele. Sempre gostei dos artistas de terceira categoria.

♦

[*Sobre um escritor seu amigo*]: Voto-lhe uma estima tão
forte que ela resistiu até à leitura de seus livros.

♦

[*Sobre um poetastro do passado*]: Seu único
mérito consiste em estar morto.

♦

[*Sobre o padre Severiano de Rezende, poeta, janota e assíduo
transgressor do voto de castidade*]: O reverendo irreverente.
Um D'Artagnan de batina, sem surdina nas palavras.

♦

[*Sobre o poeta e trovador Catullo da Paixão Cearense,
autor de* Meu sertão]: Seu sertão é uma das mais belas
mentiras da nossa literatura. É um sertão de citadino,
domesticado, de quem nunca viu uma onça de perto.
Cangaceiros de casaca e vaquejadas no jardim.

♦

[*Sobre os poetas parnasianos de modo geral*]: Leões de
mármore, suntuosos e inofensivos. Seus poemas eram
pretensiosos e imprestáveis, como os vidros de farmácia
cheios de água colorida, perfeitamente inúteis.

♦

[*Sobre o folclórico Emilio de Menezes, também parnasiano*]: Com
seu ventre rotundo, seu bigode de duelista gascão e seu tríplice
queixo de glutão rabelaisiano, Emilio foi um bicho único em
nossa fauna poética — um elefante dançando o minueto.

◆

[*Sobre ainda outro parnasiano, o consagrado Alberto de Oliveira*]:
Poeta de geladeira, panteísta de quintal e glória universal
em seu quarteirão, o sr. Alberto de Oliveira tem também
o mérito da durabilidade. Sozinho, já viveu mais do que
Castro Alves, Álvares de Azevedo e Casimiro de Abreu
juntos [*Alberto, 76 anos em 1933; os outros três, somados, 66*].

◆

[*Sobre Augusto dos Anjos*]: Alinhava estrofes que cheiram
a salmoura de cadáveres do anfiteatro da Santa Casa,
praticando, a rigor, o Romantismo do macabro.

◆

[*Sobre os livros do historiador e líder integralista Gustavo Barroso*]:
Dignos de serem encadernados na pele do próprio autor.

◆

[*Sobre uma coletânea de poemas brasileiros vertidos para o
latim*]: Como se, língua morta por língua morta, não
pudessem eles ficar mesmo em língua portuguesa...

◆

[*Sobre o escritor Oswaldo Orico*]: O único
escritor com quatro zeros no nome.

◆

[*Sobre os gramáticos*]: Com eles, tudo que na boca do
povo é alegria, canção de ninar, frase de amor ou
grito de guerra transforma-se em museu filológico.
Da linguagem viva, móbil, progressista, nossos
gramáticos fazem um mausoléu, um ossuário.

374

◆

[*Sobre a crítica*]: Um gênero que não agrada a ninguém, nem a elogiados, nem a atacados. Os primeiros, porque sempre se supõem elogiados de menos. E os segundos, atacados demais.

◆

[*Sobre a erudição de Tristão de Athayde em relação aos livros que criticava*]: É como se alguém se munisse de *Baideker*, cartas geográficas, Alpenstock, botas de couro, binóculo, latas de conserva, salva-vidas, paraquedas e carabina para, afinal, fazer uma excursão ao Engenho de Dentro.

◆

[*Sobre o mineiro Afonso Arinos de Mello Franco*]: Pretendendo ser um parisiense, conservou-se inalteravelmente matuto. Paris não venceu Paracatu.

◆

[*Sobre um escritor de fugaz sucesso popular nos anos 20*]: Nasceu sombra, destinado a ser o "idem" de alguém e a figurar no "etc." das listas de celebridades.

◆

Em geral, nossos tradutores baldeiam os livros de um idioma que não conhecem para outro que também ignoram. Lendo-os, tem-se a impressão de que os animais da Arca de Noé se reuniram na Torre de Babel.

◆

Castro Alves fez todos os versos bons. Os modernistas, todos os versos maus. Não há mais nenhum verso a fazer.

375

◆

Os modernistas se ajoelham diante das rodas de um Ford como os parnasianos se ajoelhavam diante das patas do Pégaso.

◆

[*Sobre a Semana de Arte Moderna*]: Como na peça de Shakespeare, muito barulho por nada. Tudo psitacismo inútil.

◆

[*Sobre o escritor Graça Aranha, a quem os modernistas dedicaram um número inteiro da revista* Klaxon *e depois repudiaram*]: Nunca poderei querer mal a Graça Aranha. Sinto ainda o aroma dos franguinhos que sua cozinheira preparava e ele dividia comigo. É improvável que eu releia *Canaã*, mas aqueles franguinhos, se reaparecessem, não seriam de modo algum repelidos por mim.

◆

[*Sobre José Américo de Almeida, autor do romance* A bagaceira *(1928) e ministro da Viação de Getulio Vargas (1930)*]: Como escritor, dá sono. Como ministro, tira o sono.

◆

[*Sobre os salões aristocráticos onde se reuniam os membros da antropofagia modernista*]: Taba de antropófagos com talheres e fogão a gás.

◆

Há três línguas: a portuguesa, a brasileira e a do Mario de Andrade.

◆

Mario de Andrade declarou: "Se escrevo é primeiro porque amo os homens!". E, de fato, amava-os bastante.

◆

Nunca me arrependi de haver atacado. Só de ter elogiado.

◆

De vários livros e artigos [1915-35] — *vide bibliografia*

ANTONIO TORRES

Futebolândia

O artigo de fundo de *O País* comemora, em frases ditirâmbicas, a vitória dos futeboleiros indígenas sobre os futeboleiros uruguaios "como um fato de grande significação nacional e sul--americana".

Vão uns rapazes a um campo fechado e começam, na presença de muito povo, a dar pontapés numa bola cheia de vento; por acaso um desses rapazes consegue lançar a bola dentro de uma rede não sei de quê, e logo esse pontapé tem "grande significação nacional e sul-americana". Nacional por quê? Sul-americana por quê? E se fossem os uruguaios que dessem na bola o pontapé certeiro que a fez engastalhar-se na rede, estaríamos nós desonrados por isso? Não. Os uruguaios, por não terem conseguido dar esse pontapé, estão desonrados? Também não. De onde virá então essa alta significação nacional e sul-americana de um pontapé dado numa bola por um meio-sangue alemão residente em São Paulo?

Sim, antes que me esqueça, a vitória que tanto entusiasma os brasileiros do Rio foi ganha por um rapaz de origem alemã [*o atacante Friedenreich*] e residente em São Paulo, o que demonstra que até no futebol a Alemanha nos é útil...

O País — e para tanto lá terá suas razões —, achando que "estamos, felizmente, voltando ao ponto de vista grego", declara-nos que o futebol, isto é, o ato de andarem vários indivíduos a dar pontapés numa bola, serve muito para desenvolver "certos característicos morais, cuja utilidade social é manifesta"; é indispensável a um povo "que quer viver com brio e altivez"; e é muito útil a fim de que os moços adquiram "desassombro em face do perigo e capacidade para não se deter diante da dor física".

Desassombro em face do perigo?

Qual o perigo?

Uma bola cheia de vento?

Eu acho que um excelente meio de adquirir desassombro em face do perigo e capacidade de não temer a dor física é sair de manhã bem cedo, com quatro ou seis valentes cães de caça, uma boa espingarda com as respectivas munições e ir pelos samambaiais afora tocaiar uma onça que está roubando os bezerros da fazenda; e voltar de tarde para casa com a onça morta e mais umas cutias, uns preás e umas perdizes de contrapeso. Lá onde eu nasci é assim que se adquire desassombro em face do perigo.

Outro meio muito próprio para fazer perder o medo ao perigo e à dor física é montar numa boa besta estradeira, bem arreada e bem ferrada, às seis da manhã, e andar dez a doze léguas a trote, subindo e descendo morros, atravessando rios a vau, às vezes tendo de viajar de noite, na escuridão, sem enxergar nada, no meio da mata, guiando-se só pelo tino, pelo faro e pelo instinto da besta, enquanto o camarada nos vai contando histórias de assombrações e jurando que, ali mesmo, perto de uma pirambeira que está lá adiante, já viu uma noite o saci-pererê, que, por sinal, lhe pediu um cigarro!

Mas, já que nem sempre se pode ter pela rédea uma boa besta viageira, aqui mesmo no Rio há outras maneiras de perder o medo ao perigo e à dor física. É jogar a capoeira, o legítimo, o genuíno, o nosso único esporte nacional. Este, sim, é o nosso verdadeiro jogo de destreza e defesa pessoal. As qualidades de iniciativa individual que a capoeira desenvolve, a agilidade de pé, a flexibilidade das articulações, a precisão dos movimentos de ataque e defesa — tudo isso faz de um capoeira um verdadeiro e temível animal; mas, se esse capoeira é um homem civilizado, de hábitos morigerados e bom sangue, nunca usará desses recursos a não ser em legítima defesa.

A acreditar, porém, no *País*, quem quiser formar um caráter de homem de bem tem de jogar futebol. Com efeito, diz o artigo: "Entre esses traços morais do verdadeiro sportsman, nenhum é de maior importância, social e política do que o desenvolvimento de um sentimento humano, discreto, equilibrado e elegante de justiça, que é a expressão da atitude moral em que se acha o *footballer* capaz de evitar uma violação intencional das regras do jogo, além de prejudicar o time adversário".

Evitar violação intencional das regras do jogo, isto é, ser leal, ser probo, ser honesto. Mas isto não é no futebol que se aprende; isto se aprende em casa, na escola, no colégio e no convívio dos homens de bem. Essas qualidades morais, que de modo algum podem ser apuradas a pontapés, são conhecidas e apuradas em todos os jogos, desde que os jogadores sejam homens de bem ou, pelo menos, respeitem a polícia. No pôquer, no bacará, na campista e no trinta e um também é proibida qualquer violação intencional das regras do jogo; e o indivíduo que comete tal violação é logo expulso da roda e fica desmoralizado. Não sei se no Club dos Diários e no Jockey Club se procede assim ou de modo contrário; mas estou informado de que as regras gerais de qualquer jogo entre gente limpa são essas.

Continua *O País*: "Diante desses moços fortes, sadios, belos de corpo e enérgicos de espírito, que papel fariam os jovens flácidos, sentimentais e amolecidos que, há dez ou quinze anos, ostentavam a sua decadência romântica? Infelizmente, desses representantes de uma mocidade melancólica e precocemente envelhecida, sob o pretexto de cultura mental e de afinamento de sentimentos, ainda temos por aí muitos exemplares. Esperamos que o triunfo da mocidade forte, no campo do Fluminense, induza esses decrépitos prematuros a enfibrarem um pouco a musculatura flácida e a masculinizarem também sua alma efeminada".

Vejam isso: há dez ou quinze anos só havia no Brasil homens flácidos, sentimentais e amolecidos! Só de agora em diante começarão a aparecer homens fortes e varonis!

Ó general Osório, que fizeste tu nos campos de Tuiuti? Jogaste futebol?

Não. Nesse caso, era um amolecido.

Ó duque de Caxias, tu consolidaste a unidade nacional; aos vinte e poucos anos eras o arrimo da Regência e o braço direito do grande Feijó; tua coragem, honradez, prudência e a segurança da tua orientação militar deram a vitória ao Brasil nos campos do Paraguai. Mas não jogaste futebol; logo, era um flácido.

E tu, almirante Barroso, que fazes aí no pedestal da tua estátua? Debalde a escultura de Correia Lima apanhou esse histórico e largo gesto com que, tirando o teu boné, ergueste um "Viva o Brasil!" no meio do fumo que cercava a tua fragata na batalha naval de 11 de junho [de 1865, a batalha do Riachuelo]. De nada vale tudo isso, porque não sabias jogar futebol.

E Mallet, Argolo, Andrade Neves, Inhaúma, Tamandaré, Porto Alegre, velhos marechais e velhos almirantes, nada valíeis, vós outros, porque não sabíeis jogar futebol!...

Mas não param aí as virtudes miríficas do futebol. Este jogo ensina até ciências exatas e filosofia. Com efeito, diz *O País*: "O sportsman aprende a grande verdade da relação de causa e efeito, cujo conhecimento é o único meio de nos livrar do imediatismo impulsivo etc. etc.".

380

Chamo a atenção para este tópico. Suponha-se por inútil a Escola Politécnica. Realmente, há rapazes que passam naquela escola seis anos exatamente para isso: estudar as relações de causa e efeito, sem cujo conhecimento é impossível ter noções das leis da mecânica; esses rapazes aturam pacientemente aulas massudas; vão ver demonstrar e recompor máquinas complicadíssimas; passam horas nos laboratórios justamente para isso: conhecer as causas, os efeitos e suas relações. Mas, já agora, não há necessidade de estudar na Politécnica. Basta ir ao futebol. Apenas eu quisera poder chamar uma menina *torcedora*, das mais entusiasmadas, e falar-lhe assim: "Este jornal diz que quem ama o esporte conhece as relações de causa e efeitos; portanto, vai me responder o seguinte: por que razão a bola, quando cai ao terreno, se eleva novamente aos ares sem auxílio de ninguém?". Duvido de que ela me respondesse satisfatoriamente...

Sejamos, pois, menos exagerados. O futebol é apenas um divertimento, como as corridas de cavalos, os circos de cavalinhos e o pau de sebo. A tais diversões vai quem quer e quem as aprecia. Questão de gosto. Apesar de haver sumidades médicas que condenam o futebol como nocivo à saúde, eu nem louvo nem condeno os que se entusiasmam por esse jogo. Quanto a mim acho-o insípido demais; nem por isso, todavia, passo diploma de cretinos aos que o adoram. Conheço homens de inteligência que não perdem uma partida. O meu amigo Gilberto Amado, por exemplo, que é um tão alto e grande espírito, lá está frequentemente no Flamengo e no Botafogo. O futebol, dizia eu, é um divertimento como qualquer outro; mas não lhe atribuamos essas virtudes mirabolantes de formar caracteres e ensinar coisas que só se aprendem à custa de muito estudo. Quanto ao seu alcance moral, não nos esqueçamos de uma coisa: a mocidade que delira com o futebol é a mesma que, ano passado, valendo-se do pretexto de uma epidemia [*a Gripe Espanhola*], andava pela Câmara e pelas redações dos jornais a pedir apoio para que o governo aprovasse todos os estudantes, como aprovou, em exames por decreto, e até vaiava deputados que não concordassem com semelhante imoralidade. É por causa dessas e outras que eu não acredito na eficácia moral do futebol como formador do caráter da mocidade. O futebol pode, quando muito, desenvolver panturrilhas, mas nem orna a inteligência nem purifica o coração.

[1919]
De *Prós e contras* [1925]

◆

O caso do preto Eloy

Foi o caso do preto Eloy assim como se segue.

Eloy era vendedor de sorvetes ali pelo Catete. Bom cristão, não sei se era. Bom cidadão, creio que sim, pois nunca se ouviu dizer que andasse metido em súcias e tranquibérnias. De dia e de noite, pela rua do Catete e pelas transversais, Eloy era o encanto das crianças quando dava o seu pregão sonoro: "*Sorveeete, iaiá! É de abacaxi...*".

Mas cada qual tem seu dia aziago. E, um belo dia, Eloy, que até então fora tão pacífico, trocou asperezas com outro cidadão; travaram-se de razões e foram às vias de fato, como dizem os noticiaristas; mas foi coisa sem importância. Eloy feriu levemente seu agressor e foi preso por um guarda-civil que acertara de estar ali no momento, representando a Sociedade. Esse representante da ordem social levou Eloy para a delegacia, onde um representante mais graduado tomou por escrito seu depoimento, enviou-o para a Detenção e mandou os autos para o juiz, também representante da sociedade. Este juiz, achando que o caso, de acordo com a lei, era grave, condenou Eloy a alguns meses de prisão, para desagravo da Sociedade ofendida e escarmento das gerações futuras.

382

Cumprida a pena, saiu Eloy da prisão e pensou que devia honestamente voltar a trabalhar em seu ofício de sorveteiro, para o que foi tirar licença na Prefeitura, que é, como se sabe, uma repartição onde se defendem os interesses da Sociedade; mas na Prefeitura lhe declararam que a Sociedade, em nome da qual se fazem as leis, exigia que qualquer cidadão que quisesse vender sorvetes apresentasse folha corrida, passada pela Polícia. E lá foi Eloy à Polícia Central. Depois de muito peregrinar por aqueles longos corredores, cheios de guardas-civis e mau cheiro, conseguiu afinal expor o caso a um funcionário; e este, depois de ouvi-lo, declarou que não lhe podia dar folha corrida por ser ele criminoso.

"Mas eu já cumpri a sentença", replicou humildemente Eloy. "De que irei viver agora?"

"Não importa", retrucou o representante da Sociedade. "Você é criminoso, meu velho; a sua ficha identificadora está aqui; e, enquanto não for cancelada, você não terá folha corrida."

Et voilà où nous en sommes. Tem razão a Prefeitura, tem razão a Polícia e tem razão Eloy. Apenas não tem razão a Sociedade, que devia pedir a seus representantes a fineza de não impedir o caminho da honra pelo resto da vida a um cidadão só porque foi processado um dia por leves ofensas físicas.

Mas como estamos em estado de sítio e, pois, são muito mais latos os poderes do presidente [*Wenceslau Braz*], resolvi escrever, a rogo do preto Eloy, esta petição, carta, missiva ou o que melhor nome tenha, a Sua Excelência. Aí vai, portanto, a

Petição de Eloy, preto, sorveteiro e brasileiro, ao doutor-presidente.

"*Meu Senhor* — Saindo outro dia da prisão do Estado, onde estive cumprindo sentença por crime de ofensas físicas, quis voltar ao meu ofício de sorveteiro, no que fui impedido pela Polícia de Vossa Senhoria, a qual me negou folha corrida. Pelo que estou agora sem saber o que faça porque, não tendo prática de furtar, não posso trabalhar como gatuno, tanto mais quanto atualmente todas as vagas de gatunos estão ocupadas por bons cidadãos, alguns até amigos de Vossa Senhoria; de sorte que não há lugar para mim. De outro lado, sucede que o diretor da prisão, onde eu tive nota de bom procedimento, não consente que eu continue a morar lá, porque o aluguel daquela pensão depende de despacho de juiz; e o juiz me disse que, não sendo eu já criminoso, por ter cumprido a sentença e dado satisfação à Sociedade, não posso continuar na cadeia de Vossa Senhoria Ilustríssima — como era aliás do meu desejo, porque a Polícia quer que eu ou morra de fome ou cometa outro crime.

"Daí, então, resolvi pedir a um amigo meu que escrevesse uma carta a Vossa Senhoria, explicando tudo quanto se tem passado com a minha humilde pessoa, que sempre respeitou muito a Sociedade e a Vossa Senhoria também. Quando saí da prisão, a minha máquina de fabricar sorvetes estava já enferrujada; o baldezinho com que eu carregava os sorvetes para vender à freguesia também está carcomido de ferrugem; e ainda, por mal dos meus pecados, a Marciana, uma do morro do Pinto que me ajudava em casa, fugiu, isto é, se fugiu não sei, mas o certo é que desapareceu, e eu soube pela vizinhança que quem lhe andava arrastando a asa na minha ausência era um cabo do 20 de Infantaria. E agora pergunto a Vossa Senhoria, meu patrão, se tudo isso não faz um homem perder o juízo. Perdi a máquina, perdi o balde e perdi a Marciana, isto sem falar do tempo que perdi na cadeia; e agora não me dão folha corrida e sem ela não posso ser vendedor ambulante. Pois então, meu senhor, para poder vender sorvetes sou obrigado a apresentar folha corrida, e isso não se exige a muitos cidadãos que ocupam lugares mais importantes do que o meu.

"Por exemplo, Vossa Senhoria é o nosso doutor-presidente e ninguém lhe exigiu folha corrida. E o doutor-prefeito? E o doutor-chefe de polícia? Os jornais têm dito deles muita coisa que nunca ninguém disse de mim, porque, se alguém o fizesse, eu, com licença da palavra, mandava-o para o cemitério, entretanto o doutor-prefeito e o doutor-chefe, antes de aceitar os seus cargos, não apresentaram folha corrida; e eu, mal comparando, se fosse Vossa Senhoria, não os nomeava sem que eles mostrassem esse documento, porque são acusados de ter feito coisas que Deus me livre de fazer. É por isso que um doutor meu amigo me disse ontem: 'Eloy, você não é larápio; por isso pode contar com a simpatia da República, que é o paraíso dos ladrões...'.

"Eu então respondi:

"'Lá quanto a não ser um gatuno, nisso o doutor tem razão, porque eu, com efeito, sempre fiz por ser homem de bem. Agora, quanto à República, disso eu não posso falar, porque infelizmente não tenho os estudos necessários.'

"E o doutor repetiu:

"'Eloy, fique com o que lhe digo: a República é o paraíso dos ladrões.'

"Eu então respondi:

"'O doutor que o diz é porque sabe, que, quanto a mim, dessas coisas não entendo, por falta de habilitação; que meus pais não souberam puxar por mim, como os pais do doutor; se não fosse isso, eu não estava agora sem a folha corrida; tudo por falta de estudo. E é exatamente isso que mais me vexa. Tivesse eu um pouco dos estudos de Vossa Senhoria, quem sabe o que eu poderia ser? Mas a sorte não quis que eu fosse alguém podendo ter-me feito muita coisa neste mundo. Boa vontade não me falta. Tanto assim que aprendi a ler por mim mesmo, no Liceu de Artes e Ofícios; e um doutor muito instruído já me disse uma vez: "Eloy, este mundo anda às avessas; você é que devia ser o presidente, e o Wenceslau é que devia vender sorvetes"'.

"Não digo isso por soberbia, nem para faltar com o respeito devido à sua digna pessoa, mas isso que aí está é a opinião de um doutor, um homem formado, que estudou cinco anos; e serve para

385

provar que se eu, na opinião de um homem tão ilustrado, tenho habilitações até para ser presidente, não sei por que me negam a folha corrida de que necessito para ser sorveteiro. Já paguei a minha dívida à Sociedade; não sei o que mais querem de mim. Espero, pois, que Vossa Senhoria ordene ao doutor-chefe que me mande passar a folha. Deus lhe dará a recompensa e eu lhe darei um sorvete.

"Criado e admirador de Vossa Senhoria Ilustríssima — Eloy, sorveteiro nacional."

[1918]
De *Prós e contras* [1925]

BENJAMIM COSTALLAT

Os Oito Batutas

Foi um verdadeiro escândalo quando, há uns quatro anos, os Oito Batutas apareceram. Eram músicos brasileiros que vinham cantar coisas brasileiras. Isso em plena Avenida, em pleno almofadismo, no meio de todos esses meninos anêmicos, frequentadores de cabarés, que só sabem falar francês e dançar tango argentino. No meio do internacionalismo das costureiras francesas, das livrarias italianas, das sorveterias espanholas, dos automóveis americanos, das mulheres polacas, do esnobismo cosmopolita e imbecil.

Não faltaram censuras aos modestos Oito Batutas. Aos heroicos Oito Batutas, que pretendiam, num cinema da Avenida, cantar a verdadeira terra brasileira, através de sua música popular, sem artifícios nem cabotinismo, ao som espontâneo de seus violões e de seus cavaquinhos.

A guerra que lhes fizeram foi atroz. Como os músicos eram bons, batutas de verdade, violeiros e cantadores magníficos, e como a flauta de Pixinguinha fosse melhor do que qualquer flauta por aí saída de dez institutos — começaram os despeitados a alegar a cor dos Oito Batutas, na maioria pretos. Segundo os descontentes, era uma desmoralização para o Brasil ter na principal artéria de sua capital uma orquestra de negros! Que iria pensar de nós o estrangeiro?

Tive a honra de defender (e essa defesa foi das que fiz com mais entusiasmo em minha vida de jornal) os Oito Batutas naquela ocasião. Já se foram quatro anos. Hoje, porém, tenho que voltar ao assunto — os Oito Batutas embarcaram esta semana para Paris!

"Para Paris?"

"Mas isto é uma desmoralização!"

"Como é que o ministro do Exterior não toma uma providência?"

"Agora é que o Brasil vai ficar inteiramente desmoralizado!"

Calem-se os imbecis. Calem-se os patriotas baratos. Calem--se os músicos pernósticos que fazem música na porta das casas Mozart e Arthur Napoleão.

Os Oito Batutas não desmoralizarão o Brasil na Europa. Ao contrário. Levarão em seus violões toda a alma cantante do Brasil — a modinha. Levarão o Brasil tal qual ele é, no seu sentimento e na sua beleza. Levarão a verdadeira música brasileira, essa que ainda não foi contaminada pelas influências alheias e que vibra e sofre e geme por aí, cantando luares do sertão e olhos de caboclas... Levarão o perfume das nossas matas, o orgulho das nossas florestas, a grandeza da nossa terra, a melancolia da nossa gente, a bondade e o amor dos nossos corações, ditos e cantados pelo verso simples e pela música sublime do aroma popular... Levarão o verdadeiro Brasil, desconhecido de seus próprios filhos, mas formidável assim mesmo, no enigma de suas forças e de suas aspirações.

"Mas são negros!"

"Que importa! São brasileiros!..."

Devemos procurar ser conhecidos na Europa tal como somos. Com os nossos negros e com tudo o mais. Nada perderemos com isso. Temos uma personalidade internacional tão digna quanto as outras e cumpre afirmá-la a cada instante.

"Somos assim. E, se nos quiserem..."

Detesto esses patriotas que, na Europa, querendo fazer propaganda desta terra, negam que no Brasil haja calor e negros, duas coisas que eles consideram profundamente deselegantes.

Mas, por quê?

Por que considerar o calor e o negro coisas vergonhosas se elas, primeiro, não o são, e, segundo, são bem nossas, bem brasileiras?

Eu quisera que no Brasil houvesse gente verde, gente de todas as cores, calor de enlouquecer, calor de matar, para poder afirmar com orgulho a existência de todas essas pretendidas calamidades aos europeus! E, se eles se espantassem com o calor de meu país, eu me espantaria com o frio do país deles; se eles gritassem contra o sol, eu gritaria contra o gelo; se eles falassem contra o preto, eu falaria contra o branco, e assim não acabaríamos nunca. Não acabaríamos mesmo nunca! Cá por mim, não acabaria! Tenho muita coisa a dizer da Europa em relação às coisas que se disserem do Brasil.

Não é, pois, vergonha sermos conhecidos tal como somos. Ao contrário, isso nos deve honrar.

Vergonha é sermos inteiramente desconhecidos. E é o que somos.

De *Cock-tail* [1923]

◆

Eu já esperava

Esta *Mlle. Cinema*, novela de costumes do momento que passa, livro em que depositei todo o meu amor à verdade, não podia deixar de provocar dos eternos descontentes a berra que está provocando.

Apenas aparecido há uma semana, o livro, tachado de escandaloso e de imoral, tem sofrido várias manifestações de desagrado.

E por quê?

Só porque procurou dizer a verdade; só porque procurou registrar um tipo social, cuja existência ninguém nega, mas que ninguém teve a coragem de dizer, alto e bom som, que existe!...

Começo a receber da crítica profissional a acusação de que *Mlle. Cinema* é um livro quase pornográfico, um livro que se deveria suspender num barbante clandestino de engraxate!

Diz *A Noite*:

"Não negamos o interesse psicológico e literário que podem oferecer as obras descritivas de um meio muito restrito; mas, para tanto, forçoso é convir que tais obras tenham os véus que a arte mesma tanto se compraz em fazer flutuar sobre as coisas ignóbeis, e não os ares de um apanhado fotográfico com contornos iluminados de realidades repulsivas, que sacrificam a emoção das belas-letras."

Diz *A Vanguarda*:

"Nas páginas de *Mlle. Cinema*, embora velado no brilho e nas cores da estesia, está todo um trabalho de perversão."

Ora, isto é uma injustiça clamorosa!

A minha Mlle. Cinema é a *garçonne* brasileira. É certa menina da época, certa menina gozadora de liberdades excessivas, certo tipo muito excepcional e, felizmente, como a *La Garçonne*, do sr. Victor Margueritte, um tipo de exceção também na França, mas que nem por isso deixa de existir e de andar por aí, pelo nosso caminho.

Ei-la. Lá vai ela. Não a veem? Sim, aquele tipozinho magro e gracioso, deliciosamente despido por uma toalete importada diretamente do boulevard. Seu pai tem o dinheiro fácil e satisfaz-lhe todos os caprichos. Ela tem toda espécie de caprichos!… E com sua cabecinha loura, nuca raspada à navalha como Mistinguett, ondulante no passo como os flexíveis modelos dos grandes costureiros parisienses, a boca rubra de rouge e os olhos muito pintados de preto, ela passa pela Avenida, entra nas casas de chá, faz compras, vai ao cinema e, assim, tal qual ela é, eu a apanhei nos seus mais secretos flagrantes e a pus nas páginas do meu livro.

Por que protestam então, se Mlle. Cinema existe?

A Noite e *A Vanguarda* negam finalidade moral ao meu livro e acusam-me de descrever um caso que faz exceção à regra, e não é a regra, que é a maioria.

Mas a função do escritor é justamente esta — descrever os casos de exceção.

Não negam a existência de Mlle. Cinema, da *garçonne* brasileira, *garçonne* perfeitamente diversa da francesa na idade, nos costumes e nos maus costumes, mas não menos *garçonne* e não menos Mlle. Cinema!

Não negam. Chegam até a me dizer ao ouvido, com mistério, nomes de criaturas que desconheço, como tendo sido as inspiradoras do tipo de *Mlle. Cinema*. Logo não menti. Não fugi à verdade. Queiram ou não os moralistas baratos, as Mlles. Cinemas existem e é necessário apontá-las em plena luz do dia. Tais como são…

Acha certo crítico que eu não castiguei bastante a protagonista do meu livro porque não a matei. Não a matei porque isso seria um atentado à verdade; não se morre assim com essa facilidade, como querem certos escritores; um atentado à literatura, porque seria um desfecho convencional e falso; quase todos os romances acabam por uma morte ou um casamento; um atentado, finalmente, à minha moralidade, porque eu acho que viver é o maior castigo para certas criaturas que pecaram...

Quanto ao meu livro ser imoral? Por que não? Se ele procurou ser a própria vida!...

Prefácio de *Mlle. Cinema* [romance, 3ª edição, 1925]

CARMEN DOLORES

Coisas de atualidade

O meu ilustre confrade Osorio Duque-Estrada deu-me gentilmente a palavra a propósito da discutida questão do divórcio; e eu não ouso recusar a honra desse apelo, que vai, entretanto, colocar-me ainda em pleno campo de batalha, exposta, de peito descoberto, ao fogo de todas as armas anônimas do inimigo.

E, se a pena brilhante e vigorosa do meu colega, já conhecido no jornalismo pela intrepidez do seu talento, não consegue dominar a metralha das forças hostis, que fulminam a lógica e a justiça cantando *oremus*, que poderei alcançar, eu, simples representante do abominado feminismo e cujo único meio de luta consiste na firmeza das convicções e na energia dos protestos?

Ainda assim, não desanimada, certamente, mas descrente, sentindo a inanidade dos argumentos mais claros e mais humanos da razão e do direito perante a obstinação estúpida da rotina, não hesito em dar o meu juízo acerca da objeção trazida por um correspondente do meu distinto colega Osorio Duque-Estrada e formulada nestes termos já expendidos:

"Qual a situação moral dos filhos originários dos divorciados, e desses outros provenientes de novos enlaces? Como se conduzirão esses irmãos, e em que posição moral hão de ficar os pais?"

391

Meu Deus, se eu quisesse pôr o dedo mesmo no ponto doloroso da ferida, não tinha mais do que dizer o seguinte:

"A situação moral de toda essa gente, pais, filhos, irmãos, dado o divórcio, não seria certamente pior do que sem o divórcio, quando, pelo impulso fatal e irresistível da natureza, os separados pela nossa lei idiota, vendo trancadas diante de si todas as portas da liberdade, vão constituindo ilegalmente famílias, conforme se vê a cada instante e por toda parte onde não foi decretado o divórcio."

Não usarei, porém, deste argumento, embora convincente e baseado nas mais sérias e profundas observações. De resto, a controvérsia religiosa não liga apreço a tais extravasamentos ilegais da afetividade humana, nem aos seus resultados — à sorte de tantos entes arrastados para a imoralidade pela engrenagem do irremediável.

Acha tudo perfeitamente natural sob a capa da hipocrisia, uma vez que não surja o divórcio, destruindo o dogma absurdo da indissolubilidade do vínculo matrimonial. E a este propósito, não há muitos meses, certo venerado vigário de uma paróquia, aristocrática, célebre pela sua severidade eclesiástica, dizia em confissão a uma senhora.

"Ora, deixem-se dessas histórias de divórcio... Tenham lá o seu pecadinho bem oculto, mas continue tudo como está..."

E garanto estas palavras como absolutamente autênticas, citando-as porque elas encerram a chave secreta de todas as argumentações casuísticas a respeito do divórcio.

Voltando, porém, à pergunta do correspondente de Osorio Duque-Estrada, penso, como todos quantos raciocinam sem má-fé, que a separação de corpos e bens, permitida pela nossa lei, produz exatamente os mesmos efeitos, em relação aos interessados, que a dissolução do casamento. Desunidos os pais, qual a situação moral dos filhos entre ambos? A mais triste, sem dúvida, e com um terrível agravante: é que nenhum desses pais podendo mais reconstituir o seu destino, os filhos se encontram para sempre num lar desorganizado, quer fiquem em poder do progenitor ou da mãe. Ou então, pelas fatalidades que acima apontei, têm de viver num lar clandestino, aceitando a amante do pai, que os cria e dirige a casa, ou corando dos erros da mãe e tendo de beijar a mão a algum familiar disfarçado, cujo papel bem adivinham malgrado a sua inocência. Pois que a mamãe não se pôde mais casar, esse amigo que lhes paga as contas é seguramente alguém de quem se não deve falar... Isto é mais claro do que a água das fontes.

No caso do divórcio, entretanto, realizado um segundo enlace, que acontece? Esses filhos ficam muito bem na situação definida de enteados, filhos do primeiro casamento, como na viuvez; e se outros filhos sobrevêm, as relações entre eles todos são as de irmãos de diversos leitos, ainda como na viuvez repetida e com subsequente matrimônio. Qual a diferença? São enteados com padrastos e madrastas, segundo o cônjuge com o qual continuam a viver — quando pronunciado o divórcio.

Se é, ao contrário, aquele dos pais perdido de vista que se tornou a casar, segundo ouvem vagamente dizer, os filhos desse casal afastado assumem aos olhos dos primeiros o caráter de irmãos longínquos, como os criados por avós distantes.

Tudo isso é certamente lamentável e significa uma crise moral na vida da família, mas não vem do divórcio — que representa justamente o remédio, o único meio de salvar a dignidade de vários entes quando se quebra a ventura conjugal e a lei decreta a separação para sempre entre o casal desunido por constantes divergências e escandalosas disputas. Como bem escreveu Osorio, ninguém se lembrou ainda de inculcar o divórcio como instituição regeneradora da humanidade, nem como uma dessas doutrinas de elevada culminância moral — o que seria até uma tolice. Mas o que a gente cansa de dizer, de repetir, de por todos os modos provar, só não vendo a luz da verdade os cegos voluntários, é que o divórcio, com a dissolução de um vínculo tornado inútil e absurdo, constitui um complemento honesto da separação judicial — a única medida capaz de remediar situações desgraçadas, amargas, torturantes, e sem proveito algum, nem para os pais nem para os filhos.

Quanto à posição dos dois cônjuges, feito o divórcio e dado o segundo enlace de qualquer deles, consintam que eu ache a preocupação a tal respeito um tanto meticulosa demais e indigna de espíritos inteligentes. Se a conciliação própria da triste humanidade exerce tamanhos direitos sobre a vida social, quando mesmo não se trate de situações graves, cujo desenlace cava abismos de que emergem os protagonistas radicalmente mudados, transformados tanto na essência moral como na física — porque andarmos nós a cogitar nos sentimentos desses esposos separados por todas as barreiras e que um dia se avistam de longe como dois desconhecidos, entregues à sua nova existência? É muito apurar a psicologia. Melhor fora que apurassem outros casos mais esquisitos e que todavia não merecem tamanho estudo por parte dos argumentadores, aceito sem gritos contra a imoralidade o famoso ménage à trois, que os rigoristas parecem afinal preferir à separação franca, ao divórcio, a um segundo casamento que destrói e saneia situações atrozes, dignifica o casal e retira das vistas dos filhos espetáculos pouco edificantes.

Aduzam os adversários do divórcio as considerações que quiserem: a medida reclamada pelo estado atual da nossa sociedade, pela dissolução dos seus costumes e pelo sofrimento agudo das mulheres, principais vítimas da tal idiota separação de corpo e bens, que o clero defende, há de forçosamente triunfar, porque representa o exclusivo remédio para uma situação insustentável.

Conserve-se o clero celibatário e obediente aos seus dogmas, se lhe aprouver; mas não incite os que são livres e têm a ventura da perfeita união num único casamento, a se levantarem numa grita egoística contra os seus irmãos, que saíram de um matrimônio desastroso com o auxílio da lei e querem naturalmente refazer honestamente o seu ninho de amor. O padre que pense como padre: mas o homem de sociedade que pense como homem social, compreendendo as exigências, os impulsos e as aspirações dos seus semelhantes. Pode parecer suficiente o *pecadilho oculto* para obviar as amargas tristezas de uma separação judicial, segundo o ponto de vista discreto de um confessionário, onde morrem todas as vozes reais da vida positiva das criaturas; mas esse pecadilho não basta para impedir a mulher desquitada de ser uma pária social — ao contrário! — nem obsta que ela viva solitária e suspeita a todos, sem proteção, sem muitas vezes recursos; não tolhe tampouco a melancolia do homem sem lar, sem afeições seguras, vivendo ao acaso das *toquades* passageiras; e o supremo remédio a tudo isto é, repito, o divórcio, com a dissolução do vínculo conjugal nos casos de separação de corpo e bens.

Esta é a minha opinião, já declarada, aliás, um sem-número de vezes nestas colunas. Respondi, porém, agora, ao honroso apelo de Osorio Duque-Estrada; e, se tenho a certeza que não convenci a respeito da questão dos filhos, porque a rotina é mais forte que tudo, se nada disse de novo, se apenas clamei no deserto o que tão continuamente já tenho gritado — alguma coisa, entretanto, alcancei; foi desafogar ainda hoje a minha alma das verdades que a oprimem, logo que entra em discussão a palpitante, a dolorosa tese do divórcio.

De Ao esvoaçar da ideia [1910]

◆

O triunfo

Pela primeira vez entre nós, nos atuais debates do Instituto dos Advogados, uma senhora brasileira, inteligente e culta está levantando denodadamente a sua voz contra o preconceito.

Essa senhora é também uma advogada, é d. Myrthes de Campos. E não sei que sensação de triunfo me dilata a alma, ante esse espetáculo da ronceira rotina vencida pouco a pouco pela força tranquila do progresso, do direito e da coragem feminina, que afronta todas as iras do obscurantismo.

Entre nós, leitores, que iras! E que incompreensão das coisas, nessas iras cegas, absurdas, e — aqui baixinho — um tanto ridículas!... Tem a gente de remontar à era 361 antes de Cristo, para rir com Demócrito de tantos disparates... E não são poucos os que têm provocado os meus pobres artigos de tese, de simples tese, muito platônica e muito inofensiva, publicados nesta folha acerca do divórcio.

Afinal de contas, se consideram esses artigos tão maus, tão desarrazoados e extravagantes, por que receiam a influência deles? São arengas sem importância, que de modo algum podem perturbar o espírito dos legisladores, únicos que têm na mão os destinos desse grande problema social, ora discutido.

Mas não! a par do mundo de cartas judiciosas, gentis, imploprativas, delicadas, argumentadoras, com espírito ou simplesmente tristes e tocantes, que cada dia recebo, outras, em menor número, chegam tingidas de bílis, agressivas, como se do bico da minha pena estivesse suspensa a decretação do divórcio...

Ah! que pena assim não seja! Nesse caso felicíssimo — tenham paciência, senhores e senhoras, mas eu não sou hipócrita! —, nesse caso nem todos os estafetas do correio, entrando pela minha casa, carregados de descomposturas, me demoveriam jamais de estampar a minha assinatura, com uma letra enorme, no decreto libertador que abrisse as portas da Bastilha aos separados judiciais e outros condenados ao grilhão perpétuo.

Mas eu não sou um legislador, por felicidade do preconceito e por infelicidade dos que se debatem e sofrem; sou uma obscura escrevinhadora, cujo único mérito é o de dizer com sinceridade e independência as suas opiniões. Não obrigo tampouco quem quer que seja a abraçá-las.

Exponho-as e... sustento-as unicamente. Então, para que tamanho alvoroço? Há certas cartas, sobretudo, que constituem poemas de incoerência e absurdo, permitindo-lhes o anonimato toda sorte de disparates. Uma senhora, por exemplo, que não prima pelo atilamento, encarou a questão por um prisma tão engraçado, que me atribuiu o negro fim de querer tomar o marido das outras... O divórcio, para ela, é isso...

E fala-me em eternidade, em iras celestes, que sei mais?... Outro não seria o modo de entender o assunto, se partisse de alguma distante e atrasada roça do interior, nos tempos da escravidão, meio inacessível ao movimento pensante e à influência preciosa do livro, do jornal, da troca de ideias claras e inteligentes.

Um hebdomadário católico também me agride — e numa linguagem que não é propriamente ensinada por Jesus Cristo aos seus apóstolos e destoa bastante num órgão da religião. Para semelhante terreno, porém, nem monsenhor Molina, cujo ministério acato, nem o dr. Felicio dos Santos, que de nome conheço, nem outra qualquer pessoa, conseguirão jamais arrastar-me.

Eu discuto o divórcio como um problema jurídico-social — mais nada. Pois que a sanção legal do casamento cessou de ser católica para se tornar exclusivamente civil; pois que o poder religioso e o poder civil são perfeitamente distintos, nada mais tendo uma lei com a outra — a questão do divórcio com a dissolubilidade do laço conjugal tem de ser debatida no campo exclusivo em que me coloquei.

No mais, o digno hebdomadário católico poderá bater-se com a própria Bíblia, com as sombras de Abraão, Jacó, são Paulo, são Jerônimo, papas Estevão III, Inocêncio III, Bonifácio IX, Inocêncio VIII, Alexandre VI, o famoso — gente toda que se serviu do divórcio, pregou-o, realizou-o, tornou-o costume; mas comigo é que nada tem a ver, que não sou papa, nem santo, nem legislador.

Não considero também o assunto escabroso, para fugir dele *como um colibri*, sob cuja forma acha o jornal religioso que uma escritora deve unicamente apresentar-se. Os colibris só adejam sobre flores efêmeras, hoje abertas, amanhã fanadas, mortas; e a minha pena disseca uma flor imortal, mais bela e poderosa do que um simples cravo de jardim — disseca uma tese social de alcance muito nobre e elevado, que entende com inúmeros destinos humanos, imolados à rotina inexplicável e sem outro valor que não seja o de cômoda estagnação da mesma rotina.

Deixe-se ficar tudo como está... Ora essa!... E os que são desgraçados? Por que se hão de sacrificar estes aos felizes — e quando tudo se pode aliar?

Entre parênteses, cumpre aclarar os fins do divórcio, para evitar interpretações errôneas, acanhadas e vulgares, como as que começam a aparecer. Corra-se a cortina da ignorância e vejam todos a realidade em plena luz. O divórcio, com a dissolução do vínculo conjugal, não vai separar casais venturosos, arrancar o adorado marido à sua extremosa esposa, destruir o lar, insultar a moral, derrubar costumes e erguer o pendão da libertinagem. Quem fala nisso? Qual o país adiantado e visando o progresso, a evolução, o aperfeiçoamento, que aceitaria essa volta à decadência de uma antiga Roma?

O que o divórcio tem de instituir, meus senhores e minhas senhoras, é isto, só isto: sempre que a desarmonia completa de um casal o levar a pedir à lei o seu desligamento, seja a tal estúpida separação judicial de corpo e bens substituída pelo desquite absoluto, com a dissolução do vínculo conjugal.

Exijam prazos, para que se afirme a resolução definitiva dos dois cônjuges; mas que ao fim desse tempo ambos recuperem a sua liberdade inteira, seguindo cada qual o seu rumo independente. Isto é que é o divórcio — lei que trocará as lastimosas ambiguidades da separação de corpos e bens em um desenlace claro, digno e satisfatório para ambas as partes.

Sei muito bem que virá logo à cena a questão dos filhos; mas, porventura, no pé em que se acham as coisas, a sorte deles não é exatamente a mesma que será, dado o divórcio? Separados os pais, eles têm de ir viver com algum deles e não mais com os dois juntos. E não venha também a Igreja com essa mesma objeção dos filhos, porque eu responderei: E quando a própria Igreja anula os casamentos?

Alexandre Dumas Filho teve a esse respeito uma soberba frase. Disse ele: *"Nous ferons des enfants, dans le divorce, ce que vous en faites, dans la nullité, messieurs les prêtres..."* Mais longe, em apoio da sua tese a favor do divórcio, então discutido em França, ele acrescentou estas belas palavras: *"Quand on va contre la liberté, contre la justice, contre l'humanité, il n'y a pas de loi qui tienne... Le divorce triomphera..."* E triunfou, como vai triunfando e triunfará também entre nós. Que importam réplicas agressivas? Por dez protestos, cem adesões esperançosas e mil aplausos entusiásticos.

E todos quanto pugnam por essa causa gloriosa, que representa uma libertação como a dos escravos, devem lembrar-se de Mrs. Beecher Stowe, admirável autora da *Cabana do pai Tomás*, cuja ação se estendeu por todo o território dos Estados Unidos na campanha contra a escravidão.

Se a extraordinária mulher foi louvada, abençoada e proclamada sublime em todas as línguas, não deixou também de ser coberta de ultrajes e calúnias por todos aqueles que tinham interesse em declarar a sua obra perigosa e prejudicial. Ela, porém, conservou-se sempre inalterável e simples, em frente às injúrias, como em frente às ovações; e estas venceram, e a sua velhice foi um estrondoso triunfo.

Em nossa terra, os fazendeiros e escravocratas cuspiram não poucos insultos sobre a princesa d. Isabel, quando ela assinou o glorioso decreto que redimiu os cativos e lhe custou um trono. Hoje, entretanto, quem não a encara como uma redentora, malgrado a queda da monarquia? A escravidão até já nos aparece tão distante, incompreensível, odiosa e repugnante, que pasmamos de a ter defendido algum dia.

399

Os insultos misturaram-se com o pó dos tempos — e só ficou de pé a obra grandiosa e triunfal, vitória da justiça e da bondade: a abolição do cativeiro para criaturas como nós.

Na França, Alfred Naquet, deputado que legislou o divórcio, foi talvez o homem que mais cartas anônimas recebeu, de injúrias e ameaças. Mas ele era um corajoso, e sorria, como talvez há de sorrir James Darcy, se não lhe faltar o denodo para sustentar, como político, as ideias que expendeu na sua tese como jurista. O nobre e beato do Faubourg Saint-Germain teve revoltas de criança malcriada contra a ação luminosa do arrojado deputado francês. As folhas do seu partido vomitavam cada manhã torpes ataques ao regenerador social que se batia por uma evolução necessária. E ele, impassível e forte, combatendo sem tréguas!... Venceu, enfim: o divórcio foi decretado. E toda a França hoje o aceita, aclamando o nome do valente batalhador com a própria lei libertadora, que ficou chamando-se a lei Naquet.

Ela abriu a porta aos desunidos, aos desesperados, aos torturados, extinguindo o direito das desforras e vinganças por meio da brutalidade e até do assassinato. Os que são desgraçados um pelo outro podem evadir-se da jaula sem se devorarem, gritou essa lei... e todos a reconhecem agora e tratam até de aperfeiçoá-la, burilando as asperezas do primeiro bloco, suprimindo formalidades excessivas, simplificando, em suma, o primitivo processo, que a oposição exigiu complicado. E era preciso ceder alguma coisa para ganhar tudo...

Mas por aí nós vemos, leitores, que uma revolução contra os preconceitos não se faz sem lutas, atritos, arranhões e dissabores. O preconceito não gosta de usar luvas de pelica: é pesado, estende logo o punho nu e rude para convencer com um soco... Esqueçamos, porém, essa face pouco amena da questão, para só fitarmos o alvo dos nossos esforços, ponto brilhante que a inteligência dos argumentos vai pouco a pouco libertando das brumas que o empanavam e enfim surge em toda a sua luz de radiosa verdade, cada vez mais próximo, santelmo protetor das causas justas.

Pois que eu me referi às missivas agressivas que se me têm dirigido, devo também especializar as outras, em muito maior número, as boas e animadoras, as inteligentes, as generosas, que me trazem de contínuo o alento do seu aplauso. Entre estas, preciso destacar as palavras do distinto escritor Gonzaga Duque, o qual, postos de parte os lisonjeiros e imerecidos conceitos que emitiu a meu respeito, soube dignificar com a mais cavalheirosa delicadeza o meu pequenino esforço em prol do divórcio. A ele todos os meus agradecimentos, bem como aos outros, cujo nome ignoro, mas que diariamente me favorecem com o seu apoio entusiástico.

E agora triunfe d. Myrthes de Campos na esfera mais vasta da tribuna jurídica.

Triunfem todos quantos combatem pela libertação dos galés da separação de corpo e bens — escravos que bem carecem de uma redenção gloriosa, como os cativos de outrora.

E daqui, do meu inofensivo cantinho, eu clamarei sem cessar um bravo animador a todas as vitórias!

De *Ao esvoaçar da ideia* [1910]

GRAÇA ARANHA

O espírito moderno

A fundação da Academia Brasileira de Letras foi um equívoco e foi um erro. No sentido em que comumente se entende uma academia, é esta um corpo de homens ilustres nas ciências, nas letras e nas artes, consagrados pelo talento e trabalhos, sumidades espirituais de uma cultura coletiva. As academias são destinadas a zelar pelas tradições e supõem um povo culto, de que são os expoentes. Diante desse conceito, a Academia foi um equívoco. Somos um povo inculto, sem tradições literárias ou artísticas, ou pelo menos de tradições medíocres, que seria melhor se apagassem. O fato de haver raros escritores ou artistas de primeira ordem não forma uma tradição. E é ridículo supor que as tradições são criadas pelas academias. A tradição não é um artifício. Vem do inconsciente coletivo e, se tem força para impor-se no curso do tempo, viverá a despeito das academias. Geralmente se imagina que um país de academias literárias alimenta-se de um vasto manancial de produção, que é preciso reger e disciplinar. No Brasil não existe tal produção. A Academia está no vácuo. Não tem função possível a exercer, segundo a tradição acadêmica. E se tem a função de regulamentar a inteligência e criar o academismo, ela é funesta. Foi o seu erro inicial.

Para justificar-se a sua fundação evocou-se a necessidade de defender o Passado "que ameaça ruína, diante do Futuro que não tem forma". Como em toda criação, no princípio era o terror... O Passado é uma ficção. Nós o criamos, o interpretamos e o deformamos. Não tem realidade objetiva. A sua existência e a sua persistência são inteiramente subjetivas. Sob este ângulo relativo e realista, o Passado não existe livremente. É uma sugestão do terror. Como função social, é a soma de deuses, de monstros, de fetiches, que se disfarçam em regras, métodos, gramáticas, para nos governar e nos limitar. O Passado é o pavor, que perdura em cada um de nós. Se pudéssemos dominá-lo com alma de vencedor, situá-lo com justeza, saberíamos extrair das suas expressões o encanto e a lição. A nossa vida existe verdadeiramente no excedente da herança que recebemos. O que vivemos do passado não é nosso, não somos nós. Nossa vida começa exatamente no ponto em que se inicia a nossa libertação, ou já no esforço que fazemos para nos libertar das nossas heranças espirituais. Só daí em diante começamos a viver a nossa personalidade. Aquele que não tem força para essa libertação, para criar a sua vida e fazer dela uma força nova, esse na sua humilde submissão não é um homem vivo. É um espectro do passado. A Academia será uma reunião de espectros? Nas paredes desta sala, como no túmulo das múmias, a tradição gravou para deleite dos espíritos, além da morte, o que em vida eles amaram e fizeram, as suas delícias intelectuais, os versos, os dísticos dos clássicos, as glosas dos árcades, as baladas românticas, as deformações do sentimentalismo, as rinhas gramaticais? Ou neste Brasil, que procuram converter em uma China literária para império de todas as velhices, a Academia será uma casta de imortais em um país de imemoriais? Para que fomos criados, a que alta e vigorosa missão fomos chamados do nosso caos intelectual? Para defender a tradição. Tradição de quê? Do espírito nacional? Mas isto não é função de academias. O espírito nacional defende-se por si mesmo ou morre. Tradição da nossa literatura? Ela felizmente é incerta, em infindável formação, e, neste período alucinante de aspiração, o mal acadêmico poderá matá-la. A nossa missão é manter a ordem nos espíritos, nas artes, nas letras? Seria uma finalidade inútil, porque a ordem é da essência da vida. Não há coexistência sem ordem. O que chamam desordem é uma abstração sem valor lógico. No sentido absoluto, a ordem é o ritmo do universo, a sua fatalidade. É como a energia, a matéria, a inteligência. A liberdade, essa não é da essência das coisas. É uma relatividade humana, que forçamos a existir para a nossa ilusão criadora.

O segundo erro da formação da Academia foi copiar a Academia Francesa. A imitação é uma prática brasileira. Em tudo renunciamos à energia de criar para fazermos comodamente a cópia, que mal se ajeita à nossa índole e ao nosso ambiente. Copiando a Academia Francesa, fizemos logo ao nascer ato de submissão e passamos a ser reflexo da invenção estrangeira, em vez de sermos dínamo propulsor e original da cultura brasileira. Somos excessivamente quarenta imortais, consagração exagerada para tão pequena literatura. Justificou-se o quadro forjando-se impropriamente um símile com a adoção do metro, que também nos veio da França. Insistiu-se no vício da imitação, cuja única vantagem foi tornar maior o quociente dos mortos e o divertimento das eleições mais repetido. Pelo fato de sermos uma Academia não significa devermos repetir o figurino francês. A Inglaterra não adotou o sistema métrico. Fundou afinal uma Academia, mas fez obra própria, e não cópia servil.

A nossa Academia é brasileira. Por que brasileira? Para ser um instrumento enérgico da formação nacional, uma alavanca do espírito brasileiro. A sua aparição foi um erro, mas, já que existe, que viva e se transforme. Há uma vida espiritual intensa que a Academia desconhece. Deixemos entrar aqui um sopro dessa vida, para despertar-nos da sonolência em que nos afundamos. O Brasil é móvel. Todo o Universo move-se, transforma-se perpetuamente. O espírito do homem corre como a matéria universal. "A energia é a vida única", disse o místico. "É a eterna delícia." A energia brasileira apossa-se da terra e fecunda-a. Secam-se os vales de lágrimas da tristeza romântica e o otimismo alegra a ressurreição. Tudo vive espiritualmente. Só a Academia traz a face da morte.

Ao iniciar-se a criação acadêmica lamentou-se cautelosamente não ter a Academia força para instituir um estilo acadêmico, como toda a arte francesa convencional, acabado, perfeito. É para esse estilo acadêmico que, por uma fatalidade institucional, caminhamos, e o atingiríamos se uma rajada de espírito moderno não tivesse levantado contra ele todas as coisas desta terra informe, paradoxal, violenta, todas as forças ocultas do nosso caos. São elas que não permitem à língua estratificar-se e que nos afastam do falar português, e dão à linguagem brasileira este maravilhoso encanto da aluvião, do esplendor solar, que a tornam a única expressão verdadeiramente viva e feliz da nossa espiritualidade coletiva. Em vez de tendermos para a unidade literária com Portugal, alarguemos a separação. Não é para perpetuar a vassalagem

404

a Herculano, a Garrett e a Camilo, como foi proclamado ao nascer a Academia, que nos reunimos. Não somos a câmara mortuária de Portugal.

Já é demais este peso da tradição portuguesa, com que se procura atrofiar, esmagar a nossa literatura. É tempo de sacudirmos todos os jugos e firmarmos definitivamente a nossa emancipação espiritual. A cópia servil dos motivos artísticos ou literários europeus, exóticos, nos desnacionaliza. O aspecto das nossas cidades modernas está perturbado por uma arquitetura literária, acadêmica; a música busca inspiração nos temas estrangeiros; a pintura e a escultura são exercícios vãos e falsos, mesmo quando se aplicam ao ambiente e aos assuntos nacionais. A literatura vagueia entre o peregrinismo acadêmico e o regionalismo, falseando nesses extremos a sua força nativa e a sua aspiração universal.

Se escaparmos da cópia europeia não devemos permanecer na incultura. Ser brasileiro não significa ser bárbaro. Os escritores que no Brasil procuram dar de nossa vida a impressão de selvageria, de embrutecimento, de paralisia espiritual, são pedantes literários. Tomaram atitudes sarcásticas com a presunção da superioridade intelectual, enquanto os verdadeiros primitivos são pobres de espírito, simples e bem-aventurados.

O primitivismo dos intelectuais é um ato de vontade, um artifício como o arcadismo dos acadêmicos. O homem culto de hoje não pode fazer tal retrocesso, como o que perdeu a inocência não pode adquiri-la. Seria um exercício de falsa literatura naqueles que pretendem suprimir a literatura. Ser brasileiro não é ser selvagem, ser humilde, escravo do terror, balbuciar uma linguagem imbecil, rebuscar os motivos da poesia e da literatura unicamente na pretendida ingenuidade popular, turvada pelas influências e deformações da tradição europeia. Ser brasileiro é ver tudo, sentir tudo como brasileiro, seja a nossa vida, seja a civilização estrangeira, seja o presente, seja o passado. É no espírito que está a manumissão nacional, o espírito que, pela cultura, vence a natureza,

405

a nossa metafísica, a nossa inteligência e nos transfigura em uma força criadora livre e construtora da nação.

O movimento espiritual, modernista, não se deve limitar unicamente à arte e à literatura. Deve ser total. Há uma absurda necessidade de transformação filosófica, social e artística. É o surto da consciência, que busca o universal além do relativismo científico, que fragmenta o Todo infinito. Se a Academia se desvia desse movimento regenerador, se a Academia não se renova, morra a Academia. A inteligência impávida libertadora e construtora, animada do espírito moderno que vivifica o mundo, transformará o Brasil. A Academia ignora a ressurreição que já começa, mas o futuro a reconhecerá. Ela aponta no pensamento e na imaginação de espíritos jovens. Vem na música de Villa-Lobos, que dá à nossa sensibilidade um ritmo novo e poderoso, na poesia de Ronald de Carvalho, libertador do nosso romantismo, criador do nosso lirismo, na poesia de Guilherme de Almeida, livre da natureza e das suas sugestões subalternas, na poesia de Mario de Andrade, vencedor do convencionalismo, construtor alegre do espírito verdadeiramente brasileiro, nas esculturas de Brecheret, que objetivam dinamicamente o subjetivo, no pensamento, na crítica, na poesia, no romance de Renato Almeida, Jackson de Figueiredo, Agrippino Grieco, Manuel Bandeira, Paulo Silveira, Tristão de Athayde, Menotti del Picchia, Ribeiro Couto, Oswald de Andrade e mil jovens espíritos sôfregos de demolição e construção.

Tudo se harmoniza, espírito e natureza, no fulgurante ambiente brasileiro. O céu não é leve nem sutil para alimentar ideias de débil e fria beleza. Não é um céu clássico para cobrir acadêmicos. É um céu ardente, escandecido, longínquo e implacável, que aspira as forças da natureza, homens e coisas, os eleva, os engrandece e os dissolve na imensidade da luz. O dinamismo brasileiro tem o seu segredo na profunda harmonia com as forças do universo, que aqui se apresentam fecundas, céleres, voláteis, vorazes. Não percamos o equilíbrio neste jogo arriscado com a eternidade.

Sob este céu, encerrados neste quadro de energia tropical, debatem-se os espíritos dos homens. À margem desta baía, que o mar fecunda e que a terra contempla numa elevação estática, os sonhos dos jovens brasileiros se cruzam. Tudo é nítido no espaço ardente; a água lisa espelha, as ilhas reluzem, as casas inflamam-se, vapores, cúpulas, navios, e tudo se agita. É o movimento universal na quietação luminosa. Na ânsia de posse da terra e de libertação espiritual, uma só voz dirá:

"Tudo isto me apavora e a minha alma não se harmoniza com esta loucura das forças da natureza. A consciência antiga separa-me do Todo e afasta-me da terra desconhecida. Volto às raízes do meu espírito. Os meus olhos fecham-se a esta luz agressiva e só veem a claridade serena, que iluminou a alma dos meus antepassados europeus. Torno à terra antiga da civilização, reintegro-me no mundo clássico, com que se harmoniza o meu pensamento. Há uma volúpia no Passado, que é a atração da morte."

Outra voz responderá:

"Este é o meu Brasil. A nossa união é imorredoura. Nada me afasta da sua energia transcendente, que vibra na minha alma e alegra a minha fusão com esta terra exaltada e fascinante. Os meus olhos não se voltam para o Oriente, de onde vieram os meus antepassados. Eles só fitam a imensidade da terra, que avança para o Ocidente, e é um dom da energia da minha raça. Repilo os artifícios do Passado, deslocando nesta feliz magnificência sem história, nem antiguidade humana. Destruo toda essa arquitetura de importação, literária, grega, rococó, colonial, servil. Destruo toda essa escultura convencional e imbecil, esta pintura mofina. Destruo toda esta literatura acadêmica, romântica, literatura que só é literatura, e não vida e energia. Construo com o granito, com o ferro, com a madeira, que a terra pródiga me oferece, a morada simples, clara, forte e graciosa do brasileiro. Ergo os palácios, as florestas, as estações, os galpões, não copiando as nossas florestas, as nossas mentes, mas com a força dinâmica libertadora do espírito moderno, que cria coisa própria. Recolho a língua do meu povo e transformo a sua poesia em poesia universal. Faço da minha atualidade a forja do Futuro."

Discurso na Academia Brasileira de Letras, 19 jun. 1924
Em *O espírito moderno* [1925]

JOÃO DO RIO

A era do Automóvel

E, subitamente, é a era do Automóvel. O monstro transformador irrompeu, bufando, por entre os descombros da cidade velha e, como nas mágicas e na natureza, aspérrima educadora, tudo transformou com aparências novas e novas aspirações. Quando meus olhos se abriram para as agruras e também para os prazeres da vida, a cidade, toda estreita e de mau piso, eriçava o pedregulho contra o animal de lenda, que acabava de ser inventado em França. Pelas ruas esguias, dois pequenos e lamentáveis corredores tinham tido a ousadia de aparecer.

O primeiro, de [*José do*] Patrocinio, quando chegou, foi motivo de escandalosa atenção. Gente de guarda-chuva debaixo do braço parava, estarrecida, como se tivesse visto um bicho de Marte ou um aparelho de morte imediata. Oito dias depois, o jornalista e alguns amigos, acreditando voar a três quilômetros por hora, rebentavam a máquina de encontro às árvores da rua da Passagem. O outro, tão lento e parado que mais parecia uma tartaruga barulhenta, deitava tanta fumaça que, ao vê-lo passar, várias damas sufocavam. A imprensa, arauto do progresso, e a elegância, modelo do esnobismo, eram os precursores da era automobilística. Mas ninguém adivinhava essa era. Quem poderia pensar na futura influência do automóvel diante da máquina quebrada de Patrocínio? Quem imaginaria velocidades enormes na carriola dificultosa que o conde Guerra Duval cedia aos clubes infantis como um brinquedo idêntico aos baloiços e aos pôneis mansos? Ninguém! Absolutamente ninguém.

"Ah! um Automóvel. Aquela máquina que cheira mal?"

"Pois viajei nele!"

"Infeliz!"

Para que a era se firmasse, fora preciso a transfiguração da cidade. E a transfiguração se fez como nas feerias fulgurantes, ao tam-tam de Satanás. Ruas arrasaram-se, avenidas surgiram, os impostos aduaneiros caíram e, triunfal e desabrido, o Automóvel entrou, arrastando desvairadamente uma catadupa de Automóveis. Agora, vivemos positivamente nos momentos do Automóvel, em que o chofer é rei, é soberano, é tirano.

Vivemos inteiramente presos ao Automóvel. O Automóvel ritmiza a vida vertiginosa, a ânsia das velocidades, o desvario de chegar ao fim, os nossos sentimentos de moral, de estética, de prazer, de economia, de amor.

Mirabeau escreveu: "O gosto que tenho pelo 'auto', irmão menos gentil e mais sábio do barco, pelo patim, pelo balanço, pelos balões, pela febre também algumas vezes, por tudo que me leva e que me arrasta depressa, para além, mais longe, mais alto, além da minha pessoa, todos esses apetites são correlatos, têm a origem comum no instinto, refreado pela civilização, que nos leva a participar dos ritmos, de toda a vida, da vida livre, ardente, e vaga, como os nossos desejos e os nossos destinos...".

Não, eu não penso assim. O meu amor, digo mal, a minha veneração pelo Automóvel vem exatamente do tipo novo que Ele cria, preciso e instantâneo, de ação começada e logo acabada, que desenvolve, entre mil ações da civilização, obra Sua na vertigem geral. O Automóvel é um instrumento de precisão fenomenal, o grande reformador das formas lentas.

409

Sim, em tudo! A reforma começou na linguagem e na ortografia. É a simplificação estupenda. Um simples mortal de há vinte anos passados seria incapaz de compreender, apesar de todas as letras e das palavras por inteiro, este período: "*O Automóvel Club Brasil tem negócios com a Sociedade de Automóveis de Reims, na Garagem Excelsior*".

Hoje, ouvimos diálogos bizarros:

"Foste ao A.C.B.?"

"Iéss."

"Marca de fábrica?"

"F.I.A.T. 60-H.P. Tenho que escrever ao A.C.O.T.U.K."

O que em palestra diz-se, ligando as letras em palavras de aspecto volapukeano, mas que, traduzido para o vulgar, significa que o cavalheiro tem uma máquina da Fábrica Italiana de Automóveis de Turim, da força de sessenta cavalos, e que vai escrever para o Aero Club do Reino Unido.

É ou não é prodigioso? É a língua do futuro, a língua das iniciais, só entrevista, segundo Bidon, pelo genial José de Maistre, que fazia *cadáver* (mesmo credor) derivar de *corpus datus vermibus*.

Um artigo de duzentas linhas escreve-se em vinte, quase estenografado. Assim como encurta tempo e distâncias no espaço, o Automóvel encurta tempo e papel na escrita. Encurta mesmo as palavras inúteis e a tagarelice. O monossílabo na carreira é a opinião do homem novo. A literatura é ócio, o discurso é impossível.

Mas o Automóvel não simplifica apenas a linguagem e a ortografia. Simplifica os negócios, simplifica o amor, liga todas as coisas vertiginosamente, desde as amizades necessárias, que são a base das sociedades organizadas, até o idílio mais puro.

Um homem, antigamente, para fazer fortuna, precisava envelhecer. E a fortuna era lamentável de pequena. Hoje, rapazolas que ainda não têm trinta anos são milionários. Por quê? Por causa do Automóvel, por causa da gasolina, que fazem os meninos nascer banqueiros, deputados, ministros, diretores de jornal, re-

410

formadores de religião e da estética, aliás, com muito mais acerto que os velhos.

Se não fossem os 120 quilômetros por hora dos Dietriche de *course* não se andaria moralmente tão depressa. O automóvel é o grande sugestionador. Todos os ministros têm automóveis, os presidentes de todas as coisas têm automóveis, os industriais e os financeiros correm de automóvel no desespero de acabar depressa, e andar de automóvel é, sem discussão, o ideal de toda a gente.

Vá qualquer sujeito que se preza à casa de outro, de tílburi ou de carro. Com um pouco de intimidade, o outro dirá fatalmente:

"Pobre criatura! Como deves estar moído! Levaste para aí uma infinidade de tempo! Despede o caranguejo e vem no meu *auto*."

Auto! Compreendam o quanto vai de misterioso, de primacial, de autônomo nesta palavra! Daí, decerto, o poder fascinador para concluir negócios da invenção vertiginosa. Chega-se com estrépito, *stopa-se* brusco, salta-se.

"O senhor veio de automóvel?"

"Para quem tem tanto que fazer!"

"É uma bela máquina."

"É minha, e está às suas ordens."

"E o chofer?"

"Também meu. Mas o chofer é sempre o que menos guia. Teria muito prazer em conduzi-lo..."

No outro dia o negócio está feito, principalmente se o contratante não contrata por conta própria.

Para se ganhar dinheiro, acima do comum sedentário, é preciso ter um Automóvel, conservá-lo, alugá-lo. A quimera montável dos idealistas não é outra senão o Automóvel. Nele, toda a quentura dos seus cilindros, a trepidação da sua máquina, transfunde-se na pessoa. Não é possível ter vontade de parar, não é possível deixar de desejar. A noção do mundo é inteiramente outra. Vê-se tudo fantasticamente em grande. Graças ao Automóvel, a paisagem

411

morreu — a paisagem, as árvores, as cascatas, os trechos bonitos da natureza. Passamos como um raio, de óculos enfumaçados por causa da poeira. Não vemos as árvores. São as árvores que olham para nós com inveja. Assim, o Automóvel acabou com aquela modesta felicidade nossa de bater palmas aos trechos de floresta e mostrar ao estrangeiro *la naturaleza*. Não temos mais *la naturaleza*, o Corcovado, o Pão de Açúcar, as grandes árvores, porque não as vemos. A natureza recolhe-se humilhada. Em compensação, temos palácios, altos palácios, nascidos do fumo de gasolina dos primeiros Automóveis. A febre do grande devora-nos. Febre insopitável e benfazeja! não se lhe pode resistir.

Quando os novos governos começam, com medo de perder a cabeça, logo no começo ministros e altas autoridades dizem sempre:

"Precisamos fazer economia."

Como? Cortando orçamentos? Reduzindo pessoal? Fechando as secretarias? Diminuindo vencimentos?

Não. O primeiro momento é de susto. As autoridades dizem apenas:

"Vamos vender os automóveis."

Mas logo altas autoridades e funcionários sentem-se afastados, sentem-se recuados, têm a sensação penosa de um Rio incompreensível, de um Rio anterior ao Automóvel, em que eram precisos meses para realizar alguma coisa e horas para ir de um ponto a outro da cidade. E então o ministro, mesmo o mais retrógrado e velho, revoga as economias e murmura:

"Vão buscar o Automóvel!"

Oh! o Automóvel é o Criador da época vertiginosa, em que tudo se faz depressa. Porque tudo se faz depressa, com o relógio na mão e ganhando vertiginosamente tempo ao tempo. Que ideia fazemos do século passado? Uma ideia correlata à velocidade do cavalo e da carruagem. A corrida de um cavalo hoje, quando não se aposta nele e o dito cavalo não corre numa raia, é simplesmente

412

lamentável. Que ideia fazemos de ontem? Ideia de bonde elétrico, esse bonde elétrico que deixamos longe em dois segundos. O Automóvel fez-nos ter uma apudorada pena do passado. Agora é correr para frente. Morre-se depressa para ser esquecido dali a momentos; come-se rapidamente sem pensar no que se come; arranja-se a vida depressa, escreve-se, ama-se, goza-se como um raio; pensa-se sem pensar, no amanhã que se pode alcançar agora. Por isso, o Automóvel é o grande tentador. Não há quem lhe resista. Desde o dinheiro ao amor. O dinheiro precisa de Automóveis para mostrar quem é. O amor serve-se do Automóvel para fingir dinheiro e apressar as conquistas. Por são Patrício, patrono dos Automóveis! Já reparastes que se julgam os homens pelo Automóvel? Ouvi os comentários.

"Não. Ele está bem. Vi-o de Automóvel."

"Lá vai aquele canalha de Automóvel. Quanta ladroeira!"

"Bravo! De Automóvel..."

"Os negócios dele são tantos que já comprou outro Automóvel para dar-lhes andamento."

E no amor?

As mulheres de hoje, desde as cocotes às sogras problemáticas, resistem a tudo: a flores, a vestidos, a camarotes de teatro, a jantares caros. Só não resistem ao Automóvel. O homem que consegue passear a dama dos seus sonhos nos quatro cilindros da sua máquina está prestes a ver a realidade nos braços.

"Vamos passear de Automóvel?"

"De Automóvel?..."

Toda a sua fisionomia ilumina-se. Se a paixão é por damas alegres, antes da segunda velocidade já estamos na reta da chegada. Se a paixão é difícil, há sempre a frase:

"Que bom Automóvel! É seu?"

"É nosso..."

Então, com uma *carrosserie* de primeira ordem, chassi longo, motorista fardado, na terceira velocidade — pega-se.

413

"Ai que me magoas!"

"Tu é que caíste..."

Como o amor é o fim do mundo, num instante compreende-se que de Automóvel lá se chegue com a rapidez instantânea. Compreende-se mesmo ser impossível a indiferença nas máquinas diabólicas. Quando se quer dar por concluída uma conquista, diz-se:

"Foi passear de automóvel com ele!"

E, para a mulher do século XX, todo o prazer da vida resume-se nesta delícia:

"Vou passear de Automóvel!"

Ah! o Automóvel! Ele não criou apenas uma profissão nova: a de chofer; não nos satisfez apenas o desejo do vago. Ele precisou e acentuou uma época inteiramente Sua, a época do Automóvel, a nossa delirante e inebriante época de fúria de viver, subir e gozar, porque, no fundo, nós somos todos choferes morais, agarrados ao motor do engenho e tocando para a cobiça das posições e dos desejos satisfeitos, com velocidade máxima, sem importar com os guardas civis, os desastres, os transeuntes, sem mesmo pensar que os bronzes podem vir a derreter na carreira doida do triunfo voraz!

Automóvel, Senhor da Era, Criador de uma nova vida, Ginete Encantado da transformação urbana, Cavalo de Ulisses posto em movimento por Satanás, Gênio inconsciente da nossa metamorfose!

De *Vida vertiginosa* [1911]

LIMA BARRETO

O nosso esporte

Quem abre qualquer um dos nossos jornais, principalmente nesses dias de Centenário [*da Independência*] festejados faustosamente em meio da maior miséria, há de concluir que este nosso Rio de Janeiro não é o paraíso do jogo do bicho, a retorta monstruosa da politicagem e a terra dos despautérios municipais e de poetas.

Concluirá que é um imenso campo de futebol. Se não vejam: os cotidianos ocupam uma ou duas colunas por semana com política, um cantinho com coisas de letras, algum pouco mais com as patacoadas do nosso teatro, quase nada com artes plásticas, tudo o mais de suas edições diárias, isto é, a quase totalidade da folha, enche-se com assassinatos, anúncios e futebol.

De resto, as gazetas têm razão. Vão ao encontro do gosto do público, seguem-no e, por sua vez, excitam-no. Toda a gente, hoje, nesta boa terra carioca, se não fica com os pés ferrados, ao menos com a cabeça cheia de chumbo, joga o tal esporte, ou esporte bretão, como eles lá dizem. Não há rico nem pobre, nem velho nem moço, nem branco nem preto, nem moleque nem almofadinha que não pertença, virtualmente pelo menos, a um clube destinado a aperfeiçoar os homens na arte de servir-se dos pés.

Até bem pouco, essa habilidade era apanágio de outra espécie animal; hoje, porém, os humanos disputam entre si o primado nela. Deixo a explicação deste fenômeno à inteligência e capacidade dos sociólogos de profissão. O que verifico é que toda a nossa população anda apaixonada pela eurritmia dos pontapés, e os poderes públicos protegem generosamente as associações que a cultivam.

Abram o *Diário Oficial*; lá verão, no orçamento e fora dele, as autorizações inúmeras ao governo para auxiliar com subvenções de cem, duzentos e mais contos, tais e quais ligas de "desportes", como eles, os sportsmen, dizem, na sua comichão de vernaculismo. As mais das vezes, essas subvenções ficam no caminho, mas nem por isso o Congresso deixa de auxiliar o desenvolvimento físico dos nacionais do país.

Diabo! Uma alimentação sadia, uma habitação higiênica, um bom clima agem tão eficazmente sobre o nosso organismo como umas marradas ou uns pontapés dominicais debaixo de um sol ardente — não acham? E o dinheiro dado para isto é mais empregado naquilo — penso eu.

A proteção dispensada ao futebol não se limita à que lhe dá o Congresso. O Conselho Municipal vai além, porque o Conselho, como toda gente sabe, é composto do que há de mais fidalgo de sangue na nossa sociedade, e é próprio de fidalgos, tanto da Inglaterra quanto de Madagascar, amar toda espécie de esporte, desde a escalada ao topo do pau de sebo, em cuja ponta há uma grande pelega, até os raids de aeroplanos.

Sendo assim, o nosso Conselho Municipal derrama-se, esparrama-se, derrete-se em favores aos moços de mais de quarenta anos que se dão ao sacrifício de dar pontapés numa bola, para desenvolvimento dos respectivos *mollets* e gáudio das damas gentis que, assistindo-lhes as performances, aprendem ao mesmo tempo o calão dos bairros escusos, com cujos termos os animam nas páginas. É verdade que essas singulares vestais dos nossos modernos coliseus às vezes engalfinham-se no correr da luta.

Os nossos edis, tendo em conta esse aspecto de beleza do nosso futebol, isentaram-lhe de impostos enquanto sobrecarregam os outros divertimentos de ônus asfixiantes; entretanto, uma função de futebol rende, as mais das vezes, uma fortuna, sem despesa alguma, enquanto as diversões outras… A edilidade, porém, tem razão. Os clubes de futebol são de uma pobreza franciscana, tanto assim que há alguns que compram vitórias a peso de ouro, peitando jogadores dos contrários a contos de réis ou mais…

416

Bem haja o Conselho Municipal que protege o desenvolvimento físico das pernas de alguns marmanjos. Ele se esquece de estimular os poetas, os músicos, os artistas naturais ou filhos adotivos da cidade que representa; mas, em compensação dá "arras" [*hurras*] de sua admiração pelos exímios ponta-pedistas de toda parte do mundo. É mesmo essa a função de uma municipalidade.

Da revista *A.B.C.* [26 ago. 1922]

PATROCINIO FILHO

O suave veneno

"*Veux-tu une prise?...*"
Ela tinha o vidrinho de um grama entre o médio e o polegar da mão direita e batia-lhe de leve no gargalo minúsculo, para fazer cair o pó na palma da outra mão.

Depois, metendo o vidro no seio, colheu, com a unha brunida do dedo mínimo, a pitada, levou-a à narina e aspirou...

Na penumbra fraca do quarto, cujas janelas cerráramos, sua face tinha um livor fantasmagórico, em que a boca pintada parecia um rasgão de gangrena... E o silêncio era tão grande que eu ouvia bater meu próprio coração, agitado pelo tóxico.

"*Non, merci...Tout à l'heure...*"
Puxei-a para o divã em que se recostara, com as almofadas empilhadas sob a nuca.

Mas nós não pensávamos no amor...

Sua língua saltava-lhe da boca, lambendo os lábios rubros e polposos, como um relâmpago...

"*Tu sais? Azevêd a été pris.*"
"*Qui? Azevêd?*"

Ela explicou: o Azevedo, vendedor de cocaína, que habitualmente nos fornecia a "poeira", fora preso.

"*C'est embêtant... Il avait toujours de la bonne 'camelotte'... Et puis, on n'en aura plus si facilement...*"

Tirou o vidro do seio. Prisamos...

E, percucientemente, comecei a pensar...

No seio da floresta luxuriante que veste a encosta oriental dos Andes, cresce um arbusto que os botânicos denominaram *Erythroxylon coca*.

Suas folhas, de um verde pálido e translúcido, assemelham-se pela cor e pela forma às folhas da laranjeira. O indígena da região as considera um manancial de força, de energia, de milagrosa mocidade. E, no tempo dos incas, como a vinha no culto dionisíaco, santificava a terra onde brotava.

É que essa planta benfazeja era a alma dinâmica do grande império pré-colombiano.

Graças à coca, que engana a fome, abranda a sede e preme contra o mal das montanhas, o inca subia aos píncaros glaciais onde os condores planam sem temer a vertigem; corria léguas, com o mesmo fôlego estupendo; soerguia arrobas com vigor maravilhoso. A inteligência dos chefes se aguçava à sua ação benéfica, que insuflava o heroísmo no peito dos guerreiros e tornava mais nobres e pragmáticos os sacerdotes do Sol.

Os patriarcas, mais que centenários, colhiam piedosamente a excelsa folha, que servia de viático aos mortos e, no brasão da pátria, enguirlandava a cornucópia da abundância, entrelaçada à vicunha.

Mas o progresso veio...

As folhas santas foram transformadas no veneno branco de Mannheim e Darmstadt...

Exportadas das fraldas da montanha, mergulham no porão

dos transatlânticos e seguem para os laboratórios da Germânia, onde a metamorfose se dará.

Mergulham-nas no ácido sulfúrico, que, se impregnando de sua alma feérica, vai noutras cubas, novamente, haurir de novas folhas, que submergem os princípios ativos. A vaga corrosiva é incessante e, quatro dias e quatro noites, como um vampiro insaciável, suga o que resta de energia e de fluido vital das folhas verdes. Então, enfim, por sua vez filtrado em soluções de carbonato de sódio, o ácido restitui a cocaína bruta, que só resta lavar e comprimir...

Duzentos quilos da verde folha dos Andes produzem assim um quilo de alcaloide que, dividido em mil pequenos frascos, vai semear a chama do delírio numa cidade inteira.

"*En veux-tu?*"

"*Oui... Encore...*"

Ela protesta. Azevedo foi preso; vai ser difícil conseguir a neve embriagadora...

"Difícil? Que ingenuidade!"

Se, no Rio, de fato, não existem os mercadores romanescos, que trazem o pó terrível escondido numa perna de pau, como conta Pitigrilli em *Cocaína*, também só não conseguem arranjá-la os que não sabem bem da nossa vida.

Raros são os cocainômanos e os morfinômanos que não possuem cuidadosamente guardada uma receita de médico garantindo-lhes seus dois gramas de tóxico. Esse é o mais vulgar dos ardis dos viciados, cuja astúcia não raro burla até as prevenções dos próprios especialistas.

Sim. Para quem goze de relativa abastança, não há hoje nada mais fácil do que tomar, até às horas certas, fornecida por um médico célebre e solícito, a sua pitada de cocaína ou a sua injeção de morfina...

Como?

De um modo simples...

Basta que se recolham a certas casas de saúde...

419

Há várias para onde se entra facilmente. Uma delas, especialista na cura de cocainômanos, morfinômanos etc. etc. sob a direção de um eminente psiquiatra, é curialmente conhecida pela denominação de "Pension Cocô"...

Eu já lá estive e diverti-me muito.

Não há mesmo no Rio lugar nenhum em que a gente se possa divertir mais, nem em melhor companhia. Não há Petrópolis que se lhe compare, sendo que, além de tudo, ali o vício nivela como a Morte.

Junto àquele jovem ex-deputado pela Bahia e o robusto *horseman* que mora à encosta de um outeiro antigamente famoso, encontra-se aquele pobre gigolô que, em tempos, desertou do jornalismo para ir criar galinhas, e aquele ruivo *croupier* tão conhecido das nossas espeluncas elegantes, e de toda sorte de iniciados e iniciadas nos paraísos artificiais. Ombro a ombro com aquela ibera e escultural hetaira, célebre pela abundância e pelo negror de seus cabelos, passeia pelo jardim essa jovem e ostentadora madame, cuja ascendência tem um tão grande destaque na política nacional.

Assim, velhos e moços, mundanos e semimundanos, numa indulgente e encantadora promiscuidade de sexos, de nacionalidades, de situações sociais, os pensionistas passeiam pelo parque umbroso, haurindo a brisa embalsamada que desce da montanha e a pitadinha consoladora do alvo pó da ilusão.

Ah, amável comédia!

A gente chega, diz que deseja falar ao diretor e explica-lhe que deseja internar-se, a ver se se corrige do vício do pó branco... O ilustre facultativo aprova essa virtuosa intenção. Combina-se o preço do tratamento. O doente confessa a quantidade de anestésico que tomava diariamente.

"Cinco gramas, doutor."

"Cinco gramas! Mas era um suicídio!..."

O enfermo reitera a sua intenção de corrigir-se e o médico explica a cura, pela supressão gradativa do uso do tóxico:

420

"É preciso que o senhor faça um sacrifício. A partir de hoje mesmo só tomará quatro gramas..."

"Perfeitamente, doutor."

"Daqui a oito dias, tornaremos a diminuir..."

Mas a verdade é que o sujeito cá fora, com o frasquinho de cocaína custando dez ou vinte mil-réis cada um, tomava dois, quando muito, por dia.

Nem todos são milionários, infelizmente. Lá dentro, pois, astutamente, vai continuar a tomar os seus dois gramas, economizando todos os dias a metade dos quatro frascos que lhe fornecem, como reserva a que recorrerá quando sua ração baixar a um...

E é assim que, até com o patrocínio de professores da faculdade, autores de obras citadas na Europa, médicos enfim de estrondosa e justa nomeada, toma-se aqui no Rio a cocaína.

Entretanto, prendem o inábil Azevedo, como se ainda fosse possível evitar que os homens queiram "viver fora da vida", embora seja procurando a morte...

Dizem que nenhum tóxico tem causado tanto dano à humanidade como esse branco pó. Por quê, se ele não produz, como o éter e a morfina, sequer um passageiro instante de maravilhas? É, todavia, fácil e sedutor, como a ilusão, que a gente sabe ilusória, mas que por isso mesmo procura prolongar...

Aliás, o pior dos venenos é a própria vida que vivemos, na ambição, na luxúria, na maldade, que nos guiam através dos dias que decorrem. A vida ocidental é o entrevero sem quartel do *struggle for life*, em que é preciso destruir para não ser destruído!

E a gente, exausta pela brutalidade dessa luta, procura o sonho que consola e acalma...

Sonhar!...

Ela me diz:

"*Encore?*"

Não quero. Já não me basta essa garoa tênue. Quero o denso nevoeiro que impessoaliza e redime, mergulhando-me num sonho mais profundo.

Cerro melhor as persianas e cortinas. Desenrolo a esteira fresca em que me estendo, com o cotovelo fincado no coxim de lã de dromedário. Acendo a lâmpada votiva. Tomo o cachimbo antigo e sempre amigo. E, na chama discreta e suave, crepita a primeira pílula de sonho...

"*Tu fumes?...*"

Não lhe respondo...

Tudo se esbate na embaladora embriaguez que chega...

"Bendita sejas, droga da papoula!..."

Que me importa a vida bárbara e objetiva relegada à selvageria destes dias, num retrocesso de idades insondáveis? Já me não asfixia...

Na evocação do fumo negro e redentor, eu vivo a Ásia contemplativa e religiosa — a Índia fecunda que pulula do Ganges ao Dekkaw; o sábio Tibete, impassível nas suas estepes invioláveis; a nômade Mongólia, percorrida pelo trote desengonçado dos camelos; e a China imperial e filosófica, inumerável e divina!...

Nas volutas que embalsamam a atmosfera, meus olhos semicerrados veem desabrochar os hibiscos olorosos, como gritos de dor nos vales onde cresce a hortelã agreste e o arroz abençoado. Mais para além, surgem da sombra gentes inumeráveis do Oriente mais longínquo e mais ignoto — homens em cujos olhos inalteráveis irradia o brilho fixo da sabedoria, mulheres de Pak-Hoi, de Naju-Chau ou de Hainau, cuja pele é mais suave que um cetim cor de âmbar.

E adormeço e mergulho na voluptuosa inconsciência de todo o meu ser, penetrado pela droga entorpecedora que apaga a monotonia destes dias em que o mundo, um armazém de roupas feitas, faz de todas as vidas um uniforme de calcetas da vulgaridade...

De *O homem que passa* [1926]

PAULO SILVEIRA

Frases

A gramática é o Código Penal da ideia. Uma
jaula de pronomes e verbos que só serve para
encarcerar as asas do pensamento novo.

◆

Escrevo sem gramática. O gramático é o cidadão que
gasta todas as suas economias em construir uma casa
e depois fica sem dinheiro para comprar a mobília.

◆

Sejamos autodidatas. O professor é um emboscado
que fica atrás do toco da pergunta de algibeira,
para derrubar o aluno com o pica-pau da sua
ignorância de decorador de última hora.

◆

Temos que fazer uma desdoutorização do Brasil, que
está se alagando de médicos, advogados, engenheiros
e outros candidatos a empregos públicos.

◆

Não queremos saber do bom senso e tampouco do bom
gosto. Isso é lá para a gente da Epidemia de Letras.

◆

[*Sobre Machado de Assis*]: Era o funcionário tristonho
de hábitos caseiros, que não perdia o bonde das

5h49, o comprador de queijo de Minas, o freguês das empadinhas da Paschoal. Tratava o amor como doença grave, produzida por algum micróbio pré-histórico.

De *Asas e patas* [1926]

◆

O sabão da honra

> *Yet each man kills the thing he loves*
> *By each let this be heard,*
> *Some do it with a bitter look,*
> *Some with a flattering word,*
> *The coward does it with a kiss,*
> *The brave man with a sword.*
> Oscar Wilde, *The Ballad of Reading Gaol*

Sim, tem razão o dionisíaco condenado da prisão de Reading, cada homem mata a coisa que ama. O covarde mata com um beijo, o bravo mata com uma espada e o brasileiro mata quase sempre com um revólver... tendo a certeza prévia de que será posto em liberdade pela retórica teatral do dr. Evaristo de Moraes, o estimado redentor dos uxoricidas. Enquanto na Inglaterra, não, o inglês geralmente prefere lavar a honra com o *Pears soap* [*tradicional sabonete inglês*] para não despencar três jardas no ar com uma corda enlaçada no gasnete...

Esse hábito muito muçulmano de matar mulheres encontrou no Brasil um esplêndido campo de cultura. Assim, somos turcos nessa coisa de amor. Olhamos as mulheres como objetos da nossa propriedade. Julgamos ter sobre elas o direito divino de vida e de morte. Embora às vezes o homem perca pela sua companheira o amor que o levara ao matrimônio e encontre fora do lar um concubinato de lambuja, ele continua escravizando a esposa ao seu egoísmo, obrigando-a a envelhecer numa vida sem alegria e sem amor. Quando é rico, pensa que o dinheiro que lhe dá o amor fácil das *cocottes* pode dar a felicidade da sua esposa. A mulher não tem o direito de aproveitar a mocidade amorosa que vai aos poucos se arruinando sob a chuva dolorosa das lágrimas. Enquanto o marido oferece a outra os carinhos que, pela lei, pertencem à sua metade, ela tem que ir, assim, posta de lado, até ficar viúva ou morrer. Se por acaso se revolta contra tal situação e vai para fora de casa, querendo alegrar a vida com o sorriso de outros corações, é o que já se sabe. Pum! Pum! Pum! Pronto, está salva a honra do marido ultrajado, que espera a sua mais que certa absolvição principescamente hospedado num confortável aposento de qualquer quartel da Polícia.

Eu não culpo o assassino, culpo a sociedade em que ele nasceu, se educou e aprendeu a matar mulheres. Afinal de contas, esse homem que há dias fuzilou a esposa em plena via pública, defronte do Banco do Canadá, é uma vítima do meio social que acha ser a mulher escrava eterna dos caprichos masculinos. Separado da esposa em uma terra onde não existe o divórcio e onde predomina o preconceito estúpido do uxoricídio, ele, não tendo um temperamento forte, capaz de resistir à peçonha das cartas anônimas e aos sorrisinhos pérfidos dos conhecidos, alucinou-se nas trevas do ciúme e resolveu liquidar o caso como é de praxe entre nós. Comprou um revólver e matou a esposa. Chama-se a isso, em linguagem corrente, lavar a honra ultrajada. Tomado o banho de sangue com o sabão da Smith and Wesson, o assassino pode, de novo, voltar ao seio hipócrita da sociedade, que o recebe com todas as honras do estilo.

Se não me falha a memória, acho que foi o dramaturgo [*Alexandre*] Dumas Filho o mais ferrenho dos adeptos do uxoricídio. Foi ele quem, com a frase ensanguentada *"Tuez-la!"* [*Mate-a!*], encorajou os maridos e os amantes tímidos ao são Bartolomeu das mulheres. Embora a sua voz não tenha chegado até cá, nós praticamos esses crimes por intuição. O assassinato está na massa do sangue brasileiro, que mata à toa, sem o menor motivo e sem a menor razão.

O que me espanta são, depois do crime cometido, as justificativas que se encontram para minorar a sorte dos matadores. Se o esposo é um homem morigerado, que não perde o bonde das 5h38, que almoça e janta em casa todos os dias e só vai ao cinema em companhia da esposa, esse, se mata a mulher por havê-lo enganado, tem razão. Vejam como tudo isso é tragicômico. Um marido que seja um funcionário exemplar do casamento tem o direito de matar a esposa porque essa não soube corresponder da mesma maneira ao afeto do seu companheiro. Para essa gente que pensa assim, o amor é um sentimento que depende da vontade. A gente tem vontade de ter uma paixão e pronto, fica logo apaixonado... Portanto, é lógico que essa mulher vá dar com os ossos na cova, porque a sua natureza, que é mais forte que a sua virtude, não obedeceu às leis convencionais. Ora, isso não está direito. Ao invés de matá-la, o marido deve, com toda elegância, mandá-la passear. Ninguém pode obrigar outra pessoa a gostar à força de quem não pode gostar.

Mas os meus patrícios são da teoria de certa personagem do romance de Patrick Marrone, *The Woman and the Dog*, que assim se exprime a respeito das mulheres: "Uma mulher para mim é o mesmo que uma pera. Não indago e não quero saber se a pera gosta de mim. Eu como a pera". As mulheres brasileiras não são peras, são laranjas, que os homens chupam e depois jogam o bagaço num canto, com a incumbência severa de guardar-lhe a honra enquanto ele vai para a calaçaria...

Como costumam dizer os nossos Acácios, o casamento é um bilhete de loteria. De pleno acordo. Então, por que cargas-d'água se revoltar quando ele sai branco? É aceitar os azares da sorte sem tiro nem facadas.

É preciso acabar com esse costume bárbaro de matar as mulheres que se liberam do amor masculino. Mesmo que se tenha por elas uma grande paixão, esforcemo-nos por abafar os rugidos da fera sanguinária. Façam como as mulheres que, abandonadas, não vão buscar no assassinato a vingança do amor ultrajado. Lavar a honra! Sujar a honra é o que se deve exclamar com tristeza quando um homem desesperado assassina sua esposa ou sua amante.

Então chama-se lavar a honra atirar na criatura que se ama, que, toda trêmula e pura, entregou a sua virgindade à nossa volúpia escolada numa vida boêmia de rapaz? Onde está o recato, o pudor delicado do homem que estende ao sol do escândalo o cadáver da sua esposa? Matar a mulher que um dia foi amada e deixá-la na calçada de uma rua, misturando o sangue na lama, profanada pelos olhares dos curiosos, lava a honra de quem?

Não há beleza nesse gesto que derruba por terra uma mulher. O cadáver de uma mulher estendido no solo é um quadro grosseiro, digno de ser contemplado pela curiosidade miserável do povo. Vê-lo depois estraçalhado pelas hienas da reportagem indigna os corações humanizados pela beleza. E, depois, vemos o corpo jogado ao mármore do necrotério, para ser esquadrinhado pela medicina legal. É preciso não ter consciência para não sentir a tristeza desse destino. A mulher, mesmo que não mereça o nosso amor, não deve sofrer esse ultraje que macula a beleza, que enlameia a consciência para sempre. Embora odiada, deve ser respeitada, porque ela foi um dia a vida da nossa vida. Não queiram profanar a brancura sincera do amor, que é a túnica invisível com que vestimos a mulher amada, com a lama das ruas e a podridão dos necrotérios. Isso não lava a honra.

Devemos guardar com a volúpia do silêncio o ouro das felicidades passadas. Se algum dia, leitor amigo, sentires a felicidade fugir da tua casa no corpo da criatura que amas, não vás comprar um revólver para desembrulhar na rua o fardo das tuas desgraças. Não, sê forte e guarda, no teu íntimo, a saudade dos dias felizes. E, para a mulher que agora passa diante dos teus olhos como aquela divorciada de Paul Géraldy, *"avec ces robes inconnues"* ["com roupas que não conheces"], deves ter um sorriso de piedade e simpatia, porque ela foi o instrumento dos teus desejos e porque também fizeste vibrar nela a volúpia do teu sonho.

Os homens, no seu egoísmo feroz, acham que têm o direito ao adultério, esquecidos de que as mulheres raciocinam da mesma maneira. E, depois, como consertar a alma de "certas mulheres que, no dia seguinte ao casamento, são viúvas do marido que imaginaram"? Pela nossa lei, essa mulher é obrigada a tê-lo por companhia durante toda a existência. Vejam como isso é disparatado e faz do casamento um nó cego, sem solução de forma alguma.

Para que haja equilíbrio no amor, é necessário que marido e mulher sejam paralelos. Do contrário, é impossível existir harmonia. Em sendo assim, como tentar obrigar à escravidão uma criatura que sente em si as ânsias incoercíveis da liberdade?

Só encontro um remédio: o divórcio. Enquanto não surgir essa lei benemérita, quem manda é o revólver. E assim será até um dia em que os legisladores se resolverem a desamarrar do tronco uma porção de almas cativas. Enquanto o Legislativo não resolver sobre esse assunto, os homens estão destinados a abrir vagas do casamento à bala.

De *Asas e patas* [1926]

Os autores, um por um

ADELINO MAGALHÃES. Niterói (RJ), 1887 — Rio de Janeiro, 1969. Contista. Rotulá-lo de "pré-modernista", como é comum nos compêndios, é quase uma ofensa. Pré qual modernismo? O europeu, sem dúvida. Seus primeiros livros, *Casos e impressões* (1916), *Visões, cenas e perfis* (1918) e *Tumulto da vida* (1920), já apresentavam o *stream of consciousness*, o embaralhamento dos planos narrativos e grande liberdade verbal, inclusive palavrões — antecipando James Joyce, Marcel Proust e Virginia Woolf, então desconhecidos aqui. Muito admirado por sua geração e pela que se seguiu (a de Jorge Amado), Adelino Magalhães foi abandonado pelas gerações posteriores, que apagaram até o seu status de inovador.

AGRIPPINO GRIECO. Paraíba do Sul (RJ), 1888 — Rio de Janeiro, 1973. Crítico, frasista insuperável e conferencista. Por incrível que pareça, Grieco pode realmente ter lido os quase 50 mil livros que tomavam todos os cômodos de sua casa no Méier, na Zona Norte do Rio. Não sentia nenhuma vergonha em se dizer um crítico subjetivo, mas seu conhecimento da poesia e da literatura de qualquer época tornava irrespondíveis seus julgamentos — como sabiam os muitos escritores cujas reputações ele cimentou *sob* sete palmos de seus artigos. Os leitores o adoravam por sua visão sarcástica, inédita em críticos brasileiros. A partir dos anos 30, Agrippino tornou-se um pioneiro *stand-up* da literatura, vivendo das palestras — conferências, como se chamavam — que passou a fazer pelo país.

ALBERTINA BERTHA. Rio de Janeiro, 1880-1953. Romancista e conferencista. Era filha de Lafayette Rodrigues Pereira, importante conselheiro do Império, e foi criada ao som de odes de Virgílio recitadas em latim por seu pai à mesa do jantar. A erudição de Albertina contaminou seus dois romances, *Exaltação* (1916) e *Voleta* (1926), tornando-os de difícil leitura. Apesar disso, eles foram sucesso de vendas, para incômodo e irritação de Lima Barreto. O polemista Antonio Torres também os rotulou de "histéricos", o que, vindo dele, era uma consagração. Por algum tempo nos anos 20, Albertina foi famosa por suas conferências sobre estética, filosofia, história e religião, que levavam aos salões legiões de mulheres cariocas para escutá-las.

ALVARO MOREYRA. Porto Alegre (RS), 1888 — Rio de Janeiro, 1964. Cronista, poeta, dramaturgo e jornalista. Em todas essas funções, que desempenhou com grande categoria, Alvaro Moreyra tentou soterrar sua inteligência sob camadas de ternura, humanidade e amor. Mas em vão, porque ela sempre vinha à tona. As revistas que dirigiu — *Fon-Fon!*, *A Ilustração Brasileira*, *Para Todos...*, *Dom Casmurro* — revelaram ou consagraram importantes escritores e artistas gráficos. Com o Teatro de Brinquedo, em 1927, criou o moderno teatro brasileiro. Sua mulher, Eugenia Alvaro Moreyra, ex-repórter, ex-presa política e mulher de fabulosa personalidade, era ela própria uma lenda. Toda a inteligência brasileira passou pela casa deles em Copacabana nos anos 20 e 30.

ANTONIO TORRES. Diamantina (MG), 1885 — Hamburgo (Alemanha), 1934. Ex-padre, crítico, panfletário e polemista explosivo. A expressão "estar à direita de Gengis Khan", para definir um reacionário, só não se lhe aplicava porque Antonio Torres já estava à direita desse reacionário. Moralista (regulava cada movimento das "garupas femininas" nas ruas) e xenófobo salivante (fanaticamente antilusitano), justificava suas posições com lógica implacável e hilariante ironia. Era também incorruptível e asceta até a quase miséria. Um Antonio Torres, hoje, seria impossível, pela extrema incorreção política, mas mesmo seus inimigos o respeitavam pela cultura e pela violência quase suicida de seus ataques aos farsantes e aos poderosos.

AUGUSTO FREDERICO SCHMIDT. Rio de Janeiro, 1906-65. Poeta (de uma variante mística do modernismo), livreiro e editor (o primeiro a publicar Jorge Amado, Graciliano Ramos, Lucio Cardoso, Marques Rebelo, Vinicius de Moraes e Gilberto Freyre), responsável pela fundação do Botafogo F. R. (ao comandar a fusão dos dois Botafogos rivais, o do futebol e o do remo), empresário (pioneiro dos supermercados no Brasil), consultor de presidentes (um deles, Juscelino, para quem criava frases de efeito) e representante do país no exterior (idealizador da Operação Pan-Americana). O Schmidt poeta que circulava no Rio dos anos 20 já antecipava aquele que seria um dos mais atuantes intelectuais brasileiros fora da página impressa.

BENJAMIM COSTALLAT. Rio de Janeiro, 1897-1961. Cronista, romancista (seus livros chegavam a tiragens absurdas) e editor. O estilo cravejado de referências contemporâneas e expressões em inglês, seus mergulhos nos âmagos da sociedade carioca e o escândalo provocado por seu romance *Mlle. Cinema* [1923] rotularam Costallat como uma espécie de "escritor jazz-band". E, assim como a jazz-band, uma formação musical típica dos anos 20, ele também saiu de moda quando aquela década virou a página. Lida hoje, sua obra talvez tenha mais interesse sociológico do que literário. Mas era isso que se dizia nos anos 40 de ninguém menos que F. Scott Fitzgerald e, na verdade, aplica-se a escritores de qualquer época. Como sócio da Costallat & Miccolis, introduziu ousadas novidades gráficas, mercadológicas e temáticas na indústria editorial.

CARMEN DOLORES [pseudônimo de Emilia Moncorvo Bezerra de Mello]. Rio de Janeiro, 1852-1910. Cronista e ficcionista. Uma das primeiras escritoras profissionais do Brasil e a cronista mais bem paga de seu tempo — mais do que qualquer homem. Em anos de colaboração dominical na primeira página de *O País*, concentrou-se no problema da mulher brasileira, com ênfase na defesa do divórcio, única maneira de conferir-lhe direitos civis (ficaria atônita se soubesse que o divórcio só chegaria entre nós em 1977). Modesta, sem pressa de publicar, seu romance *A luta* e os contos de *Almas complexas* saíram postumamente (em 1911 e 1934, sob aclamação dos críticos), por iniciativa de sua filha Chrysanthème, também escritora. Ofuscada pelo desprezo e preconceito contra os primeiros escritores do século xx — rotulados de "pré-modernistas" —, sua literatura espera por um reconhecimento à altura de sua importância.

CHRYSANTHÈME [pseudônimo de Cecília Bandeira de Mello Vasconcellos]. Rio de Janeiro, 1870-1948. Filha de Carmen Dolores, sua produção não se comparou em qualidade à da mãe, mas cobriu um leque mais amplo. Em romances como *Uma paixão* [1923], *Mãe* [1924], *Matar!* [1927], *Famílias* [1933] e outros, as mulheres saíam pela cidade em seus Buicks, havia sempre uma recém-chegada da Europa decidida a civilizar as amigas e as tramas envolviam champanhe, cocaína, adultério, homossexualidade ou gravidez fora do casamento. Por rumores sobre sua vida amorosa, muitos a confundiam com seus personagens. Mas Chrysanthème (nome inspirado no romance de Pierre Loti, *Madame Chrysanthème* [1887]) era admirada também por, sempre que provocada, não deixar agressão sem resposta.

DANTE MILANO. Rio de Janeiro, 1899 — Petrópolis (RJ), 1991. Poeta, cronista e tradutor de Dante Alighieri e Mallarmé. Modernista da primeira hora, admirado por Manuel Bandeira, Ribeiro Couto e Sergio Buarque de Hollanda, dedicou-se mais a reescrever do que a escrever seus poemas, os quais, contrariando seus amigos, acabava não publicando — por nunca julgá-los prontos. Dante só teve sua obra finalmente lançada em livro em 1948 e, mesmo assim, porque o capista Thomaz Santa Rosa sequestrou os originais e os levou ao editor José Olympio. A partir daí, os artigos e críticas dos colegas e novas e caprichadas edições garantiram o seu ingresso na história da poesia brasileira, da qual nunca mais saiu.

DUQUE-COSTA [Hermínio Duque Estrada Costa]. Rio de Janeiro, 1894-1977. Poeta. Outro carioca dos anos 20 que produzia regularmente e, no seu caso, até aceitava ver-se publicado nos suplementos literários, mas não admitia a reunião de sua obra em livro. Enquanto Duque viveu, ninguém podia contrariar sua vontade de continuar inédito. Mas, em 1980, três anos depois de sua morte, os herdeiros dedicaram-lhe uma pequena e brilhante antologia. O que não alterou muito o seu ineditismo, porque foi uma edição particular, de pequena tiragem, que passou quase em branco (eu mesmo a descobri acidentalmente). O curioso é que, o nome de Duque-Costa foi dado a uma praça no bairro carioca de São Cristóvão, mas sua poesia, de inspiração simbolista e possante musicalidade, permanece quase secreta.

ELYSIO DE CARVALHO. Penedo (AL), 1880 — Davos (Suíça), 1925. Ensaísta, tradutor, romancista, crítico, criminologista e um dos mais inexplicáveis fenômenos da literatura brasileira. Em seus livros, foi, ao mesmo tempo, um estudioso do Brasil à luz do direito, da história e da literatura, e um minucioso narrador dos salões da aristocracia carioca do Segundo Reinado. À maneira de J.-K. Huysmans ou Oscar Wilde, fez-se de esteta decadente para escrever o incrível antirromance *Five o'Clock* e, nos ensaios de *Sherlock Holmes no Brasil*, descreveu o submundo do crime no Rio com uma intimidade de quem vivia nele até as orelhas. E talvez vivesse mesmo — afinal, era datiloscopista no Gabinete de Identificação e Estatística da Polícia. E, ao mesmo tempo, um dândi que, ao circular pela cidade, impressionava até seu ídolo João do Rio.

FELIPPE D'OLIVEIRA. Santa Maria da Boca do Monte (rs), 1890 — Paris, 1933. Poeta, remador, automobilista, combatente (por São Paulo na Revolução de 1932) e exilado político. Segundo seus contemporâneos — leia-se todos os jornalistas, poetas e caricaturistas do Rio no período —, Felippe d'Oliveira teria sido uma figura marcante mesmo que não tivesse publicado *Lanterna verde* [1926], breve amostra da poesia que ele poderia produzir. Mas, para um homem como ele, tanto de ação quanto de reflexão, a poesia talvez fosse mais para ser praticada do que composta verso a verso. Pena que, no seu caso, o poeta não tivesse controle sobre o ponto-final. Morreu no exílio, num acidente de automóvel em Paris — até sua morte se deu na ação.

GASTÃO CRULS. Rio de Janeiro, 1888-1959. Contista, romancista, sanitarista, diretor de biblioteca e historiador. Filho do cientista, matemático e astrônomo belga Luís Cruls, Gastão estreou com um romance, *A Amazônia misteriosa* [1925], descrevendo uma região que não conhecia. Redimiu-se ao ir lá e escrever *A Amazônia que eu vi* [1930]. Entre uma e outra, fez *A criação e o criador* [1928], romance de metalinguagem em que o romancista (o criador) se defronta fisicamente com seus personagens — alguém estava fazendo parecido no Brasil daquele tempo? Mas o que lhe garantirá a imortalidade será o monumental *Aparência do Rio de Janeiro* (lançado em 1949 e ampliado em 1965), uma descrição histórica e geográfica do Rio — que, este sim, ele conhecia muito bem.

GILBERTO AMADO. Estância (se), 1887 — Rio de Janeiro, 1969. Escritor, político e diplomata. Pode-se admirar muito ou pouco Gilberto Amado, ou muito em algumas coisas e nem tanto em outras. Mas não é possível ignorar o enorme (para alguns, excessivo) espaço que ele ocupava em todas as funções que exercia. Como cronista de seu tempo, observava detalhes de que só um ficcionista seria capaz — vide sua crônica nesta antologia sobre um jovem candidato a escritor recém-chegado ao Rio. Como memorialista, foi testemunha de uma vasta época da vida brasileira, que recriou com a intimidade de quem conheceu os intestinos de sua literatura, política e diplomacia.

GILKA MACHADO. Rio de Janeiro, 1893-1980. A sensualidade de sua poesia não se limitava aos jogos amorosos entre homem e mulher. Estendia-se a tudo à sua volta, inclusive a natureza — fazia, por exemplo, um rio lamber sensualmente uma floresta. Era um exercício de pan-erotismo incomum no Brasil e que, como seria inevitável, chocava os pudicos (o jovem Mario de Andrade, católico e pudico, foi um que se escandalizou). Gilka era tão famosa que seu nome, inventado por sua mãe, reproduziu-se em muitas Gilkas pelo país. Passado o escândalo, a posteridade só agora começa a enxergar, por trás dos versos tão sugestivos, a poesia de alta sensibilidade e a voltagem imagética que ela produzia. Sua filha, a bailarina Eros Volusia, foi a criadora da dança moderna no Brasil.

GRAÇA ARANHA [José da]. São Luís (MA), 1868 — Rio de Janeiro, 1931. Ensaísta, romancista e diplomata. O sucesso de seu romance *Canaã* [1902], de proporções quase impensáveis no Brasil, garantiu-lhe um prestígio talvez exagerado. Em nome deste, Graça foi saudado em 1922 como o líder da Semana de Arte Moderna, condição aceita pelos modernistas, que o chamaram de "homem essencial" e lhe dedicaram um número inteiro da revista *Klaxon*. O acadêmico Graça Aranha era tudo, menos modernista, mas seu discurso contra a Academia Brasileira de Letras, em 1924 — lido do púlpito da instituição —, custou-lhe caro: rompido com seus pares de geração, isso não o impediu de ser abandonado pelos jovens que ele apadrinhara e tornara conhecidos.

435

HERMES FONTES. Vila do Boquim (SE), 1888 — Rio de Janeiro, 1930. Poeta, jornalista, letrista de canções e, secretamente, publicitário. Seu surgimento, aos vinte anos, com *Apoteoses* [1908], foi, para muitos, uma explosão. Ali estava uma poesia que os simbolistas enxergavam como sua e que os parnasianos não ousavam diminuir, mesmo diante de um poema em forma de taça — os poemas visuais foram, por algum tempo, uma mania dos simbolistas cariocas. Hermes tornou-se uma celebridade, mas o decrescente entusiasmo com que seus novos livros foram recebidos, além de uma dolorosa desilusão conjugal envolvendo amigos e uma sensação de inferioridade por sua estatura mínima, levou-o a cometer o suicídio, no Natal de 1930.

ISMAEL NERY. Belém (PA), 1900 — Rio de Janeiro, 1934. Pintor, poeta, arquiteto, cenógrafo, figurinista, reformador social, teólogo, matemático, dançarino, atleta e funcionário público. Mas, exceto por esta última, que o obrigava a dar expediente diário e lhe rendia um salário, Ismael Nery não se reconhecia em nenhuma das categorias. Sua reputação ficava a cargo dos profissionais dessas áreas, que o tinham como mestre em todas elas e o seguiam como se segue a um messias. Não por acaso, Ismael sentia ter pontos em comum com os velhos profetas e com o próprio Cristo. Manuel Bandeira, que o admirava como poeta, catalogou-o como bissexto, aquele que só faz poesia a intervalos. Mas Murilo Mendes discordou. Para ele, Ismael fazia poesia o tempo todo, ainda que não a escrevesse — e com a mesma violência e paixão com que vivia.

JAYME OVALLE. Belém (PA), 1894 — Rio de Janeiro, 1955. Cidadão impossível de classificar. Era um poeta que não escrevia; músico erudito que não sabia música; misto de santo devasso e sátiro platônico; íntimo de Deus e dos caftens da Lapa; boêmio *full time* e fiscal da Alfândega sem um minuto de atraso; funcionário

436

consular em Londres sem saber inglês; e um primitivo de grande influência sobre intelectuais como Villa-Lobos, Manuel Bandeira, Di Cavalcanti, Vinicius de Moraes, Augusto Frederico Schmidt e muitos mais. Se analisado objetivamente, Ovalle não poderia ter existido e, bem de acordo, nunca escreveu uma linha. Mas tudo que dizia chegou até nós, porque ia sendo recolhido pelos amigos à medida que ele ia dizendo.

JOÃO DO RIO [pseudônimo de Paulo Barreto]. Rio de Janeiro, 1881-1921. Repórter, cronista, crítico, colunista social, articulista político, editorialista, proprietário de jornal, romancista, contista, tradutor, dramaturgo e homem do mundo. Cada uma dessas funções rendeu a João do Rio um ou mais livros e, em vida, sua obra só era obscurecida por sua presença física. Hoje pode-se analisar essa obra sem as paixões que ela provocava e descobrir o escritor que ele era — ainda mais notável quando se sabe que, exceto pelas peças de teatro, tudo que produziu foi escrito para o jornal, ao vivo na redação, contra o relógio, e saía de sua pena direto para o prelo sem passar por ninguém. A língua lhe deve os verbos flanar e esnobar, os teatrólogos lhe devem os direitos autorais (que, por sua luta, passaram a receber) e o Rio lhe deve Ipanema, que ele foi o primeiro a promover e de que foi o primeiro ilustre morador.

JULIA LOPES DE ALMEIDA. Rio de Janeiro, 1862-1934. Romancista, contista e cronista. Primeira escritora profissional do Brasil. Em 49 anos de carreira, lançou dezenas de romances e livros de contos, sempre por editoras importantes. Suas crônicas eram disputadas pela imprensa. Amiga de Machado de Assis, ajudou a fundar a Academia Brasileira de Letras, mas, por causa do regulamento, copiado da Academia Francesa, não pôde fazer parte de seus quadros. E quer saber? Ao contrário da obra de muitos daqueles acadêmicos, que foi enterrada junto com eles, vários de seus romances até hoje se sustentam: *A família Medeiros* [1892],

A viúva Simões [1897], *A falência* [1901], *A Silveirinha* [1914] *A isca* [1922]. Brava defensora da saúde pública no Rio — vide um de seus textos neste livro —, Julia morreu ironicamente de malária, contraída na África ao visitar uma filha.

LIMA BARRETO [Afonso Henriques de]. Rio de Janeiro, 1881--1922. Romancista e cronista. Lima Barreto não escondia suas opiniões: era contra a República, o Carnaval, o samba, o candomblé, o cinema, o maxixe, o automóvel, o avião, o telefone, o flerte, o footing, o banho de mar, o traje de banho, as piscinas, o futebol, a ginástica, o xadrez, o pingue-pongue e também contra as mulheres no emprego público, na política e na literatura — confira nas centenas de crônicas que ele publicou. E, se não fosse o autor de *Recordações do escrivão Isaías Caminha* [1909], seu passaporte para a eternidade, teria ficado na história como um Antonio Torres de esquerda — com quem se identificava também no celibato, na xenofobia e na feroz implicância com João do Rio. Muito de seu desajuste em vida se deve ao alcoolismo que o flagelou — causa e não efeito de seu drama pessoal.

MARIO PEDERNEIRAS. Rio de Janeiro, 1867-1915. Poeta e jornalista. Libertou o simbolismo brasileiro das métricas fixas, levando-o ao verso livre quando ninguém por aqui sequer pensava nisso. Enxugou-o também das pompas mórbidas, que ele próprio praticara, e se tornou um poeta doméstico, de seu bairro, sua casa e seu quintal. Foi talvez o poeta mais espontâneo e amoroso do Brasil, numa época em que a concorrência se desdobrava em produzir discursos em alexandrinos. Por volta de 1910, transformou *Fon--Fon!*, revista comercial e de grande tiragem que ele dirigia, num reduto de jovens poetas como Alvaro Moreyra, Felippe d'Oliveira, Olegario Marianno e outros. Na morte de Pederneiras, Alvaro Moreyra disse dele que "trazia estrelas nos bolsos".

MENDES FRADIQUE [pseudônimo de José Madeira de Freitas]. Alfredo Chaves (ES), 1893 — Rio de Janeiro, 1944. Médico, escritor, caricaturista e humorista. Criou o "método confuso", uma visão pândega e nonsense do Brasil, às vezes mais realista do que a própria história oficial — uma espécie de "lógica do absurdo" (título de um de seus livros, de 1925), no futuro adotada por muitos humoristas. A realização nem sempre estava à altura da proposta, mas ele era muito popular e seus livros saíam pelas principais editoras. Nos anos 30, surpreendeu ao trocar a irreverência pela adesão ao integralismo, movimento político de extrema direita, a cuja empáfia não levou seu "método confuso" — nem era preciso.

MERCEDES DANTAS. Vila Rica do Bom Jesus (BA), 1900 — Rio de Janeiro, 1982. Contista e educadora. Como ficcionista, praticava uma narrativa ágil e moderna, como se captada por uma câmera de lambe-lambe. Não por coincidência, suas histórias são recheadas de personagens da vida real, como os artistas de cinema, e seus personagens, de caráter duvidoso, se dão bem no fim das histórias — por mais canalhas, raramente são punidos. Em fins da década de 20, Mercedes Dantas trocou a literatura pela educação, trabalhou sob as ordens de Fernando de Azevedo e usou seu prestígio com Getulio Vargas para implantar medidas de apoio às professoras do ensino básico. Tentou fundar, sem sucesso, uma versão feminina da Academia Brasileira de Letras. Pena ter limitado sua literatura a dois livros de contos.

MOACYR DE ALMEIDA. Rio de Janeiro, 1901-24. Poeta. Sua morte aos 23 anos, de tuberculose, privou a poesia de uma grande promessa. Não é possível imaginar aonde o levaria seu condoreirismo passado a limpo, de poemas aos gritos — daí o título de seu único livro publicado, *Gritos bárbaros* [1925, já póstumo]. Moacyr deixou também um verso instigante, citado num artigo por Agrippino Grieco e cujo título, começo ou continuação ninguém parece conhecer: "*aturdido de infinito, cego de astros, louco de azul*". De que poema seria? Agrippino não explicou, mas, pela naturalidade com que o transcreveu, é como se ele, o poema ou o verso, circulasse de boca em boca pela cidade e dispensasse identificação. Um dos admiradores da poesia de Moacyr (e abalado por sua morte) foi o adolescente Nelson Rodrigues.

MURILLO ARAUJO. Serro (MG), 1894 — Rio de Janeiro, 1980. Poeta. Murillo Araujo disse certa vez que sua poesia era fruto de "um assombro, um espanto diante do mundo e da vida". Muito depois, outro poeta, Ferreira Gullar, diria o mesmo de sua própria poesia. Em Murillo, tais assombro e espanto são palpáveis tanto nos poemas de *A cidade de ouro* [1921], sua celebração epopeica do Rio, quanto na fecunda modernidade de *A iluminação da vida* [1927]. Sobre ele, Agrippino Grieco escreveu: "Seus versos ainda são versos e já são música". Apesar de atuante no movimento modernista, Murillo pode ter tido sua apreciação prejudicada pela fidelidade a uma poesia rigorosa, que não se submetia a certo piadismo subitamente vigente.

MURILO MENDES. Juiz de Fora (MG), 1901 — Lisboa (Portugal), 1975. Poeta e crítico de arte. Ninguém o superou em contradições, e estas foram, talvez, a semente de sua poesia. Ateu, sua maior admiração era Ismael Nery, cuja fé ultracatólica parecia incluir uma relação pessoal com Jesus Cristo. Morto Ismael em 1934, foi a vez de Murilo se converter, ali mesmo, diante do caixão aberto, ao credo do amigo. E Murilo era surrealista. Nada mais surrealista do que um surrealista e católico ao mesmo tempo, mas ele conseguia ser as duas coisas. Na verdade, à sua maneira o próprio Ismael já conciliava os dois dogmas, o que prova a pesada ascendência que este tinha sobre seu melhor amigo. Murilo era também apaixonado por Adalgisa Nery, mulher de Ismael, que, com a morte deste, preferiu conservar Murilo como grande amigo.

OLEGARIO MARIANNO. Recife (PE), 1889 — Rio de Janeiro, 1958. Poeta e letrista de música popular. Quem o conheceu apenas como o "poeta das cigarras" e sonetista com leve aroma parnasiano pode não acreditar que, enquanto parte de sua produção era declamada nos salões mais conservadores dos anos 20, outra — privilegiada nesta antologia — falava de mulheres independentes, audácias amorosas e uso de cocaína. Daí, na época, Olegario ter sido adorado por duas gerações ao mesmo tempo: as moças mais avançadas e as mães delas. Claro que, um dia, todos envelheceram, o poeta e seu público, e Olegario cristalizou-se como o cantor das cigarras. E sua obra em música popular marcou fundo: "Cai, cai, balão" e "Tutu marambá" eram poemas seus que foram musicados por Joubert de Carvalho — para quem Olegario escreveu a letra de "De papo pro á". Muitos pensam que são canções do folclore brasileiro.

ORESTES BARBOSA. Rio de Janeiro, 1893-1966. Jornalista, cronista e letrista de música popular. Ninguém passou tanto tempo de sua juventude fora de casa, noite após noite, na rua, nos bares e redações, e até na cadeia, cumprindo penas de meses por acusações justas ou injustas. De todas essas situações, Orestes Barbosa tirou grande prosa, nas reportagens e crônicas em que lançou a escrita telegráfica, de frases curtas e picadas, adotadas então por todo mundo. Vide seus textos neste livro. Como letrista, em parceria principalmente com Sylvio Caldas, Orestes introduziu o abajur, o telefone e o elevador na música brasileira, em canções como "Arranha-céu" e várias outras. E, da maior delas, "Chão de estrelas" [1937], saiu o famoso "Tu pisavas os astros distraída...", para Manuel Bandeira o maior verso da poesia brasileira.

OSWALD BERESFORD. Sorocaba (SP), 1899 — Rio de Janeiro, 1924. Advogado, jornalista, contista, romancista e figura trágica. Em dois anos, Oswald Beresford fez mais espuma no círculo literário do Rio do que muitos escritores que viveram o triplo que ele. Sua produção foi curta, mas incisiva: as críticas na revista *O Mundo Literário*, alguns contos e o romance *Madame Cosmópolis* [1924], que a editora imprimiu e imediatamente destruiu com medo dos moralistas. A personalidade sempre a um segundo da combustão e seu suicídio aos 25 anos deram-lhe uma aura de lenda, que amigos como Théo-Filho, Romeu de Avellar e Rubey Wanderley tentaram imortalizar em texto. Mas estes também foram apagados da literatura, e Beresford com eles. Toda a sua ficção conhecida está nesta antologia e é a prova de que ele merece ser descoberto.

PATROCINIO FILHO [José do]. Rio de Janeiro, 1885 — Paris, 1929. Oficialmente, jornalista e revistógrafo (autor de peças do teatro de revista). Mas a melhor definição para Zeca Patrocinio, como o chamavam, seria a de ficcionista, por fazer de sua vida uma deliciosa e descarada invenção. Mesmo as histórias reais que protagonizou, como a de sua longa prisão por espionagem em Londres durante a Grande Guerra, levaram pesadas camadas de ficção — como a de seu romance com a espiã Mata-Hari em Amsterdam. Na verdade, Patrocinio nunca viu Mata-Hari e só depois de fuzilada ouviu falar dela. Ao ler seu relato, no entanto, você adoraria que esse romance tivesse acontecido. Patrocinio atuou no serviço diplomático brasileiro na Europa no momento de maior crise até então na história da humanidade, o que prova que não apenas ele era pioneiro do Teatro do Absurdo.

PAULO SILVEIRA. Rio de Janeiro, 1891-1957. Escritor, panfletário e diplomata. Em jovem, Paulo Silveira aderiu furibundamente ao futurismo — que, assim como todo mundo no Brasil, ele descobriu com atraso. Sem saber muito bem de quem se tratava, era fã do italiano Marinetti, fundador do movimento, e, por causa dele, a favor de botar rabos de papel nas calças dos membros da ABL, rasgar gramáticas, quebrar estátuas e fechar museus. Uma súmula

442

dessas subversões está em seu livro *Asas e patas* [1926], em que, às vezes, tratava também de causas sérias, como o combate à triste prática do uxoricídio. Quando, pouco depois, Paulo Silveira foi para a Europa pelo Itamaraty, temeu-se pela sorte da Mona Lisa — poderia retalhá-la a canivete. Mas era só atitude. Ele se moderou e, para alívio do Louvre, conviveu muito bem com a Gioconda.

PEDRO MOTTA LIMA. Viçosa (AL), 1898 — Tchecoslováquia (desastre aéreo), 1966. Jornalista, militante comunista e escritor. Nenhum ativista de seu tempo praticou mais a política e a literatura simultaneamente do que Pedro Motta Lima — os próprios Astrojildo Pereira e Jorge Amado, em algum tempo, dedicaram-se só a uma ou à outra. Mas Motta Lima conciliava as duas águas e mais uma, o jornalismo. Foi funcionário do Partido — no qual, nos anos 30, foi vítima de um dos periódicos surtos "proletaristas" da organização —, bom romancista (vide a bibliografia), diretor de jornais (*A Esquerda, A Batalha, A Manhã, Tribuna Popular, Imprensa Popular*) e, durante a Segunda Guerra, editor de um suplemento do insuspeito *O Globo*, "O Expedicionário", lido com sofreguidão pelos rapazes da FEB na Itália.

PEREGRINO JUNIOR [João]. Natal (RN), 1898 — Rio de Janeiro, 1983. Jornalista, escritor e médico. Suas três atividades seguiram exatamente esta ordem: começou jornalista, aventurou-se na ficção e, concluído o curso de medicina, produziu vasta literatura sobre biotipologia, nutrição e endocrinologia, suas especialidades. Numa das poucas vezes em que fundiu as disciplinas, tratou de um assunto raramente abordado: a epilepsia de Machado de Assis. Mas sua presença nesta antologia se deve a seu primeiro livro, *Vida fútil* [1923], deliciosas crônicas de um jovem recém-chegado da província e confrontado, de repente, com os revolucionários costumes da metrópole — o Rio de 1920. Às vezes, só o olhar de fora enxerga o que há de extraordinário no que, para os nativos, parece apenas natural.

RIBEIRO COUTO [Ruy]. Santos (SP), 1898 — Paris, 1963. Poeta, contista, cronista e diplomata. Ribeiro Couto é uma vítima típica da maneira como se conta a história da Semana de Arte Moderna. Paulista de Santos, então morando no Rio e amigo do carioca Di Cavalcanti, este residente em São Paulo, foi Couto quem fundiu as duas correntes ao apresentar os futuristas paulistas ao carioca Ronald de Carvalho — sem o qual a Semana não teria Villa-Lobos, Vicente do Rêgo Monteiro, Manuel Bandeira e nem mesmo Graça Aranha. Ironicamente (e assim como Bandeira), Ribeiro Couto não compareceu à Semana, por discordar da guerra à poesia metrificada e rimada e por ter caído com tuberculose. Recuperado, seu prestígio como poeta nunca diminuiu, mas seu papel no movimento foi totalmente apagado dos anais.

ROMEU DE AVELLAR [pseudônimo de Luiz de Araujo Moraes]. São Miguel dos Campos (AL), 1893 — Leopoldina (MG), 1972. Poucos escritores brasileiros tiveram sua vocação tão brutalmente cortada na raiz quanto este alagoano que, depois de uma escala em Belo Horizonte (onde se integrou aos jovens Carlos Drummond de Andrade e Pedro Nava), chegou ao Rio e foi logo adotado por Benjamim Costallat, Agrippino Grieco e Théo-Filho, potentados literários da época. Seu romance *Os devassos* [1924], denunciado como imoral, teve sua edição recolhida e destruída, e isso o abalou. Avellar voltou para seu estado e continuou a produzir, mas sem o impacto que provocara na metrópole. Outro livro seu, *À sombra do presídio* (1928), é talvez o melhor relato entre os muitos que se fizeram nos anos 20 sobre as condições das prisões brasileiras — feito de dentro de uma delas como prisioneiro.

RONALD DE CARVALHO. Rio de Janeiro, 1893-1935. Poeta, ensaísta e diplomata. Em 1914, o modernista português Fernando Pessoa lhe escreveu num bilhete: "Exija de si o que sabe que não sabe fazer. Não é outro o caminho da Beleza". Pessoa (assim como

Almada Negreiros e Mario de Sá Carneiro) era seu colega na revista binacional *Orpheu* — Ronald era seu editor no Brasil. E o brasileiro parece ter sempre seguido esse conselho. Seus ensaios sobre o país à luz da literatura, arte, história, diplomacia e do direito eram abrangentes; sua poesia conciliava tradição e modernidade; e especializou-se em aglutinar as tendências mais contrárias, como se também exigisse dos outros o que eles pensavam que não poderiam fazer. Era chefe da Casa Civil de Getulio Vargas (pré--Estado Novo) ao morrer num incrível acidente de automóvel — um violento choque com um táxi na rua da Quitanda, uma das mais estreitas e tranquilas do Rio.

SINHÔ [pseudônimo de José Barbosa da Silva]. Rio de Janeiro, 1888-1930. Pianista, violonista, compositor e letrista. Sinhô foi a primeira personalidade do samba e um dos seus maiores criadores. De "O pé de anjo" [1920] a "Jura" [1929], sua produção estabeleceu as bases para a transição do maxixe para o samba. Foi ele quem fixou a música popular no teatro de revista, ajudou a profissionalizar os compositores e descobriu cantores como Francisco Alves e Mario Reis. Como letrista, foi um cronista de costumes admirado por Manuel Bandeira e Alvaro Moreyra, cujas rodas frequentava. De seu piano saía a trilha sonora do Rio dos anos 20 e tudo que fazia era "moderno" — porque nunca tinha sido feito antes. Ganhou muito dinheiro e morreu sem tostão e até sem piano.

THÉO-FILHO. Recife (PE), 1895 — Rio de Janeiro, 1973. Jornalista e escritor. Lima Barreto, seu amigo, se espantava com a facilidade com que Théo-Filho tomava o navio e ia para a Europa sem dinheiro, enquanto, para ele, era difícil até ir de trem para o subúrbio, onde morava. Não foram tantas viagens assim, mas Théo-Filho fez de cada uma um relato fascinante do que viveu e do que não viveu e condensou tudo em romances de enorme sucesso popular. Hoje, por sua dicção seca e naturalista, eles podem parecer passados, mas são um vivo retrato do Rio dos anos 10 e 20. Suas tramas discutem a participação do Brasil na Grande Guerra, se passam durante a Exposição do Centenário em 1922 e penetram no cínico dia a dia dos ricos — este, um tema pouco explorado na ficção nacional. Todos os escritores brasileiros o invejavam pelo seu sucesso, o qual, a partir de 1930, evaporou-se.

O organizador pede desculpas pela ausência de Manuel Bandeira e Cecilia Meirelles nesta antologia. Os responsáveis por seus espólios nunca estiveram disponíveis para negociar a inclusão dos três poemas de cada um que queríamos apresentar. Para o registro, esses poemas eram "Bacanal", "Berimbau" e "Pneumotórax", de Bandeira, e "Motivo", "Canção" e "Metamorfose", de Cecilia.

Pensando bem, para que intermediários? Eles podem ser facilmente acessados — e de graça — na internet, bastando digitar seus títulos e o nome do autor.

Bibliografia

ALENCAR, Edigar de. *Nosso Sinhô do samba*. Rio: Civilização Brasileira, 1968.
ALMEIDA, Julia Lopes de. *Ânsia eterna*. Paris-Rio: Garnier, 1903.
_____. *A viúva Simões*. Lisboa: Antonio Maria Pereira, 1897. Florianópolis: Mulheres, 1999.
_____. *A herança*. Rio: Jornal do Comércio, 1909.
_____. *A Silveirinha — Crônica de um verão*. Rio: Francisco Alves, 1914. Florianópolis: Mulheres, 1997.
_____. *A família Medeiros*. Rio: Nacional, 1914. Florianópolis: Mulheres, 2009.
_____. *A isca*. Rio: Leite Ribeiro, 1922. Rio do Sul (SC): Raredes, 2020.
_____. *Eles e elas*. Rio: Francisco Alves, 1922.
_____. *A falência* [1902]. São Paulo: Penguin-Companhia das Letras, 2019.
_____. *Dois dedos de prosa — O cotidiano carioca por Julia Lopes de Almeida*. Rio: Biblioteca Nacional, 2016.
ALMEIDA, Moacyr de. *Gritos bárbaros*. Rio: Benjamim Costallat & Miccolis, 1925.
ALMEIDA, Moacyr de. *Poesia completa*. Rio: Zelio Valverde, 1942.
AMADO, Gilberto. *A chave de Salomão e outros escritos* [1914]. Rio: José Olympio, 1947.
_____. *A dança sobre o abismo*. Rio: Ariel, 1932.
ARANHA, Graça. *O espírito moderno*. São Paulo: Monteiro Lobato, 1925.
ARAUJO, Murillo. *Árias de muito longe / A cidade de ouro / Estâncias à quimera*. Rio: Brasil Editora, 1921.
_____. *A iluminação da vida*. Rio: Leite Ribeiro, 1927.
_____. *Poesia completa*. Rio: Pongetti, 1960.
AVELLAR, Romeu de. *Os devassos*. Rio: Benjamim Costallat & Miccolis, 1924. Maceió: Imprensa Oficial Graciliano Ramos, 2019.
_____. *À sombra do presídio*. Maceió: Tipografia do Orfanato São Domingos, 1928.
AZEVEDO FILHO, Leodegário A. de. *Murillo Araujo e o modernismo*. Rio: Gernasa, 1968.

BARBOSA, Orestes. *Na prisão*. Rio: Jacintho Ribeiro dos Santos, 1922.
_____. *Ban-ban-ban!* Rio: Benjamim Costallat & Miccolis, 1923. Rio: Prefeitura do Rio de Janeiro (Biblioteca Carioca), 1993.
_____. *O pato preto — Crônicas da rua, da cadeia e de Paris*. Rio: Pimenta de Mello, 1927.
_____. *Chão de estrelas*. Rio: Ozon, 1965.
BERESFORD, Oswald. "As saias de Mlle. Jazz-Band", "O inimigo gaseificado e a vingança do sr. Concreto" e "O perfil dum sibarita". Rio: em várias edições de *O Mundo Literário*, 1923.
BERTHA, Albertina. *Exaltação*. Rio: Jacintho Ribeiro dos Santos, 1916. Porto Alegre: Gradiva [Org. Anna Fridrich], 2015.
_____. *Voleta*. Rio: Jacintho Ribeiro dos Santos, 1926.
BUENO, Alexei. *Uma história da poesia brasileira*. Rio: Ermakoff, 2007.
CARPEAUX, Otto Maria. *Pequena bibliografia crítica da literatura brasileira*. Rio: Ministério da Educação e Saúde, 1951.
CARVALHO, Elysio de. *Five o'Clock*. Paris-Rio: Garnier, 1909. Rio: Antiqua, 2006.
_____. *Esplendor e decadência da sociedade brasileira*. Paris-Rio: Garnier, 1911.
_____. *Gíria dos gatunos cariocas*: Rio: Imprensa Nacional, 1912.
_____. *Sherlock Holmes no Brasil*. Rio: Casa A. Moura, 1921.
CARVALHO, Ronald de. *Epigramas irônicos e sentimentais*. Rio: Anuário do Brasil; Lisboa: Seara Nova; Porto: Renascença, 1922.

CARVALHO, Ronald de. *Toda a América*. Rio: Pimenta de Mello, 1926.
_____. *Jogos pueris*. Rio: Edição particular, 1926.
_____. *Estudos brasileiros* [três séries]. Rio: Briguiet, 1930-31.
CHRYSANTHÈME. *Enervadas*. Rio: Leite Ribeiro, 1922. São Paulo: Carambaia, 2019.
_____. *Uma paixão*. Rio: Leite Ribeiro, 1923.
_____. *Uma estação em Petrópolis*. Rio: Leite Ribeiro, 1923.
_____. *Mãe*. Rio: Leite Ribeiro, 1924.
_____. *Matar*. Rio: Francisco Alves, 1928.
_____. *Famílias...* Rio: Renascença, 1933.
COSTALLAT, Benjamim. *Mutt, Jeff & Cia*. Rio: Leite Ribeiro, 1922.
_____. *Cock-tail — Crônicas*. Rio: Leite Ribeiro, 1923.
_____. *Fitas...* Rio: Benjamim Costallat & Miccolis, 1924.
_____. *Mistérios do Rio*. Rio: Benjamim Costallat & Miccolis, 1924. Rio: Prefeitura da Cidade do Rio de Janeiro (Biblioteca Carioca), 1990.
_____. *Mlle. Cinema*. Rio: Benjamim Costallat & Miccolis, 1924. Rio: Casa da Palavra, 1999.
COUTO, Ribeiro. *Cidade do vício e da graça — Vagabundagem pelo Rio noturno*. Rio: Benjamim Costallat & Miccolis, 1924. Rio: Arquivo Público do Estado do Rio de Janeiro (Coleção Fluminense), 1998.
_____. *Poesias reunidas*. Rio: José Olympio, 1960.

448

couto, Ribeiro. *Maricota, Baianinha e outras mulheres* [Org.: Vasco Mariz]. Rio: Topbooks, 2001.

cruls, Gastão. *A criação e o criador*. São Paulo: Companhia Editora Nacional, 1928.

_____. *Aparência do Rio de Janeiro*. Rio: José Olympio, 1949 e 1965 [2. ed.].

_____. *Quatro romances* [incluindo *A criação e o criador*]. Rio: José Olympio, 1958.

dantas, Mercedes. *Nus*. Rio: Brasil Editora, 1925.

_____. *Adão e Eva*. Rio: Anuário do Brasil, 1928.

dolores, Carmen. *Ao esvoaçar da ideia* — Crônicas. Porto: Chardon, 1910.

_____. *Almas complexas* — Contos. Rio: Calvino Filho, 1934. Florianópolis: Mulheres, 2014.

_____. *Crônicas 1905-1910* [Org.: Eliane Vasconcellos]. Rio: Arquivo Público do Estado do Rio de Janeiro (Coleção Fluminense), 1998.

_____. *A luta* [1910] [Org.: Maria Angélica Guimarães Lopes]. Florianópolis: Mulheres, 2001.

duque-costa. *O livro poético de Duque-Costa*. Rio: Edição particular, 1980.

grieco, Agrippino. *Caçadores de símbolos*. Rio: Benjamin de Aguila, 1913.

_____. *Fetiches e fantoches*. Rio: Schettino, 1922.

_____. *Evolução da poesia brasileira*. Rio: Ariel, 1932.

_____. *Evolução da prosa brasileira*. Rio: Ariel, 1933.

grieco, Agrippino. *Gente nova do Brasil*. Rio: José Olympio, 1935.

_____. *Zeros à esquerda*. Rio: José Olympio, 1947.

_____. *Amigos e inimigos do Brasil*. Rio: José Olympio, 1954.

_____. *Recordações de um mundo perdido*. Rio: José Olympio, 1955.

_____. *Carcaças gloriosas*. Rio: José Olympio, 1956.

_____. *O diabo jovial* [Org.: Queiroz Junior]. Rio: Conquista, 1957.

_____. *Gralhas e pavões* [Org.: Donatelo Grieco]. Rio: Record, 1988.

joão do rio. *Dentro da noite*. Paris-Rio: Garnier, 1910. São Paulo: Antiqua, 2002.

_____. *Vida vertiginosa*. Paris-Rio: Garnier, 1911. São Paulo: Martins Fontes, 2010.

lima, Pedro Motta. *O coronel Lousada*. Rio: Universal, 1927.

_____. *Bruhaha*. Rio: Paulo, Pongetti & Cia., 1929.

_____. *Zamor*. Rio: Vitória, 1940.

lima barreto. "O homem que sabia javanês", em *Triste fim de Policarpo Quaresma* [1915]. São Paulo: Companhia das Letras, 2011.

_____. "Sua Excelência", em *Histórias e sonhos*. Rio: Schettino, 1920.

_____. *Toda crônica* [Org.: Beatriz Resende e Rachel Valença]. Rio: Agir, 2004.

_____. *Contos completos* [Org.: Lilia Moritz Schwarcz]. São Paulo: Companhia das Letras, 2013.

MACHADO, Gilka. *Cristais partidos*. Rio: Edição particular, 1915.
_____. *Estados de alma*. Rio: Edição particular, 1917;
_____. *Mulher nua*. Rio: Jacintho Ribeiro dos Santos, 1922.
_____. *Meu glorioso pecado*. Rio: Azevedo, 1928.
_____. *Poesia completa*. São Paulo: Demônio Negro, 2017.
MAGALHÃES, Adelino. *Tumulto da vida*. Rio: Revista dos Tribunais, 1920.
_____. *Inquietude*. Rio: Schettino, 1922.
_____. *A hora veloz*. Rio: Revista dos Tribunais, 1926.
_____. *Os violões*. Rio: Edição particular, 1927.
_____. *Obra completa*. Rio: Aguilar, 1963.
_____. *Sebastianópolis*. Rio: Prefeitura da Cidade do Rio de Janeiro (Biblioteca Carioca), 1994.
MARIANNO, Olegario. *Cidade maravilhosa*. Rio: Pimenta de Mello, 1922.
_____. *Ba-ta-clan*. Rio: Benjamim Costallat & Miccolis, 1924.
_____. *Toda uma vida de poesia*. Rio: José Olympio, 1957.
MEIRELLES, Cecilia. *Obra poética*. Rio: Aguilar, 1958.
MENDES FRADIQUE. *História do Brasil pelo método confuso*. Rio: Leite Ribeiro, 1927. São Paulo: Companhia das Letras [Org.: Isabel Lustosa], 2004.
_____. *A lógica do absurdo*. Rio: Leite Ribeiro, 1926.

MENDES, Murilo. *Poesia completa e prosa*. Rio: Nova Aguilar, 1994.
_____. *Recordações de Ismael Nery*. São Paulo: Edusp, 1996.
MENEZES, Raimundo de. *Dicionário literário brasileiro*. Rio: LTC, 1978.
MILANO, Dante. *Poesias*. Rio: José Olympio, 1948.
_____. *Obra reunida* [Org.: Sérgio Martagão Gesteira]. Rio: Academia Brasileira de Letras, 2004.
MOREYRA, Alvaro. *O outro lado da vida...* Rio: Pimenta de Mello, 1921.
_____. *Um sorriso para tudo*. São Paulo: Monteiro Lobato, 1922.
_____. *A cidade mulher*. Rio: Benjamim Costallat & Miccolis, 1923. Rio: Faperj, 2006.
_____. *A boneca vestida de arlequim*. Rio: Pimenta de Mello, 1927.
_____. *O Brasil continua...* Rio: Civilização Brasileira, 1933.
_____. *Tempo perdido*. Rio: José Olympio, 1936.
_____. *As amargas, não...* Rio: Editora Luz, 1954.
_____. *O dia nos olhos*. Rio: Editora Luz, 1955.
_____. *Havia uma oliveira no jardim*. Rio: Jotapê, Livreiro, Editor, 1958.
_____. *Cada um carrega o seu deserto*. [Org.: Dileta Silveira Martins]. Porto Alegre: Ed. PUCRS, 1994.
_____. *Melhores crônicas* [Org.: Mario Moreyra]. São Paulo, Global, 2010.
NERY, Ismael. IN — *Ismael Nery* [Org. Denise Mattar]. Rio: Curatorial Denise Mattar, 2004.

OLIVEIRA, Felippe d'. *Lanterna verde*. Rio: Pimenta de Mello, 1926.

_____. *Obra completa*. Porto Alegre: IEL-UFSM, 1990.

PATROCINIO FILHO. *A sinistra aventura*. Rio: Benjamim Costallat & Miccolis, 1923.

_____. *Mundo, diabo e carne*. Rio: Benjamim Costallat e Miccolis, 1923. São Paulo: Antiqua, 2002.

_____. *O homem que passa*. Rio: Miccolis, 1927.

PEDERNEIRAS, Mario. *Outono*. Rio: Leite Ribeiro, 1921.

_____. *Poesia reunida* [Org.: Antonio Carlos Secchin]. Rio: Academia Brasileira de Letras, 2004.

PEREGRINO JUNIOR. *Vida fútil*. Rio: Leite Ribeiro, 1923.

_____. *Doença e constituição de Machado de Assis*. Rio: José Olympio, 1938.

_____. *Ronald de Carvalho — Poesia e prosa*. Rio: Agir (Coleção Nossos Clássicos), 1960.

SCHMIDT, Augusto Frederico. *Canto do brasileiro Augusto Frederico Schmidt*. Rio: Edição particular, 1928.

_____. *Poesias completas*. Rio: José Olympio, 1956.

SECCHIN, Antonio Carlos. *Percursos da poesia brasileira — Do século XVIII ao XXI*. Belo Horizonte: Autêntica, 2018.

SILVEIRA, Paulo. *Asas e patas*. Rio: Benjamim Costallat & Miccolis, 1926.

THÉO-FILHO. *A grande felicidade*. Rio: Leite Ribeiro, 1921.

_____. *Dona Dolorosa*. Rio: Atlântida, 1923 [1910].

_____. *Quando veio o crepúsculo...* Rio: Leite Ribeiro, 1926.

_____. *Praia de Ipanema*. Rio: Leite Ribeiro, 1926. Rio: Casa da Palavra, 2000.

_____. *Impressões transatlânticas*. Rio: Freitas Bastos, 1931.

TORRES, Antonio. *Verdades indiscretas*. Rio: Castilho, 1920. Belo Horizonte: Itatiaia, 1955.

_____. *Pasquinadas cariocas*. Rio: Castilho, 1921.

_____. *Prós e contras*. Rio: Castilho, 1925.

_____. *Antonio Torres — Uma antologia* (Org.: Raul de Sá Barbosa), Rio: Topbooks, 2002.

WERNECK, Humberto. *O santo sujo — A vida de Jayme Ovalle*. São Paulo: Cosac Naify, 2008.

PERIÓDICOS

A.B.C., *Correio da Manhã*, *Cruzeiro*, *O Cruzeiro*, *Estética*, *Eu Sei Tudo*, *Festa*, *Fon-Fon!*, *A Ilustração Brasileira*, *Leitura para Todos*, *Letras e Artes* [suplemento de *A Manhã*], *O Malho*, *O Mundo Literário*, *Orpheu*, *Para Todos...*, *Revista Souza Cruz* e *Vamos Ler*.

Agradecimentos

A Alberto Youle, Alfredo Grieco, Antonio Carlos Secchin, Dora Costallat, Isabela Paris, José Carlos de Brito e Cunha, José Damasceno, José Mario Pereira, Leonel de Barros, Rafael Monte, Sergio de Azevedo Morais, Valeria Moreyra e aos meus amigos dos sebos Academia do Saber, Berinjela, Beta de Aquarius, Elizart, Letra Viva e Lima Barreto [Rio], Brandão, O Buquineiro e Virtual Incunábulo [São Paulo], Laudelino [Campinas], Sebo do Bruno [Teresópolis], Acervo BH e Crisálida [Belo Horizonte], Avenida [Porto Alegre], Fígaro [Curitiba], Progresso [Recife] e, como sempre, a Luiz Carlos Araújo, do sebo Mar de Histórias, aqui do Rio, para quem ainda não saiu um livro impossível de encontrar.

ESTA OBRA FOI COMPOSTA POR ACOMTE
EM PALATINO E IMPRESSA PELA GRÁFICA SANTA MARTA
EM OFSETE SOBRE PAPEL PÓLEN SOFT DA SUZANO S.A.
PARA A EDITORA SCHWARCZ EM NOVEMBRO DE 2021

A marca FSC® é a garantia de que a madeira utilizada na fabricação do papel deste livro provém de florestas que foram gerenciadas de maneira ambientalmente correta, socialmente justa e economicamente viável, além de outras fontes de origem controlada.